O TARÔ CABALÍSTICO

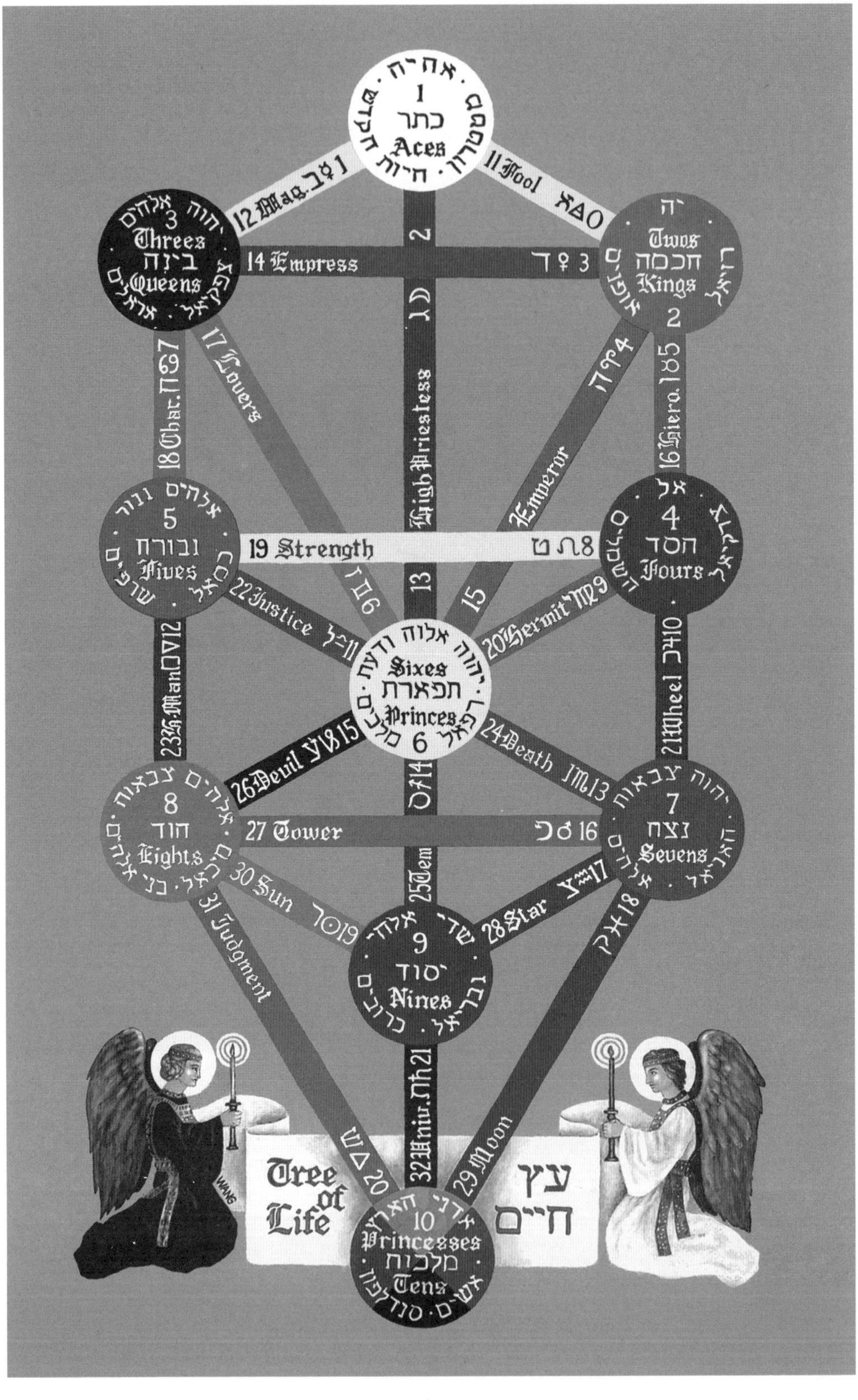

1
כתר
Aces
Twos
חכמה
Kings
2
3
Threes
בינה
Queens
4
חסד
Fours
5
גבורה
Fives
Sixes
תפארת
Princes
6
7
נצח
Sevens
8
הוד
Eights
9
יסוד
Nines
10
Princesses
מלכות
Tens
11 Fool
12 Mag.
13
14 Empress
15
16 Hiero.
17 Lovers
18 Char.
19 Strength
20 Hermit
21 Wheel
22 Justice
23 H. Man
24 Death
25 Tem
26 Devil
27 Tower
28 Star
29 Moon
30 Sun
31 Judgment
32 Univ.
High Priestess
Emperor
Tree of Life
עץ חיים

Robert Wang

O TARÔ CABALÍSTICO

Manual Prático sobre a Representação da Árvore da Vida no Simbolismo dos 78 Arcanos

Tradução
Paulo César de Oliveira

Editora Pensamento
SÃO PAULO

Título do original: *The Qabalistic Tarot – A Textbook of Mystical Philosophy.*

Publicado pela primeira vez nos EUA, em 1983, por Samuel Weiser, Inc.

2ª edição 2024.

Obs.: Publicado anteriormente com o subtítulo "Um Manual de Filosofia Mística".

Editor: Adilson Silva Ramachandra
Gerente editorial: Roseli de S. Ferraz
Preparação de originais: Denise de C. Rocha
Revisão técnica: Leo Chioda
Gerente de produção editorial: Indiara Faria Kayo
Editoração eletrônica: Join Bureau
Revisão: Luciana Soares da Silva

Dados Internacionais de Catalogação na Publicação (CIP)
(Câmara Brasileira do Livro, SP, Brasil)

Wang, Robert
O tarô cabalístico: manual prático sobre a representação da árvore da vida no simbolismo dos 78 arcanos / Robert Wang; tradução Paulo César de Oliveira. – 2. ed. – São Paulo: Editora Pensamento, 2024.

Título original: The qabalistic tarot: textbook of mystical philosophy.
ISBN 978-85-315-2379-3

1. Cabala 2. Tarô I. Título.

24-209484 CDD-133.32424

Índices para catálogo sistemático:

1. Tarô cabalístico: Artes divinatórias 133.32424
Cibele Maria Dias – Bibliotecária – CRB-8/9427

Direitos de tradução para o Brasil adquiridos com exclusividade pela
EDITORA PENSAMENTO-CULTRIX LTDA., que se reserva a
propriedade literária desta tradução.
Rua Dr. Mário Vicente, 368 – 04270-000 – São Paulo – SP – Fone: (11) 2066-9000
http://www.editorapensamento.com.br
E-mail: atendimento@editorapensamento.com.br
Foi feito o depósito legal.

Ilustrações

Sumário

Prefácio à Segunda Edição

Quando escrevi este livro vinte anos atrás, estávamos num período em que os estudos históricos sérios sobre o movimento ocultista e sobre o maravilhoso livro de imagens chamado "Tarô" estavam em seus primórdios e quando, como Dion Fortune comentou, os acadêmicos lamentavelmente fracassavam ao tentar encontrar as origens das cartas e dos movimentos que as abarcavam. No entanto, hoje em dia, vemos avanços extraordinários entre os acadêmicos e muitas das afirmações iniciais sobre a história do Tarô foram inequivocamente demonstradas como pura bobagem.

Porém, a verdade sobre as raízes da iconografia do Tarô é, na verdade, muito mais interessante do que os vários mitos que cercam as cartas. Ao longo de centenas de anos, um conjunto de imagens criado para servir como um jogo em algum castelo italiano, representando um mundo cortês como então conhecido, foi transformado primeiro num dispositivo para olhar a sorte e, em seguida, num repositório para alguns princípios metafísicos extraordinários e complexos.

Nesse sentido, há um paralelo muito interessante entre o desenvolvimento do Cristianismo e o do Budismo. Tanto Sidarta Gautama quanto Jesus eram buscadores da verdade cujas ideias foram distorcidas e transformadas em religiões formais e complexas, que forneciam uma estrutura para sociedades teocráticas. Os historiadores entendem hoje que, muito tempo depois da morte de Buda, os tibetanos enxertaram um panteão barroco de deuses, demônios e práticas formais em seus ensinamentos simples. Isso também aconteceu com as ideias de Jesus. Até mesmo aqueles milagres atribuídos a Jesus nos evangelhos sinóticos foram considerados, por estudiosos brilhantes da Escola de Claremont, na Califórnia, como um mero enfeite de um escritor romano zeloso. Nessa história, certamente há uma lição sobre as ferramentas de busca interior disponíveis para nós.

Alguns, principalmente os estudiosos judeus, foram bastante hostis em relação à associação de ideias Cabalísticas ao Tarô, o que é completamente compreensível. No entanto, o que encontramos, ao examinar as genealogias do Cristianismo e do Judaísmo, é um núcleo sociopolítico e camada sobre camada de ideologias complexas adicionadas por rabinos e teólogos. Começando do zero, sistemas de crenças organizados são criados e podem um dia se tornar "caminhos" arquetípicos para o desenvolvimento interior. De fato, os exercícios místicos cristãos e judeus são profundos e eficazes porque promovem a busca por princípios espirituais simples, que transcendem o culto. A mesma coisa pode se dizer do uso das imagens do Tarô, embora esse caminho (que alguns criticam, por considerar "ocultismo" no sentido mais negativo) seja bastante recente.

Para complementar esses comentários, devo acrescentar que, quando escrevia *O Tarô Cabalístico*, a utilidade de relacionar as imagens do Tarô aos princípios Cabalísticos estava apenas começando a emergir dos supostos "ensinamentos secretos" de várias fraternidades esotéricas e não era bem compreendida pela maioria das pessoas. Hoje em dia, os usos anteriormente secretos do Tarô, especialmente o uso das suas cartas como portais para mundos interiores, um processo que Carl Jung descreveu como "imaginação ativa", estão se tornando cada vez mais comuns.

Estamos vivendo numa era verdadeiramente excelente.

ROBERT WANG
Washington D.C., 2004

Prefácio à Primeira Edição

Este livro tem por objetivo demonstrar a relação entre a Cabala, um tradicional sistema místico, e o Tarô. Fazê-lo significa discordar acentuadamente de alguns eminentes eruditos judeus que negam a existência dessa relação.

Nesta obra procurei integrar alguns dos complexos aspectos do simbolismo e da interpretação Cabalística, com ênfase na relação entre a *Árvore da Vida* (o principal símbolo da Cabala) e o Tarô praticado de acordo com a Cabala Hermética. Devo deixar bem claro que não estou escrevendo sobre a Cabala Hebraica e sim sobre um outro sistema também baseado em textos hebraicos. Em minha opinião os eruditos judeus enganaram-se a respeito dos movimentos ocultistas do século XIX ao considerá-los um mero pastiche romântico e equivocado dos conhecimentos místicos hebraicos.

Além disso, tentei demonstrar que os princípios da Cabala podem ser apropriadamente aplicados a qualquer baralho comum de Tarô. Para isso este livro reproduz quatro baralhos completos, incluindo *O Tarô de Marselha*. Pouco se escreveu a respeito desse baralho, escolhido como um elemento de comparação com os baralhos modernos, simbolicamente mais concisos, por ser o mais comum e popular dentre os baralhos que conservam nas cartas as imagens primitivas. *O Tarô de Marselha* é um baralho "padrão" e os outros três baralhos usados aqui são aqueles relacionados com a fraternidade oculta do século XIX, a Ordem Hermética da Aurora Dourada. Esses baralhos são o *Tarô da Aurora Dourada*, *O Tarô de Thoth* e o *Baralho Rider-Waite*.* Outro baralho não apresentado aqui, porém enfaticamente recomendado, é o do falecido Paul Case e sua organização,

---

* Conhecido na atualidade como "Tarô Waite-Smith", em reconhecimento a sua criadora, Pamela Colman Smith. (Nota do Ed.)

os Construtores do Adytum (Builders of the Adytum, mais conhecidos no meio do ocultismo como B.O.T.A.). Trata-se de um baralho para ser colorido à mão por cada iniciado.

Além desse baralho, Case produziu alguns livros excepcionalmente bons sobre Tarô, aos quais tenho dedicado considerável atenção. Seus cursos de Tarô por correspondência, escritos há mais de quarenta anos, ainda estão sendo distribuídos. E, como a distribuição é limitada, devo rapidamente observar que não estou de maneira alguma ligado a essa organização, tendo obtido um conjunto completo de seus cursos por intermédio de amigos.

Case foi um brilhante professor que tem a seu crédito o fato de ter sido o primeiro a aplicar às cartas os conceitos da moderna psicologia, uma abordagem muito semelhante à de Carl Jung. Considero Case o primeiro grande conhecedor moderno do Tarô e geralmente não reconhecido como tal porque seus principais trabalhos estavam disponíveis apenas para os alunos dos cursos por correspondência de os Construtores do Adytum, os quais eram solicitados a mantê-los em segredo.

Fui influenciado pelas suas ideias e as considero bastante profundas, embora lhes faça algumas restrições. Questiono sua dogmática confiança na Gematria (a numerologia Cabalística) e algumas de suas interpretações a respeito do simbolismo de Waite. Além disso, na época em que Case escrevia, nossa linguagem psicológica ainda estava se desenvolvendo, de modo que seus cursos não refletem a terminologia moderna, mais precisa. O aluno tem de "ler nas entrelinhas", tendo em vista a existência de quarenta anos de publicações na área das ciências ocultas desde que Case escreveu seus cursos. Boa parte do que Case não disse aos alunos de seus cursos por correspondência foi publicado por Regardie, Butler e outros.

Estas críticas não se aplicam ao seu pequeno trabalho intitulado *The Book of Tokens*, escrito em 1934. Se tivesse de recomendar um único livro, indicaria essa compilação de ensaios sobre as letras hebraicas. Trata-se de um marco da literatura filosófica, apresentando o Tarô como uma parte fundamental da tradição mística do Ocidente.

Preciso também tecer alguns comentários a respeito de minhas frequentes referências aos trabalhos de Aleister Crowley, tido por muitos como um dos grandes demônios do século XX e por outros como o precursor da religião do futuro. Embora não seja fácil ser objetivo em relação a Crowley, ao tentar fazê-lo fiquei impressionado com a profundidade de seus escritos sobre o Tarô. O trabalho dele continua a ter o seu valor, apesar das críticas que possam ser feitas contra o seu comportamento pessoal. Creio que a história verá Crowley como um típico representante do início do século XX, uma época que aderiu à estética da *avant-garde*: o novo e chocante era, por definição, melhor que o antigo. Essa ideia constitui a base de toda arte, música e literatura modernas, para não falar nos padrões de comportamento da elite artística de Londres, Paris e Nova York durante as décadas de 1920 e 1930. O comportamento de Crowley encaixa-se nesse padrão, tal como acontece com o próprio estilo de suas cartas, que são basicamente cubistas – o mais importante e *avant-garde* de todos os estilos de arte moderna durante a fase de seu apogeu.

É importante compreendermos essa diferença conceitual entre o Tarô de Crowley e os outros. A Ordem da Aurora Dourada (1888-1900) foi criada num período em que uma ideia era reverenciada de acordo com sua antiguidade. Assim, seus líderes afirmaram que a história da Ordem remontava a um passado distante e recorreram à estrutura ideológica dos deuses do Egito. Crowley, por outro lado, dizia que uma nova era havia chegado (da qual, coincidentemente, ele era o profeta). O antigo pode ser bom, mas o novo é melhor.

Talvez eu venha a ser criticado por este trabalho me ater demasiadamente às linhas simbólicas tradicionais, principalmente tendo em vista que atualmente está se processando uma reorganização um tanto radical dos sistemas simbólicos. Recentemente apareceram diversos livros nos quais o arranjo tradicional das cartas do Tarô sobre a Árvore da Vida foi radicalmente modificado. E, falando francamente, existem diversos elementos fundamentais que eu poderia ordenar de maneira diferente caso não tivesse nenhuma ideia anterior a respeito de como as cartas deveriam ser dispostas.

Todavia, embora o sistema ganhe vitalidade ao sofrer ligeiras modificações, ele não é radicalmente revisado pelas mãos de um único indivíduo. O sistema parece projetado para desenvolver-se lentamente à medida que cada especialista incorpora a ele alguma alteração baseada nas condições sociais da época e faz com que passe a ter um maior valor para a sociedade contemporânea. Um sistema, seja ele um culto, uma religião ou um programa meditativo, é uma forma de acesso aos mundos interiores que foi testada e aperfeiçoada ao longo das gerações. Trata-se de um caminho para o desconhecido que foi pavimentado por símbolos culturalmente determinados, porém de aplicação universal. E, dentro de qualquer escola de pensamento, os símbolos podem ser manipulados e aplicados de forma variável. Eu certamente não tenho nenhuma pendência com aquelas pessoas que praticamente viraram a Árvore da Vida de cabeça para baixo com suas combinações e permutações de ideias. Esse comportamento, porém, atenua o poderoso esforço grupal chamado "tradição" e, potencialmente, cria um novo Caminho. Em outras palavras: é a concordância ao longo do tempo quanto ao significado de um conjunto de símbolos que transforma um sistema num Caminho. Com esse fim forneci apenas aquelas atribuições que hoje são comumente aceitas. Longe de significar que essas atribuições sejam imutavelmente corretas, isso apenas sugere que a reconhecida correspondência entre esses conceitos é de maior utilidade imediata para o estudante do que algumas de suas muitas divergências.

Gareth Knight faz uma profunda observação a respeito desse assunto. No seu livro *Experience of the Inner Worlds* ele descreve as atividades de um grupo que usou as cartas do Tarô como um meio de acesso à esfera psíquica. Ele afirma que "Do ponto de vista Cabalístico formal, descobriu-se que é possível iniciar qualquer Caminho partindo-se praticamente de qualquer trunfo do Tarô – o que sugere que na verdade é pouco importante a rígida e sacrossanta aplicação das correspondências entre o Tarô e a Árvore da Vida".[1]

Assim, devemos sempre encarar essas questões com a certeza de que, qualquer que seja o sistema em particular, trata-se apenas de um meio de abordar uma realidade interior. Minha abordagem envolve a construção de um sólido alicerce intelectual para os conceitos relacionados com cada carta do Tarô, embora eu faça isso com a plena consciência de que, mais cedo ou mais tarde, todas as construções intelectuais acabarão caindo e sendo substituídas por uma nova estrutura. Cada um de nós constrói a sua própria Cabala, que vai se modificando à medida que aprendemos novas coisas. Isso significa que todos nós começamos com os mesmos conceitos, os quais personalizamos e incorporamos aos nossos próprios sistemas para que eles possam assumir um significado real. E, quanto mais aprendemos, mais os conceitos originais nos parecem diferentes do que eram quando começamos.

Ao tentar apresentar a estrutura básica deste estudo, procurei, sempre que possível, mostrar a origem dos conceitos. Mais que qualquer outra coisa, isso significa a frequente repetição da imagem da Árvore da Vida em virtude da aplicação de diferentes conjuntos de símbolos correspondentes. Compreender a Cabala Hermética significa desenhar literalmente centenas de Árvores da Vida, até que a miríade de inter-relacionamentos comece a fazer sentido. O que fiz aqui foi proporcionar exemplos da minha própria manipulação das ideias Cabalísticas, ou seja, daquelas ideias que, quando consideradas graficamente, nos levam a fazer descobertas especiais. Um trabalho como este não pode deixar de ser um registro do processo de aprendizado de um autor. Devo acrescentar que este trabalho concentra-se inteiramente na filosofia e não nos exercícios práticos relacionados com o Tarô. Esses exercícios, sejam eles ligados à meditação ou aos rituais, foram tão exaustivamente discutidos por outros autores que não há necessidade de apresentá-los novamente aqui. Eu obviamente citei os livros mais importantes nos quais esses procedimentos podem ser facilmente encontrados.

Permitam-me dizer, finalmente, que este foi um livro extremamente difícil de escrever e que, creio eu, não será muito mais fácil de ler, embora tenha dado o melhor de mim para, sempre que possível, simplificar os conceitos. A ironia é que o extravagante e convoluto sistema de ideias chamado Cabala – exercício intelectual inacreditavelmente complicado que é o tema deste livro – nos conduz a uma realidade interna de tal beleza e simplicidade que poderia ser explicada a uma criança. Todavia, é o próprio caráter complexo desse tipo de abordagem que faz da realidade interior algo significativo e compreensível.

Robert Wang
Washington, D.C., 1982

Introdução

Estudos Modernos do Tarô
Um Legado do Século XIX

Este é um livro de filosofia e metafísica que descreve um profundo sistema de autoexploração relacionado com as 78 figuras simples que constituem o Tarô. E, embora há muito essas cartas venham sendo publicamente associadas a cultos extravagantes e a cartomantes ciganas, a verdade é que elas estão cada vez mais despertando o interesse de pesquisadores sérios, que encaram as cartas como um repositório de um sistema extremamente complexo de desenvolvimento do conhecimento interior.

Talvez os criadores das cartas do Tarô tivessem pretendido que elas fossem entendidas como um resumo gráfico dos princípios da Cabala, ou talvez não. Pelo menos nao existe nenhuma evidência escrita sugerindo tal coisa, e o grande especialista judeu em Cabala, Gershom Scholem, provavelmente estava certo ao afirmar (embora de maneira depreciativa) que essa ligação foi feita pelos ocultistas ingleses e franceses do final do século XIX. De um modo ou de outro, a relação entre o Tarô e a Cabala é tão clara que os dois sistemas são mutuamente explanatórios. E, na verdade, o fato de os dois sistemas provavelmente terem se desenvolvido de maneira independente confere maior credibilidade aos conceitos de ambos, pois indica que os dois têm origem na Verdade universal.

Todavia, escreveu-se muita bobagem a respeito do Tarô e da Cabala, e a venda de grande parte dos livros sobre ocultismo representa um tributo à credulidade do público. Assim, devemos nos mostrar gratos aos trabalhos eruditos realizados nas últimas décadas. Scholem foi o precursor dos estudos sobre a Cabala Hebraica, enquanto as tendências ocidentais foram admiravelmente pesquisadas por estudiosos como Frances Yates, D. P. Walker, Francis King e Ellic Howe. As pesquisas sérias estão cada vez mais abrindo nossos olhos para a existência de ideias incorretas a respeito das origens do esoterismo moderno, e não devemos nos perturbar ao ver os castelos de areia ruírem. Se um sistema tem os seus méritos internos, ele permanecerá incólume. Devemos também ter em mente que, até há muito pouco tempo, os chamados Mistérios eram transmitidos por uma tradição secreta oral.

A despeito do crescente interesse por parte do público, é espantosamente pequena a atenção dedicada ao Tarô pelos pesquisadores acadêmicos, muito embora as cartas representem uma verdadeira mina de ouro para a história da arte e para a filosofia metafísica. Elas deveriam ser de grande interesse para qualquer medievalista, sendo obviamente uma manifestação do mesmo tipo de esforço artístico que produziu as esculturas das catedrais góticas. É provável, também, que as cartas estejam de alguma maneira relacionadas com os livros medievais da *Emblemata* e com aquelas narrativas deliciosas e supostamente históricas chamadas *Chansons de Gestes*.

O Tarô representa uma viagem alegórica, e cada carta é uma experiência (uma energia universal) vivida ao longo do caminho, mais ou menos como acontece nos episódios de *A Divina Comédia** de Dante Alighieri, na *Jornada do Peregrino*, de John Bunyan, ou mesmo na trilogia *O Senhor dos Anéis*, de J. R. R. Tolkien. A ideia de uma jornada aventurosa e arriscada através de um território desconhecido era típica da literatura medieval. A analogia aqui existente é de que viajar durante a Idade Média era tão perigoso e difícil quanto percorrer os caminhos interiores dos Mistérios. Assim, seria possível concordar com o monge que, em 1377, sugeriu que o Tarô era um espelho da sociedade do século XIV ao dizer que as cartas representavam "[...] a melhor descrição do estado do mundo tal como ele hoje se afigura".[2] Os primeiros baralhos apresentam muitas das virtudes e artes liberais que foram importantes para os programas iconográficos do Humanismo Gótico, algumas das quais foram preservadas nas cartas modernas normais do Tarô: a *Temperança* é Prudência, a *Força* é Fortitude, a *Justiça* permanece com o mesmo nome etc. Todas essas cartas são femininas, tal como as virtudes e artes liberais sempre foram representadas.[3]

Na sociedade da época, existia até mesmo um Imperador. Isso foi especialmente verdadeiro a partir de 800, quando o Papa coroou Carlos Magno Imperador do Sacro Império Romano Germânico, numa tentativa de fortalecer o

---

* Publicado pela Editora Cultrix, São Paulo, 1965 (fora de catálogo). [N. do T.]

Cristianismo aliando-se a um grande poder secular. E, quando chegamos à *Sacerdotisa*, vemos que a tradição a relacionava com uma lenda, que circulou nessa mesma época, a respeito de uma "Papisa".[4] Existem fortes evidências de que as cartas se originaram no século XIV e é de esperar que algum estudioso da história da arte medieval se interesse por essas fascinantes questões e nos proporcione as verdadeiras respostas históricas.

Por outro lado, um número considerável de experientes esoteristas insiste em que a origem das cartas é muito mais antiga. É provável que esses indivíduos estejam encontrando, por meio do Tarô, vislumbres de outros sistemas usados para abordar as mesmas energias universais. Essa diferenciação muitas vezes é extremamente difícil de ser feita no plano interior, o que talvez explique a razão pela qual as experiências de tantos estudiosos contradizem as evidências históricas. Obviamente, se o Tarô pode ser usado por nós em algo tão importante quanto o desenvolvimento da compreensão interior, estudar suas origens representa pouco mais que uma agradável incursão secundária. Isso também é válido para a própria questão da existência de um elo entre a Cabala e o Tarô, embora estejamos aqui propondo que existe uma ligação assim entre o Tarô e a Cabala Hermética, na qual este livro se baseia.

Esse sistema, desenvolvido na Europa na época da Renascença, é uma versão ocidentalizada da Cabala. Ela surgiu a partir das tentativas dos filósofos do século XV no sentido de incorporar o misticismo judaico ao pensamento cristão. A história do processo de modificação dessas ideias pelos filósofos dos séculos XVI, XVII e XVIII é especialmente interessante. Todavia, os desenvolvimentos ocorridos no século XIX são mais importantes para nós. Nessa época a Cabala Hermética, em grande parte descristianizada, alcançou sua mais plena expressão com a Ordem Hermética da Aurora Dourada. Os líderes dessa fraternidade realizaram a notável tarefa de unificar os diferentes elementos que compunham a tradição esotérica ocidental (Cabala, Hermetismo, Astrologia, Neoplatonismo, Magia Enoquiana de John Dee etc.) de modo a transformá-la em um método coerente de exploração interior para o temperamento *fin de siècle*. Existem poucas correntes modernas de pensamento esotérico ocidental que não foram afetadas de alguma maneira pelas atividades desse grupo. E, quando se discute o Cabalismo Hermético, não há como deixar de mencionar a Aurora Dourada como sua principal manifestação moderna. A Cabala Hermética e a Aurora Dourada devem ser consideradas praticamente como sinônimos.

Também não interessa saber se os princípios esotéricos desse grupo passaram secretamente de pai para filho ao longo das gerações ou se foram meticulosamente selecionados a partir dos manuscritos antigos do Museu Britânico. O valor de qualquer grupo depende inteiramente de seus contatos interiores. A "Tradição Secreta", "Os Mistérios" ou como quer que isso possa ser chamado está ao alcance de qualquer pessoa. Um indivíduo ou grupo torna-se parte de uma tradição antiga por meio de contatos interiores com mestres nessa tradição e certamente não há dúvida alguma de que os baralhos usados para ilustrar este livro são resultado desse contato interior.

Os três principais baralhos modernos foram todos produzidos por membros dessa fraternidade: *O Tarô da Aurora Dourada* (criado por MacGregor Mathers), o *Baralho Rider-Waite*, criado por A. E. Waite, e *O Tarô de Thoth*, criado por Aleister Crowley. Um quarto baralho, já mencionado, é o de Paul Case, feito para o B.O.T.A.* Ele é uma excelente versão aperfeiçoada do baralho de Waite.

O baralho de Waite, um dos mais populares já produzidos, parece ter sido criado com tal preocupação com os juramentos feitos pelos membros da Ordem que permanece inteiramente esotérico. Ele foi incluído na esperança de que os estudiosos desse baralho talvez venham a achar o seu simbolismo (frequentemente admirável, muitas vezes inaceitável) mais útil quando considerado com base no ponto de vista da Cabala Hermética.

O Tarô da Aurora Dourada é um baralho esotérico, projetado para o uso exclusivo dos membros da Ordem. O baralho de Crowley também é esotérico, no sentido de que oculta o simbolismo da Ordem do século XIX. *O Tarô de Thoth*, de Crowley, é certamente uma das contribuições recentes mais originais para os estudos do Tarô.

Infelizmente, nem Crowley nem Mathers receberam o devido reconhecimento pelos seus trabalhos com o Tarô. E, em virtude de seus comportamentos ocasionalmente escandalosos, os dois homens foram presas fáceis para os historiadores da sociedade. Além do mais, suas limitações acadêmicas os transformaram em alvos de piadas por parte dos meticulosos pesquisadores da Cabala Hebraica. Todavia, um estudo de qualquer tradição de mistério, a não ser que seja puramente histórico, requer que as noções preconcebidas sejam postas de lado e que o sistema seja avaliado unicamente de acordo com sua eficácia. É necessário usar a palavra eficácia porque ela é a única medida válida de um sistema metafísico. Ele funciona? Mas como determinar se um sistema funciona ou não? As respostas a essas questões certamente não serão encontradas por meio dos atuais métodos científicos ou nos métodos das humanidades, que se baseiam naqueles das ciências; os dados são coletados e analisados empiricamente. Como os chamados "Mistérios" são Doutrinas Secretas que não se prestam a esse tipo de abordagem, sendo extremamente irracionais, eles podem ser denegridos até mesmo por

* Iniciais de Builders of the Adytum, Construtores do Adytum. (N. do T.)

historiadores. Muitos estudiosos de valor veem o Cabalismo Hermético do final do século XIX apenas como uma ramificação romântica e extravagante do Cabalismo Hebraico, indigna do tipo de pesquisa dedicado ao esoterismo hebraico. Além disso, o rótulo de "ocultismo" contribui para aumentar a barreira de preconceitos existente em torno desses assuntos.

O problema com o estudo de qualquer aspecto dos Mistérios é que o próprio pesquisador torna-se necessariamente parte do sistema. Ele precisa avaliá-lo a partir do seu interior, o que talvez o faça transmitir a impressão de haver abdicado da objetividade da pesquisa. O academicismo atual não reconhece a aquisição de conhecimentos por meio da intuição e do psiquismo, uma atitude que o coloca em frontal contradição com boa parte daqueles grandes pensadores que as Humanidades estudam e simulam reverenciar. Na área das Ciências Humanas, as universidades assumiram o papel de observadores e não de participantes no desenvolvimento das faculdades criativas e intelectuais do ser humano.

Um problema mais sério relacionado com a disseminação das ideias ocultistas é que quaisquer provas que possam surgir são válidas apenas para o próprio pesquisador. Carl Jung expressou isso ao dizer que "somente a psique pode conhecer a psique".

Na verdade, porém, aqueles que percorrem os caminhos interiores (utilizando qualquer sistema específico) vivem experiências semelhantes. O encontro, por exemplo, das energias simbolizadas pela carta *O Mundo* produz teoricamente a mesma experiência básica em todas as pessoas. Devemos rapidamente acrescentar, porém, que no chamado nível astral da consciência o indivíduo opera dentro dos limites de um *culto*. Por meio do simbolismo do Cristianismo um místico católico aprenderá as mesmas lições que um Cabalista aprende por meio do simbolismo da Árvore da Vida. As energias universais são na verdade destituídas de forma, embora as percebamos sob a roupagem do sistema que escolhemos.

É no nível do Entendimento de Cristo/Buda/Krishna que a unidade de todos os sistemas torna-se visível e nos libertamos na pura consciência. Nesses termos, portanto, pode-se entender que, ao ser proposta a questão: "O Sistema funciona?", isso significa: "A estrutura simbólica do sistema é suficientemente representativa das verdades universais para levar o indivíduo além do próprio sistema?". No caso da Cabala Hermética e de sua ferramenta prática, o Tarô, a resposta é um inequívoco sim. Esse é um sistema extremamente poderoso, sobretudo quando se considera que ele pode ser incorporado a qualquer sistema ou religião em que o indivíduo prefira operar. Obviamente, não se espera que ninguém aceite essa afirmação de maneira irrestrita. A aceitação cega do que quer que seja é contrária ao método Cabalístico.

A Busca da "Verdade"

Existem boas chances de que a maioria dos leitores deste livro estejam desiludidos tanto com a religião organizada como com a ciência. Nenhuma delas parece nos proporcionar o entendimento sobre a nossa condição humana exigido por uma sofisticação crescente e universal. Aprendemos tantas coisas graças às maravilhas da tecnologia e das comunicações modernas que as explicações de nossos pais nos parecem mais um placebo que uma panaceia.

Muitos dos que assim se desiludiram voltam-se para o ocultismo e para o misticismo na esperança de encontrar a verdade e um significado maior para a vida. Eles fazem isso na crença de que o conhecimento direto da Ordem Cósmica, a iluminação, é possível.

As escolas de mistérios nos ensinam que as coisas que podemos ver, tocar e sentir nos oferecem apenas uma percepção relativa da realidade. Além daquilo que é considerado "real" pela maioria das pessoas existem mundos ainda mais reais que todo indivíduo tem a capacidade de explorar. Iluminação significa emergir da escuridão de nossas limitadas percepções sensoriais e estruturas de pensamento para a consciência da realidade superior. É dela que nascemos e a ela retornaremos ao término de nosso breve ciclo de vida. A Cabala é um sistema que tradicionalmente (antes dos estudos de Scholem) se pretendia ter sido oferecido por Deus a Adão para ser do conhecimento de uns poucos adeptos escolhidos, até ser "Helenizado" pelos gregos e começar a se transformar num movimento da civilização ocidental. O valor de um sistema consiste em dividir o Universo em categorias específicas, permitindo o estabelecimento de correspondências entre todos os cultos e religiões. As cartas do Tarô, por exemplo, podem ser equiparadas aos principais aspectos da maioria dos sistemas religiosos.

A tradição esotérica, tal como é representada pelo Tarô, faz algumas afirmações básicas a respeito do homem e da natureza do Universo, que é nosso ambiente imediato. Segundo ela, há uma ordem perfeita que o indivíduo tem a capacidade de perceber, e não existe o que se chama de acidente. Cada movimento de cada folha tem uma razão de ser e todos os movimentos de todas as coisas estão inter-relacionados. O isolamento é um mito. Somos todos parte de uma unidade maior.

Esses princípios vêm sendo expressos há milhares de anos e de milhares de maneiras diferentes. E, de alguma maneira, tal como são expressos, eles sempre são muito simples. O conceito de que Todas as coisas fazem parte de Um único Todo apresenta uma certa poesia. Ele pode atingir um sentimento profundamente arraigado em cada ser humano e ser rapidamente esquecido. Todavia, existe uma sensação de que a afirmativa tem o seu valor. As palavras dos profetas podem nos inspirar um estranho e momentâneo silêncio, como se nossa mente estivesse se esforçando por se lembrar de algo.

Os estudiosos talvez reajam dessa maneira a um pequeno livro publicado em 1912 chamado *The Kybalion.** Essa obra abarca todos os princípios fundamentais do Tarô e procura resumir o Hermetismo antigo. Essas ideias são na verdade semelhantes aos conceitos gnósticos que deram origem à Cabala. Tanto o Hermetismo quanto a Cabala datam do início do Cristianismo. Quando nos referimos à Cabala Hermética, estamos falando de uma combinação posterior dos princípios de ambos.

O *Caibalion* apresenta sete Princípios Herméticos.[5] Eles derivam literalmente dos princípios universais nos quais se fundamenta o Tarô e merecem ser objeto da meditação de todos os estudiosos. São eles:

1. *O Princípio do Mentalismo*: "O Todo é Mente; O Universo é Mental".
2. *O Princípio da Correspondência*: "Assim em cima como embaixo; assim embaixo como em cima".
3. *O Princípio da Vibração*: "Nada está parado; tudo se move; tudo vibra".
4. *O Princípio da Polaridade:* "Tudo é Duplo; tudo tem polos; tudo tem seu par de opostos; semelhante e dessemelhante são o mesmo; os opostos são idênticos em natureza, mas diferentes em grau; os extremos se encaixam; todas as verdades são meias verdades; todos os paradoxos podem ser reconciliados".
5. *O Princípio do Ritmo:* "Tudo tem fluxo e refluxo; tudo tem suas marés; tudo sobe e desce; tudo se manifesta por oscilações compensadas; a medida do movimento à direita é a medida do movimento à esquerda; o ritmo é a compensação".
6. *O Princípio de Causa e Efeito:* "Toda Causa tem seu Efeito; todo Efeito tem sua Causa; tudo acontece de acordo com a Lei; o Acaso nada mais é que um nome dado a uma Lei não reconhecida; há muitos planos de causalidade, mas nada escapa à Lei".
7. *O Princípio de Gênero*: "O gênero está em tudo; tudo tem seu Princípio Masculino e seu Princípio Feminino; o gênero se manifesta em todos os planos".

---

* *O Caibalion: Estudo da Filosofia Hermética do Antigo Egito e da Grécia*. São Paulo: Pensamento, 2ª ed., 2021.

O princípio de que o nosso Universo obedece a uma ordem exata é tão básico para o Tarô quanto a ideia de que as cartas do Tarô representam com precisão a própria estrutura do Universo. Como disse MacGregor Mathers: "Não apenas transcrevi o simbolismo como também testei, estudei, comparei e analisei essa questão tanto através da clarividência como por outros meios. O resultado revelou-me como o simbolismo do *Livro T* [significando Tarô] é absolutamente correto e o quanto é exata sua representação das forças ocultas do Universo".[6]

Éliphas Lévi descreveu o Tarô em termos ainda mais bombásticos: "[...] embora seja de certa forma popular e possa ser encontrado em toda a parte, esse é o mais oculto e desconhecido de todos os sistemas, pois é a chave para os demais. [...] Trata-se, na verdade, de um extraordinário e monumental trabalho, forte e simples como a arquitetura das pirâmides e, portanto, tão permanente quanto elas – um livro que é um resumo de todas as ciências, que pode resolver todos os problemas através de suas infinitas combinações, que se expressa por meio da evocação de pensamentos, que é um elemento inspirador e moderador em todas as concepções possíveis e, quem sabe, a obra-prima do gênio humano. Ele está incluído, sem dúvida alguma, entre as grandes dádivas legadas a nós pela Antiguidade".[7] Lévi estava entre os primeiros a declarar publicamente que o Tarô era mais do que simplesmente um meio exótico de ler a sorte e que ele representava praticamente a chave para todas as ciências ocultas.

Obviamente, a aceitação dessa abordagem em relação ao Tarô requer uma fé considerável. Essa fé, porém, deve ser entendida como a simples suspensão de um julgamento. Aquele que deixa de fazer uma apreciação racional ou que aceita incondicionalmente qualquer princípio esotérico é um mau candidato ao desenvolvimento interior. Devemos usar todas as nossas capacidades, e a capacidade de raciocinar é a nossa maior proteção contra a possibilidade de nos desencaminharmos nessas questões. É possível também que os métodos da Cabala Hermética sejam particularmente atraentes para aqueles indivíduos naturalmente inclinados às atividades artísticas, intelectuais ou para ambas as coisas. O estudo desses métodos não é para qualquer um; fazê-lo de maneira eficaz exige um considerável empenho. A busca de qualquer método específico de desenvolvimento espiritual representa uma escolha (e nessa afirmação acha-se contido outro importante princípio). Esse princípio é encontrado com frequência na literatura popular, expresso na forma de provérbios como: "Somos senhores de nosso próprio destino" ou "As estrelas influenciam, mas não determinam". Somos na verdade responsáveis por cada uma das experiências que vivemos, desde o fato não acidental do nosso nascimento e dos pais que escolhemos até a própria época e as circunstâncias de nossa morte. Parte da literatura religiosa ocidental alude a essa ideia.

Trata-se de um princípio que há milhares de anos vem sendo expresso de maneira aberta e explícita pelas religiões orientais.

Esse não é um conceito muito fácil de aceitar porque ele coloca diretamente sobre nossos ombros todo o crédito ou a culpa pelo que acontece em nossa vida. Todavia, isso não significa que estejamos necessariamente conscientes do processo de tomada de decisão. Esse é o domínio do Eu Superior, aquela parte espiritual de nosso ser que permanece, enquanto as personalidades moldadas por cada uma das sucessivas encarnações se dissipa e deixa de existir (a não ser na medida em que representem experiências assimiladas pelo Eu Superior). A busca da iluminação é a busca do "Conhecimento e da Convivência com o Sagrado Anjo da Guarda", um aspecto do Eu Superior. Isso significa o desenvolvimento de uma percepção consciente e do contato com uma dimensão espiritual profunda que é a essência de Deus. A meta é grandiosa. A decisão de persegui-la seriamente bem como os meios de fazê-lo representam escolhas fundamentais. Neste ponto é necessário não perder de vista o fato de que, qualquer que seja o caminho escolhido, seja ele o Tarô, o yoga ou o misticismo católico, são apenas meios de alcançar o autoconhecimento e não um fim em si mesmo. Entretanto, como Jung bem observou, algumas pessoas tentam refugiar-se dentro de um sistema:

> "As pessoas farão qualquer coisa, não importa o quanto seja absurda, para não terem de enfrentar sua própria alma. As pessoas fazem todos os exercícios de Yoga Indiana, observam um rigoroso regime alimentar, decoram os princípios da teosofia ou repetem mecanicamente textos místicos de toda a literatura mundial – tudo porque não conseguem se entender consigo mesmas e não têm a menor fé de que qualquer coisa de útil possa algum dia brotar de sua própria alma".[8]

É uma pena que muitas pessoas perturbadas se sintam atraídas pelas mais diversas formas de ocultismo. São pessoas que procuram uma saída, mas não a encontram. Uma pessoa desequilibrada, incapaz de lidar com a sua própria vida, não se sentirá muito mais confortada com o Tarô ou com qualquer outro aspecto dos Mistérios. Essas pessoas, ao contrário, poderão achar a pesquisa esotérica muito desconcertante à medida que se forem vendo obrigadas a enfrentar aspectos de sua personalidade com os quais não podem lidar ou sentirem-se cada vez mais imersas em fantasias e perdendo contato com a realidade. A maioria dos indivíduos equilibrados têm dificuldade para aceitar a verdade da ordem universal porque ela envolve conceitos que desmentem totalmente o que a maior parte deles acredita que eles próprios sejam. Existe uma relação de causa e efeito aqui, que é a razão pela qual tantas obras esotéricas incluem uma advertência aos leitores. Qualquer um pode aprender a manipular as forças Kundalini do seu próprio corpo e abrir os canais por onde desce a Luz. Esses métodos são basicamente muito simples e acham-se claramente descritos em obras como *Middle Pillar* e *Foundations of Practical Magic*, de Israel Regardie.[9] Todavia, se o trabalho preparatório básico for ignorado ou feito de maneira descuidada, o resultado poderá ser antes um desequilíbrio sistêmico, em vez de equilíbrio e de uma maior vitalidade e capacidade de percepção. Esses perigos são uma das razões pelas quais os Mistérios foram mantidos envoltos em segredo durante tantos séculos.

Segundo a tradição, os Mistérios foram conservados em segredo para proteger as ideias sagradas contra o profano, embora possamos também observar que, em algumas épocas passadas, o sigilo livrou o metafísico de ser condenado à fogueira. Todavia, os guardiões dos Mistérios – que foram transmitidos oralmente através dos séculos – também compreenderam o quanto era perigoso ensinar técnicas práticas a indivíduos que pudessem fazer mau uso dos seus princípios.[10]

Mesmo hoje seria possível defender o ponto de vista de que as práticas esotéricas deveriam ser mantidas em segredo, embora atualmente tanta coisa já tenha sido publicada que essa questão perdeu o sentido. E a verdade é que não existem "segredos" de verdade, tal como a maioria das pessoas compreende essa palavra. Esse é o ponto crucial de todo tipo de ocultismo, misticismo e religião esotérica. Na verdade, um importante "segredo" é tão simples que pode ser transmitido em um único parágrafo:

O que é chamado de iluminação depende da abertura física dos canais para que a consciência da personalidade possa entrar em contato direto com a consciência do Universo maior. Isso significa uma manipulação das vibrações do corpo e uma sutil alteração na sua físico-química. Todas essas coisas são uma forma de yoga, atividade durante a qual a pessoa sente o que lhe parece ser uma corrente eletromagnética percorrendo-lhe o corpo. Todo o mundo já sentiu essa corrente e qualquer um pode aprender a manipulá-la. Além do mais, isso não tem nada que ver com a linha de misticismo ou de ocultismo adotada por cada indivíduo. A diretriz: "Inflama-te pela oração", significando excitar as correntes internas do corpo, é a essência prática do Cristianismo, do Judaísmo, do Budismo, do Hinduísmo e de todas as formas legítimas de religião ou cultos secretos. Às técnicas de manipulação das energias do corpo, a Cabala Hermética acrescenta um programa de visualização interior. A pessoa começa por imaginar uma cena interior, um devaneio firmemente direcionado. Logo, porém, ela descobre que as coisas que estão acontecendo não são produto da sua imaginação.

O Tarô é, obviamente, ideal para esse tipo de visualização, conhecido como "percorrer os caminhos" ou "ascender pelos planos". O objetivo de qualquer elemento do Tarô consiste em direcionar a atenção do indivíduo para uma energia específica inteligente tal como ela é antropomorfizada em uma carta. Esse foco de atenção tende a afetar uma ligação inconsciente com a energia que a carta simboliza. Isso não significa sugerir que o Tarô ofereça algum tipo de atalho, pois ele não oferece. Aquele que opta por estudar o Tarô pelo método Cabalístico deve fazer isso de corpo inteiro e com discrição, sensibilidade e a aceitação de um certo tédio disciplinado até que se possam obter resultados positivos, coisa que às vezes chega a levar anos para acontecer. Os que fazem o sistema funcionar o conseguem por meio da dedicação disciplinada aos exercícios de meditação, sem qualquer tipo de preocupação com os resultados.

Mas os resultados de fato aparecem, e o indivíduo começa a ver todo o sistema de maneira muito diferente e a apreciar a fluidez com que as cartas devem ser interpretadas. Uma carta pode ter várias interpretações (algumas até mesmo aparentemente contraditórias), principalmente quando representa um Caminho nos níveis superiores da Árvore da Vida. Assim, os conceitos inerentes a uma carta nunca podem ser relacionados a umas poucas frases de efeito facilmente memorizáveis. Aleister Crowley, em sua obra *O Livro de Thoth*, chama a atenção para o fato de que aquilo que ele consegue dizer a respeito de uma carta também pode representar uma pequena parcela do seu significado, ou aparentemente não fazer sentido. Nessa atividade, Crowley muitas vezes encontrava uma carta tão profunda que era obrigado a recorrer aos símbolos da poesia para abordar suas implicações mais sérias. Ele também foi extremamente honesto ao reconhecer, no livro *The Confessions of Aleister Crowley*, que nem sempre conseguia entender completamente todas as cartas. Ele escreveu o seguinte:

> O verdadeiro significado dos *Atus of Tahuti*, ou Trunfos do Tarô, também está por ser plenamente compreendido. Estou convencido de que essas 22 cartas constituem um completo sistema de hieróglifos, representando as energias totais do Universo. No caso de algumas cartas [presumivelmente pertencentes ao seu próprio baralho] foi-me possível reconstituir sua forma original e desvendar-lhes completamente o significado. Outras, porém, só compreendo parcialmente, e em relação a algumas, por enquanto, não consegui formar mais do que uma ideia geral.[11]

O Tarô certamente se constitui em um grande potencial para a pessoa enganar a si mesma. Pode acontecer de acreditarmos ter compreendido algum aspecto do estudo e, não obstante, estarmos trabalhando com uma estrutura muito pessoal e distorcida. Por isso, o melhor é buscar orientação, a cada passo da experiência de aprendizado, nos documentos tradicionais sobre o assunto. No caso do Tarô, esses escritos são o *Sepher Yetzirah*, um livro muito pequeno por meio do qual relacionamos as letras hebraicas com as cartas do Tarô. Outra importante fonte de referência da Cabala Judaica é o *Zohar*, um comentário místico em muitos volumes que nunca foi totalmente traduzido para nenhuma língua europeia.

Alguns dizem que o maior de todos os livros Cabalísticos é o *Pentateuco*, de Moisés, os primeiros cinco livros da *Bíblia*. A essência da Cabala Judaica é constituída pelo estudo dos quatro primeiros livros, em hebraico, e dos fundamentos da numerologia.

À primeira vista, essas questões parecem ser extraordinariamente complexas. O aspecto intelectual da Cabala, porém, ao contrário da sua aplicação prática, pode ser facilmente compreendido por qualquer um que esteja disposto a atacá-lo com o vigor e a disciplina que se empregaria no aprendizado de uma nova língua. A Cabala é essencialmente artificial. Ela é um padrão definidor imposto sobre qualidades que, de outra maneira, seriam demasiado fluidas para que pudéssemos compreendê-las. Poderíamos citar, por exemplo, a ideia de periodização na história. Obviamente, não existe nenhuma linha de demarcação entre os séculos. Todavia, é uma medida útil colocar blocos de ideias e estilos sociais dentro de categorias rotuladas de maneira arbitrária como relativas aos séculos XVIII, XIX e XX.

A Aurora Dourada

Não é nenhuma coincidência que os três baralhos de Tarô mais importantes da era moderna, o de Waite, o de Crowley e o da Aurora Dourada, tenham sido produzidos por membros da Ordem Hermética da Aurora Dourada. Essa ordem, a herdeira intelectual dos cabalistas da Renascença e dos Rosa-Cruzes Barrocos, deu mais ênfase ao Tarô do que qualquer outro grupo cujas atividades tenham se tornado públicas. A ideia de que o Tarô sintetiza os princípios da Cabala Hermética, defendida por ela, tem sido fundamental para os modernos estudos esotéricos.

A Ordem Hermética da Aurora Dourada, particularmente na medida em que representa um fenômeno social, pode ser melhor compreendida quando examinada contra o pano de fundo da sua época. Hoje, Londres é uma metrópole enorme e sofisticada, um centro de comunicações e de comércio internacional. Nem mesmo a tradicional reserva dos ingleses ajuda a mascarar a vitalidade e a agitação da vida nessa cidade. A Londres de 1890 era mais tranquila e pitoresca. Podemos imaginar ruas ladeadas por árvores e lojas antigas, e carruagens puxadas a cavalo deslocando-se vagarosamente pelo calçamento de pedras arredondadas, transportando senhoras em vestidos longos e cavalheiros de cartola. A tranquilidade de algumas ruas de Londres, porém, contrastava acentuadamente com a sordidez das favelas ou com as áreas fabris da emergente nação industrial governada pela rainha Vitória. Essa era uma época e um lugar de grandes polaridades.

Essa sociedade serviu como um cadinho para as ideias da moderna Cabala Hermética, uma sociedade de caráter muito diferente daquela que conhecemos hoje. A Ordem da Aurora Dourada surgiu durante um dos períodos mais interessantes da história moderna, o *Fin de Siècle, La Belle Epoque*. Foi um período em que as pessoas estavam começando a avaliar e a colocar em perspectiva a grande quantidade de conhecimentos obtidos nas décadas anteriores.

Muitos historiadores consideram o extraordinário interesse dessa época pelo ocultismo como uma reação contra a industrialização e seu consequente materialismo. Em alguns círculos, havia certamente o medo de que a tecnologia das máquinas pudesse esmagar e destruir a individualidade. Outros tendem a ver o interesse pelas questões esotéricas como o resultado do contato com ideias orientais, em virtude da presença britânica na Índia e do subsequente nascimento da Teosofia. Entretanto, como quer que se veja o desenvolvimento do ocultismo no século XIX, assim como outros fios do tecido social, ele representou o fruto de gerações de estudiosos. O mesmo poderia ser dito, nessa época, a respeito das ciências, da política, da indústria e de todos os tipos de arte.

Em outras palavras, a virada do século trouxe mais alterações na filosofia e no modo de vida da humanidade do que qualquer outro período da história. Embora essas mudanças tenham sido rápidas e irresistíveis, elas não ocorreram do dia para a noite. Poderíamos fazer uma analogia com um balão que se enche de ar lentamente e, de repente, estoura. A Aurora Dourada foi uma onda de choque que começou a se formar com as filosofias Cabalísticas da Renascença.

Os que criticam a Aurora Dourada pela sua teatralidade deveriam compreender que ela surgiu a partir das mesmas forças sociais que estavam produzindo o teatro moderno, para não falar na literatura, na arte e na música modernas. Essa foi a era de Ibsen, de Stravinsky, de Henri Bergson (irmão da sra. Mathers), de William Morris, de Oscar Wilde, de Rimbaud e de Verlaine, de Van Gogh e de Gauguin.

É sob essa luz que a Ordem pode ser melhor compreendida. O que a Ordem fez foi coletar, concentrar e desenvolver toda a experiência anterior da Tradição Mística Ocidental. Os elementos da Cabala Hermética tornaram-se muito diferentes depois de passarem pelos aprimoramentos e as definições críticas da Aurora Dourada.

A Ordem foi criada em 1888, sob a liderança conjunta de William Wynn Westcott, S. L. MacGregor Mathers e W. R. Woodman. Sua legitimidade e a reivindicação de ser a herdeira dos princípios de Christian Rosencreutz (o pai do movimento Rosa-Cruz) basearam-se em um misterioso conjunto de "Manuscritos Cifrados" que caiu nas mãos de Westcott em 1887.

A história, já muito complicada, tornou-se ainda mais confusa pela probabilidade de que pelo menos alguns dos materiais distribuídos aos membros do grupo por Mathers *et al.*, com a garantia de serem originários da Antiguidade, haviam na verdade sido criados por eles.[12]

Os "Antigos Manuscritos Cifrados" estavam (de maneira suspeita) em inglês, traduzidos para um código muito simples inventado no século XVI pelo abade Trithemius (patrocinador de Agrippa). Essas páginas descrevem os rituais e a estrutura hierárquica da sociedade oculta e, ao que se supõe, originaram-se na Alemanha. Embora exista uma grande controvérsia a respeito da autenticidade desse documento, não há dúvida de que foram escritos por alguém que tinha um profundo conhecimento da tradição mística.

De qualquer modo, foi com base nessa legitimidade autoproclamada que se procurou arrebanhar adeptos para a nova ordem. Eles vieram das mais variadas áreas e, em 1890, incluíam William Butler Yeats, Annie Homiman e a atriz Florence Farr. A. E. Waite pertenceu ao grupo durante pouco mais de um ano. Ele posteriormente reincorporou-se ao grupo, mas acabou escrevendo de forma depreciativa a respeito de suas experiências com a Ordem.

Em 1892, Mathers tomou-se o único Chefe e foi criada a Ordem Segunda ou Interna (conferindo o grau de *Adeptus Minor*). Mathers era um organizador habilidoso, embora talvez dado ao uso de pequenos truques destinados a engrandecer sua própria imagem ou aumentar o brilho da Ordem aos olhos de seus membros. Problemas sérios começaram a surgir em 1895, decorrentes em grande parte da liderança autocrática de Mathers. Embora Mathers afirmasse estar em contato com os três "Chefes Secretos", Mestres invisíveis que orientavam os procedimentos da Ordem, os membros tornaram-se cada vez mais relutantes em aceitar suas afirmações a respeito de questões de fé. Aleister Crowley ingressou na Ordem em novembro de 1898 e logo se tornou discípulo do legendário Alan Bennett. Ele também conquistou o respeito de Mathers por sua inteligência e seu talento para as atividades esotéricas. Todavia, as mesmas qualidades de independência investigativa, que tão boa impressão causaram a Bennett e a Mathers, contribuíram para o surgimento de atritos com outros membros. Em 1899, após MacGregor e Moina Mathers terem se mudado para Paris, a fim de fundar um ramo continental da Ordem, os líderes do Templo de Londres decidiram rejeitar o pedido de Crowley para ingressar na Segunda Ordem. Essa decisão acabou provocando a desagregação da Ordem tal como fora originalmente concebida.

Em Paris, Mathers conferiu a Crowley o grau de *Adeptus Minor*. Isso, porém, provocou a ira dos membros de Londres, que votaram pela expulsão do próprio Mathers. Impávido, Mathers decidiu criar um novo grupo. Outros, incluindo Crowley, acabaram fazendo o mesmo e todos afirmavam que a sua confraria sim era autêntica e estava em contato com os Chefes Secretos.

Dessa maneira, os ensinamentos da Ordem se disseminaram pelo mundo à medida que grupos dissidentes foram se formando na Inglaterra, nos Estados Unidos e em outros países. Os métodos da Ordem passaram a ser do conhecimento público entre 1937 e 1940, quando foi publicado o quarto volume do livro *The Golden Dawn* [A Aurora Dourada] de Israel Regardie.[13] Essa obra contém todas as preleções e os rituais importantes da Ordem, bem como uma explicação completa a respeito dos princípios subjacentes a eles.

O Tarô da Aurora Dourada

Ao que se sabe, existe apenas uma referência publicada a respeito da origem do *Tarô da Aurora Dourada*. Ela é a autobiografia da artista e poetisa irlandesa Ella Young, publicada em 1945. No livro, chamado *Flowering Dusk* [Penumbra Florida], ela descreve uma visita à casa dos Mathers em companhia de Maud Gonne, um membro da Ordem. Maud fora trazida para o grupo por William Butler Yeats, que a cortejara sem sucesso durante muitos anos.

Ella Young teve sua atenção atraída por algumas grandes figuras de Deuses Egípcios feitas em papel mosaico, as quais MacGregor afirmara ter confeccionado em uma só noite.

> Ao voltarmos à tranquila rua, eu disse a Maud Gonne:
>
> "Como ele espera que acreditemos que ele fez aqueles mosaicos numa noite?"
>
> "Penso que é muito provável que seja verdade".
>
> "Mas cortar aquelas tiras de papel, separar as cores e colá-las no lugar certo – isso sem falar na criação e no desenho das figuras. [...] Não me parece que seja possível!"
>
> "Ele consegue fazer coisas assim. Uma vez resolveu que a sociedade deveria ter cartas de Tarô. Imediatamente ele tomou um maço de cartas em branco, pediu a um dos membros para marcá-las, entrou numa sala e pouco depois voltou com as cartas marcadas. Os símbolos do Tarô estavam pintados nelas. As cartas usadas pela sociedade são copiadas desse baralho. Eu vi essas cartas. Desenhá-las tão rapidamente foi uma façanha equivalente à elaboração dos mosaicos de papel".[14]

Ao que parece, um baralho melhorado foi pintado pela sra. Mathers, uma artista consumada. O baralho feito por ela foi posteriormente emprestado aos membros da Ordem Interna, os quais foram solicitados a copiá-lo à mão. Esse foi o procedimento adotado pela loja da Aurora Dourada a que Israel Regardie pertenceu, a Stella Matutina, embora na época a preparação de um conjunto de cartas de Tarô fosse opcional.

As fotografias do *deck* de Regardie (o original foi roubado) serviram de base para *O Tarô da Aurora Dourada*, pintado por Robert Wang sob a orientação de Regardie e publicado em 1978.

O Baralho Rider-Waite

Em 1910, Arthur Edward Waite e a artista Pamela Colman Smith criaram o que veio a tornar-se o baralho de Tarô mais popular da história, chamado geralmente de "Baralho" *Rider* por causa de seu fabricante, William Rider & Son*. A produção desse baralho foi comentada por Waite em sua autobiografia, *Shadows of Life and Thought*:

> Embora *The Secret Tradition in Goetia* tenha sido o meu primeiro trabalho de fôlego com o selo Rider, ele foi precedido em 1910 por uma deliciosa experiência com as assim chamadas Cartas Divinatórias do Tarô, também denominadas *O Livro de Thoth* pelo meu velho amigo Éliphas Lévi. Nessa época havia uma artista paranormal extremamente imaginativa chamada Pamela Colman Smith, que se deixara levar para a Aurora Dourada e passara a apreciar suas cerimônias – modificadas por mim mesmo –, sem pretender ou sequer tentar compreender suas consequências mais profundas. Parecia-nos a alguns de nós, membros do círculo, que havia no nosso meio uma desenhista que, sob orientação adequada, seria capaz de produzir um Tarô com um valor artístico e uma capacidade de sugerir significados simbólicos que ultrapassariam os sonhos daqueles que, durante muitas gerações, haviam produzido e utilizado essas cartas com meros propósitos divinatórios. Coube a mim cuidar para que os desenhos – especialmente aqueles dos Arcanos Maiores – mantivessem o caráter oculto inerente a determinados Grandes Mistérios cujos Caminhos eu estava percorrendo. Não estou obviamente insinuando que, nessa época, a Aurora Dourada tivesse algum significado profundo herdado das cartas do Tarô; porém, se posso me expressar assim, foi sob a minha supervisão que se divulgaram os conceitos de que os seus Símbolos – ou pelo menos alguns deles – eram portais que davam para esferas de visão situadas além dos sonhos ocultos. Percebi, portanto, que Pamela Colman Smith não deveria

---

* A difusão do título Rider-Waite se deve à difusão mundial empreendida pela empresa estadunidense U. S. Games Inc., sob o comando de Stuart Kaplan. Confira o "Tarô Original Waite-Smith 1909" para maiores detalhes. (N. do RT.)

captar ao acaso quaisquer imagens instáveis da minha própria mente ou da mente de outras pessoas. Ela teve de entrar em contato, de maneira cuidadosa e gradual, com a carta da Sacerdotisa, com a do Louco e com o do Pendurado. [...] Quem se interessar por estudar seriamente o Simbolismo do Tarô fará bem em selecionar o conjunto de cartas coloridas produzidas sob minha supervisão pela senhorita Pamela Colman Smith.[15]

Existem aqui duas ideias que talvez possam ajudar a explicar as primeiras desavenças de Arthur Waite com a Ordem da Aurora Dourada. Ele sugere que não apenas "modificou" as cerimônias da Ordem como também apresentou aos seus membros o verdadeiro significado do Tarô.

Esses pronunciamentos não lhe trouxeram muitos amigos e estimularam Aleister Crowley a publicar alguns comentários bastante mordazes. Um desses artigos, publicado no *The Equinox*, foi um falso necrológio do ainda vivíssimo Waite, não faltando nem mesmo grossas tarjas pretas em cada página. O título do artigo foi: "Dead Weight" [Peso Morto].* O artigo começava da seguinte maneira: "É com o mais profundo pesar que comunicamos o falecimento... do venerável santo conhecido na terra como Arthur Edward Waite". O texto prosseguia com uma falsa biografia. "A carreira de Arthur Edward Waite foi determinada pela admirável capacidade de percepção de seu pai. 'Ned, meu filho', disse-lhe ele quando o futuro santo mal completara 6 anos de idade, 'vejo que a inteligência não é o seu forte. Mas não tem importância. Se não pode ser esperto, tente convencer as pessoas do contrário!'"[16]

Crowley foi um duro adversário, um espinho no pé de Waite durante décadas. Entretanto, Waite na verdade pode ter sido o último a rir, pois em sua extensa autobiografia ele não menciona uma única vez o nome de Crowley.

O *Tarô de Thoth* de Aleister Crowley

O Tarô de Crowley tem uma história longa e complexa. Não apenas Lady Frieda Harris levou cinco anos para pintar as cartas, como o trabalho completo teve de esperar vinte e cinco anos para ser publicado.

A primeira (e pouco conhecida) impressão foi feita em caráter particular por Carr Collins e sua Fundação do Santo Graal, com sede no Texas. Foi uma impressão muito ruim, em uma única cor. Somente em 1969 um editor norte-americano de livros de ocultismo lançou a primeira edição em cores, sendo a

* Em inglês, a pronúncia de "weight" (peso) e de "Waite" é muito semelhante. (N. do T.)

impressão na verdade feita em Hong Kong. Lady Harris, por cuja vontade o baralho seria produzido apenas pelo impressor inglês que fazia os selos postais para o Governo, sem dúvida alguma teria ficado muito desapontada (se não indignada) com essas edições.

Em 1979, as cartas finalmente foram publicadas em uma edição de acordo com os mais elevados padrões tipográficos. Para se chegar a esse ponto, porém, foi preciso superar vários obstáculos. No intervalo entre a edição da Fundação do Santo Graal e a edição corrigida, o curador da coleção dos documentos Crowley, mantidos no Instituto Courtauld, em Londres, recusou-se a permitir que os desenhos originais fossem fotografados. A grande coleção Crowley, doada ao Courtauld por Gerald Yorke, havia sofrido diversos furtos e o museu estava se tornando cada vez mais cauteloso quando se tratava de autorizar o acesso a esses objetos. Foi somente após mais de dois anos de negociações entre a Weiser e o Courtauld que por fim surgiu o primorosamente produzido *Tarô de Thoth*. O projeto de pintar as cartas foi iniciado em 1938 e concluído em 1943, conforme a narrativa feita por Lady Harris em uma palestra proferida no Tomorrow Club, a qual continua sendo a única declaração pública a respeito de seu papel no desenvolvimento do baralho:

> Eu lhes contarei agora como foi que pintei aquelas cartas e me esforçarei ao máximo para descrever claramente os acontecimentos. Fiquei interessada no Tarô depois de ler o livro de Ouspensky, *The Model of the Universe**. Consegui encontrar pouquíssimas informações ou pesquisas sobre o assunto, até conhecer A. C. Ele estudara seriamente as cartas durante quarenta anos. [...] Pedi que me ajudasse e ele o fez, com grande paciência e cortesia. Nos cinco anos seguintes, lutamos para avançar através do enorme volume de tradições derivadas de fontes tão diversas quanto maçons, alquimistas, magos, Cabalistas, geômetras, gemátricos, matemáticos, simbolistas, adivinhos, numerologistas, druidas, espiritualistas, psicólogos, filologistas, budistas [*sic*], yogues, psicanalistas, astrólogos e, até mesmo, heraldistas, todos os quais deixaram sua marca nos símbolos utilizados. A partir dessas diversas fontes, nós nos esforçamos por recuperar as simples e sagradas formas originais das cartas, além de indicarmos o Novo Aeon de Hórus, uma aparição aterradora. [...] As cartas libertaram minha mente e fui levada por pensamentos que só podem ser expressos por arquejos e soluços. [...] Jamais tentei pintá-las com a ajuda de transes, escrita automática, sessões espíritas, médiuns, autossugestão, drogas ou deixando os pensamentos fluírem.

* *Um Novo Modelo do Universo.* São Paulo: Pensamento, 1987 (fora de catálogo). [N. do T.]

> Elas são resultado de trabalho duro, de pesquisas honestas e do bom senso – os quais, creio eu, são as verdadeiras magias – e foram feitas ao ar livre e sob o sol do campo.[17]

Os comentários de Lady Harris refletem a profunda pesquisa interna necessária para se produzir um trabalho oculto dessa magnitude. De fato, qualquer artista que tenha pintado todo um baralho de Tarô concordaria com um de seus comentários que denotam maior frustração: "Às vezes, quando me sinto esmagada por todos esses significados, repito para mim mesma as palavras de *Alice no País das Maravilhas*: 'Quem se importa com você? Você não é nada além de um maço de cartas'".[18]

O *Livro "T"*

Os baralhos Aurora Dourada de Waite e de Crowley se baseiam nos princípios do *Livro T*, um conjunto de textos sobre Tarô publicado por uma facção da Ordem da Aurora Dourada. A principal sugestão desses documentos é que a Cabala e a Árvore da Vida são a chave do Tarô. Não há dúvida de que, sem um certo conhecimento básico dos símbolos da Cabala, os baralhos modernos apresentados aqui seriam incompreensíveis. Há necessidade também de se conhecer o alfabeto hebraico visto que, tal como são utilizadas nos estudos esotéricos, cada letra hebraica é um símbolo e corporifica um bloco de conceitos. Todas as implicações da imagem simbólica da carta *O Louco* também são inerentes à letra hebraica *Aleph*. Uma das peculiaridades dos Mistérios é que muitos aspectos do estudo são tão profundos que um símbolo só pode ser explicado em termos de outro e o estudioso penetra no círculo através do símbolo que ele compreende melhor.

O *Livro T*, uma complexa representação dos símbolos do Tarô, desenvolve uma fórmula que apareceu pela primeira vez nos *Manuscritos Cifrados*. Ela contém a ordem dos Trunfos e a relação entre os Trunfos e as letras hebraicas. O mais importante de tudo é a extraordinária atenção conferida ao Tarô. Precisamos compreender que o *Livro T*, o Tarô, é a chave secreta, não apenas para a Cabala Hermética, mas também para todo o esoterismo ocidental.

O livro começa assim:

> HRU O GRANDE ANJO está Conduzindo as atividades da Sabedoria Secreta. "Escreve num Livro o que viste e envia-o aos Sete Moradores de Assiah." "E na mão direita Dele, que estava sentado num Trono, vi um livro selado com Sete

> Selos." "E ouvi um vigoroso Anjo proclamar em voz alta: 'Quem é digno de abrir os Livros e de romper seus selos?'"[19]

A passagem com a qual o *Livro T* é iniciado certamente representa a atitude da Ordem em relação ao baralho do Tarô. A passagem foi tirada do *Apocalipse* de São João, capítulo cinco. Depois de o Santo ter ascendido ao Reino dos Céus, mostram-lhe um pergaminho e lhe dizem que ninguém na Terra é digno de abri-lo. O Cordeiro de Deus, porém, tendo dado o seu sangue pela humanidade, é considerado à altura desse ato.

Sugere-se que o Tarô é o livro mencionado no *Apocalipse* e a chave para o Universo. Obviamente, não é o baralho do Tarô, por si, que constitui o chamado *Livro T*. A sugestão, na verdade, é que a chave para o Cosmos é a nossa percepção dos padrões subjacentes da qual o baralho do Tarô é um símbolo externo.

Esse "Livro", ou conjunto de padrões universais, porém, não está ao alcance de nenhum ser humano deste planeta. Ele só pode ser aberto pelo Cordeiro de Deus, que neste contexto é Cristo-Buda-Osíris. Apenas os iniciados no ramo da Cabala (*Tiphareth*) podem compreender plenamente o Tarô. Aqui, a iniciação a *Tiphareth* pode ser entendida como um "sacrifício de sangue humano" no sentido de envolver a perda da personalidade do Eu tal como ela era conhecida anteriormente.

Além disso, vemos que o *Livro T* é descrito nos documentos Rosa-Cruzes como tendo sido encontrado na mão de Christian Rosencreutz quando seu corpo foi descoberto em perfeito estado em Vault. A Ordem da Aurora Dourada afirmava descender diretamente de Rosencreutz e, aparentemente, pretendia sugerir que detinha a posse do maior segredo dos Rosa-Cruzes originais. Deve-se, portanto, concluir que a Ordem via o Tarô como o receptáculo simbólico do seu principal e mais secreto ensinamento.

O membro recebia informações a respeito do Tarô (bem como de quase todas as outras coisas importantes) depois de ter passado por um processo de iniciação e de ter alcançado o grau de *Adeptus Minor*. Esse grau estabelecia uma ligação com *Tiphareth*, o centro de Cristo e com outros deuses sacrificados. Assim, só quando o membro chegava à condição de Cordeiro de Deus (sendo simbolicamente crucificado em um ritual) é que ele era considerado digno de abrir os selos do *Pergaminho do Apocalipse*, do *Livro T, do Tarô* ou de como quer que os padrões do Cosmos possam ser chamados. O importante não é o livro propriamente dito mas a nossa capacidade de interpretá-lo. Esse ato é a abertura dos selos.

A Cabala

Tal como é entendida hoje, a palavra Cabala significa uma tradição ou aquilo que é recebido. Significa também um sistema metafísico bastante específico. Na Antiguidade, porém, "Cabala" tinha um significado mais geral e queria dizer *A Lei*. Esta tanto poderia ser uma lei oral como a de Moisés, contida nos cinco primeiros livros da Bíblia, *A Torá* (chamada de *Pentateuco*, em grego). Foi somente no século XII que o termo adquiriu o significado preciso que tem hoje.[20]

Existem duas escolas diferentes de Cabala: a do Judaísmo e a chamada Cabala Hermética, que é produto dos conceitos da Renascença Italiana. Pode haver alguma dificuldade aqui porque em qualquer das formas de Cabalismo os nomes de Deus são aqueles do Antigo Testamento, o hebraico é a língua básica e os principais textos pertencem à tradição judaica. Todavia, embora a Cabala Judaica e a Cabala Hermética recorram às mesmas fontes literárias, existem acentuadas diferenças entre as duas tanto na interpretação dos textos como nas atividades práticas.

A diferença mais significativa está relacionada com a representação pictórica. A lei mosaica proíbe o uso de ilustrações que apresentem a forma humana: "É igualmente proibido desenhar a figura humana, mesmo que seja apenas um rosto. [...] Entretanto, apenas não é permitido o rosto completo, isto é, com dois olhos e um nariz. Um perfil não é proibido".[21] Qualquer espécie de idolatria era sacrilégio, o que talvez possa explicar a relutância de alguns estudiosos judeus em usar até mesmo a Árvore da Vida em suas publicações.[22] Mais importante ainda é que, ao passo que um místico cristão ou um Cabalista hermético irá produzir uma representação pictórica como um recurso para a exploração interior, um místico judeu procura uma experiência direta de pura consciência.

Existem obviamente inúmeras outras diferenças entre as Cabalas Hermética e Judaica, inclusive quanto às maneiras pelas quais os Nomes Divinos são empregados. Todas essas diferenças são mais bem compreendidas em termos do desenvolvimento histórico do ocultismo ocidental. Foi por volta do século II d.C. que as Tradições de Mistérios Ocidentais começaram a surgir, embora presumivelmente baseadas em elementos transmitidos por uma tradição oral secreta muito antiga.

As Origens da Cabala

Muitos textos Cabalísticos, mesmo nos dias de hoje, afirmam que a Cabala é um conjunto de conhecimentos esotéricos revelados a Moisés no Monte Sinai, ligando-a assim à própria criação da Lei Judaica. Sugere-se que Deus tenha ditado os cinco livros da Bíblia a Moisés oferecendo em seguida um código secreto para sua interpretação.

Uma outra tradição (popularizada no século XV e a única ensinada pela Aurora Dourada aos seus membros) diz que a Cabala foi originalmente revelada pelos anjos a Adão para que pudesse voltar ao Paraíso depois do Pecado Original. MacGregor Mathers citou Christian Ginsburg ao prefaciar o livro *The Kabbalah Unveiled*:

> A Cabala foi ensinada primeiramente pelo próprio Deus a um seleto grupo de anjos que formaram uma escola teosófica no Paraíso. Depois do Pecado Original, os anjos bondosamente ensinaram essa doutrina celestial aos desobedientes filhos da terra para dotar os protoplastos com os meios para voltar à sua primitiva nobreza e felicidade. De Adão ela passou para Noé e depois para Abraão, o amigo de Deus, que a levou para o Egito, onde o Patriarca deixou parte dessa misteriosa doutrina. Foi assim que os egípcios obtiveram algum conhecimento a seu respeito e que as outras nações orientais puderam incorporá-la a seus sistemas filosóficos. Moisés, que estudara todo o saber do Egito, foi iniciado na Cabala em sua terra natal, porém adquiriu maior proficiência na sua viagem através do deserto. Ele não só se dedicou a ela em suas horas de lazer durante todos os quarenta anos, como também recebeu lições de um dos anjos sobre esse assunto. Apesar de todas as guerras, migrações e infortúnios que frequentemente afligiram sua nação, com a ajuda dessa misteriosa ciência o Patriarca conseguiu superar as dificuldades surgidas durante o período em que conduziu os israelitas. Disfarçadamente, ele introduziu os princípios dessa doutrina secreta nos quatro primeiros livros do Pentateuco, mas não os incluiu no Deuteronômio.[23]

É triste, talvez, mas essa encantadora narrativa não guarda nenhuma relação com os fatos históricos, visto que a Cabala surgiu em consequência de um longo e complexo desenvolvimento que se iniciou com o Misticismo Merkabah.

"Merkabah", que significa "carruagem", foi a primeira forma de misticismo judaico, anterior à Cabala.[24] Foi a carruagem que transportou o Trono de Deus ou Trono do Mundo, descrito pelo profeta Ezequiel e tido pelos místicos judeus como complemento dos primitivos mistérios do Hermetismo e do Gnosticismo Cristão.[25] O século II testemunhou a fusão de um grande número de tendências, e Scholem afirma categoricamente que: "A Cabala, do ponto de vista histórico, pode ser definida como um produto da interpenetração entre o Gnosticismo Judaico e o Neoplatonismo".[26]

Durante a fase final do Império Romano e o início do Cristianismo, havia o Gnosticismo Cristão, o Gnosticismo Judaico, o Neoplatonismo, o Neopitagorismo, o Hermetismo (religião pseudoegípcia) e muitos cultos obscuros, todos interpenetrando-se de formas sutis. O misticismo judaico dessa época é discutido por Scholem em seu estudo pioneiro intitulado *Major Trends in Jewish Mysticism* [Correntes Principais no Misticismo Judaico], ao passo que os desenvolvimentos cristãos foram relatados por Elaine Pagels em *The Gnostic Gospels**.

Esses estudiosos buscam a verdadeira origem dessas ideias que foram objeto de controvérsias ao longo das gerações e que constituem a base da moderna Cabala Hermética. É importante reconhecer que, em relação à maioria dos aspectos dos Mistérios, não existe a necessidade de invocar a cortina de fumaça da "tradição secreta oral". A maior parte dos que deram alguma contribuição à Cabala foram muito claros a respeito de seus trabalhos e de suas fontes. Em qualquer sistema moderno, é muito pequena a quantidade de elementos para os quais não se possa encontrar um precedente histórico.

O Sepher *Yetzirah* (O Livro da Criação)

Este livro constituído por seis breves capítulos, surgido entre os séculos III e VI d.C., é a pedra angular da literatura Cabalística e o documento onde a palavra *Sephiroth* aparece pela primeira vez. Trata-se de uma obra que descreve a criação do Universo em termos das letras do alfabeto hebraico e de números simbólicos indubitavelmente relacionados com o Neopitagorismo. O *Sepher Yetzirah* é aparentemente um resumo das primeiras ideias do misticismo judaico e equivale ao que a *Pistis Sophia* significou para o Gnosticismo.

---

* *Os Evangelhos Gnósticos*. São Paulo: Cultrix, 1990 (fora de catálogo). [N. do T.]

A origem exata e o propósito do *Sepher Yetzirah* é objeto de controvérsias. Um autor do início do século XIX, cheio de boas intenções, chegou a sugerir que esse texto místico não era mais que um livro de gramática e que, "sendo a primeira gramática hebraica, contém não apenas as regras fundamentais da ortografia hebraica como também um relato a respeito da origem das letras e numerais".[27] Embora essa teoria, obviamente, não deva ser levada a sério, ela serve para demonstrar como são grandes as diferenças de interpretação a que os documentos Cabalísticos estão sujeitos. Por outro lado, o *Sepher Yetzirah* é uma obra muito difícil e obscura, tão abstrata que exige uma abordagem atípica. Quando utilizado em conjunto com o Tarô, porém, o trabalho torna-se extraordinariamente claro.

Embora o ideal seja que o *Sepher Yetzirah* seja lido no original em hebraico, existem diversas traduções para o inglês. É necessário também observar que um documento posterior intitulado *The Thirty Two Paths of Wisdom* (Os Trinta e Dois Caminhos de Sabedoria) costuma ser apresentado junto com o *Sepher Yetzirah*.[28]

O Cabalismo Medieval

O *Sepher Yetzirah* preparou o terreno para o misticismo judeu ao fundir as diversas correntes místicas em um contexto judaico. Considerado o "primeiro texto hebraico de reflexões sistemáticas e especulativas",[29] suas ideias foram desenvolvidas adicionalmente por estudiosos posteriores. Enquanto a própria palavra *Sephiroth*, por exemplo, foi originalmente usada com o significado de simples números ou estágios numéricos da criação, na Idade Média essa palavra veio a adquirir o significado de um sistema específico de emanação Divina.[30]

Uma das ideias mais importantes acrescentadas pelos estudiosos medievais foi a de que se poderia encontrar relações numerológicas entre as palavras (e, portanto, entre os conceitos) por meio da *Gematria*. A introdução da Gematria serviu para dois propósitos. Primeiro, ajudou a assegurar que os escribas iriam escrever os nomes tal como os haviam recebido: segundo, serviu como um incentivo para uma meditação séria a respeito dos Nomes.

Em algum momento entre 1150 e 1200, no sul da França, surgiu uma outra obra Cabalística muito importante. Trata-se do *Sepher-ha-Bahir*, supostamente um livro da Antiguidade porém, muito provavelmente, produzido a partir de diversos escritos de origem germânica ou oriental.[31] O *Bahir* contém a primeira referência a uma "Árvore Secreta" e é o primeiro a descrever as *Sephiroth* como receptáculos da Luz Divina. Uma tradução inglesa da obra, feita por Aryeh Kaplan, foi publicada mais tarde.[32]

O século XIII foi particularmente importante para a Cabala Judaica. Foi nessa época que Isaac, o Cego, um erudito de Narbona, na França, escreveu seus comentários sobre o *Sepher Yetzirah* e descreveu-o pela primeira vez como uma obra que continha um desenvolvimento sistemático das *Sephiroth*. Ele também desenvolveu algumas ideias expressas no *Bahir*,[33] tal como outros fizeram em seus dias. O resultado do estudo do *Sepher Yetzirah* em termos do *Bahir* foi que os estudiosos começaram a discutir conjuntamente as Dez *Sephiroth* e *Os Trinta e Dois Caminhos de Sabedoria*.

Outra importante ideia que apareceu nessa época, na França e na Espanha, foi de que havia *Sephiroth* más existindo em uma exata correlação com as boas.[34] Esse conceito foi extensivamente desenvolvido por alguns dos membros da Aurora Dourada.

Foi nesse clima de fruição místico-intelectual que surgiu o maior de todos os tratados Cabalísticos – *O Zohar* – escrito por Moisés de León entre 1280 e 1286.[35] Trata-se de um conjunto de comentários sobre a Bíblia e a cosmologia mística.

Durante gerações, acreditou-se que *O Zohar* fosse um trabalho originário da Antiguidade. O próprio texto procura dar a impressão de ter sido escrito por um rabino do século II, Shimon bar Yochai. Além disso, *O Zohar* é escrito basicamente no antigo aramaico, língua a partir da qual surgiram tanto o hebraico como o árabe. Moisés de León deve ter achado que o seu trabalho seria levado mais a sério se fosse atribuído a um autor antigo. Ele provavelmente estava certo, pois *O Zohar* rapidamente veio a se tornar o texto mais importante do misticismo judaico. Devemos ainda acrescentar que, entre aproximadamente 1500 e 1800, a Cabala era amplamente considerada como sendo a verdadeira essência da teologia judaica,[36] e não uma simples curiosidade, como atualmente é vista pelos judeus.

Infelizmente, porém, *O Zohar* nunca foi traduzido por completo para uma língua europeia. Apesar de bem traduzidos, os cinco volumes da edição inglesa organizada por Maurice Simon e Harry Sperling,[37] representam apenas 35% do trabalho original. Os tradutores optaram por suprimir as partes que acreditavam serem edições posteriores ou que consideraram excessivamente obscuras. Três dos textos omitidos, porém, podem ser encontrados no livro *The Kabbalah Unveiled*,[38] o qual contém um brilhante prefácio escrito por MacGregor Mathers e foi traduzido para o inglês a partir da *Kabbalah Denudata*, obra escrita em latim por Knorr von Rosenroth e publicada em 1677. Os textos em questão incluem-se entre os mais difíceis de *O Zohar*. São eles: *The Book of Concealed Mystery* [O Livro Secreto dos Mistérios], *The Greater Holy Assembly* [A Assembleia Sagrada Maior] e *The Lesser Holy Assembly* [A Assembleia Sagrada Menor]. Não faz muito tempo, foi lançada uma esplêndida e acessível antologia em três volumes de textos do *Zohar* em inglês. Trata-se de *The Wisdom of the Zohar*, de Isaiah Tishy, publicada pela Oxford University Press.

Existe apenas uma tradução completa para uma língua moderna (em hebraico). Os 21 volumes de tradução e comentários, feitos pelo falecido Yehuda Ashlag, são descritos por Scholem como "uma tradução extremamente literal (e não destituída de muitos equívocos textuais)".[39]

A Renascença: Hermetismo e Cabala Cristã

A chave para o entendimento da moderna Cabala Hermética é o espírito da Renascença, que fundiu a Cabala Judaica com os Mistérios Herméticos. Durante esse período de intensa atividade intelectual, os filósofos descobriram correntes anteriormente ocultas do misticismo judaico e tentaram adaptar essas ideias à estrutura cristã. Chegou-se até mesmo a dizer que, por meio da Cabala, se poderia provar a divindade de Cristo.

A Renascença foi uma época na qual o ser humano se considerava a joia da coroa do Universo. Ele era "a medida de todas as coisas" e não o humilde pecador a expiar o Pecado Original, como afirmara o dogma medieval. Assim, as atividades criativas e intelectuais, bem como um constante questionamento dos princípios estabelecidos, vieram a adquirir maior importância do que os valores institucionalizados do passado. Em outras palavras, pode-se dizer que uma sociedade antes dominada pela Igreja tornou-se secularizada. As crenças e os sentimentos do período medieval foram suplantados pelo chamamento em favor de uma visão mais racional da condição humana. Embora a sociedade fosse nominalmente cristã, os teólogos e filósofos tinham muita liberdade.

Essa liberdade para questionar e investigar alguns dos princípios mais fundamentais da cristandade alcançou o seu nível mais elevado na Academia Médici, em Florença. Na verdade, praticamente todo o ocultismo moderno deriva dos desenvolvimentos feitos pelos estudiosos dessa época e desse lugar.

Os Médici eram uma família extremamente rica, que governou Florença do século XV até 1737. Sua principal contribuição foi como patronos das artes, um programa que se iniciou com Cosimo, o primeiro dos grandes Médici, e continuou com Lorenzo, "o Magnífico", patrono de Leonardo, de Michelangelo e de Maquiavel.

Cosimo de Médici fundou a Academia Platônica, dedicada ao estudo da filosofia grega e um núcleo de ideias neoplatônicas. Tratava-se de um centro de estudos aberto, muito semelhante ao que é hoje o Instituto de Estudos Avançados da Universidade de Princeton.

Cosimo era um entusiástico colecionador de manuscritos. Em 1460, um manuscrito grego da *Hermética* chegou a suas mãos vindo da Macedônia, e ele o considerou extraordinariamente importante. A reputação dos trabalhos sobre Hermes Trismegisto como sendo uma chave para todo o conhecimento era tão considerável que Cosimo instruiu Marsílio Ficino, diretor de sua Academia, a deixar de lado *A República* e *O Banquete* (também conhecido como *Symposium* ou *Symp.*) de Platão e traduzir primeiro a *Hermética*.[40]

Os filósofos do início da Renascença acreditavam que esses documentos continham as ideias centrais da mais antiga religião egípcia, que os conduziria à própria fonte da iluminação.[41] A abordagem maravilhada desses filósofos e sua crença total na correção desses papéis serviu de base para a magia da Renascença e para toda uma escola do Neoplatonismo. Foram essas ideias que precederam a entrada da filosofia Cabalística na Academia Médici.

O que se chama de Cabala Cristã foi também um desenvolvimento feito na Academia Médici e a principal realização de Pico della Mirandola, um dos eminentes intelectuais da corte. Foi Pico que traduziu os principais textos Cabalísticos para o latim. E foi ele também que, em suas *72 Conclusões Cabalísticas* (parte da sua obra *900 Teses*), afirmou que "não existe ciência melhor que a magia e a Cabala para nos convencer da divindade de Jesus Cristo".[42] O décimo quarto princípio Cabalístico de Pico afirmava que, ao se acrescentar a letra hebraica [ש] (shin) ao nome divino [יהוה] (Yod, He, Vau, He), produzindo [יהשוה] *Jeheshua*, o nome hebraico de Jesus, tornava-se possível pronunciar o impronunciável nome de Deus. Do ponto de vista da Cabala Hermética e da Aurora Dourada, esse fato tem um significado especial. O princípio mais importante da Cabala Hermética atual talvez seja o de que todas as coisas são quatro elementos ativados por um quinto, que é o Espírito. Yod é o Fogo, He é a Água, Vau, o Ar, o último He é a Terra e Shin é o Espírito.

Pico inspirou a obra de Johannes Reuchlin, o primeiro não judeu a escrever sobre a Cabala. Ele parte da premissa de que a história da humanidade se divide em três períodos. No primeiro período Deus revelou-se aos patriarcas judeus através do nome tríplice [שדי], Shaddai. O segundo período foi o de Moisés e do Talmude, quando Deus se manifestou com um nome de quatro letras (Tetragramaton): [יהוה]. Por fim, veio o período da redenção humana através do Cristo, quando Deus se revelou na forma do nome de cinco letras [יהשוה], Jeheshua.

Portanto, Pico della Mirandola e Johannes Reuchlin tornaram-se os fundadores dos aspectos filosóficos do Cabalismo Cristão. O primeiro trabalho prático da corrente iniciada por eles foi produzido por Heinrich Cornelius Agrippa (Córnélio Agrippa), cuja obra *Três Livros de Filosofia Oculta* de 1531 teve ampla divulgação.[43] Foi Agrippa, porém, o responsável pela associação extremamente negativa da Cabala com a bruxaria e a feitiçaria, uma crença que ainda hoje goza de larga aceitação.

Todas essas obras literárias foram estimuladas pelos progressos sociais do Ocidente. Boa parte das correntes intelectuais do século XV remontam à conquista do Império Bizantino pelos turcos, em 1453, e à subsequente migração de sábios gregos para a Itália. Uma tendência semelhante aconteceu em 1492, quando os judeus foram expulsos da Espanha e muitos eruditos judeus também se fixaram na Itália, aproveitando o terreno que Pico preparara para eles com sua obra *900 Teses*, de 1486.

Havia um interesse generalizado pelo misticismo hebraico no final do século XV, e entre os defensores da Cabala Cristã incluíam-se importantes prelados e teólogos católicos, os quais viam a Cabala como um veículo para a renovação intelectual da fé. Assim, a Cabala Cristã, combinada com elementos do Hermetismo, veio a se tornar a principal tendência ocultista durante a Renascença italiana.[44]

A atitude Renascentista em relação às ciências Herméticas modificou-se acentuadamente cerca de cem anos depois, quando Isaac Casaubon declarou que a *Hermética* era um documento forjado pelos primeiros cristãos e não um texto egípcio. Ele afirmou que os livros foram escritos por um cristão ou semicristão na tentativa de tornar essas doutrinas mais aceitáveis aos pagãos.[45] O trabalho de Casaubon produziu um significativo declínio no interesse pela magia, uma atividade Renascentista que tinha aceitação generalizada antes de suas revelações. Hoje se sabe que os documentos Herméticos não eram falsificações, mas datavam de um período ainda posterior ao que Casaubon acreditava.

A despeito das esmagadoras evidências de Casaubon, alguns autores, incluindo Robert Fludd e Athanasius Kircher, preferem ignorar a realidade histórica e continuam a declarar que os textos Herméticos são obra de um iniciado do antigo Egito chamado Hermes Trismegistos.[46]

O Mago da Rainha

A próxima figura importante que encontramos é o dr. John Dee (1527-1608), o grande filósofo elisabetano que, junto com Edward Kelly, desenvolveu a Magia Enoquiana, posteriormente ampliada por MacGregor Mathers. Dee compartilhava as ideias de homens como Pico della Mirandola e Agrippa e poderia ser considerado o seu equivalente inglês. Além do mais, tal como os metafísicos italianos, ele desfrutava da proteção da corte real, sendo conselheiro e confidente da Rainha Elisabete I.[47]

Dee produziu dois trabalhos de grande importância na história do ocultismo. O primeiro foi *A Mônada Hieroglífica*, um obscuro tratado de alquimia e matemática. O segundo foi *True and Faithful Relation* [Ligação Verdadeira e Leal], no qual registra suas atividades com Edward Kelly, época em que o sistema enoquiano lhes foi "revelado" pelos espíritos. Apesar do estilo pesado característico do século XVII, trata-se de um livro surpreendentemente vivo e interessante, que inclui preciosidades como a decisão dos dois pesquisadores de trocarem as esposas entre si.

Esses dois trabalhos foram importantes para o desenvolvimento da moderna Cabala Hermética. *A Mônada Hieroglífica* forneceu as bases filosóficas para as ideias de Johann Valentine Andrae, autor de pelo menos uma das alegorias rosa-crucianas (onde estão as origens da Aurora Dourada). E as ideias de *True and Faithful Relation* foram extraordinariamente desenvolvidas por Mathers, que chegou a criar um jogo de xadrez enoquiano. Apesar de esse último ser praticamente desconhecido, o jogo tem uma profunda relação com o Tarô e é tido por muitos como o mais poderoso mecanismo para adivinhação jamais inventado. Mathers usou a forma de Deuses Egípcios dispostas sobre quatro tabuleiros derivados daqueles criados por Dee e, assim, incorporou ideias Herméticas (provavelmente por influência de Fludd) ao sistema de Dee.

Os Rosa-Cruzes

A doutrina e as práticas dos Rosa-Cruzes, desenvolvidas na Boêmia no início do século XVII, parecem ser o resultado direto das viagens de John Dee pela Alemanha em 1589.[48]

Existem três obras fundamentais para a filosofia rosa-cruciana. O primeiro desses trabalhos é o *Fama Fraternitas*, escrito na Alemanha e publicado pela primeira vez em 1614 (embora tenha circulado na forma de manuscrito durante aproximadamente quatro anos). O *Fama Fraternitas* ou *A Discovery of the Fraternity of the Most Noble Order of the Rose Cross*, conta a história do misterioso Christian Rosencreutz e de sua fraternidade, dedicada a curar os doentes. O texto descreve a descoberta do túmulo de Christian Rosencreutz, cuja cripta funerária serviu de inspiração para o *sanctum sanctorum* usado pela Ordem Hermética da Aurora Dourada (Paul Foster Case providenciou uma pintura dessa cripta para os seus B.O.T.A., e muitas outras talvez ainda existam). Diz a lenda que seu corpo foi encontrado perfeitamente preservado e que ele estava segurando o Livro "*T*", que tem sido simbolicamente relacionado com o Tarô.[49]

Um segundo trabalho, expandindo o *Fama Fraternitas*, apareceu dois anos depois, em 1616. Foi o *Confessio Fraternitas ou Confissão da Louvável Fraternidade da Honorabilíssima Ordem Rosa-Cruz, Escrita para todas as Pessoas Cultas da Europa*. Diferentemente do *Fama*, que foi publicado no alemão vernacular, o *Confessio* foi escrito em latim e é nitidamente voltado para um leitor mais intelectualizado. Ao contrário do *Fama*, ele é muito maçante.

Essas duas obras são de autoria desconhecida. Todavia, um terceiro e importante trabalho, estreitamente ligado ao *Fama* e ao *Cofessio*, foi escrito por Johann Valentine Andrae. Uma nuvem de desconfiança paira há muito tempo sobre o *livro Das Núpcias Alquimicas*, publicado em 1616, devido a uma declaração posterior de Andrae afirmando que o livro, escrito em sua juventude, não passava de uma brincadeira. Não há dúvida, porém, de que o texto é um tratado religioso sério e iluminado. Como escreveu Rudolph Steiner em seu ensaio sobre o *Chemical Wedding*: "Qualquer um que saiba o que a alma humana sente ao penetrar no mundo espiritual não precisa ler mais do que algumas páginas do *Das Núpcias Alquímicas de Christianus Rosemcreutz Ano 1459* para reconhecer que as descrições apresentadas nesse livro são baseadas em uma genuína experiência espiritual".[50]

Frances Yates tenta esclarecer o mistério em poucas palavras. Ela observa que, ao discutir seu próprio trabalho, Andrae usou a palavra latina *ludibrium*, que significa zombaria ou brincadeira. Ele fala do "*ludibrium* da inútil *Fama*", ou do "*ludibrium* da fictícia fraternidade Rosa-Cruz". Mas Yates levanta a possibilidade de que no século XVII a palavra também poderia significar uma peça ou uma ficção cômica e que Andrae estava sugerindo que o movimento dos Rosa-Cruzes era teatral em um sentido positivo e pedagógico.[51] Nossa intenção aqui não é a de sobrecarregar o leitor com as pesadas questões teóricas da pesquisa literária, mas sim o de evidenciar a controvérsia que envolve muitos dos documentos ocultos que contribuíram para o desenvolvimento da Cabala Hermética.

"Rosa-Cruzes" Tardios

Robert Fludd, como já mencionamos, foi um dos que insistiram em proclamar a ideia Renascentista de que Hermes Trismegistos era um antigo iniciado egípcio (outro era o alemão Michael Maier). Fludd promoveu significativamente a ideia de que existia uma verdadeira fraternidade Rosa-Cruciana e ele próprio parece ter acreditado nisso, embora admitisse nunca ter realmente conhecido um Rosa-Cruz.[52] Fludd combinou o Hermetismo e o Cabalismo à luz dos manifestos Rosa-Crucianos e dos desenvolvimentos de John Dee. Ele é, portanto, um dos principais precursores de Mathers e da moderna Cabala Hermética.

Fraudes Hermético-Cabalísticas

A questão das fraudes propositais a respeito das origens de muitos manuscritos esotéricos é bastante séria e difícil, sendo geralmente evitada pelos escritores ocultistas que desejam apresentar suas crenças sob a luz mais favorável possível. Todavia, é tão grande o número de textos cuja antiguidade é falsamente reivindicada que a própria consistência dessas alegações torna-se duvidosa:

> A *Hermética*, escrita por um grego e amplamente situada por estudiosos entre o século III e a Renascença, é tida como os documentos originais de uma antiga religião egípcia.
>
> *O Zohar*, supostamente escrito por um rabino que viveu durante a fase inicial do Cristianismo, mas na verdade obra de um autor do século XIII, que conferiu maior importância ao texto fazendo-o passar por um documento mais antigo do que realmente era.
>
> *Os Manifestos Rosa-Crucianos*, uma invenção de Johann Valentine Andrae e de outros. Nem Christian Rosencreutz nem os misteriosos Rosa-Cruzes jamais existiram.
>
> Os *"Antigos Manuscritos Cifrados"* da Aurora Dourada, um sistema fragmentário de rituais supostamente antigos mas, na verdade, uma inquestionável fraude.[53]

A esta lista poderia-se por certo acrescentar alguns dos trabalhos de Helena P. Blavatsky e Alfred P. Sinnet incluindo a famosa obra *The Mahatma Letters* [Cartas dos Mahatmas para A. P. Sinnet] e, talvez, *As Estâncias de Dzyan*, no qual ela baseou sua volumosa obra *A Doutrina Secreta**.

Em todos esses casos de fraude, embuste, ou como quer que os chamemos, vemos autores pressionados pela crença do público de que, quanto mais antigo um documento, maior a sua validade. Por outro lado, todos esses trabalhos que relacionamos como tendo origens fraudulentas são, independentemente disso, obras iluminadas. Eles são o produto inspirado de homens e mulheres que conheceram a verdade.

Esse tipo de coisa ocorre repetidamente em todos os aspectos do estudo dos Mistérios, até mesmo com Paul Foster Case. Quando o *The Book of Tokens*

---

* Publicada em VI volumes pela Editora Pensamento, São Paulo, 1980. (N. do T.)

apareceu, em 1934, Case afirmou no prefácio: "Não conhecemos o nome do autor. As evidências internas contidas no texto sugerem que ele pode ter sido um dos Cabalistas recentes. Talvez ele conhecesse o Tarô, talvez não".[54] Hoje a organização de Case publica *The Book of Tokens* como se ele tivesse sido escrito pelo próprio Case e responde às perguntas a respeito da discrepância quanto à autoria dizendo que Case era um homem muito modesto. Porém, se a história servir como indicador, é mais provável que Case tenha achado que o trabalho de algum anônimo "Cabalista recente" seria recebido de maneira mais positiva que um livro dele próprio.

O que estamos tentando dizer aqui é que, em vez de esconder o fato óbvio de que a Cabala Hermética baseia-se em muitas obras forjadas, devemos enfrentar a história de forma direta. Na verdade, as próprias falsificações obedecem a um padrão que, ironicamente, tendem a nos indicar a legitimidade interior dessas obras. Os que não acreditam que uma obra de origem espúria possa ter um grande valor espiritual deveriam analisar mais detidamente a história do Cristianismo e desse peculiar amálgama de textos heterogêneos que é a Bíblia.

A Cabala Hermética e a Aurora Dourada

Em vista das evidências de que o movimento Rosa-Cruz, apesar de ser uma elevada alegoria espiritual, era um mito do século XVII, é interessante conhecer o "histórico" que a Aurora Dourada incorporou ao seu ritual de iniciação para o grau de *Adeptus Minor*. Ele começa assim: "Saiba então, ó Aspirante, que os Mistérios da Rosa e da Cruz existem desde tempos imemoriais e que os Ritos foram praticados e a Sabedoria ensinada no Egito, em Elêusis, na Samotrácia, na Pérsia, na Caldeia, na Índia e em terras ainda mais antigas".[55] A cerimônia prossegue com uma paráfrase direta da descrição da vida de Christian Rosencreutz contida no *Fama Fraternitas*.

É provável que a maioria dos membros da Ordem acreditasse que Christian Rosencreutz fora uma pessoa de verdade e que a Ordem Dourada descendia diretamente de sua fraternidade. Quanto a Mathers e Westcott terem conhecimento da verdadeira história, isso já é uma questão inteiramente diversa.[56] Sabe-se de muitos casos em que ambos aceitaram como legítimas obras cuja autoria havia sido equivocadamente atribuída a uma determinada fonte. Westcott, por exemplo, escreveu um prefácio para *The Chaldean Oracles of Zoroaster* [Os Oráculos Caldeus de Zoroastro], no qual afirmava que a obra apresentava "muitas das principais características da filosofia caldeia".[57] Sabemos que essa obra foi na verdade escrita por Juliano, um contemporâneo de Marco Aurélio.[58] Entretanto, os estudos conclusivos a respeito da autoria desses trabalhos são muito recentes.

O mais importante, contudo, é que temos a capacidade de revelar os tantos caminhos históricos percorridos pela Ordem. Portanto, podemos inferir que os seus líderes tiveram todo o cuidado de assentá-la sobre uma estrutura tradicional conhecida. A Cabala Hermética hoje carrega as marcas de Westcott e Mathers. Até mesmo a grafia da palavra hebraica *Qabalah* (em vez de "Kabbalah" ou "Cabala") foi escolhida por Mathers porque, a seu ver, era a mais consistente com a língua original [קבל]. As correspondências Cabalísticas encontradas no *777* de Aleister Crowley parecem ter se baseado em grande parte no trabalho de Mathers. Foi com a Ordem da Aurora Dourada que surgiram pela primeira vez o moderno sistema de cores dos Caminhos na Árvore da Vida (veja a seção de referências) e outras contribuições. A Ordem desenvolveu um elaborado sistema de ensinamentos baseado em rituais, embora não se saiba ao certo até que ponto os conhecidos Rituais de Banimento foram realmente criados por ela. Sabe-se pelo menos que esses rituais não foram encontrados em Agrippa, Barrett ou em outros tratados ocultos anteriores à Aurora Dourada. Uma vez mais, não é possível determinar as maneiras pelas quais uma tradição oral pode ter evoluído. Apesar das evidências históricas, a lenda de Christian Rosencreutz se baseia inegavelmente em alguma tradição secreta. Não há dúvida de que ela está relacionada com os mesmos padrões universais simbolizados pelo Tarô.

A ênfase "Hermética" da Aurora Dourada nos Deuses Egípcios era motivada pelos fatores sociais e tradicionais. Na Inglaterra do final do século XIX, época em que a ciência da arqueologia ainda estava em sua infância (em 1900, por exemplo, não se conhecia nenhuma obra de arte grega anterior ao Partenon!), havia uma grande curiosidade a respeito de tudo o que fosse misterioso ou obscuro. A ênfase nos Deuses Egípcios servia para acentuar a diferença entre os rituais e a rotina da vida vitoriana, além de marcar um distanciamento do Cristianismo. A Ordem Hermética da Aurora Dourada procurava preservar o genuíno Hermetismo Renascentista de Ficino.

Do ponto de vista filosófico, o sistema de Deuses Egípcios harmoniza-se muito bem com a Cabala. Apesar da aparente proliferaçao de Deuses e Deusas, a religião egípcia era monoteísta. Todos os Deuses eram aspectos ou modificações de uma divindade última e original. Além do mais, o panteão egípcio, assim como a Cabala, apresenta diferentes aspectos do mesmo Deus sob diferentes circunstâncias. Por exemplo: Hórus apresenta-se de muitas formas, todas as quais têm o nome Heru incorporado ao seu nome egípcio, tais como "Hórus, a Criança" ou "Hórus Cego" ou "Hórus dos Dois Horizontes", que os gregos chamavam de Harmachis em vez de Harpocrates.

Hórus é a Criança que, na Cabala, ocupa o centro do nosso universo conhecido e à qual estamos ligados de diversas maneiras. E, como a Criança aparece de diferentes formas, isso também acontece com o Grande Pai e a Grande Mãe. Todas essas coisas foram claramente entendidas pela Aurora Dourada, que encontrou considerável utilidade no sistema de Deuses Egípcios. Esses Deuses expressam as relações universais melhor do que qualquer outro Panteão. Atualmente, porém, a dependência da Ordem em relação aos Deuses Egípcios é vista por muitos iniciados como uma mera curiosidade do passado.

A Árvore da Vida

A Árvore da Vida (Figura 1) pretende simbolizar todo o Universo, uma proposição de implicações tão vastas que muitos poderão duvidar da possibilidade de existir um símbolo assim. Trata-se de um diagrama ilusoriamente simples constituído por dez esferas chamadas *Sephiroth* e por 22 linhas de ligação chamadas Caminhos. As *Sephiroth* e os Caminhos são chamados coletivamente de "Os Trinta e Dois Caminhos de Sabedoria".

As Dez *Sephiroth* são:

1. KETHER, [כתר] *A Coroa*
2. CHOKMAH, [חכמה] *Sabedoria*
3. BINAH, [בינה] *Compreensão*

Entre Binah e a Sephirah seguinte há uma Sephirah invisível chamada Daath ou Conhecimento. Ela não está representada na Árvore porque é uma ponte construída por cada indivíduo através do Abismo existente entre as Sephiroth superiores e as inferiores:

4. CHESED, [חסד] *Misericórdia*
5. GEBURAH, [גבורה] *Severidade*
6. TIPHARETH, [תפארת] *Beleza*
7. NETZACH, [נצח] *Vitória*
8. HOD, [הוד] *Esplendor*
9. YESOD, [יסוד] *Alicerce*
10. MALKUTH, [מלכות] *Reino*

A Árvore da Vida usada pelos Cabalistas Herméticos modernos foi publicada pela primeira vez em 1652, no *Oedipus Aegyptiacus* de Athanasius Kircher (Figura 2A). E, embora essa Árvore tenha com certeza sofrido muitas modificações, suas raízes históricas parecem estar fincadas num passado secreto de religiões misteriosas. Além do mais, é difícil estabelecer uma sequência geral de desenvolvimento porque os Cabalistas Judeus adotaram diferentes formas da Árvore.

A primeira referência a uma "Árvore Secreta" aparece no *Bahir – O Livro da Iluminação*, publicado na França por volta do ano 1200. Todavia, se alguém desenhasse uma árvore com base nesse texto, apenas oito das dez Sephiroth, de Binah a Malkuth, seriam incluídas, pois diz-se aí que a Árvore cresce à medida que é regada pela Sabedoria (Chokmah). Algo do espírito amorfo dessa primeira Árvore é encontrado no diagrama publicado por Robert Fludd em 1617 (Figura 2B). Todavia, é curioso descobrir que um modelo cem anos mais antigo (Figura 2C) é muito mais sofisticado e conceitualmente desenvolvido.

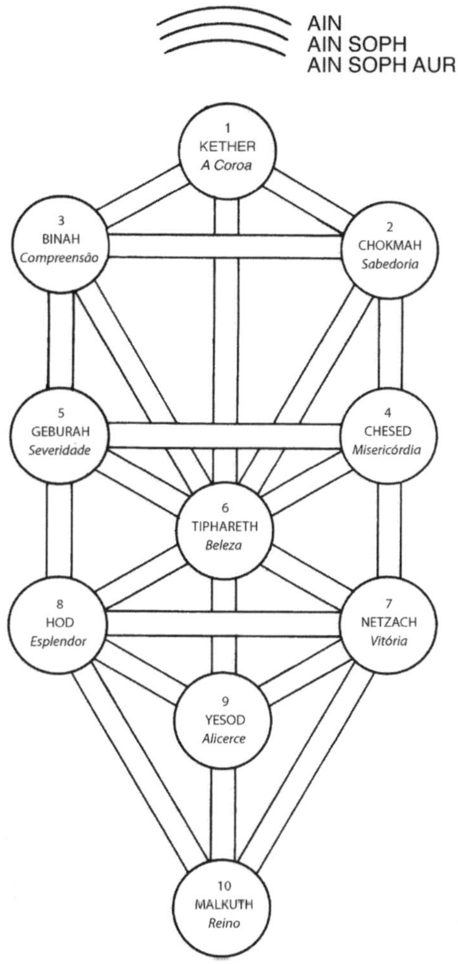

Figura 1. As Dez *Sephiroth* Sagradas na Árvore da Vida.

De mais a mais, vemos que uma ilustração judaica de 1708 (Figura 2D) adota uma abordagem diferente, indicando sua dependência em relação ao *Sepher Yetzirah*.

O máximo que se pode dizer é que a Árvore da Vida evoluiu ao longo dos séculos, despertando um crescente interesse por parte do público e, não por coincidência, refletindo as perspectivas da filosofia contemporânea. A Árvore da Vida bidimensional, ilustração do frontispício, é a expressão mais desenvolvida da Cabala Hermética do século XIX. Se esse padrão evolutivo se mantiver, é provável que a Árvore da Vida tridimensional seja a forma utilizada pela Cabala Hermética nas gerações futuras. Essa Árvore incorpora em seus pilares o princípio dos cinco: quatro elementos equilibrados combinados com um quinto elemento que é o Espírito.

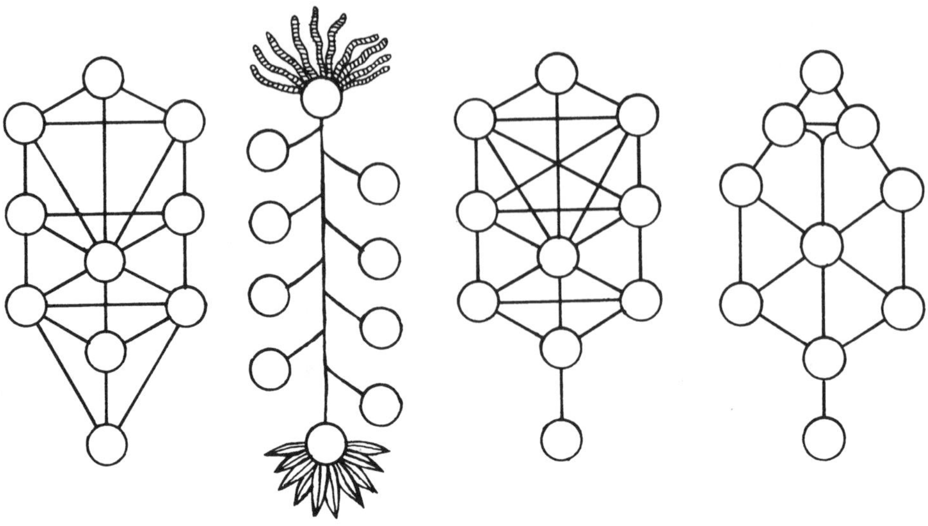

Figura 2. Desenvolvimento do diagrama da Árvore da Vida. A) Forma da Árvore no *Oedipus Aegypticus*, de Kircher, 1652. B) Adaptada de *Complete Works*, de Robert Fludd, 1617. C) Ilustração de *Porta Lucis*, Ausburgo, 1516. D) Ilustração de *Pa'amon ve Rimmon,* 1708.

Conceitos

A Cabala ensina que o nosso Universo se desenvolveu de forma orgânica e sequencial seguindo o Caminho da Espada Flamejante (Figura 3). A partir de uma fonte misteriosa, surgiram Kether, Chokmah e depois Binah. Esses três elementos formaram o *Triângulo Superno*, um ápice espiritual que serve de ponte para a Sephirah invisível, Daath. Chesed, Geburah e Tiphareth formaram o *Triângulo Ético*. Por fim, com Netzach, Hod e Yesod foi criado o *Triângulo Astral* (Figura 4). Malkuth, como veremos, fica na base da Árvore, conspicuamente afastado dos outros, principalmente quando se imagina que Daath situa-se no ponto superior oposto a Yesod. Ela recebe as influências de todas as outras *Sephiroth* e, ao mesmo tempo que é produto do que se chama de Pecado Original, contém um reflexo da perfeição de Kether.

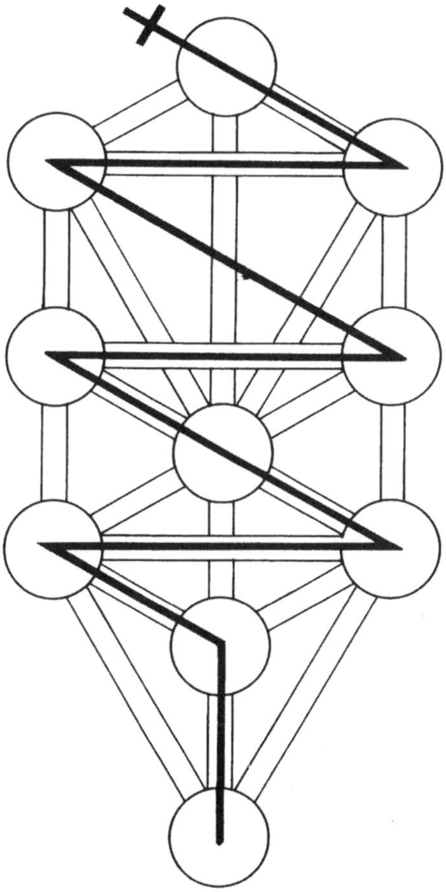

Figura 3. O Caminho da Espada Flamejante

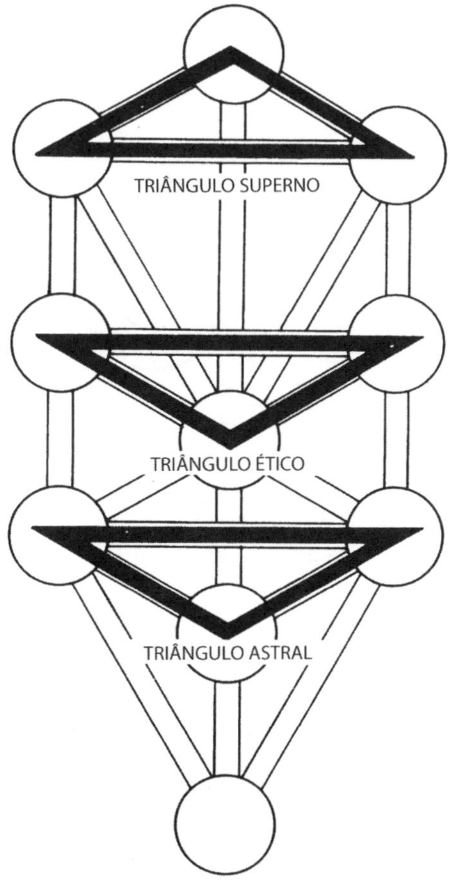

Figura 4. Os Triângulos da Árvore da Vida.

A Árvore da Vida está dividida em três Pilares (Figura 5). As *Sephiroth* do lado direito são o *Pilar da Misericórdia*, as da esquerda, o *Pilar da Severidade*, e as do centro, o *Pilar do Meio*. Cada *Sephirah* está em perfeito equilíbrio com a *Sephirah* oposta. Além disso, cada caminho é o perfeito equilíbrio entre as duas *Sephiroth* ligadas por ele e o Caminho oposto. Esse *glifo* é um símbolo composto que pode ser considerado em dois níveis: No individual, o *Microcosmo* (Deus em miniatura) e o *Macrocosmo*, o Universo Maior à imagem do qual o indivíduo é criado. Cada *Sephirah* está relacionada a alguma parte do corpo humano e a uma parte correspondente de um Corpo Divino maior. O princípio envolvido é expresso pelo axioma que muitas vezes repetiremos: "Assim em cima como embaixo".

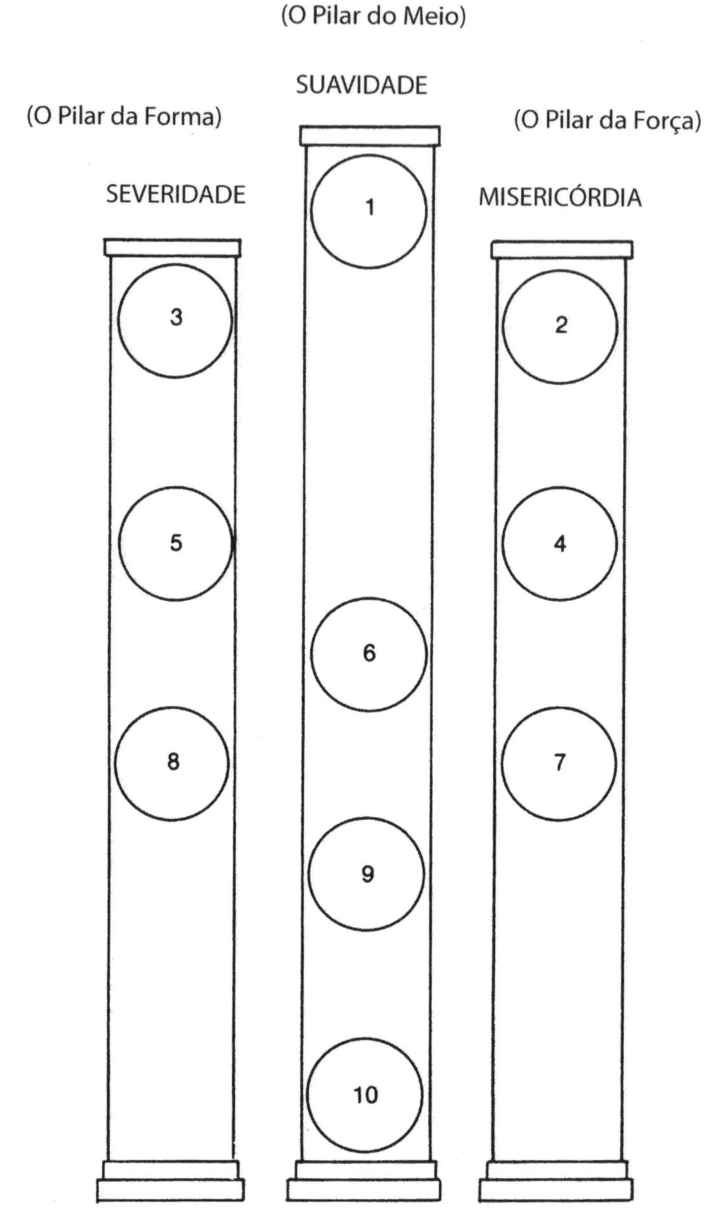

Figura 5. Os Pilares na Árvore da Vida.

Existem diversos aspectos da Cabala tradicional que talvez pareçam um tanto obscuros mas que, na verdade, são muito simples. Um deles é a aplicação do "homem" à Árvore e envolve dois conceitos distintos. O primeiro conceito é o de *Adam Kadmon* ("O Grande Ancião do Zohar"). Adam Kadmon é todas as dez Sephiroth, uma grande unidade orgânica e um corpo espiritual no qual cada um de nós poderia ser considerado uma única célula contendo todos os atributos potenciais do todo.

Adam Kadmon não deve ser confundido com *Arik Anpin* ou *Zauer Anpin*, as outras duas personificações que aparecem em várias Sephiroth. Arikh Anpin significa *Grande Rosto* (ou *Fisionomia*). Zauer Anpin significa *Pequeno Rosto* (ou *Fisionomia*). Arikh Anpin é *Macroprosopus*, uma antropomorfização das Sephiroth do Triângulo Superno. Zauer Anpin é *Microprosopus*, as cinco Sephiroth em torno de Tiphareth. Juntas elas ilustram o princípio do "Assim em cima como embaixo".

Reiterando, Adam Kadmon significa toda a Árvore da Vida representada na forma de um homem. Arikh Anpin é o homem de cima; Zauer Anpin é o homem de baixo.

A ideia de que cada parte do corpo humano tem algum equivalente divino talvez seja compreendida mais facilmente por um oriental que por um ocidental. O yogue não tem dificuldade para lidar com o conceito de centros de atividade espiritual no corpo físico. O Plexo Solar, como o nome diz, é o centro solar no ser humano, um elo entre o indivíduo e os poderes solares do Universo. O centro físico pode ser enfraquecido, a consciência transferida para ele, e o indivíduo posto em contato com a energia pura que, no sistema Cabalístico, é chamada Tiphareth.

Uma parte importante do trabalho prático com a Cabala Hermética envolve o exercício do Pilar do Meio,[59] no qual as energias das Sephiroth são intencionalmente invocadas e se acumulam dentro do indivíduo. Nesse exercício, as Sephiroth são invertidas, isto é, Chesed fica no lado esquerdo e Geburah no direito, visto que elas são consideradas subjetivamente a partir de dentro do corpo, em vez de serem vistas a partir de fora.

As atividades práticas com a Árvore também envolvem o deslocamento pelos Caminhos que fazem a ligação entre as Sephiroth, os centros objetivos de energia. Os Caminhos são as experiências subjetivas de passagem de uma Sephirah para outra. Todavia, como existe um constante fluxo e movimento no Universo, existe também um constante fluxo de energia que desce de uma Sephirah para outra e volta a subir. O Universo assemelha-se a um gigantesco circuito no qual a energia flui para Kether a partir do Invisível, desce através da Árvore e sobe novamente. Há uma contínua renovação de energia. Assim, quando vistos a partir de outra estrutura de referência, os Caminhos podem ser considerados de forma objetiva. Embora sejam subjetivos para nós, eles são objetivos no sentido de que por eles passa um constante fluxo de energia de tal especificidade que pode ser expressa pelos Arcanos Maiores do Tarô. Em outras palavras, podemos estudar a Árvore da Vida intelectualmente ou fazê-la crescer dentro de nós mesmos. Podemos abordar as cartas do Tarô considerando os Caminhos a partir de dentro ou de fora.

Quando as cartas são usadas individualmente para projeção astral, elas atuam como símbolos gráficos e subjetivos do que é experimentado nos Caminhos entre as Sephiroth. Nesse caso elas também podem ser descritas como aquilo que é necessário para passar de uma Sephirah para a seguinte. Elas definem etapas de desenvolvimento pessoal. Por outro lado, quando os Trunfos aparecem numa divinação, eles são vistos a partir de fora e atuam como forças objetivas que afetam a questão. Um grande número desses Trunfos, aparecendo em sequência, indica a existência de forças que estão inteiramente fora do controle do consulente.

Embora "percorrer os Caminhos", principalmente com o uso das cartas do Tarô, seja uma atividade ligada a um alto grau de mistério e romance (tal como acontece com toda projeção astral), as experiências são muito práticas. Para que possam ter alguma utilidade, as lições interiores devem ser aplicadas à nossa vida cotidiana.

Todo processo de desenvolvimento espiritual implica a necessidade de equilibrar as partes que compõem a personalidade, de modo que ela possa atuar em cooperação consciente com o Eu Superior. Todavia, quando esse processo é descrito pelas Escolas Ocultistas em termos dos quatro elementos – Fogo, Água, Ar e Terra –, ele pode parecer algo remoto e misterioso. Mas não é. Nós nos desenvolvemos aprendendo a ter um perfeito domínio sobre nós mesmos no ambiente em que vivemos, de modo a não ficarmos mais à sua mercê. Essa é uma missão suicida espiritual para a personalidade e para todo o conceito de Eu tal como ele existe numa encarnação. Trata-se de um processo natural para todas as pessoas mas que pode ser acelerado quando dirigimos nossa atenção para ele.

A Árvore da Vida impõe um padrão definidor sobre os atributos da personalidade e o trabalho de desenvolvimento pessoal em curso. Assim, a pessoa sente afinidade ou antagonismo em relação a determinadas cartas do Tarô, dependendo do quanto suas lições tenham sido aprendidas. Ao estudar e utilizar os Caminhos nós assumimos o controle sobre o nosso próprio processo de aprendizado e nos obrigamos a dirigir nossa atenção para muitos Caminhos importantes que, de outra maneira, poderíamos ter preferido evitar.

O fato de a Cabala exigir que seja dada atenção a todas as partes de um determinado todo faz com que ela seja um sistema ideal para influir intencionalmente sobre o desenvolvimento espiritual. Ela demonstra que existimos dentro de um sistema racional e nos fornece indicações a respeito de onde viemos e para onde vamos. Não existe a vaguidão dos outros sistemas. E, como as partes simbólicas do corpo humano estão relacionadas à Árvore, a mesma coisa acontece com diversos aspectos da Alma (Figura 6). Vamos do aspecto mais inferior da manifestação até o mais elevado, o Yechidah de Kether, o Estado Original a que todos aspiramos.

Todas as principais religiões ensinam que iremos retornar a algum Estado Original a partir de onde evoluímos. Ele é chamado de "paraíso", "nirvana" ou como quer que seja denominado o supremo estado de felicidade prometido pela fé. Dentre todos os sistemas metafísicos disponíveis no Ocidente, porém, apenas a Cabala indica em que medida estamos progredindo ao longo de um curso natural de desenvolvimento, como se estivéssemos passando de uma série para outra na escola.

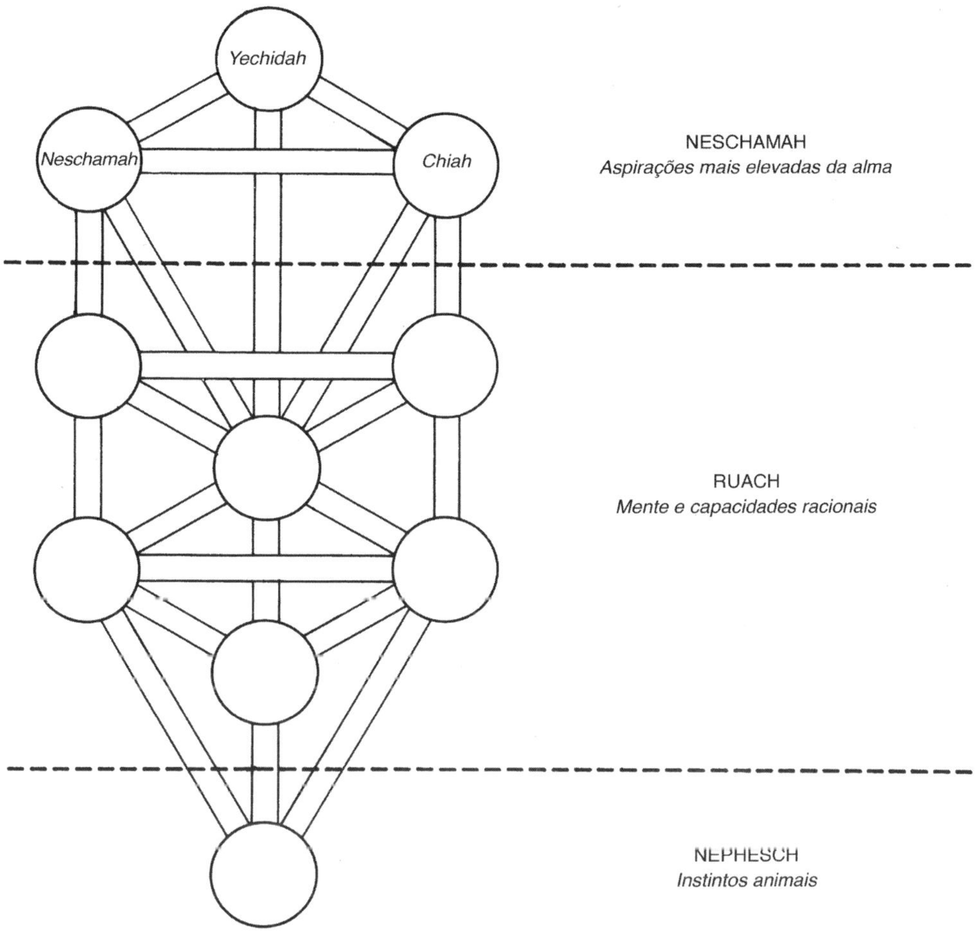

Figura 6. As Divisões da Alma. Observe aqui que o Neschamah de Binah define todo o Triângulo Superno, da mesma maneira que Saturno, o planeta de Binah, também é usado para representar as três Sephiroth superiores. O diagrama apresentado aqui é aquele ensinado pela Aurora Dourada. Autores posteriores, tais como Fortune e Case, identificaram um problema no fato de os "instintos animais" atribuídos a Malkuth estarem mais relacionados com Yesod. Ruach, ou ***Microprosopus***, Pequena Fisionomia, foi dividido em Superior e Inferior, Eu Superior e Personalidade.

Na Ordem da Aurora Dourada os membros são classificados de acordo com a Sephirah mais elevada a que eles foram promovidos ritualmente. 0=0 significa que o candidato foi iniciado como membro no nível básico; 1=10 significa que ele teve sua primeira iniciação na décima Sephirah, Malkuth e o espiritual Elemento Terra; 2=9 significa a iniciação em Yesod, a nona Sephirah e o domínio do Ar; 3=8 significa iniciação em Hod e o Elemento da Água; e 4=7 significa iniciação em Netzach e o Elemento Fogo. Esses quatro passos rituais simbolizaram a introdução do candidato aos Mistérios. Teoricamente, cada iniciação significa a aquisição de controle sobre um dos aspectos fundamentais da Personalidade. 5=6 significa a iniciação à Ordem Interior e aos Mistérios de Tiphareth, assinalando a verdadeira iluminação do indivíduo.

Esses rituais introdutórios ilustram o processo pelo qual a Consciência Superior se expande e podem ser relacionados ao próprio símbolo da humanidade, o Pentagrama (Figura 7). Os quatro braços são as forças equilibradas dos Elementos. O ponto mais elevado é o Espírito atuando através dos Elementos.

Não se deve supor, obviamente, que os rituais iniciatórios sempre produzam uma modificação miraculosa no indivíduo. As verdadeiras modificações são resultado de um juramento, interno, estimado por uma promessa, externa. Não seria errado presumir que pouquíssimos membros da Ordem da Aurora Dourada são realmente iniciados no verdadeiro sentido da palavra.

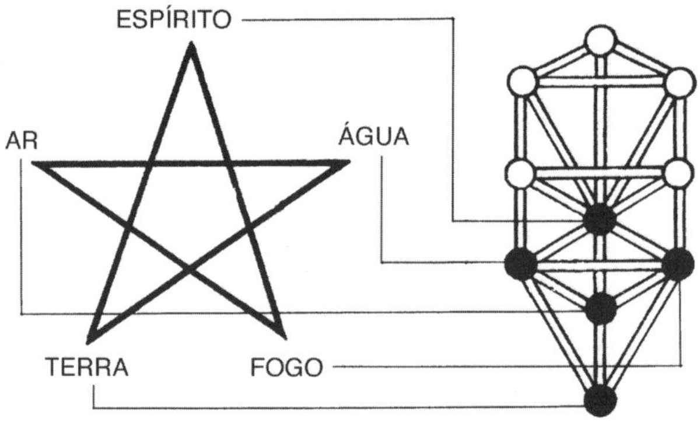

Figura 7. Atribuição dos Elementos ao Pentagrama.

Caminhos "Secretos"

O conceito de Caminhos "secretos" ou "ocultos" parece ter sido introduzido (ou pelo menos popularizado) por Paul Case.[60] Não existe nenhuma indicação de que a Aurora Dourada tenha estabelecido quaisquer Caminhos além dos 32 tradicionais.

Na verdade, os Caminhos Secretos não são mais do que uma conexão entre cada Sephirah e todas as outras (Figura 8), sugerindo a possibilidade de haver um movimento direto de uma forma de consciência para outra. Essa teoria é uma modificação atenuada do conceito implícito no diagrama usual da Árvore da Vida: temos de passar por uma Sephirah antes de poder encontrar outra.

O conceito de Caminhos Secretos expande acentuadamente as possibilidades da Árvore. Ele nos permite perceber determinados relacionamentos que, de outra maneira, não seriam evidentes, tais como a derivação do Hexagrama Unicursal a partir da própria Árvore. Essa figura foi originalmente publicada por Aleister Crowley que, sem dúvida alguma, foi quem a criou. Numa Árvore da Vida desenhada por Crowley e publicada na edição de 1955 do *777*, feita pela Netune Press, vemos que ele apresentou todas as linhas adicionais entre as Sephiroth que eram necessárias para se fazer essa figura.[61]

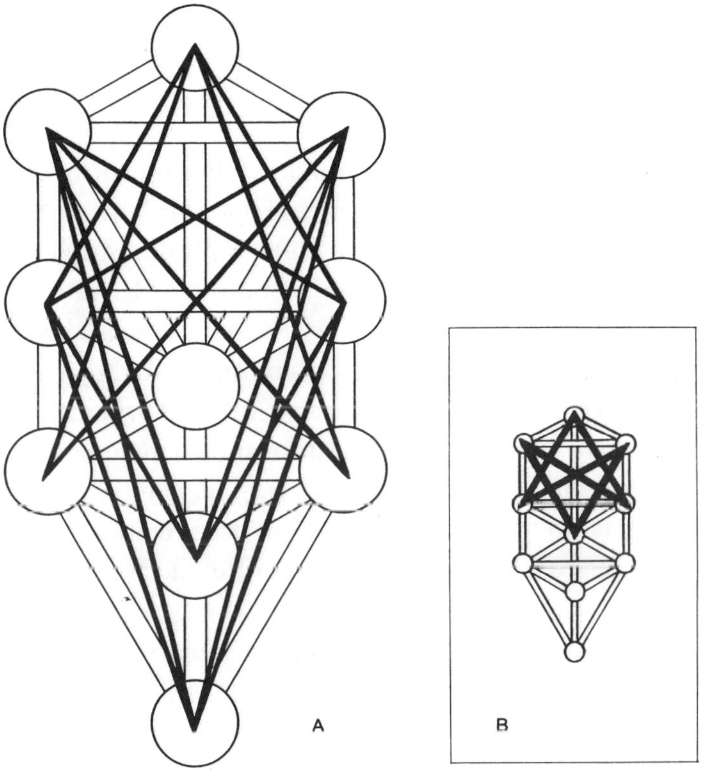

Figura 8. Os "Caminhos Secretos" da Árvore da Vida. Esses Caminhos ligam todas as Sephiroth a cada uma das outras. Tiphareth já tem um Caminho tradicional que a liga a todas as outras Sephiroth, exceto Malkuth. A) Os Caminhos "Secretos" da Árvore da Vida. B) Hexagrama Unicursal derivado da Árvore.

Luz Negativa Ilimitada

Os mestres da Cabala enfatizam repetidamente que a Árvore da Vida representa o nosso Universo visível. Essa ênfase tem por objetivo expressar a ideia de que mesmo por trás dos aspectos mais elevados do nosso Universo está o Invisível, fonte primária de que tudo o que existe e não pode nos ser dado a conhecer. O Invisível é simbolizado pelas palavras Luz Negativa Ilimitada ou, em hebraico, *Ain Soph Aur*. Ele é representado na Árvore da Vida, acima de Kether, como três curvas de luz radiante. Considera-se que elas sejam véus separando o nosso Universo do elemento a partir do qual ele surgiu. Por trás desses véus a energia flui constantemente para nós através de Kether.

Embora no Tarô existam pontos de referência para todos os aspectos da Árvore da Vida, não existe nenhuma referência ao *Ain Soph Aur*. O Tarô, cujas letras frequentemente são transpostas para formar a palavra Rota, apresenta a Roda do Universo Visível.

Os Quatro Mundos

A Cabala descreve o Universo como sendo dividido em quatro "Mundos" distintos (Figura 9), cada um dos quais representado por uma letra do Nome Divino ou *Tetragrammaton* [יהוה]. O primeiro é *Atziluth*, o Mundo Arquetípico, o mundo do Espírito Puro que ativa todos os outros mundos que derivam dele. Aqui ficam os deuses das Sephiroth e a letra Yod, o *Fogo Fundamental*. O segundo mundo é Briah, o Mundo Criativo, o nível do intelecto puro, dos Arcanjos e de Heh, a *Água Fundamental*. O terceiro é Yetzirah, chamado o Mundo Formativo porque nele são encontrados os sutis e efêmeros padrões subjacentes à matéria. É a esfera dos anjos e do *Ar Fundamental*, simbolizado pela letra Vau. O último é Assiah o Mundo Ativo que contém tanto o mundo físico das sensações como as energias invisíveis da matéria. É a esfera de Querubim, do último Heh do Nome Divino e da *Terra Fundamental*.

Cada um desses mundos gerou as energias subjacentes a eles, e o Universo foi se tornando cada vez mais denso à medida que evoluiu do nada para a matéria. O Invisível produziu Kether de Atziluth e, seguindo sequencialmente o Caminho da Espada Flamejante, de Sephirah em Sephirah, de um mundo até o próximo, o trabalho foi completado em Malkuth de Assiah, criando-se ao todo quarenta Sephiroth.

Os puristas, em cuja opinião as ideias originais da Cabala são mais legítimas que as dos Cabalistas mais recentes, tendem a adotar uma distribuição dos quatro mundos por uma única Árvore (compare os métodos na Figura 9). Todavia, este é um excelente exemplo das maneiras pelas quais a Cabala se desenvolveu ao longo dos séculos. A distribuição em quatro Árvores é a melhor interpretação para o Tarô.

Quatro séries, uma para cada mundo, são aceitas pela Cabala Hermética: o Rei, a Rainha, o Imperador e a Imperatriz, respondendo respectivamente à sequência dos Mundos e ao *Tetragrammaton*. A ideia de cor é fundamental para o estudo do Tarô, e a pintura dos Quatro Mundos em suas cores corretas nos proporcionará descobertas especiais a respeito das cartas. O *Tarô da Aurora Dourada*, tal como é publicado, inclui a tradicional Árvore da Vida para o trabalho prático. Nele são apresentadas as cores dos Caminhos de Atziluth e as cores das Sephiroth de Briah. É preciso haver sempre um equilíbrio entre masculino e feminino em qualquer representação envolvendo a Árvore, o que é conseguido combinando-se duas séries num único glifo.

Em nossa discussão sobre os Quatro Mundos, escolhemos o termo Fundamental para descrever o Fogo, a Água, o Ar e a Terra simbolizados pelas letras do *Tetragrammaton* nos Quatro Mundos como um esforço para distinguir essas energias das outras formas de Elementos descritos na Árvore. Todavia, em cada Mundo individual, o Fogo (Yod) também é atribuído a Chokmah, a Água (Heh) a Binah, o Ar (Vau) a Tiphareth e a Terra (último Heh) a Malkuth. Nós sugerimos que essas subdivisões dos Elementos Fundamentais sejam chamadas de *Elementos Específicos*. Assim, em Atziluth, Fogo Fundamental, existem quatro desses elementos específicos: um Fogo (Específico) do Fogo (Fundamental), uma Água (Específica) do Fogo (Fundamental), um Ar (Específico) do Fogo (Fundamental) e uma Terra (Específica) do Fogo (Fundamental). Em Briah, o Mundo da Água Fundamental, existem um Fogo da Água, uma Água da Água, um Ar da Água, e uma Terra da Água. O padrão continua por Yetzirah e Assiah e constitui a base da distribuição das Cartas da Corte no Tarô. Todo o naipe de Paus (*Wands*, em inglês), por exemplo, descreve Atziluth, o Mundo Arquetípico. Paus, portanto, são o Fogo Fundamental, o Yod Fundamental. Esse Fogo Fundamental é dividido em quatro aspectos, personificados pelo Tarô: o Rei de Paus relacionado a Chokmah em Atziluth, é o Fogo do Fogo. A Rainha de Paus, relacionada a Binah em Atziluth, é a Água do Fogo. O Príncipe de Paus, relacionado a Tiphareth em Atziluth, é o Ar do Fogo. E a Princesa de Paus, relacionada a Malkuth em Atziluth, é a Terra do Fogo.

Existe também um importante uso terciário dos elementos, encontrados nos Caminhos, nos quais são aplicadas diferentes letras hebraicas – chamadas de *Maternais* pelo *Sepher Yetzirah*. Como todas as outras letras e energias são derivadas dessas três Maternais, os Elementos atribuídos a elas serão chamados de *Elementos Transicionais*. *O Louco* é a letra Aleph e Ar. Mas ele não é o mesmo que é representado

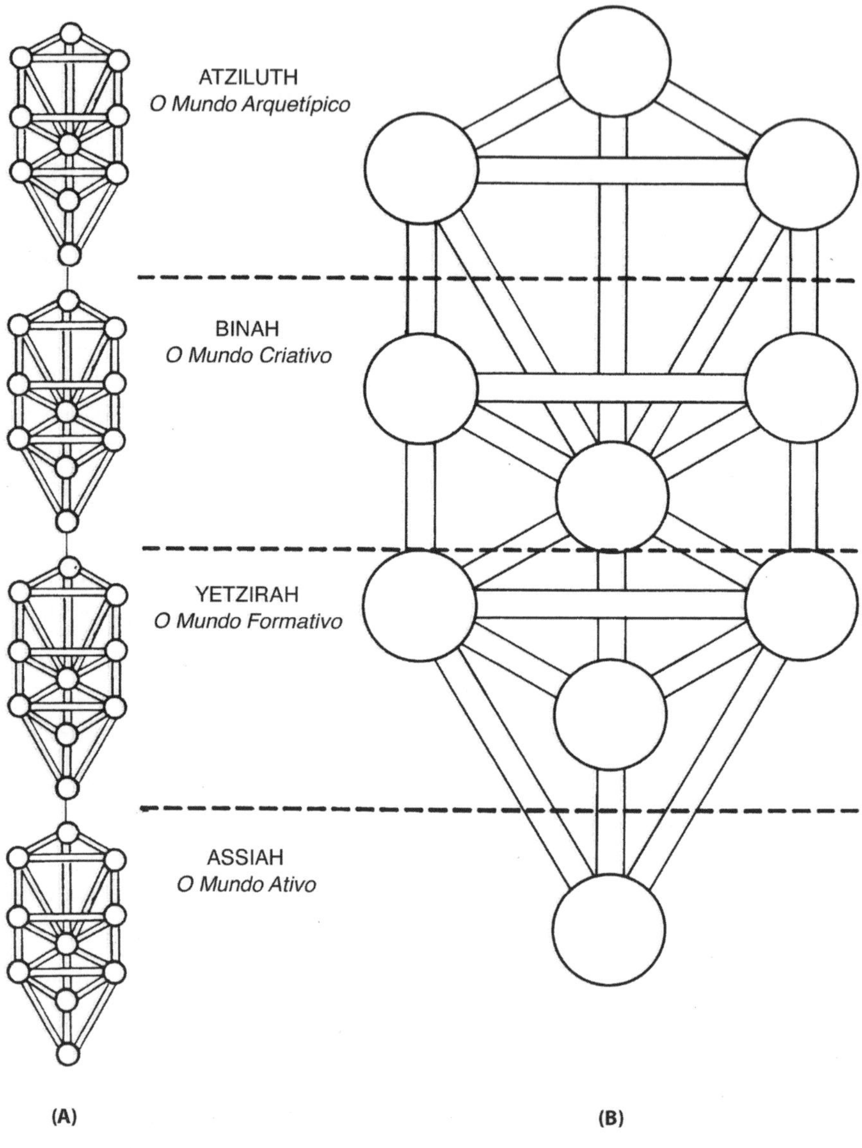

Figura 9. Os Quatro Mundos. A) Diagrama das Árvores Tomadas Individualmente. B) Atribuição a uma Única Árvore.

de forma global pelo Vau de Briah (Ar Fundamental) ou pelo Vau de Tiphareth (Ar Específico). Os Elementos dos Caminhos são de transição no sentido de que estão fluindo constantemente entre duas Sephiroth.

Tendo submetido o leitor a um bombardeio de termos, a sugestão de que existem ainda mais três tipos de Elementos talvez não seja muito bem-vinda. Entretanto, essa é uma área dos estudos Cabalísticos que não foi muito bem explorada e que veio a se tornar uma fonte de constante confusão. Examinemos rapidamente os outros tipos de Elementos e depois tentaremos alcançar alguma espécie de visão geral coerente a respeito de todos eles.

Os Elementos, a quádrupla divisão encontrada em toda a Árvore da Vida, têm sua origem em Kether. Aqui eles são os *Elementos Primordiais*, indefinidos e não expressos. Uma outra aplicação do termo Elementos é feita para as quatro Sephiroth inferiores: Fogo para Netzach, Água para Hod, Ar para Yesod e Terra para Malkuth. Esses são os *Elementos Astrais*. Por fim, em Malkuth estão os *Elementos Básicos*, que são a expressão definitiva daqueles primeiros encontrados em Kether no seu estado primordial.

A fórmula Yod Heh Vau Heh é aplicada cada vez que se emprega o fluido termo "elemento". Onde quer que Yod apareça ela apresenta ardentes qualidades expansivas; onde quer que Heh apareça ele possui as propriedades fluidas e envolventes da Água: onde quer que Vau apareça ele é o etéreo resultado da combinação entre Yod e Heh; onde quer que o Heh final apareça ele é o sólido resultado final das ações de Yod, Heh e Vau. Esse padrão é na verdade a única coisa a ser lembrada, pois ele se aplica a uma variedade de qualidades muito diferentes.

Façamos uma repetição daqueles termos que podem ser aplicados aos assim chamados Elementos (Figura 10):

1. *Elementos Primordiais*. Encontrados em Kether. Potencial indiferenciado.
2. *Elementos Fundamentais*. Yod Heh Vau Heh aplicados aos Quatro Mundos.
3. *Elementos Transicionais*. Yod Heh e Vau, que são Maternais aplicados aos Caminhos da Árvore da Vida.
4. *Elementos Específicos*. Yod Heh Vau Heh aplicados a Chokmah, Binah, Tiphareth e Malkuth em qualquer dos Quatro Mundos.
5. *Elementos Astrais*. Yod Heh Vau Heh aplicados às quatro Sephiroth Inferiores.
6. *Elementos Básicos*. Encontrados em Malkuth, combinados. A expressão final da produção de matéria pelo Universo. Considerados em conjunto, os elementos básicos constituem uma subdivisão da Terra Astral.

Embora esse seja um esquema reconhecidamente complexo, ele é apresentado para acentuar o fato de que o Fogo, a Água, o Ar e a Terra simbolizam energias diferentes na Árvore da Vida. O Yod de Atziluth não é igual ao Yod aplicado ao Caminho de Shin ou ao Yod aplicado à sequência que começa em Netzach. Não obstante, todos eles são descritos pela palavra "Fogo". Uma vez mais, o que realmente importa é a sequência representada pelo *Tetragrammaton*. Poderíamos arbitrariamente dizer, por exemplo, que Maçã é Fogo, Laranja é Água, Pera é Ar e Limão é Terra. Nesse caso estaríamos aplicando uma fórmula para descrever um relacionamento entre Maçã, Laranja, Pera e Limão. No entanto, se o mesmo padrão subjacente for encontrado por trás de Balanço, Cadeira, Sofá e Escabelo isso não nos levaria a supor que, em virtude de Maçã e Balanço iniciarem uma sequência, esses dois termos sejam exatamente equivalentes. A descrição de energias diferentes por meio de uma mesma forma parece ter sido uma armadilha colocada pelos primeiros Cabalistas.

Simbolismo Cabalístico

Um símbolo é útil na medida em que sugere algo que não pode ser expresso adequadamente por meio de palavras (embora a linguagem seja ela própria uma espécie de simbolismo). Mais importante, porém, é que, embora no nosso plano de existência os símbolos sejam abstrações, em outros planos eles são coisas reais. Nas esferas astrais, um símbolo pode ser um poderoso meio para atrair ou repelir entidades espirituais. Ele pode ser um chamamento ou uma proteção, pois confirma o poder de uma divindade que governa um determinado nível e forma de energia. Quando usado dessa maneira, um símbolo poderia ser definido nos mesmos termos de um talismã no nosso plano: trata-se basicamente de alguma coisa "carregada com a força que ela supostamente deva representar".

Existe um grande conjunto de símbolos ligados às Sephiroth e aos Caminhos. Kether, por exemplo, poderia ser descrita matematicamente como *O Ponto*, pois ela é a Primeira Emanação. Quando Chokmah surge a partir de Kether forma-se uma Linha e, com o aparecimento de Binah, há um Triângulo. Pode-se, dessa maneira descer pela Árvore aplicando-se figuras geométricas de acordo com o número das Sephiroth. Chesed é um Quadrado, Geburah um Pentagrama, Tiphareth um hexagrama etc. Esses são os mais básicos e, sob alguns aspectos, os mais profundos símbolos ligados à Árvore. Os símbolos mais complicados são os nomes hebraicos e os Nomes Divinos escritos nessas letras.

Alguns talvez tenham uma compreensão intuitiva de que o Alfabeto Hebraico é mais do que apenas letras. Há muitos anos o artista Ben Shahn publicou um

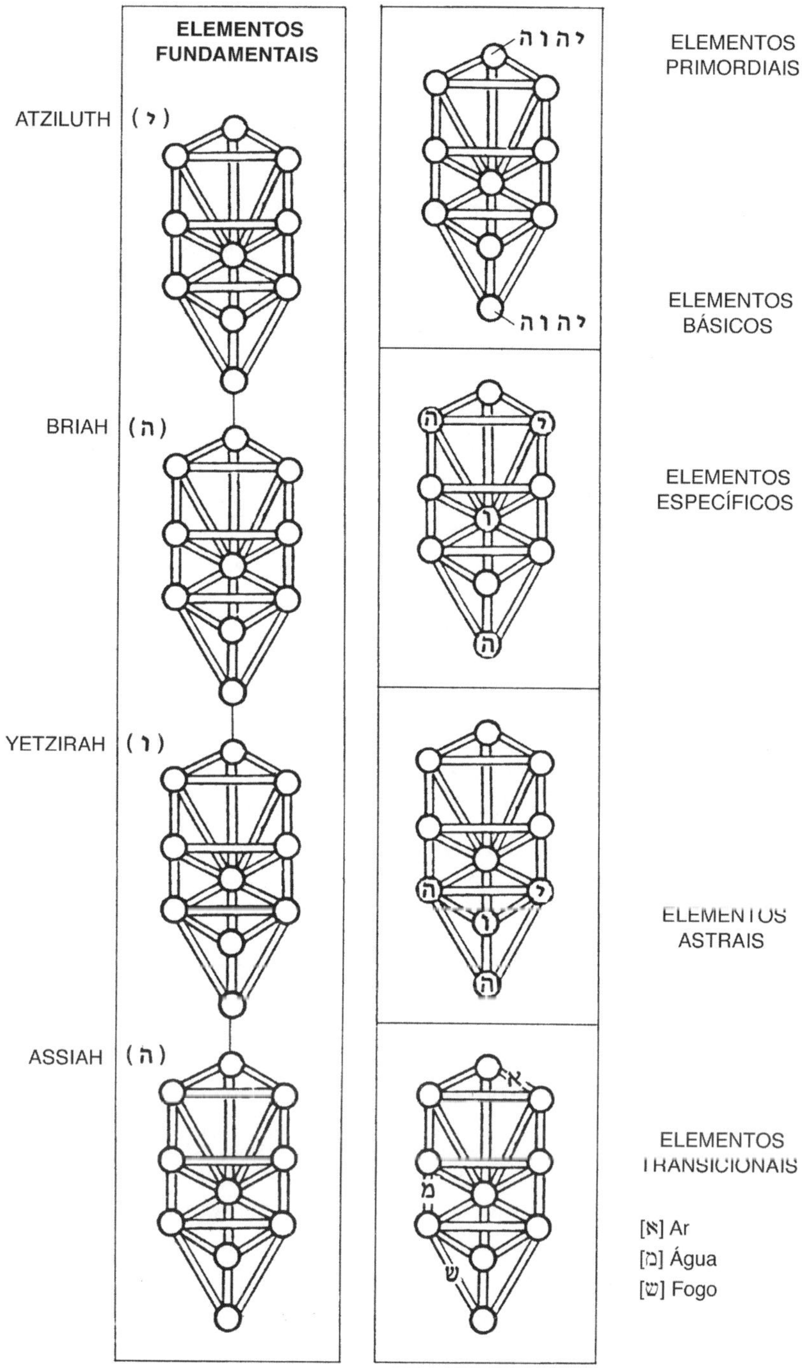

Figura 10. Os Quatro Elementos [יהוה] tal como descrevem os diversos aspectos da Árvore da Vida. Esquerda: Os Quatro Mundos. Direita: Os Elementos tal como aplicados a uma única Árvore. Enquanto [יהוה] está relacionado com as Sephiroth, [א], [מ] e [ש] estão relacionados aos Caminhos.

livro chamado *Love and Joy About Letters* [Amor e Prazer Lidando com as Letras], no qual ele descreve seus próprios sentimentos em relação a esse alfabeto quando era criança: "Eu adorava desenhar e contemplar aquelas letras grandes e graciosas; sentia-me extremamente à vontade ocupando-me delas e podia desenhá-las muito antes de conseguir fazer qualquer outra coisa com as mãos. Era um grande prazer copiá-las do livro de orações porque em cada letra havia algum sutil componente das outras e, conforme ia aprendendo a fazer novas letras, era possível descobrir aquelas partes familiares já conhecidas".[62]

Uma letra hebraica, considerada isoladamente ou em conjunto com outras para formar um Nome Divino, é tanto um símbolo como uma figura geométrica (nas atividades práticas as letras e palavras frequentemente são visualizadas). A cada letra hebraica é atribuído um número e as palavras têm um significado especial de acordo com números derivados através de um processo conhecido como Adição Cabalística (a ser discutido posteriormente). Por ora basta dizer que, na medida em que as letras hebraicas são atribuídas a cada uma das Cartas dos Trunfos, essas cartas podem ser usadas até mesmo para escrever pictoricamente os Nomes Divinos e descobrir novas verdades a respeito da natureza da divindade. Esse exercício serve para demonstrar em que medida o sistema Cabalístico é constituído por partes precisamente inter-relacionadas.

Outra importante questão está relacionada com o constante uso das cores na Cabala Hermética. Embora a maioria das pessoas ache que as cores são de natureza simbólica, isso não corresponde à verdade. As cores são forças reais e não meramente símbolos dessas forças. Isso também pode ser dito em relação aos seus matizes.

As Sephiroth e seus Símbolos

No Tarô, as Sephiroth são representadas por dez cartas numeradas de cada naipe (Figura 11) e pelas Cartas da Corte, que são colocadas sobre as Sephiroth de acordo com o princípio do [יהוה]. Qualquer Ás pertence a Kether, qualquer dois a Chokmah, qualquer três a Binah etc. As Cartas da Corte, como já dissemos, são posicionadas com os Reis [י] em Chokmah, as Rainhas [ה] em Binah, os Cavaleiros [ו] em Tiphareth e as Princesas [ה] em Malkuth. Na verdade, porém, as Cartas da Corte estão relacionadas à Árvore toda e não apenas a determinadas Sephiroth (Figura 11).

O alfabeto hebraico é baseado na forma da letra Yod [י]. Isso nos remete ao conceito de que todo o Universo deriva do que é simbolizado por Yod. Yod, em última análise, está relacionada com Kether, uma ideia que Mathers chama de Yod I.

Todavia, aquilo que entendemos como a expansiva força Yod do Universo – a impetuosa energia masculina – só é separada e ativada depois da formação da Sephirah Chokmah. Assim, para propósitos práticos, Yod é atribuída a Chokmah e Heh, o acuoso princípio feminino, é atribuída a Binah. Vau é relacionada com Tiphareth, mas na verdade engloba todas as Sephiroth abaixo do Triângulo Superno, exceto Malkuth, ou seja, Tiphareth e as cinco Sephiroth que estão em torno dela: Geburah, Chesed, Netzach, Hod e Yesod. E, quando a Sephirah oculta, Daath, é considerada, forma-se um círculo perfeito em torno de Tiphareth.

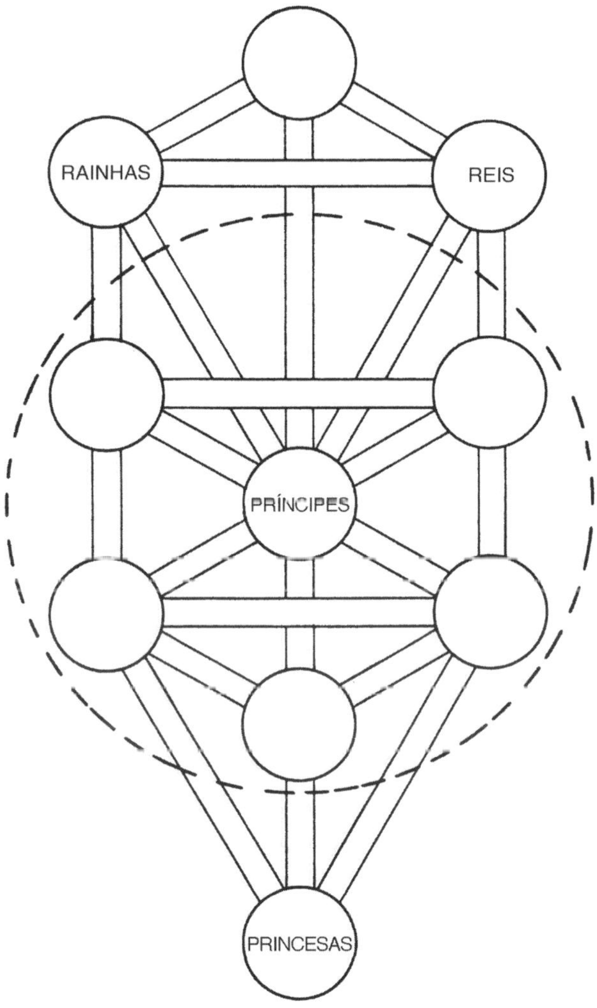

Figura 11. As Cartas da Corte na Árvore da Vida.

A esta altura deve estar claro que, apesar de a aplicação do Tarô à Árvore da Vida Cabalística envolver algumas dificuldades linguísticas, o esforço para compreender essas atribuições será bem recompensado. Embora a pessoa possa se sentir frustrada, se não sobrecarregada, com todas essas definições, é importante compreender que elas são muito importantes para o uso da Cabala. Não obstante as cortinas de fumaça verbais dos primeiros Cabalistas, trata-se de um sistema extraordinariamente claro e preciso.

Como as cartas numeradas e as Cartas da Corte das Sephiroth são chamadas de Arcanos Menores (Arcano significa segredo), elas talvez pareçam ser menos importantes do que os Arcanos Maiores ou Trunfos. Todavia, elas são da mais alta

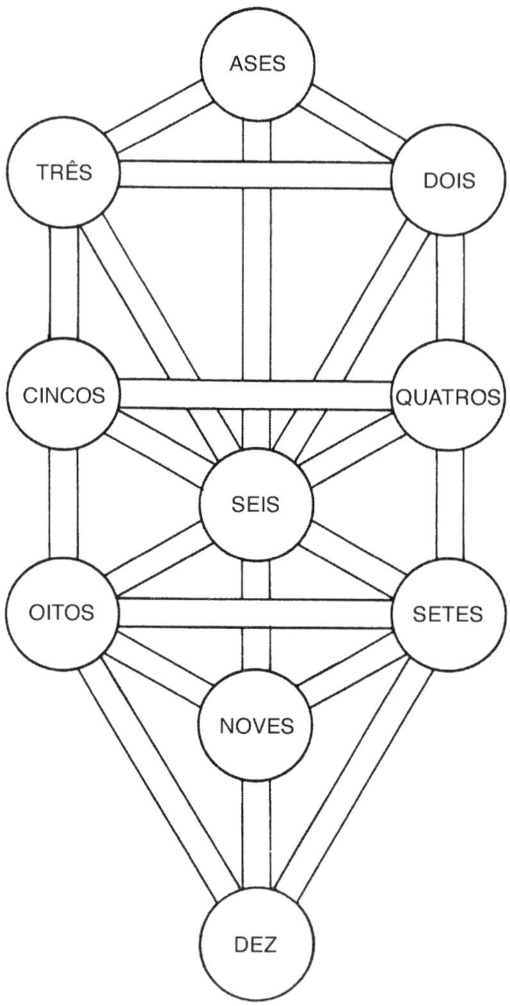

Figura 12. Atribuição dos Arcanos Menores à Árvore da Vida.

importância porque simbolizam as verdadeiras potencialidades existentes dentro de nós mesmos e no Universo, com as quais procuramos entrar em contato consciente.

Se os Naipes (Sephiroth) parecem estar subordinados aos Trunfos (Caminhos), isso acontece por duas razões. Primeiro, o Tarô é um mecanismo de aprendizado projetado para facilitar a viagem subjetiva da consciência de um para outro centro objetivo de energia. Ele pode ser comparado a uma carruagem que nos leva pelas estradas que ligam, uma à outra, duas cidades do interior. Assim, embora, em última análise, os Caminhos sejam menos importantes que as Sephiroth, eles são o principal ponto de interesse do baralho do Tarô. Em segundo lugar, como as cartas são usadas para adivinhação, elas descrevem forças de transição que produziram eventos no passado, atuam no presente e têm o potencial de criar eventos futuros. Isto talvez possa ser melhor compreendido considerando-se a ideia de que todos estamos viajando continuamente pelos Caminhos. Embora esse seja um processo inconsciente para a maioria das pessoas, ele é consciente para aqueles que buscam compreender os Mistérios. Além disso, inconscientemente nós estamos viajando por muitos caminhos "simultaneamente". Nossos conceitos limitantes de tempo, espaço e forma não são aplicáveis aqui.

Como já dissemos anteriormente, a decisão de viajar conscientemente pelos Caminhos tem o efeito de acelerar o que de outra maneira seria um curso normal de desenvolvimento. Ela também acelera o curso da ação kármica. Assim, a pessoa que passa a lidar com o Tarô com o propósito de aprender a respeito de si mesma e do seu universo pode, no início, ser afligida por diversos problemas pessoais. A razão disso é que um certo número de débitos kármicos é pago de uma só vez e são eliminados os principais obstáculos à compreensão.

O Tarô é mais apropriado para uso na adivinhação de questões materiais. Ele não é particularmente indicado para fornecer respostas a importantes questões de natureza espiritual porque está firmemente estabelecido em Yetzirah, embora, dependendo da interpretação, possa fornecer esclarecimentos a respeito dos mundos superiores.

As Cartas Menores

Os Ases relacionam-se com os Elementos Primordiais encontrados em Kether e à própria origem do [יהוה]. Como disse Crowley: "O importante é que, tanto em aparência como em significado, os Ases não são os elementos propriamente ditos mas sim a origem desses elementos". Quando a Árvore da Vida é projetada sobre uma esfera sólida, eles ficam localizados no polo norte, acima das Princesas, que são chamadas de "Tronos" dos Ases. A Aurora Dourada ensina que os Ases governam a evolução do Universo e atuam como um elo entre Yetzirah, o Mundo Formativo e o nosso plano material.

Os leitores fortuitos dos documentos originais da Aurora Dourada sobre o Tarô talvez fiquem confusos com a ordem na qual as cartas, numeradas de dois a dez, são apresentadas. Ao contrário dos outros sistemas, que apresentam essas cartas numa simples sequência numérica, a Aurora Dourada classificou-as em termos dos Decanatos do Zodíaco. Esse foi um esquema astrológico criado por Ptolomeu no Antigo Egito.

O Zodíaco, um disco achatado de 360°, é dividido em 36 seções de 10° cada. Assim, cada uma das doze casas do Zodíaco tem três Decanatos e cada Decanato é uma carta menor do Tarô. Essas mesmas divisões são dias do ano, de modo que se pode atribuir a cada indivíduo uma carta menor com base na data de seu nascimento.

O principal simbolismo do Zodíaco são as Casas e os Planetas. As Casas são simplesmente divisões de 30° do Zodíaco, cada uma delas ligada naturalmente a um dos doze signos (Figura 13.) Áries na primeira Casa, Touro na segunda, Gêmeos na terceira etc. Assim, cada signo tem três Decanatos, cada um regido por um planeta diferente. A atividade de um Planeta num signo é tão específica a ponto de poder ser representada por uma carta do Tarô.

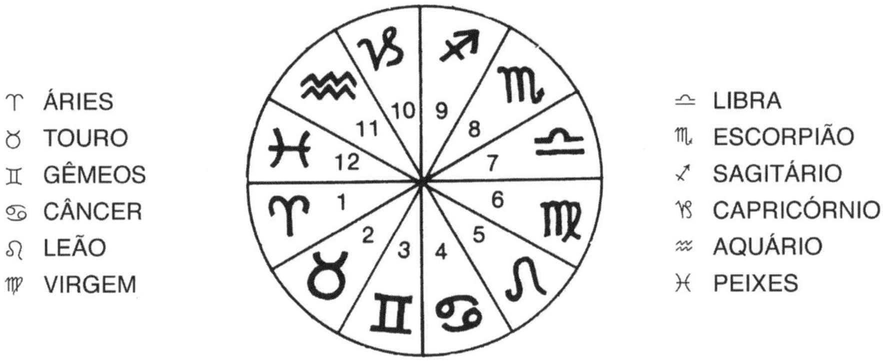

Figura 13. Os Signos do Zodíaco nas Doze Casas.

Outra causa de mal-entendidos é o fato de os Decanatos iniciarem-se não com o primeiro Signo, Áries, mas com Leão. O primeiro grau de Leão está relacionado com a estrela Regulus, às vezes chamada *Cor Leonis* ("A Estrela Real do Coração do Leão"). A Aurora Dourada sustenta que o início do Zodíaco em 0º de Áries era arbitrário e, por isso, retornou ao antiquíssimo sistema de acordo com o qual o Zodíaco inicia-se em 0º de Leão. Dessa maneira, o primeiro dos Decanatos é o *Cinco de Paus*, uma carta dinâmica e fogosa.

De mais a mais, o sistema de apenas sete Planetas (chamados de "Os Velhos Planetas") foi desenvolvido antes da descoberta de Netuno, Urano e Plutão, além de considerar a própria Lua um planeta. Embora essa última ideia possa ser rejeitada como fruto da ignorância dos antigos, trata-se na verdade de uma descrição adequada, considerando-se a profunda e sutil influência exercida pela Lua sobre a nossa Terra. Os planetas são atribuídos aos Decanatos numa sequência que se repete cinco vezes: 1) Marte, 2) O Sol, 3) Vênus, 4) Mercúrio, 5) A Lua, 6) Saturno, 7) Júpiter. Existe, porém, um problema. Para citar o *Livro T*: "Havendo 36 Decanatos e apenas sete Planetas, segue-se que um dos últimos deve reger um Decanato a mais do que os outros. Esse planeta é Marte, ao qual é atribuído o último decanato de Peixes e o primeiro de Áries, porque a superação do prolongado frio do inverno e o início da primavera requerem uma grande quantidade de energia". A Figura 14 apresenta as Cartas Menores e o modo como elas se relacionam com essas configurações astrológicas.

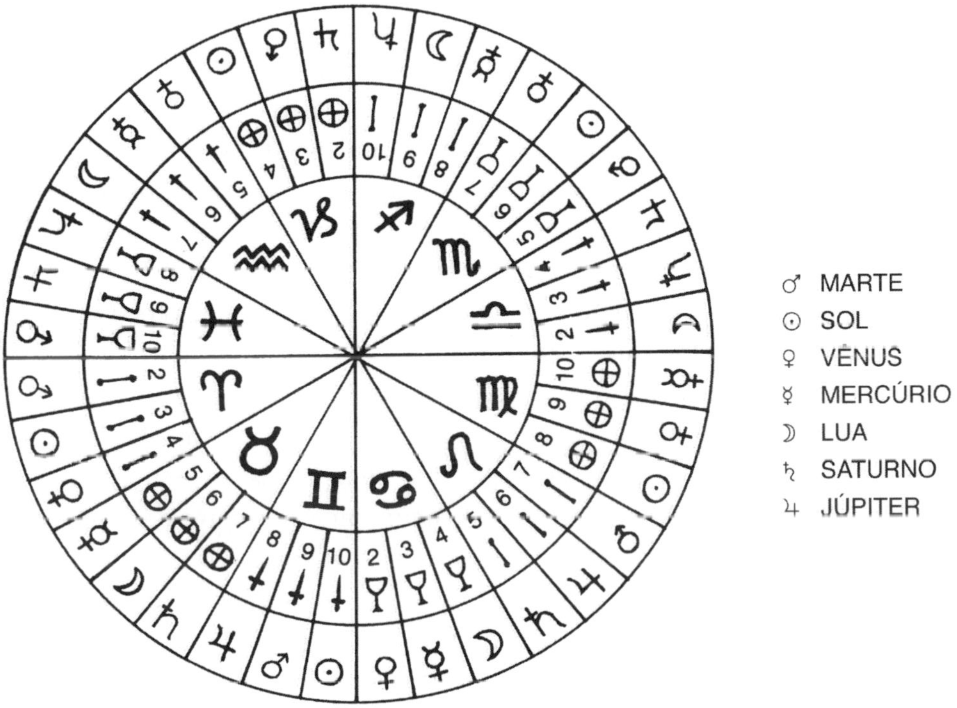

Figura 14. Os Decanatos, subdivisões dos Signos do Zodíaco. Círculo externo: as Cartas Pequenas do Tarô aplicadas aos Decanatos; Círculo Intermediário: Planetas aplicados aos Decanatos, regência das Cartas Pequenas.

As Cartas Menores têm dois conjuntos intercambiáveis de simbolismos. Elas representam os Planetas nos Signos do Zodíaco e aspectos de cada uma das Sephiroth nos Quatro Mundos.

A cada Decanato e Carta Menor é atribuído um par de Anjos, um dos quais reina sobre o dia e o outro sobre a noite. Assim, cada carta representa uma dualidade. Mais uma vez retornamos à ideia de que as cartas derivam de Yetzirah, o mundo dos Anjos, em oposição aos Arcanjos de Briah ou aos deuses de Atziluth.

As cartas são imagens Astrais, ilustrando o mundo da matéria, situado abaixo, e refletindo simbolicamente os mundos da mente e do espírito, que ficam acima. O *Dois de Paus*, por exemplo, relaciona-se com Chokmah em Atziluth, tal como o *Rei de Paus*. Todavia, nenhuma das cartas é exatamente igual a Chokmah em Atziluth, que é invocada com o nome divino *Ja*. Pode-se dizer que o *Dois de Paus* representa o efeito em Yetzirah do poder de Chokmah em Atziluth, assim como o *Rei de Paus* personifica a ação do Fogo do Fogo em Yetzirah. Yetzirah é o Mundo Formativo através do qual os princípios superiores são transmitidos para a nossa vida. Trata-se de um universo formado por imagens refletidas de cima e de baixo, o que explica o fato de o Tarô ser tão eficaz na divinação.

Não há dúvida de que a esta altura muitos leitores estarão completamente perdidos. Todavia, a Cabala envolve um jogo de palavras necessariamente complexo. Quanto mais profundamente penetramos nas definições, subdefinições, superdefinições, definições mais-que-perfeitas e platitudinais, mais entramos em contato com áreas que não podem ser adequadamente descritas em palavras. O próprio esforço para encontrar um significado nesse labirinto de ideias é importante porque ele representa a expressão de um compromisso. A maior defesa dos Mistérios, agora que seus métodos foram abertamente publicados, é que os primeiros exercícios intelectuais e meditativos são extraordinariamente maçantes. Poucos chegarão a encarar a Cabala com tanta seriedade a ponto de abrir caminho penosamente através de seu cipoal de palavras complicadas. A maioria desistirá rapidamente, uma ideia que é apresentada aqui como uma luva a ser apanhada por aqueles que apreciam os verdadeiros desafios.

Tendo dito isso, devemos acrescentar uma outra complicação: cada uma das 40 Sephiroth dos Quatro Mundos contém uma Árvore da Vida completa, de modo que ao todo existem na verdade 400 Sephiroth.

No que diz respeito às Cartas Menores, por fim, devemos saber que os dois anjos de cada carta numerada são específicos dessa carta e entender como são administradas suas energias específicas. Se alguém fizesse uma projeção interior com uma dessas cartas, o que é perfeitamente legítimo, essa pessoa invocaria primeiro a proteção e a orientação de Deus e do Arcanjo da referida Sephirah e depois a dos Anjos.

As Cartas da Corte

MacGregor Mathers disse que as Cartas da Corte não estão nas Sephiroth e sim além delas. Com isso ele aparentemente tentou sugerir que as cartas não apenas integram as Sephiroth como também são extensões de suas qualidades. As Cartas da Corte representam os poderes Elementares do *Tetragrammaton*, [יהוה], nos Quatro Mundos. Elas personificam os atributos dos Elementos Específicos (veja mais uma vez a Figura 10) e, como tais, geralmente representam pessoas de verdade quando aparecem numa divinação. Quando não for esse o caso, elas indicam um acontecimento ou uma situação que apresenta uma certa personalidade. Pode-se dizer também que as Cartas da Corte representam decisão, quer da nossa parte ou da parte dos outros. É a decisão de indivíduos (ou o resultado de situações causadas pela decisão individual) que coloca em ação as forças cegas representadas pelas cartas do Tarô numeradas de dois a dez. Assim, quando uma Carta da Corte aparece numa adivinhação, isso sugere a existência de um fator humano capaz de influenciar os acontecimentos. Os Trunfos geralmente representam *forças kármicas* que também influenciam as Cartas Menores numeradas. Repetindo: na adivinhação, as Cartas da Corte são as escolhas dos seres humanos, os Trunfos são as escolhas dos Deuses (embora num nível mais complexo, essas escolhas são também nossas) e as Cartas Pequenas são as forças postas em jogo. Obviamente, qualquer carta do baralho pode ser uma clara referência a um indivíduo.

Tal como as Cartas Menores, as Cartas da Corte também podem estar relacionadas com o Zodíaco. Os Reis, Rainhas e Príncipes ficam atrás dos Decanatos, enquanto as Princesas, ao que se diz, "fazem a ligação entre os Signos". Embora as Cartas da Corte e as que vão do Ás ao Dez possam ser colocadas num diagrama composto (Figura 15), esse arranjo é uma tentativa simplista de apresentar relacionamentos que são na verdade tridimensionais e dizem respeito à Terra e aos seus dois polos magnéticos. O sistema completo de atribuição das cartas do Tarô sobre a Árvore da Vida na forma de uma esfera sólida pode ser encontrada em *Golden Dawn*, de Regardie.

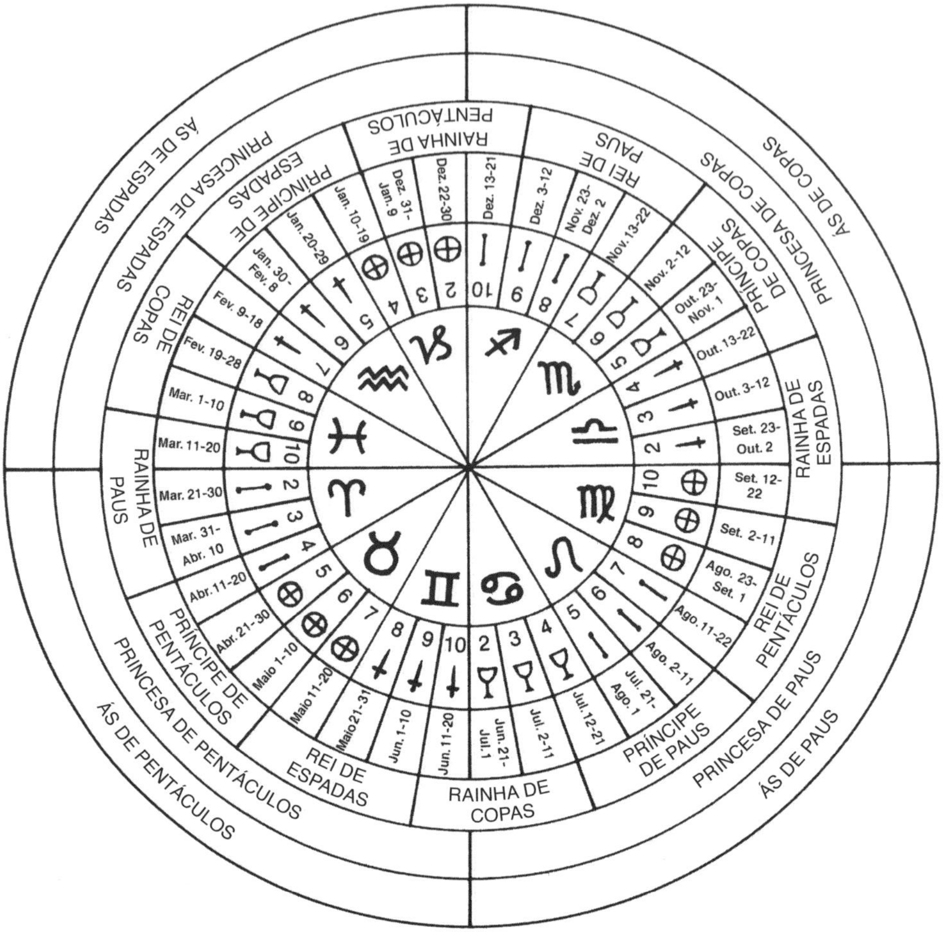

Figura 15. Atribuição das Cartas Menores e das Cartas da Corte ao Zodíaco. Círculo interno: Os Signos e as Casas do Zodíaco; Segundo círculo: Cartas Pequenas do Tarô; Terceiro círculo: dias do ano atribuídos aos Decanatos; Quarto círculo: Reis, Rainhas e Príncipes no Zodíaco; Quinto círculo: tecnicamente, em três dimensões acima dos Reis, Rainhas e Príncipes; Círculo externo: os Ases. Quando este diagrama é colocado numa esfera tridimensional, estão no Polo Norte da Terra, acima das Princesas.

Os Padrões das Sephiroth

1. KETHER: A COROA

Os Quatro Ases

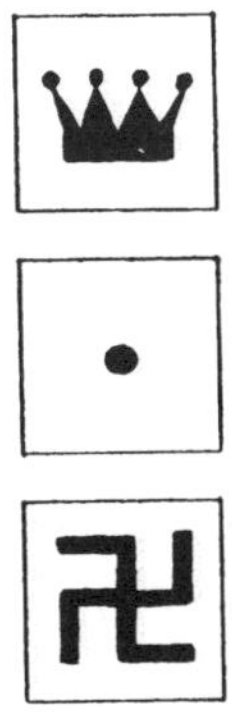

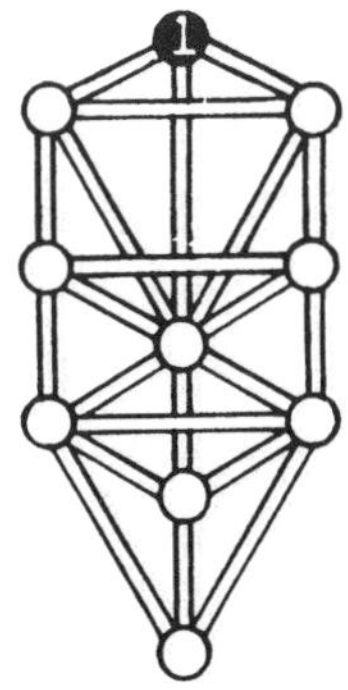

- Tudo o Que Existe; a Respiração Daquilo Que Não Existe
- A Fonte de Energia do Infinito Invisível
- O Primeiro "Movimento"
- Deus, o Criador
- De Onde Viemos e Para Onde Voltaremos

Símbolos: Coroa, Ponto, Suástica
Cor: Branco

Em Kether está o Branco e Divino Esplendor, a cintilação e o fulgor da Glória Divina – a luz que ilumina o Universo – a luz que ofusca a glória do Sol, diante da qual a luz dos mortais não passa de escuridão e sobre a qual não convém nos estendermos mais. A esfera em que ela atua é chamada de Rashilh ha-Gilgalim *– o início do remoinho, o* Primum Mobile *ou Primeiro Motor, o qual conferiu a dádiva da vida a todas as coisas e preencheu todo o Universo.* Eheieh *é o nome da Essência Divina em Kether; seu Arcanjo é o Príncipe das Fisionomias –* Metatron, *que conduz as pessoas até a presença de Deus. Sua Ordem de Anjos é chamada de* Chaioth ha-Qadesh, *as Sagradas Criaturas Vivas, que também são chamadas de Ordem dos Serafins.*[63]

Todas as Sephiroth precisam ser abordadas intelectualmente antes que possamos desenvolver algumas ideias intuitivas a respeito de suas naturezas. Deve-se iniciar com um estudo dos símbolos ligados a cada Sephirah. Esses símbolos transcendem a linguagem. Além do mais, um símbolo pode sugerir alguma coisa a respeito de outro símbolo, criando assim um quadro geral da energia em questão. É impossível conhecer Kether, da mesma forma como se diz que um homem não pode olhar para a face de Deus e continuar vivo. Todavia, podemos estabelecer alguns princípios acerca de Kether por meio de seus símbolos, tais como o Ponto. Pode-se dizer que Kether é o ponto e isso é verdade. Mas o ponto não é Kether, ele é apenas uma ideia, um referencial para os nossos pensamentos a respeito de Kether.

O inter-relacionamento dos símbolos nos proporciona a melhor orientação, pois cada símbolo descreve um aspecto específico de uma Sephirah. Em Kether, esses símbolos são a *Coroa*, o *Ponto* e a *Suástica*. Esse último é um dos mais antigos símbolos da Divindade Suprema, infelizmente ligado ao Nazismo em épocas passadas.

O primeiro símbolo de Kether é a Coroa. Embora nossa perspectiva antropomórfica talvez nos leve a pensar que as forças dirigentes estejam dentro da nossa cabeça, a Cabala coloca essas forças acima dela. Essa distinção é importante e indica que o Sagrado Espírito Orientador é uma glória que fica acima de nós e à qual devemos aspirar, uma energia a que os processos mentais do nosso cérebro estão subordinados. A Coroa, no Microcosmo, é o nosso Espírito Essencial. No Macrocosmo ela descansa sobre a cabeça de *Adam Kadmon,* o Homem Arquetípico do Zohar, símbolo de todo o Universo visível. Kether é a Coroa situada acima de toda a Criação e aquilo de onde toda a Criação se origina. Por isso, outro de seus principais símbolos é o Ponto.

O Ponto é completo em si mesmo, sem dimensões ou definições externas. Ele representa a Unidade total e é a semente a partir da qual o Universo cresce. Em última análise, tudo é Kether, e cada uma das Sephiroth que emanam sucessivamente de Kether são cristalizações dos aspectos latentes da Unidade. A jornada de manifestação começa e termina em Kether. É à Kether de Atziluth que aspiramos e é para ela que o Universo visível por fim se recolherá.

Iniciamos o processo de aceleração do nosso desenvolvimento espiritual ou retorno por meio da invocação da nossa própria Kether, que, inconscientemente, nos orienta. O próprio ato de atentar para a "Luz sobre a nossa cabeça" produz uma sutil atividade nos Planos Interiores. Trata-se de uma afirmação inconsciente da Personalidade, reconhecendo seu caráter mutável e o fato de que a verdadeira fonte da vida está situada acima dela. Assim como o próprio Universo começa e termina em Kether, todo trabalho de desenvolvimento espiritual, seja ele meditativo ou ritualístico, deve começar com uma invocação do Supremo.

O nome de Deus em Kether é *Eheieh* [אהיה] e significa "Eu Serei", um nome cujos som e significado têm sido comparados à respiração.

Ao Ponto é atribuído o número 1, que em termos matemáticos tem o potencial para todos os outros números por simples adição. Se tomarmos um número 1 e colocarmos outro número 1 ao seu lado, teremos 2. Se tomarmos um terceiro 1, teremos três uns, ou seja, 3. Essa ideia parece tão óbvia a ponto de ser vazia, até começarmos a meditar sobre o conceito de números simples e da simples geometria, essa ideia nos parece tão óbvia a ponto de ser insignificante. Conhecemos alguma coisa, por exemplo, que possa ser considerada *uma autêntica unidade* e que seja totalmente indivisível? Os números são a forma mais pura de símbolo e têm grande importância nas estruturas Cabalísticas. Essa afirmação não seria contestada por nenhum estudioso que tenha prosseguido a leitura de *Tertium Organum*,*[64] de P. D. Ouspensky, até sua profunda discussão sobre as dimensões.

Embora Kether seja simbolizada pelo Ponto e pelo número 1, ela não é estática. Em Assiah (o mundo material) estão também os "Primeiros Remoinhos" da manifestação. Assim, surge uma terceira ideia descritiva: a *Suástica* representando um movimento vital e rotativo em torno do ponto. Embora contida em si mesma, ela está em movimento.

A Suástica tem quatro braços, representando os quatro aspectos latentes de [יהוה], os Elementos Primordiais. Ela não é trinitária. Essas são as energias que, unificadas em Kether, são finalmente diferenciadas nos quatro Elementos Básicos de Malkuth, chamado de *Noiva de Microprosopus*. Malkuth é Kether no arco inferior e define o princípio: "Assim em cima como embaixo". A Suástica é o símbolo perfeito dos Elementos Primordiais porque, se imaginarmos os braços em movimento, como se fossem as pás de um ventilador, seria impossível distingui-los um do outro. Como os elementos são representados em Malkuth, sobre a Árvore da Vida, eles são nitidamente definidos.

"Assim em cima como embaixo" é o princípio que, em essência, afirma que Malkuth, o mais denso desenvolvimento do Universo, é tão sagrado quanto a sua origem. Os fundamentalistas, para os quais o mundo físico é intrinsecamente mal, são extremistas desencaminhados.

A questão do mal pode ser melhor abordada em Kether porque essa é a única área da Árvore da Vida em que não existe nenhum mal. Ela é a mais sagrada das coisas sagradas, não tendo energias opostas dentro de si.

O mal é uma força desequilibrada. É um subproduto da evolução, resultado de um desequilíbrio temporário numa Sephirah, e anterior ao surgimento atenuador

* Publicado pela Editora Pensamento, São Paulo, 1988 (fora de catálogo). [N. do T.]

de uma outra Sephirah. Esta é a teoria Cabalística: em cada ponto da evolução é deixado um extremo de uma energia específica.

O mal é um extremo. Ele procura fazer as coisas penderem para um lado, tornando impossível o equilíbrio. A Unidade é o bem supremo e resulta do equilíbrio entre dois opostos. Por exemplo: Geburah é a força dinâmica e seu oposto, Chesed, é Piedade ou Amor. O extremo de Geburah é a crueldade hedionda. O extremo de Geburah é a pior forma de fraqueza, a qual se manifesta na forma de fanatismo e hipocrisia.

Dion Fortune observa que existem duas espécies de mal, o positivo e o negativo. O mal negativo é mais uma questão de temperamento desequilibrado do que de escolha. O mal positivo, por outro lado, envolve a adoção deliberada de uma força desequilibrada tendo em vista alguma espécie de proveito próprio.[65]

Cada Sephirah tem seu aspecto desequilibrado e um sistema de demônios específicos, assim como seus Nomes Divinos e formas angelicais conhecidas como *Qlippoth*. Esses extremos são também encontrados em cada indivíduo, em graus variáveis, e a Cabala serve como um método para primeiramente identificá-los e, em seguida, colocá-los sob controle. É por isso que um sistema como o de Abramelin invoca tanto as forças do bem quanto as do mal. Nenhum deles é considerado melhor do que o outro, já que ambos fazem parte do Todo. Não existe nenhum juízo de valor e, sim, apenas o desejo de compreender e de restaurar o equilíbrio. Esse é o significado das famílias em guerra do *Bhagavad-Gītā*. Elas são os componentes da personalidade que se mantêm literalmente em guerra consigo mesmas até que o conflito seja solucionado, graças à intermediação do Eu Superior (Krishna, nesse caso), e a paz restaurada.

A paz definitiva e a unidade de Kether são representadas por um símbolo antropomórfico conhecido como *Imagem Mágica*. Essa imagem é atribuída a cada Sephirah e tem sido desenvolvida ao longo dos séculos por meio da meditação nos planos interiores. Essas imagens, junto com os símbolos aplicáveis, são pontos de contato com as energias das Sephiroth. No caso de Kether, a imagem é a de um *Velho Rei Barbado Visto de Perfil*. Trata-se de uma cabeça coroada e com barbas brancas, vista a partir do lado direito; seu lado esquerdo permanece desconhecido para nós, como as fronteiras do Invisível.

Como os Ases são atribuídos a Kether, eles representam a mais pura forma de energia, sujeitas a um maior aperfeiçoamento à medida que as Sephiroth (simbolizadas pelas outras cartas numeradas do Tarô) vão surgindo consecutivamente para formar um Mundo completo. Cada uma delas é única e distinta quanto ao grau de sua densidade e ao seu tipo específico de energia. Assim, quando qualquer Ás aparece numa adivinhação, ele representa um grande poder.

Embora Kether, enquanto origem de tudo, seja uma qualidade que não podemos conhecer, precisamos voltar a lembrar que em certa medida é possível representá-la por meio de símbolos. É intrigante considerar a ideia de *eternidade*, um esforço que tende a ressaltar a própria fragilidade do sistema de definições dentro do qual temos necessariamente de operar. Embora talvez tenhamos a capacidade de lidar com a ideia de que a divisão entre espírito e matéria seja artificial ou, até mesmo, com um conceito de inteligência totalmente desprovido de forma, o nosso conceito de tempo é totalmente inadequado! Nós partimos da suposição de que, se Deus não é finito, então ele tem de ser infinito. Todavia, nos é dito que nenhum dos nossos conceitos humanos pode aplicar-se a Kether, e o infinito é um conceito humano. Isso exige um grande nível de fé e uma mente aberta que faça perguntas com destemor até que surjam as respostas.

Os Ases

Os primeiros em ordem de aparecimento são os quatro Ases, representando o Espírito em ação, unindo os quatro níveis de cada elemento e respondendo ao Domínio das Letras do Nome na Kether de cada um. Eles representam a Força Radical. Diz-se que os Quatro Ases estão situados no Polo Norte do Universo, onde giram, governando sua rotação e servindo como um elo entre Yetzirah e o Plano Material do Universo.[66]

Nota: Esta sequência de ilustrações – cartas dos baralhos da Aurora Dourada (1890), Crowley (1944), Waite (1910) e Marselha (1748) – acompanha a explicação do texto.

O ÁS DE PAUS, a Origem dos Poderes do Fogo [י].

Esta carta representa o fluxo primário de energia do Universo. Ela é Kether de Atziluth, a influência de Kether no nível do puro Espírito. Na carta da Aurora

Dourada uma mão angelical segura o que é basicamente uma raiz invertida e dividida em três ramificações (possivelmente influenciada pelo diagrama da Árvore da Vida publicado por Fludd). As dez subdivisões das raízes estão pintadas com faixas nas cores das dez Sephiroth nos Quatro Mundos. Os sinetes existentes nas três partes principais da raiz foram desenhados a partir de *Rose Cross Lamen*,[67] com a utilização das letras [אש] (Aesch, Fogo), [מים] (Maim, Água) e [רוח] (Ruach, Ar). Os 22 Yods são os Caminhos sobre a Árvore da Vida. O baralho de Marselha é, provavelmente, a fonte desses Yods, embora nele o número pareça arbitrário.

A carta do Tarô da Aurora Dourada apresenta um bastão vivo e com folhas, uma referência intencionalmente fálica. O Ás de Crowley sintetiza os Yods flamejantes na forma de toda a Árvore da Vida, dando continuidade, assim, ao simbolismo da Aurora Dourada segundo o qual o Ás de Paus é a fonte de tudo.

Aqui se pode também observar que toda a Árvore é um glifo do poder do Fogo, quando a manifestação é simbolizada por [יהוה], *impregnada* por [ש]. De certo modo, Yod e Shin são usados de forma intercambiável.

O ÁS DE COPAS, a Origem dos Poderes da Água [ה].

O Ás de Copas é Kether em Briah, a influência de Kether sobre o nível mental. Essa é uma Força Maternal que tudo abrange, simbolizada pela água que, nas cartas dos baralhos da Aurora Dourada e do Waite, derrama-se dinamicamente a partir de uma Taça, mas torna-se calma e estável na parte inferior. A Aurora Dourada representa o desdobramento da Consciência Divina com o lótus pintado de vermelho para sugerir que a origem dessa consciência está no Fogo. O baralho de Waite, por outro lado, apresenta a taça como a perfeição e a formalização do [יהוה] evoluindo em direção à matéria. As 26 gotas de água caindo da taça significam [יהוה], um número derivado pela Gematria, como posteriormente será demonstrado. A pomba aqui é um símbolo de Vênus como a Grande Mãe, sob a qual há um círculo e a cruz com braços de tamanhos iguais. A propósito, esse símbolo foi adotado por Dion Fortune para representar sua Sociedade da Luz Interior.

Embora a versão dessa carta feita por Crowley enfatize a ação ondulatória característica da água física, neste caso ela significa a atividade que abarca e dirige a consciência pura. A taça surge a partir do próprio Lótus.

O Ás de Marselha é a mais simples das quatro versões e parece ser apenas uma taça. Todavia, a sugestão de arquitetura gótica deixa claro que o significado pretendido era *A Igreja*, como Sagrada Mãe. No século XIV, a Virgem Maria era frequentemente confundida com a própria Igreja, com a estrutura que abrigava os fiéis. Esse simbolismo é completamente consistente com o significado do Ás de Copas.

O ÁS DE ESPADAS, a Origem dos Poderes do Ar [ו].

A carta é Kether em Yetzirah, a influência de Kether no Mundo Astral, o mundo das formas fugazes. Esta é uma poderosa carta que pode ser extremamente boa ou extremamente ruim. Ao contrário do *Ás de Paus*, que simboliza uma força natural, esta carta representa uma força que é *invocada*. Trata-se de uma força à qual apelamos.

Quando as energias de Kether são vistas no nível astral elas são dinâmicas e erráticas, podendo ser utilizadas à vontade em diferentes situações. Assim, ela é descrita como a "Espada do Bem ou do Mal", de "Grande força e poder diante das dificuldades. Ela é a justiça apoiando a Autoridade Divina e pode tornar-se a espada da Ira, da Punição e da Aflição".[68]

O estilo da maioria das versões desta carta tem relação com o baralho de Marselha, mostrando a Espada do Ar trespassando a Coroa de Kether. Nos dois cursos possíveis dos acontecimentos estão implicados a folha de palmeira do sofrimento e o ramo de oliveira da paz. Os seis Vaus acima da coroa da Aurora Dourada significam Tiphareth, o núcleo *Ruach* (Ar) da Árvore da Vida.

O ÁS DE PENTÁCULOS, a Origem dos Poderes da Terra [ה].

Este Ás representa Kether em Assiah, a influência de Kether no Mundo da Matéria. Esta é uma carta da materialidade que, tal como o *Ás de Espadas*, pode ser boa ou má. Ela não é necessariamente a carta da riqueza e deveria ser comparada ao *Dez de Pentáculos*.

A carta de Marselha é extremamente simples e está relacionada com o antigo naipe de moedas, o dinheiro considerado como a essência das coisas materiais. Embora a versão de Waite também apresente uma moeda, ela é na verdade um *Pentagrama* – símbolo mágico da Terra –, sustentado acima de um jardim de lírios floridos. A mão flutua no ar, sugerindo ser algo que permite a fruição da matéria e não a matéria propriamente dita.

Na carta da Aurora Dourada, uma mão angelical segura uma roseira encimada por um Pentagrama com cinco círculos concêntricos. Os círculos externos têm as cores de Malkuth: amarelo-limão, verde-oliva, castanho-avermelhado e preto. Esses são os quatro Elementos Básicos, os quais demonstram estar em perfeito equilíbrio por meio da cruz vermelha com braços de tamanhos iguais. Os doze raios brancos são as forças do Zodíaco, expressas por meio dos Elementos da Terra. Embora as quatro rosas também representem os Elementos, a adição de dois botões implica a própria fertilidade desses Elementos em seu sutil equilíbrio terrestre. A cruz alada de cor vermelha faz referência aos Elementos Primordiais de Kether. Ela tem asas para mostrar que os elementos passam pelo estado de Ar Espiritual antes de se manifestarem na forma de matéria. A carta de Crowley representa, aparentemente, as asas dos quatro Arcanjos (Miguel, Gabriel, Rafael e Auriel) cujos poderes se contrabalançam mutuamente, gerando estabilidade. No centro está o símbolo fálico pessoal de Crowley e o número da Besta do Apocalipse, 666, com o qual ele pode ser identificado. Na roda estão as palavras gregas que significam "para a marca da besta", outra indicação de que Crowley escolheu especificamente esta carta como sendo a sua.

2. CHOKMAH: SABEDORIA

Os Quatro Dois
Os Quatro Reis

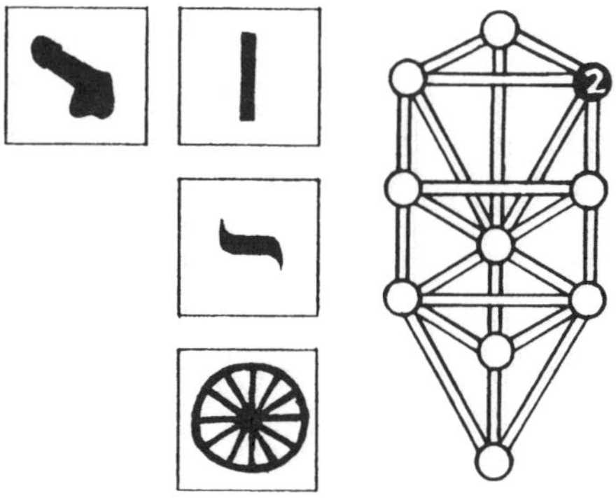

- O Pai Superno
- O Desejo de Poder
- Fluxo de Energia Dinâmica, Inorganizada e Não Compensada
- O Grande Estimulador
- O Primeiro Positivo

Símbolos: O Falo, a Linha, Yod.
Referência Astrológica: A Esfera do Zodíaco
Cor: Cinza

Em Chokmah existe um cinza plúmbeo que contém várias cores e se mistura com elas, formando uma névoa transparente perolada, e que mesmo assim irradia luz, como se por trás houvesse um grande esplendor. A Esfera de sua influência está em Masloth, *o Céu Estrelado, onde ele dispõe a forma das coisas. E* Yah *é a Sabedoria Ideal Divina e seu Arcanjo é* Ratziel, *o Príncipe dos Príncipes do conhecimento das coisas ocultas e secretas. O nome de sua Ordem Angelical é* Auphanium, *as Rodas ou as Forças Rotativas que também são chamadas de ordem dos Querubins.*

Muitas das nossas atuais noções de sexualidade ainda se baseiam nos conceitos da era Vitoriana, quando o sexo era considerado quase antinatural. Tratava-se de algo que, na melhor das hipóteses, não devia ser discutido por pessoas educadas. Atualmente, estamos compreendendo cada vez mais claramente que o chamado "mistério do sexo" recebeu uma denominação apropriada e que a capacidade de manipular as correntes sexuais do próprio corpo era um dos maiores segredos dos antigos magos. Não é nenhuma coincidência que os êxtases de visionários como Santa Teresa ou São João da Cruz sejam descritos em palavras que parecem ser explicitamente sexuais e orgásmicas.

A repressão sexual ou o descontentamento com a própria sexualidade (e aqui não estamos discutindo nem defendendo nenhum padrão específico de comportamento) constitui um sério obstáculo à compreensão dos mundos interiores.

O órgão sexual masculino (O *falo* ou *lingham*) é o principal símbolo de Chokmah e a primeira diferenciação da Unidade. Ele é o principal atributo da virilidade no nível mais abstrato e representa o *Pai Superno* emanando da Divindade. A partir de Chokmah, surge Binah, a *Mãe Superna*.

Os estudiosos da Bíblia logo irão perceber as semelhanças com a história de Adão e Eva tal como é descrita no *Livro do Gênesis*. Deus criou primeiro o homem, moldando-o com barro e insuflando-lhe o sopro da vida. Eva, a primeira mulher, foi criada a partir da costela do primeiro homem. A união entre o homem e a mulher deu origem à espécie humana depois de eles terem sido expulsos do Jardim do Éden.

Pode-se tomar simbolicamente o Jardim do Éden pelo próprio Triângulo Superno. As energias masculinas e femininas, equilibrando-se mutualmente, desenvolvem uma densidade cada vez maior à medida que avançam em direção aos aspectos mais inferiores da Árvore da Vida, afastando-se das elevações celestiais. O primeiro livro da Bíblia tem sido considerado um *criptograma* Cabalístico extremamente complexo, em que cada letra de cada palavra hebraica e seu valor numérico têm um significado específico e oculto. Todavia, interpretações desse tipo são mais apropriadamente objeto de interesse dos teólogos. Poucos estudiosos possuem o conhecimento linguístico e a capacidade de pesquisa necessários para levar adiante essa abordagem da Cabala. Aliás, essa nem chega a ser uma necessidade prática visto que, embora o estudo da Cabala seja iniciado com o intelecto, sua compreensão é, em última análise, um processo espiritual. À medida que voltamos nosso intelecto para os signos e símbolos da Árvore da Vida, descobrimos que estamos desenvolvendo uma apreciação intangível das energias ali descritas. E, como já dissemos, o número está entre os símbolos mais importantes com os quais devemos nos preocupar. No caso de Chokmah, esse número é o 2.

O número 2 simboliza o equilíbrio de opostos subjacente a toda a existência material. Assim, o termo "Perfeita Harmonia" descreve a Chokmah de Atziluth, o *Dois de Paus*. Chokmah é o impulso de toda manifestação, ao passo que Kether, ao contrário, é a "Origem" desse impulso. No Chakra Mundano, ele é a *Esfera do Zodíaco*, assim como Binah é o planeta *Saturno*.

Enquanto Kether é basicamente andrógina, Chokmah é a ideia de virilidade e Binah, a de feminilidade. Nós aqui usamos o termo *ideia* porque no elevado domínio do Triângulo Superno não pode haver sexualidade tal como a entendemos na nossa esfera de sensações. A virilidade é descrita como uma efusão de energia vital organizada – ou seja, limitada ou formalizada – pelas qualidades da feminilidade. Na Cabala, esses princípios são chamados de Yod (Masculino) e Heh (Feminino). Eles dão origem ao Vau do Nome Divino, atribuído às seis Sephiroth inferiores que estão em torno de Tiphareth.

Existem tantos símbolos intercambiáveis na Cabala que o sistema talvez pareça ser mais complicado do que realmente é. Todavia, é fundamental esse conceito de efusão de energia vital que, por meio do intercurso com uma força organizadora, dá origem a alguma coisa mais. Por exemplo, a letra hebraica Heh aplica-se a Binah, mas, como ela também se aplica ao mais antigo dos planetas, existe ainda uma outra sugestão: Saturno "devora seus filhos". Há aqui um duplo significado. Primeiro, o de que a morte está implícita no nascimento. Segundo – e num nível mais profundo – que o próprio Universo, o padrão de energias entrelaçadas resultante do equilíbrio entre Chokmah e Binah, acabará voltando a se contrair, percorrendo um caminho inverso daquele através do qual evoluiu.

Os mistérios do número 2 devem ser vistos como a interação entre opostos encontrados em toda a Árvore da Vida, resultantes da oposição entre Chokmah e Binah. Isso envolve polaridades fluidas, tais como anabolismo e catabolismo (síntese e decomposição), aumento e diminuição, vida e morte etc. Esses opostos, porém, não são estáticos. Eles não são um positivo puro e imóvel contra um negativo também puro e imóvel, posicionados um contra o outro numa espécie de xeque-mate celestial. O crescimento e o movimento são constantes. Quando há uma alteração na energia de uma Sephirah ocorre uma reação equilibradora natural em sua oposta, um efeito que se manifesta de forma dramática quando as Sephiroth são aplicadas a aspectos específicos do Microcosmo. Há um contínuo intercâmbio que poderia ser comparado à inspiração e expiração sugeridas pelo Nome Divino de Kether, Eheieh, o qual estabelece um padrão para tudo o que vem abaixo dele.

A chave para todos os sistemas e para o padrão universal é Chokmah, que talvez possa ser considerada a única "realidade", ao contrário de Kether, que *não o é*. Pode-se conceitualizar o Universo como não ser (Kether) e ser (Chokmah). É como se ele fosse um interruptor elétrico que é desligado em Kether e ligado em Chokmah. Embora o poder exista como potencialidade em Kether, ele só começa a operar depois que o interruptor é ligado.

Para compreendermos como isso funciona, imaginemo-nos "ligados" em Chokmah, num estado de meditação profunda e com a realidade de nossa existência atual jorrando em nossa mente. Nós sonhamos com nós mesmos, mas não temos consciência do sonho. Esse é o significado da história chinesa do homem que sonha que é uma borboleta e, ao acordar, fica pensando se, na verdade, não seria uma borboleta sonhando que é um homem.

O fato de meditarmos, como um sonho às avessas, é uma realidade da existência terrestre. O "Eu" interior sonha aquilo que nós mesmos percebemos ser em vida; nós, na verdade, não existiríamos, uma ideia que pode ser muito assustadora para alguns e estimulante para outros.

Esse sonho a respeito da nossa própria vida tem algumas dimensões muito específicas, que geralmente são descritas em termos de espaço porque essa é a nossa melhor estrutura de referência. A Cabala descreve uma evolução descendente a partir de Chokmah e diversos níveis de sonho consigo mesmo, os quais são as Sephiroth simbólicas. Outros sistemas explicam esses níveis do eu como invólucros que se desenvolvem para o exterior a partir do "Eu" (Mônada, Eu Espiritual Supremo etc.) e que efetuam a meditação. Algumas das mais complexas discussões a respeito desses invólucros podem ser encontradas na obra de Alice Bailey. Outra que tentou apresentar uma explicação é Dion Fortune, autora de *The Cosmic Doctrine**. Todavia, esses sistemas parecem ser tão complicados a ponto de só estarem ao alcance da compreensão de pouquíssimas pessoas.

Entretanto, quando se diz levianamente que os padrões universais são tão simples que poderiam ser explicados a uma criança, pretende-se com isso expressar duas ideias. Primeiramente, aquilo que temos chamado de sonho com nossas próprias existências. Em segundo lugar (e embora não tenhamos consciência disso) somos todos, coletivamente, aquilo que chamamos de *Deus*. A perda do nosso senso de unidade com o Divino, como quer que tenha acontecido, é simbolicamente o *Pecado Original*.

Esses dois conceitos são compreendidos primeiro intelectualmente (a "Visão do Mecanismo do Universo" de Yesod). Posteriormente, a atividade intelectual transforma-se numa profunda compreensão interior. Nós ultrapassamos o pensamento e começamos a atuar conscientemente junto à nossa fonte de sonhos interior. A esta altura, talvez seja possível perceber que, quando o sonhador e o objeto do sonho (como conhecemos a nós mesmos) começam a cooperar, nós adquirimos um controle verdadeiramente extraordinário sobre o que acontece em nossa vida. Podemos ter tudo o que quisermos... qualquer coisa. O que acontece, porém, é que não queremos nada, pois então já teremos aprendido o que é importante e o que não o é.

---

* *A Doutrina Cósmica*. São Paulo: Pensamento, 1983 (fora de catálogo). [N. do T.]

Os Dois

Os Quatro Dois simbolizam os poderes do Rei e da Rainha: primeiramente eles unem e deflagram a Força, embora na presença do Príncipe e da Princesa entrem plenamente em ação. Portanto, eles geralmente implicam o início e a fecundação de alguma coisa.

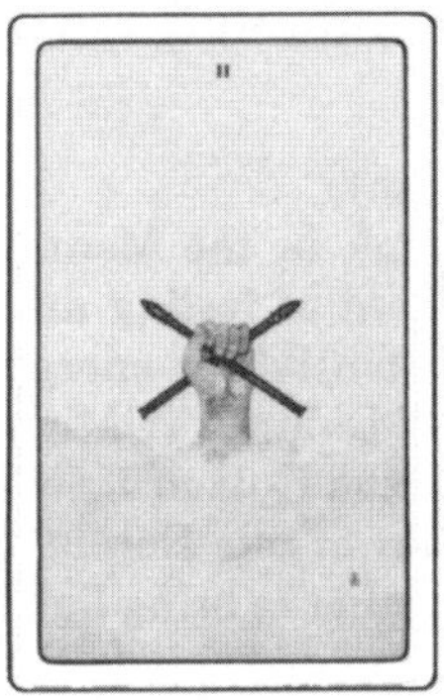
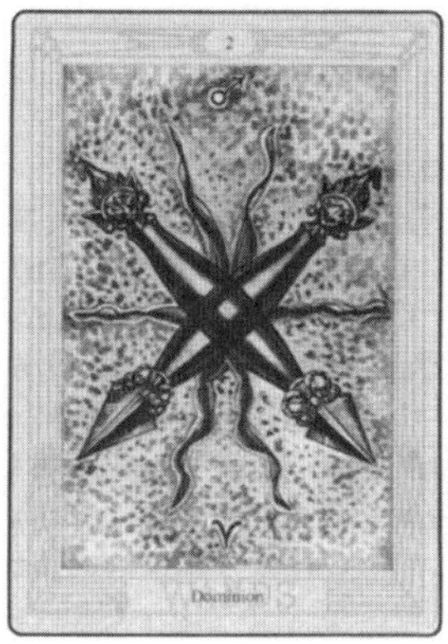

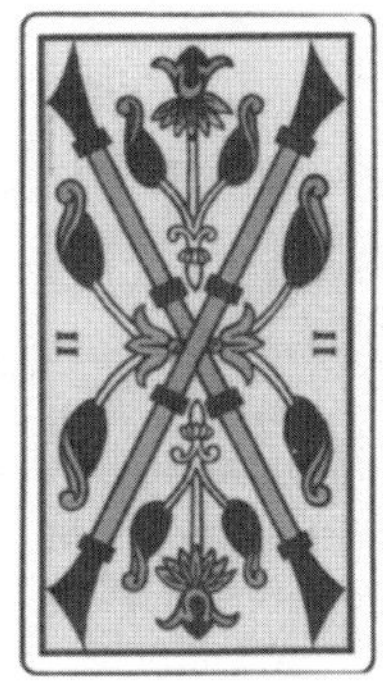

DOIS DE PAUS, Senhor do Domínio (Marte em Áries).
Anjos do Decanato: Vehooel [והואל] e Deneyal [דניאל].

Chokmah em Atziluth, a influência de Chokmah no Mundo do Puro Espírito. No reino Atzilúthico, a impetuosa força masculina está em seu próprio elemento, por assim dizer, e num estado de completa harmonia. O belicoso planeta Marte rege o ardente signo de Áries, uma tremenda força que Crowley simbolizou com duas *Dorjes* cruzadas, o símbolo tibetano do raio. Aqui compreendemos que as energias estão equilibradas, transformando esta poderosa carta num elemento de força e estabilidade.

Aos paus cruzados do Tarô de Marselha, o Tarô da Aurora Dourada acrescentou a mão de um anjo. As cartas originais da Aurora Dourada incluíam os signos astrológicos encontrados nas cartas de Crowley, neste caso Marte e Áries, tendo sido posteriormente tomada a decisão de eliminá-los do baralho que acabou sendo publicado.

A carta de Waite mostra um homem inspecionando seus domínios, um expediente mnemônico destinado a beneficiar aqueles que estiverem usando as cartas basicamente para a divinação, pois apresenta apenas um aspecto do significado da carta: *Domínio*.

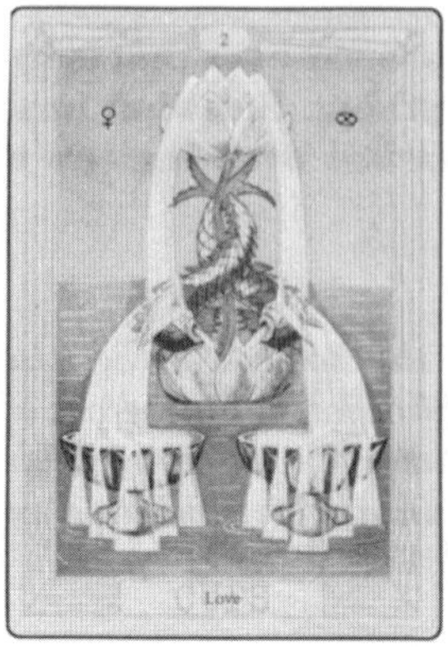

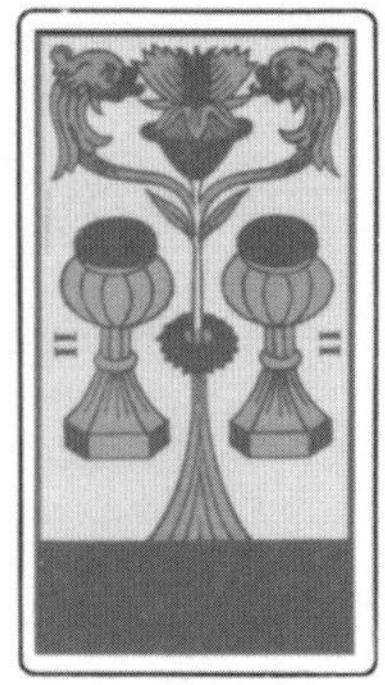

DOIS DE COPAS, Senhor do Amor (Vênus em Câncer).
Anjos do Decanato: Ayoel [איעאל] e Chabooyah [חבויה].

Este é Chokmah em Briah, a influência de Chokmah no Mundo Mental. Câncer é um signo aquoso, de modo que Copas aplica-se a ele. Esta é uma carta de sentimento e romance (especialmente em relação às coisas materiais), que tem uma capacidade potencial para a energia malbaratada. O peixe geralmente diz respeito à Deusa Vênus, ao passo que o golfinho se refere mais especificamente a Netuno e ao Deus Solar Apolo.[69] Na carta da Aurora Dourada, o simbolismo solar (masculino) está implícito na cor dourada de um dos golfinhos, enquanto o prateado do outro é lunar (feminino). Eles atuam em conjunto para levar luz ao nosso mundo, o que também faz parte da natureza do signo de Câncer, e reforçam o significado da carta como de harmonia entre o masculino e o feminino. A água brota verde de uma fonte límpida, o lótus superior, e derrama-se para as taças, terminando por alcançar a nossa terra material. A ideia aqui contida é de que a Água [ה] somente pode fluir graças à energia proporcionada por Chokmah-Fogo [י]. Trata-se de uma parceria feliz e amorosa.

A carta de Crowley baseia-se inteiramente naquela da Aurora Dourada. Na carta de Marselha, encontramos as origens do desenho de ambas. Na sua versão esotérica, Waite enfatiza o significado divinatório relacionado com o amor, casamento e toda espécie de parceria.[70]

DOIS DE ESPADAS, Senhor da Paz Restaurada (Lua em Libra).
Anjos do Decanato: Yezalel [יזלאל] e Mebahel [מבהאל].

Este é Chokmah em Yetzirah, a influência de Chokmah no Mundo Astral. Embora as Espadas sejam geralmente negativas e destrutivas, o efeito equilibrador de Chokmah faz desta uma carta positiva. As espadas, que de outra forma

poderiam estar se opondo uma à outra, sustentam juntas uma flor tanto na carta da Aurora Dourada como na de Crowley: a Aurora Dourada usa a rosa vermelha venusiana da paz; Crowley escolheu um lótus com cinco pétalas. O Equilíbrio é expresso pela cruz luminosa situada atrás, a qual, na carta de Crowley, indica que se trata de um equilíbrio entre energias ativas.

O significado divinatório é sugerido pela posição da Lua em Libra. A Lua é um planeta muito mutável e errático, que assume alguma estabilidade em Libra. O efeito é de sutileza, indulgência e compromisso. Em uma divinação, portanto, esta carta significa *uma contenda encerrada e a restauração da paz*. A carta de Waite implica tudo isso, mas também indica uma tensão subjacente que Crowley apresenta em suas formas rodopiantes atrás das Espadas. A trégua, aqui, talvez seja um pouco precária.

DOIS DE PENTÁCULOS, Senhor da Mudança Harmoniosa (Júpiter em Capricórnio).

Anjos do Decanato: Lekabel [לכבאל] e Veshiriah [ושריה].

Este é Chokmah em Assiah, a influência de Chokmah no mundo material. Júpiter, um planeta muito benevolente na Astrologia tradicional, não está bem posicionado no Signo de Capricórnio, de modo que sua influência positiva só pode ser exercida na qualidade de organizador. Ele assegura a harmonia de uma interação de dualidades inerente à energia de Chokmah quando ela é aplicada à Terra. O que era uma energia perfeitamente unificada em Atziluth agora é uma expressão completa de dualidade; energias em alternação.

Uma vez mais parece que as cartas de Marselha serviram de inspiração para as três cartas modernas, sendo que as versões posteriores simplesmente fecharam o "S" para formar um símbolo perfeito do infinito. A cobra com a cauda na boca,

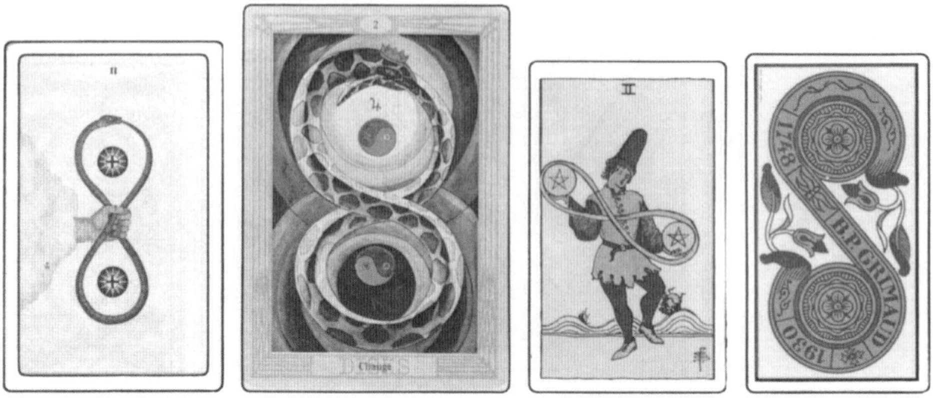

o *Uroboros*, é um símbolo muito antigo de *sabedoria* (o significado da palavra hebraica *Chokmah*). Todavia, essa serpente apresenta-se na forma de um oito ornado com figuras, o mesmo símbolo do infinito encontrado sobre a cabeça de *O Mago*. Embora na divinação isso signifique *uma mudança harmoniosa*, nos estudos esotéricos ela indica os padrões subjacentes de alternação em todo tipo de matéria e a profunda relação entre opostos.

Os Reis

Os Quatro Reis ou figuras montadas em corcéis (nas versões da Aurora Dourada e de Crowley) representam as forças Yod no nome de cada naipe, Radix, Pai e origem das Forças Materiais. Uma Força na qual todas as outras estão implicadas e em relação à qual elas constituem um acréscimo e um complemento. Trata-se de uma força de ação rápida e violenta mas cujos efeitos logo desaparecem, sendo portanto simbolizada por uma figura montada sobre um cavalo veloz e vestida com uma armadura completa.

REI DE PAUS, Senhor da Chama e do Raio, Rei dos Espíritos do Fogo, Rei das Salamandras (Último Decanato de Escorpião – primeiros dois Decanatos de Sagitário). O Rei de Paus é o Fogo do Fogo, Fogo Específico no Fogo Fundamental sobre a Árvore da Vida.

Na carta de Marselha, o Rei está sentado num trono e segura um bastão na sua mão direita. O Rei de Waite também está sentado e segura o mesmo bastão vivo encontrado no Ás de Paus de Rider. Sua coroa sugere a ideia de chamas e as serpentes situadas atrás dele e sobre seu manto fazem referência a Chokmah.

As cartas de Crowley e da Aurora Dourada simbolizam sua energia dinâmica e brusca por meio de um cavalo árabe negro saltando através das chamas. A cimeira do elmo do Rei é a cabeça de um cavalo alado. Como todas as Cartas da Corte da Aurora Dourada, ele usa uma armadura, significando que os atributos dos Elementos que ele simboliza lutam a batalha da vida para nós. O Rei segura o mesmo bastão encontrado no Ás, mostrando ser ele o veículo para a Força do Fogo.

REI DE COPAS, Senhor das Ondas e das Águas, Rei das Hostes do Mar, Rei das Ondinas e Ninfas (Último Decanato de Aquário – primeiros dois Decanatos de Peixes). O Rei de Copas é o Fogo Específico no Mundo da Água Fundamental. Trata-se de uma personificação da força que move as correntes do mundo mental inconsciente, simbolizadas pela Água, uma ideia encontrada no Rei do baralho Waite, cujo pesado trono parece deslizar facilmente sobre a Água, tal como acontece com a figura da Aurora Dourada. Esse Rei segura uma taça da qual sai um caranguejo, símbolo do Signo de Câncer (Água Cardinal) que, regido pela

Lua, controla o fluxo das marés. O caranguejo também está relacionado com Ísis, a Grande Mãe, a *Stella Maris*, a Estrela do Mar.[71] O pavão, encontrado no elmo do Rei da Aurora Dourada, aumentado e abstraído por Crowley, é considerado um símbolo de sabedoria (ou seja, Chokmah) e uma ave cuja carne é incorruptível. Ele também está relacionado com a Fênix, uma ave que morre consumida pelas chamas a cada 500 anos e depois renasce a partir de suas próprias cinzas.[72]

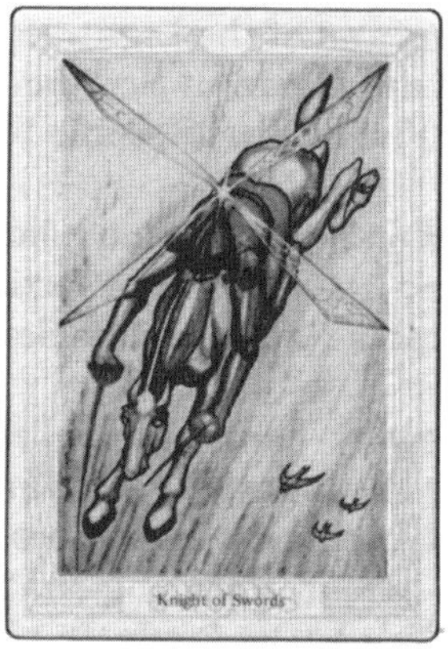

O REI DE ESPADAS, Senhor dos Ventos e das Brisas, Rei do Espírito do Ar, Rei de Silfos e Sílfides (Último Decanato de Touro – primeiros dois Decanatos de Gêmeos). O Rei de Espadas é o Fogo Específico no Ar Fundamental. Ele é uma personificação das forças instigadoras que estão por trás do Mundo das Ideias e Imagens Astrais. Trata-se de uma força violenta e agressiva, uma ideia mais bem representada por Crowley do que pelas cartas de Waite e de Marselha. O Rei montado de Crowley é a energia dinâmica do touro que ataca o Touro, mas sendo predominantemente Gêmeos ele volta-se com facilidade para uma ou outra direção. Existe também uma alusão a Gêmeos no elmo do Rei da Aurora Dourada, o Hexagrama que é uma fusão de opostos.

A esse Rei são atribuídas as qualidades da sutileza e da astúcia, pois o Ar diz respeito à mente consciente.

REI DE PENTÁCULOS, Senhor de Terras Férteis e Incultas, Rei dos Gnomos (Último Decanato de Leão – primeiros dois Decanatos de Virgem). O Rei de Pentáculos personifica o Fogo Específico na Terra Fundamental. Trata-se da mais densa manifestação da Força Elementar Yod e é a energia que traz a fruição

material e o crescimento, como Waite mostrou numa carta muito eficaz. O seu Rei é a própria essência da energia subjacente ao progresso material. Os Reis da Aurora Dourada e de Crowley têm como emblema um cervo macho, um animal a que são atribuídos grandes poderes regeneradores. Segundo a mitologia, o cervo macho come a serpente (absorve sabedoria) e, ao fazê-lo, perde sua pele bem como qualquer tipo de doença, fraqueza ou sinais de senilidade. Ele se regenera totalmente.[73] Trata-se, portanto, de um símbolo bastante adequado do Fogo da Terra. Ele se movimenta com rapidez, tal como o fogo, mas também representa o renascimento cíclico da terra. Essa mesma fruição é indicada pelo chifre (símbolo de Ísis-Ceres) em primeiro plano. É óbvio que Mathers era um estudioso dos bestiários medievais, de onde foram extraídas as lendas relativas aos animais.

3. BINAH: COMPREENSÃO

Os Quatro Três
As Quatro Rainhas

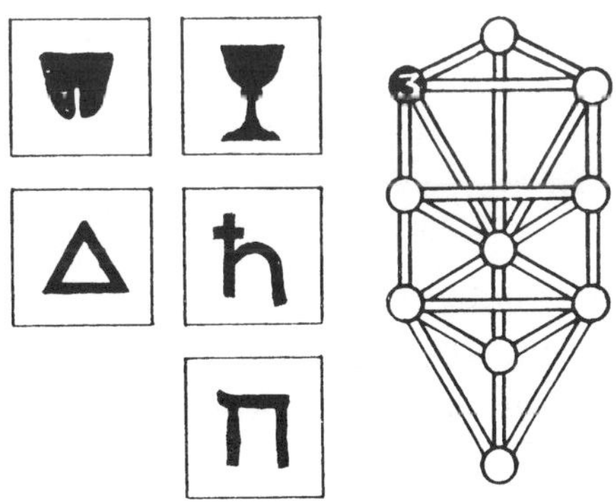

- A Mãe Superna
- O Organizador e Compensador
- A Alegre Mãe Fértil
- O Grande Mar

Símbolos: O Yoni, o Triângulo, a Taça, Heh
Planeta: Saturno
Cor: Preto

Em Binah existe uma profunda escuridão que, não obstante encubra a Divina Glória, na qual todas as cores estão ocultas – de onde o seu mistério, profundidade e silêncio – é, apesar disso, a morada da Luz Superna. Ali está a Tríade Superna completa. A esfera de sua Atuação é Shabbathi, ou descanso. Ela confere formas e similitudes à matéria caótica e rege a esfera de ação do planeta Saturno. Jehovah Elohim é a perfeição da Criação e a Vida do Mundo do Porvir. Seu Arcanjo é Tzaphqiel, o Príncipe da Luta do Espírito contra o Mal, e o Nome dos Anjos é Aralim, aquelas entidades fortes e poderosas que também são chamadas de a Ordem dos Tronos.

O principal símbolo de Binah é yoni, o órgão reprodutor feminino, indicando que esta Sephirah é a energia da qual provém toda a vida. Ela é o Grande Útero, a Mãe Superna a que todas as religiões, de uma ou de outra forma, fazem referência. Ela é também a conclusão do Triângulo Superno, que começou como um ponto em Kether, emanou para Chokmah como uma linha e aparece em Binah como um triângulo.

Quando consideramos pela primeira vez a "sexualidade", tal como ela é filosoficamente descrita nessas esferas superiores da Árvore da Vida, surgem geralmente duas questões. A primeira questão tem a ver com o fato de que a principal Sephirah feminina, Binah, situa-se no alto do Pilar da Severidade, ao passo que a principal Sephirah masculina, Chokmah, está no alto do Pilar da Misericórdia.

Esse fato reflete a definição Cabalística de masculinidade e feminilidade como qualidades e não como características estáticas, bem como, em última análise, a bissexualidade da alma. No Triângulo Superno, a masculinidade é a pura vazão de energia, misericordiosa por ser irrestrita; a feminilidade é uma qualidade limitante e, portanto, severa. Descendo pela Árvore da Vida através do Pilar da Severidade, vemos que Geburah destrói, ao passo que Hod volta a construir (anabolismo e catabolismo). No Pilar da Severidade vemos que Chesed constrói enquanto Netzach tem qualidades destrutivas.

A segunda questão que inevitavelmente surge por toda a Árvore da Vida é até que ponto existe uma alternação de divindades masculinas e femininas, tal como as conhecemos. Embora a principal figura divina de Binah seja Ísis, os deuses masculinos Saturno e Cronos também são atribuídos a esta Sephirah. Ademais, na base do Pilar da Severidade, abaixo de Binah, encontramos o deus masculino Mercúrio na Sephirah Hod. Na base do Pilar da Misericórdia encontramos a Deusa feminina Vênus na Sephirah Netzach. A resposta é que os nossos conceitos de gênero são insuficientes para descrever as sutis polaridades e os intercâmbios de energia que existem no Universo. Aspectos de uma divindade feminina frequentemente são mais adequados para descrever uma Sephirah basicamente masculina. Além do mais, veremos que os Panteões com os quais estamos mais familiarizados no Ocidente são antropomórficos. Nós criamos os deuses à nossa própria imagem com uma certa ingenuidade fundamentalista, embora confortadora.

Binah é restrição. Ela é a *vontade* de criar, uma disciplina imposta sobre a força simples de Chokmah. Ao mesmo tempo, ela é o Grande Mar a partir do qual surge a vida, um conceito que implica a existência de um inconsciente primordial. Os poetas e filósofos sempre consideraram a Água como depositária dos mistérios mais profundos da nossa existência. Na verdade, no Chakra Mundano, as teorias da evolução sugerem que a vida, tal como a conhecemos, pode ter surgido a partir do mar.

A ideia de águas escuras e profundas é muito penetrante e, ao fazer-se sentir na nossa consciência, não pode deixar de nos afetar de algumas maneiras curiosas. Conforme lemos nos textos da Aurora Dourada: "Em Binah existe uma profunda escuridão que, não obstante encubra a Divina Glória, na qual todas as cores estão ocultas – de onde seu mistério, profundidade e silêncio – é, apesar disso, a morada da Luz Superna". Nesse sentido, Binah é descrita como o Manto Externo da Dissimulação, uma ideia que poderia ser mais rapidamente compreendida considerando-se até que ponto nossas formas físicas escondem dos outros nossas realidades interiores.

Como Binah é a doadora da vida, ela é a Alegre Mãe Fértil. Todavia, no sentido de restringir e disciplinar (com efeito, ela é a primeira legisladora), Binah é chamada de Sombria Mãe Estéril. Essa dualidade também é encontrada em Yesod (a Lua), a qual reflete a luz do Sol para Malkuth. A Lua é representada tanto por *Diana* como por *Hécate*. Uma é o anverso da outra, o claro e o escuro.

Por todos os Caminhos e Sephiroth, as qualidades de Binah e de Chokmah recebem nomes diferentes, dependendo do seu grau de densidade, ou seja, da sua localização na Árvore da Vida em relação ao seu complemento em Malkuth. Assim, podemos falar de Ísis em Binah ou do Caminho da *Imperatriz* ou da *Sacerdotisa*. Ou então podemos discutir Vênus, Diana, Hécate, ou mesmo Ceres, em outras Sephiroth, sabendo que elas são aspectos da mesma Energia Divina. O *Jah*, de Chokmah, e o *Jehovah Elohim*, de Binah, usam muitos mantos diferentes ao longo do Universo.

Um dos atributos mais importantes de Binah é Cronos, o mais antigo dos deuses, chamado de "Pai do Tempo". O conceito de tempo é altamente restritivo e, muito apropriadamente, está relacionado a Binah. O tempo mede o processo de envelhecimento, a travessia da vida, desde o nascimento até a morte, que é o resultado final da dádiva da vida.

Binah, Compreensão, é chamada de *Inteligência Santificadora* e de "Pai da Fé". Ela pode ser usada para representar a estrutura subjacente às religiões de qualquer seita, sem a qual nenhuma "igreja" poderia existir. Os estudiosos da história da arte talvez se recordem do tema iconográfico no qual a Virgem Maria é apresentada como uma grande imagem dentro de uma igreja embora seja dado a entender que ela, Maria, *é* a igreja, em toda sua organização, estrutura e santidade.

Mas Binah é chamada de "Pai da Fé" em vez de fé propriamente dita, a qual é a crença. Binah é a disciplina de organização que está por trás da fé. Razão, ciência e intelectualidade, todas disciplinas de organização, constituem o mais pleno desenvolvimento da energia de Binah, encontrada em Hod na base do Pilar da Severidade. Intuição, sentimento e criatividade artística são o produto mais importante da energia de Chokmah, encontrada em Netzach, na base do Pilar da Misericórdia.

Os Três

Os Quatro Três geralmente representam a realização de ação produzida pelo Príncipe. O principal símbolo de cada carta. Ação positivamente iniciada, seja para o bem ou para o mal.

TRÊS DE PAUS, Senhor da Força Estabelecida (Sol em Áries).
Anjos do Decanato: Hechashiah [החשיה] e Aamamiah [עממיה].

Esta carta é Binah em Atziluth, a influência de Binah no Mundo do Puro Espírito. Os três paus cruzados sobre a carta significam o equilíbrio de Chokmah e Binah, que deram origem a Tiphareth (a Rainha deu à luz ao Príncipe, e o crescimento se inicia), representado por Crowley como o florescimento do Lótus. Do ponto de vista astrológico, a entrada do Sol em Áries anuncia a Primavera. O Sol ilumina Áries, o signo do Fogo Cardinal, regido por Marte. O resultado é o fortalecimento da expressão da própria individualidade, embora o egocentrismo também possa manifestar-se na forma de orgulho e presunção. A carta de Waite apresenta o significado divinatório de *Força Estabelecida, orgulho, arrogância* e, às vezes, *poder*.

TRÊS DE COPAS, Senhor da Abundância (Mercúrio em Câncer).
Anjos do Decanato: Rahael [ראהאל] e Yebomayah [יבמיה].

Esta carta é Binah em Briah, a influência de Binah no mundo mental. Câncer está sob a regência da Lua e é a Água Cardinal. Está, portanto, em perfeita afinidade com Binah. As dádivas de Mercúrio abundam nesse signo, conforme é indicado pelo jorro de água que cruza os ramos dos lótus na carta da Aurora Dourada, de uma maneira que lembra um caduceu. Crowley modificou esse mesmo tema da água fluindo a partir de um lótus duplo. Nesta carta a água sai de um único lótus, "o negro e tranquilo mar característico de Binah".[74] Suas taças são romãs, o fruto de Perséfone, a quem, juntamente com Deméter, a carta é atribuída.

Para representar o significado de *fartura, hospitalidade, abundância etc.*, Waite usa como tema três dançarinas (as Graças), um motivo popularizado durante a Renascença.

TRÊS DE ESPADAS, Senhor do Infortúnio (Saturno em Libra).
Anjos do Decanato: Harayel [הרהאל] e Hoqmiah [הקמיה].

Esta carta é Binah em Yetzirah, a influência de Binah no Mundo Astral. Saturno é um planeta muito poderoso, às vezes chamado de "O Grande Destruidor" e às vezes de "O Grande Iniciador". Embora seu aparecimento geralmente signifique dor e sofrimento, esta carta não deve ser considerada má. É por meio do

sofrimento e do encontro com a *Sombria Mãe Estéril* que aprendemos as lições mais importantes da vida. Saturno desequilibra os pratos de Libra para que eles possam se reequilibrar de uma maneira melhor. A carta de Waite, representando *infelicidade* e *infortúnio*, mostra um coração trespassado por três espadas, ao passo que as espadas da Aurora Dourada despedaçam a Rosa de cinco pétalas, como também acontece na versão de Crowley.

TRÊS DE PENTÁCULOS, Senhor dos Trabalhos Materiais
(Marte em Capricórnio).
Anjos do Decanato: Yechevah [יחויה] e Lehachiah [להחיה].

Esta carta é Binah em Assiah, a influência de Binah no mundo material. O efeito de Marte sobre o signo mundano de Capricórnio consiste em proporcionar um maior controle e disciplina em relação às coisas materiais. A ideia de *emprego*, *negócio* e *edificação* é representada por Waite por meio de um artesão medieval a trabalhar na construção de uma igreja. A carta de Crowley mostra manifestações materiais que obedecem a um padrão triplo, tal como são representadas nos diversos sistemas simbólicos: Mercúrio, Enxofre e Sal, para os Alquimistas; Sattvas, Rajas e Tamas, para os hindus; e as letras maternais Aleph (Ar), Mem (Água) e Shin (Fogo), na Cabala. A pirâmide emerge no Grande Mar que é Binah.

As Rainhas

Estão sentadas sobre Tronos, representando as Forças de Heh no Nome Divino de cada naipe, a Mãe, e dão origem à Força material, uma Força que desenvolve e concretiza a Força do Rei. Uma Força sólida e inabalável, lenta porém permanente. Assim, ela é simbolizada por uma figura sentada num Trono mas também usando uma armadura.

RAINHA DE PAUS, Rainha dos Tronos de Chama, Rainha das Salamandras (Último Decanato de Peixes – primeiros dois Decanatos de Áries).

A Rainha de Paus é Água do Fogo, Água Específica no Mundo do Fogo Fundamental. Tanto a carta de Crowley como a da Aurora Dourada mostram uma Rainha entronizada acima de chamas moderadas. Numa das mãos ela segura o bastão do Fogo enquanto a outra mão descansa sobre a cabeça de um leopardo, o qual também aparece na carta desenhada por Mathers. Esse animal representa a extrema ferocidade do fogo domada pela Rainha. Sua mão sobre a cabeça do animal indica o poder existente sob seu controle; o bastão mostra que ela tem a capacidade de direcionar essa força. Aqui relembramos que o bastão também é um símbolo da vontade.

A carta do baralho Waite parece salientar a vivacidade e o encanto dessa rainha, embora também sugira que ela pode vir a tornar-se violenta e tirânica.

RAINHA DE COPAS, Rainha dos Tronos das Águas, Rainha de Ninfas e Ondinas (Último Decanato de Gêmeos – primeiros dois Decanatos de Câncer).

A Rainha de Copas é Água da Água, Água Específica no Mundo da Água Fundamental. Na versão da Aurora Dourada, sua mão direita segura uma taça da qual sai um lagostim enquanto a mão esquerda segura um lótus sobre a cabeça de um íbis. A carta de Crowley é uma abstração dos mesmos símbolos.

O Lagostim está relacionado com a Lua.[75] Na verdade, uma das características desta carta é que seu fluxo, mais do que o de qualquer outra carta do baralho, altera-se de acordo com as influências que existem ao seu redor. O Íbis é uma ave tradicionalmente associada a Thoth-Hermes, o qual, sob determinado aspecto, é o Deus Lunar.[76] Na mitologia essa ave come os ovos da Serpente (uma referência a Chokmah) e os cadáveres dos mortos. Assim, o aspecto aquoso de Binah simboliza o Grande Mar a partir do qual a vida se origina e para onde ela retorna por ocasião da morte. O lótus, que foi equiparado à própria rosa, é sagrado para Ísis, a Grande Mãe. É assim, pois, com a intermediação do lótus (em vez do toque direto de mão) que a Grande Mãe leva o íbis a fazer seu trabalho. Todavia, esta é uma carta tão serena quanto as águas que fluem diante da Rainha nas três versões modernas. Essas águas, sobre as quais flutuam os lótus, são meios de *transmissão* de forças.

RAINHA DE ESPADAS, Rainha dos Tronos do Ar, Rainha de Silfos e Sílfides (Último Decanato de Virgem – primeiros dois Decanatos de Libra).

A Rainha de Espadas é Água do Ar, Água Específica no Mundo da Água Fundamental.

As cartas de Marselha e de Waite são modestas em comparação com as da Aurora Dourada e de Crowley. Nessas últimas, a imagem de uma cabeça que acabou de ser decepada pela espada da Rainha é, sem dúvida, a mais horripilante que

existe em qualquer baralho de Tarô. Os documentos da Aurora Dourada não acrescentam mais detalhes a esse simbolismo, o qual talvez pareça não combinar muito com a cimeira, a cabeça alada de uma criança. Crowley, todavia, explica esta imagem como a "clara e consciente percepção da Ideia, o Libertador da Mente".[77] Como Yetzirah é o reino do embuste, temos de compreender que a observação atenta e a aguçada percepção constituem a espada que nos protege, afastando toda fantasia e irrealidade. A criança sozinha é inocente e livre de conceitos estéreis e ideias inúteis. É a própria cabeça do homem, a sede do pensamento, que é decepada. Os princípios da *Rainha de Espadas* nos levam a compreender as maneiras por meio das quais somos enganados pelo pensamento e nos ensinam a transcendê-lo.

RAINHA DE PENTÁCULOS, Rainha dos Tronos da Terra, Rainha dos Gnomos (Último Decanato de Sagitário – os primeiros dois Decanatos de Capricórnio).

A *Rainha de Pentáculoss* é Água da Terra, Água Específica no Mundo da Terra Fundamental. Em todas as versões desta carta ela segura um símbolo de seu poder sobre a Terra. Na carta da Aurora Dourada ela também segura um cetro encimado por um cubo, um sólido de seis lados que faz referência ao Altar dos Mistérios. Ela é a parte mais alta desse altar (um cubo duplo), cuja base é a *Princesa de Pentáculos.* Todos – Mathers, Crowley e Waite – concordaram que o bode, por representar Capricórnio, era o símbolo animal apropriado para esta carta.

DAATH: CONHECIMENTO

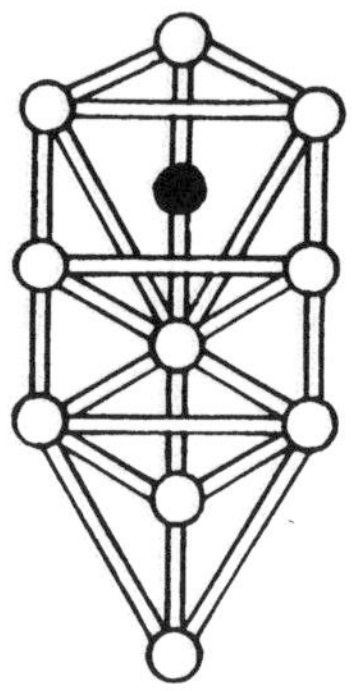

Daath é chamada de "Sephirah Invisível" porque não aparece em nenhuma representação da Árvore da Vida. Em termos da doutrina Cabalística autêntica, ela na verdade não é de fato uma Sephirah. Como afirma o *Sepher Yetzirah*: "Dez é o número das inefáveis Sephiroth; dez e não nove, dez e não onze".

Todavia, é necessário conhecer Daath para cruzar o *Abismo*, o grande golfo entre o Triângulo Superno e tudo que está abaixo dele. Essa é a área de delimitação entre *Macroprosopus* e *Microprosopus*, entre o potencial e o real.

A ideia importante associada ao Abismo é a de que existe uma distinção nítida e vital entre as energias do Triângulo Superno e as sete Sephiroth situadas abaixo dele. Kether, Chokmah e Binah são totalmente abstratas e estão além da nossa compreensão. Por meio da meditação de Binah, a energia de Chokmah ultrapassa o Abismo e transforma-se num padrão real em Chesed. Uma vez mais, porém, o Abismo simboliza a enorme distância entre os criadores e aquilo que foi criado. Os Supernos são potenciais separados de sua realização por um abismo que é ultrapassado por Daath.

Diz-se que o nível de Daath é tão elevado quanto o Eu Superior consegue ascender, o que exige uma definição de termos. Os estudiosos das artes místicas frequentemente descrevem a existência de uma dicotomia simples entre a Personalidade Encarnada e o Eu Superior, que controla e dirige as projeções da personalidade através das diversas encarnações. A rigor, porém, a constituição do indivíduo é quadrifendida, existindo uma forma ainda mais pura de energia que dirige e controla o Eu Superior.

Existe, primeiro, o nosso *Corpo Material* (Assiah), depois a mente consciente, que é a *Personalidade* (Yetzirah), em seguida o *Eu Superior* ou inconsciente (Briah) e, por fim, o *Espírito Essencial*, a Centelha Fundamental da Vida (Atziluth).

Na Árvore da Vida, o Espírito Essencial está relacionado com Kether. O Eu Superior, um aspecto do qual é chamado de *Santo Anjo da Guarda*, salientando sua capacidade de proteger a Personalidade nas encarnações, está relacionado a Chesed, Geburah e Tiphareth.

A Personalidade, criada sob nova forma para cada encarnação específica, pertence a Netzach, Hod e Yesod. Essa é a consciência normal da fase de vigília e o aspecto do indivíduo que precisa alcançar um perfeito equilíbrio antes que possa entrar diretamente em contato com o Eu Superior (o objetivo final dos rituais iniciatórios e dos exercíccios de meditação). O veículo físico está em Malkuth.

Quando o perfeito equilíbrio dos elementos da Personalidade é alcançado, a Luz de Tiphareth pode descer para o Templo inferior do Eu e produzir um novo nível de consciência. Esse é o "Conhecimento e Familiaridade com o Santo Anjo da Guarda". Essa experiência é conhecida como "iniciação" ou "iluminação" e consiste na introdução à Verdade Interior, a qual, em última análise, pode levar o Espírito Essencial a ultrapassar o Abismo. Ultrapassar Daath e o Abismo significa renunciar intencionalmente aos poderes que a pessoa adquiriu por meio da iniciação, uma experiência que tem sido considerada mais opressiva e solitária do que a imaginação humana consegue conceber.

Veremos que o Caminho da Espada Flamejante, o ziguezague no qual as Sephiroth foram sequencialmente emanadas, não tem nenhum caminho que o ligue diretamente a Binah e Chesed. O Iniciado, aspirando à união com o Divino, precisa saltar através dele, destemidamente e sem ajuda, criando para si mesmo a transição de Daath.

4. CHESED: MISERICÓRDIA

Os Quatro Quatros

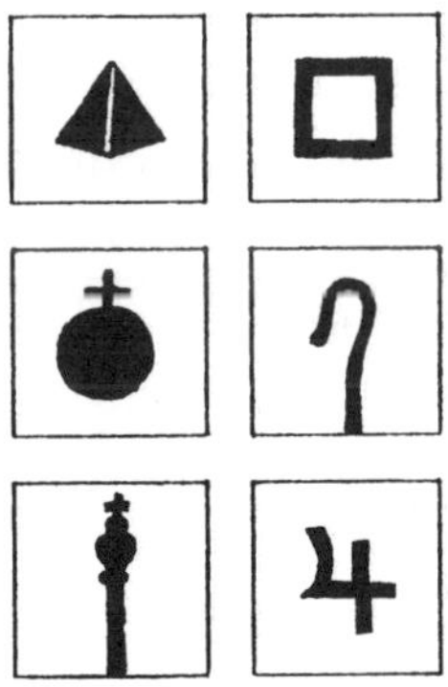

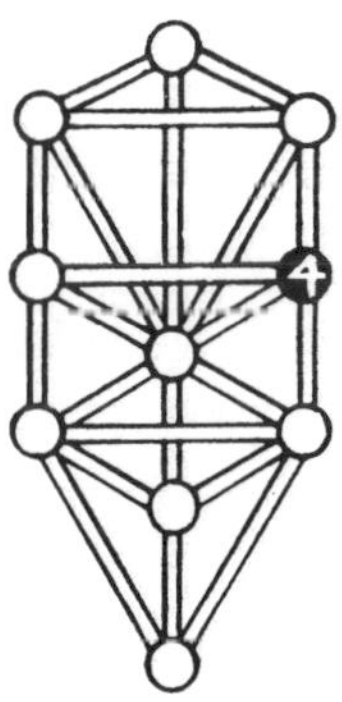

- O Construtor
- A Estrutura de Manifestação
- O Pai Amoroso que é Rei
- O Receptáculo de Todos os Poderes
- O Bondoso Pastor

Símbolos: A Pirâmide, o Quadrado, a Esfera e a Cruz Grega, o Cajado, o Cetro.
Planeta: Júpiter
Cor: Azul

Em Chokmah está a Origem do azul e, portanto, lá existe um azul puro, primitivo e cintilante, com uma Luz espiritual que é refletida para Chesed. *Sua esfera de Operação é chamada* Tzedek *ou Justiça e amolda as imagens das coisas materiais, conferindo paz e compaixão; ela rege a esfera de ação do planeta Júpiter. E* Al *é o nome de um Deus forte e poderoso, reinando Gloriosamente, com Magnificência e Generosidade. O Arcanjo de Chesed é* Tadqiel, *o Príncipe da Misericórdia e da Beneficência, e o Nome da Ordem de Anjos é* Chasmalim, *os Brilhantes, os quais também são chamados de Ordem dos Domínios ou Dominações. A Sephirah Chesed também é chamada Gedulah ou Magnificência e Glória.*

Chesed é a primeira Sephirah abaixo do Abismo e a primeira das seis Sephiroth que constituem o *Microprosopus*, sendo que a sétima Sephirah, Malkuth, é a "Noiva de *Microprosopus*".

Chesed é o *Demiurgo* (o Criador Menor), que é na verdade o poder descrito no *Livro do Gênesis*. A primeira parte desse livro descreve não a origem de Kether a partir do Invisível, mas a origem de *Microprosopus* a partir do *Elohim* de Binah, em Chesed. A escuridão vazia e amorfa do Triângulo Superno dá origem à manifestação, que é *forma* e *luz*. Não existe luz em Binah; apenas uma "espessa escuridão"; e tampouco forma, mas somente o que temos chamado de "desejo de formar".

Em Chesed é encontrado o início da manifestação, a externalização das potencialidades combinadas dos Supernos. Ela é o impulso inicial em direção à estrutura material que conhecemos e, como tal, é o administrador das Leis primeiramente propostas por Binah. Chesed é Chokmah num arco inferior, a partir do qual emanou a forma pura de Binah. À medida que a evolução prossegue rumo a Chesed, através do Abismo, e retorna ao Pilar da Misericórdia, o impulso positivo desse Pilar atua sobre as energias de Binah (A Energia Divina de Kether é modificada externamente e transformada através dos diversos estágios da Árvore da Vida). Isso talvez possa ajudar a explicar a colocação das divindades masculinas ao lado "feminino" da Árvore da Vida e vice-versa. Repetindo: quando Chesed emana, ela tem de lidar com a forma que foi criada por Binah, e ela o faz nos termos das qualidades positivas do Pilar da Misericórdia. Existe uma boa analogia na *Tábua de Esmeralda de Hermes Trismegistro*, que descreve a ação das diversas energias sobre o que ele chama de *Entidade Unitária*. Deus fez com que o Sol fosse Pai dessa Entidade Unitária e a Lua sua Mãe; ela é transportada no bojo do Vento e alimentada pela Terra. O padrão formado por Sol (Fogo), Lua (Água), Vento (Ar) e Terra é claro. Para compreendermos de fato a Árvore da Vida precisamos ter sempre em mente que estamos lidando com uma multiplicidade transformada em unidade.

A Entidade Unitária evolui de Sephirah em Sephirah através da Árvore da Vida. Conforme afirma a *Tábua de Esmeralda*: "Ela ascende da Terra para o Céu e desce novamente à Terra, renascida, e o Superior e o Inferior têm o seu Poder aumentado". O que foi descrito aqui é o constante efeito renovador de *Ain Soph*, o qual estimula o nascimento, a morte e o renascimento em níveis cada vez mais elevados e poderosos.

Assim como Binah é mais bem compreendida na sua relação com Chokmah, Chesed precisa ser estudada como equivalente e oposto de Geburah. Na oscilação de energias para a frente e para trás na Árvore da Vida, Chesed constrói (anabolismo), com base nos princípios propostos por Binah, enquanto Geburah desmantela (catabolismo), refletindo o dinamismo de Chokmah. A Árvore opera em padrões cruzados.

Chesed é Misericórdia, enquanto Geburah é Força. Elas são os dois braços do homem, um que dá e outro que tira. Chesed, relacionada a Júpiter, é o Poderoso Rei. Ela é o governante bondoso e indulgente. Geburah, relacionada a Marte, também é um rei, mas está sentado numa carruagem e pronto para a guerra.

O texto dos *Trinta e Dois Caminhos de Sabedoria* afirma que Chesed contém todos os Poderes Sagrados, significando, uma vez mais, que ela é a primeira de uma nova sequência e está relacionada com Kether em virtude da sua preeminência em outra ordem. A imagem do governante forte e amoroso encerra a ideia de que ela é uma energia que orienta e controla o curso da manifestação. Ela estabelece o padrão subjacente com base no qual a matéria é constituída. Essa é a esfera dos *arquétipos* descritos por Platão no nono livro da sua *A República*, e os vários símbolos de Chesed apresentam sugestões a respeito da função e do propósito desses arquétipos.

O primeiro é a *Pirâmide*, o tetraedro usado como modelo de construção pela sociedade que nos deu os primeiros monumentos arquitetônicos feitos de pedra. Ela reúne quatro lados, todos eles voltados para cima. A energia flui para baixo a partir de cima e espalha-se por igual em cada um dos lados. De forma semelhante, Chesed contém todos os Poderes Sagrados. Ela é a manifestação renascida dos *Quatro*, encontrados primeiramente nos Elementos Primordiais de Kether, e estabelece para a matéria o padrão arquetípico, que é expresso plenamente nos elementos subdivididos de Malkuth. Além disso, nós nos lembramos do pentagrama como símbolo do pleno desenvolvimento da humanidade, tendo quatro pontos elementares inferiores e o ponto superior do Espírito, que é a força diretora, já que os Elementos estão em equilíbrio. O princípio da pirâmide é o mesmo e estende o texto que descreve Chesed como "uniforme e coerente", além de "receptacular", significando que ela é o receptáculo dos Poderes Superiores.

Em concordância com a ideia de regência, à Chesed também são atribuídos o *cetro* e o *globo*. Ambos são encontrados em várias cartas do baralho do Tarô. O cetro é fálico e está relacionado com Chokmah, ao passo que o globo representa aspectos de Binah. Ele também sugere a regência dos Quatro Querubins, encontrados primeiro em Kether, sobre o reino manifesto de *Microprosopus*, formado por Chesed e pelas cinco Sephiroth seguintes.

O último símbolo de Chesed não é tão óbvio quanto os outros. Trata-se do cajado de pastor ou de um bispo no seu papel pastoral. Outro título de Chesed é *Amor*, o que neste caso significa o amor do governante pelos seus súditos ou do pastor pelo seu rebanho. Pode-se também encontrar o Cajado no *Hierofante*, a carta da religião organizada, que deveria ser cuidadosamente estudada em termos desse simbolismo de Chesed.

Os leitores familiarizados com a obra de Dion Fortune sabem que ela relacionou os "mestres" com Chesed. Fortune, Bailey e outros autores descreveram esses mestres como seres humanos que se desenvolveram o suficiente para ultrapassar a necessidade de encarnações terrestres, mas resolveram permanecer aqui por escolha própria a fim de contribuírem para o desenvolvimento espiritual da humanidade.[78]

Os Quatros

Perfeição, realização, conclusão, resolução de um problema.

QUATRO DE PAUS, Senhor do Trabalho Perfeito (Vênus em Áries).
Anjos do Decanato: Nanael [ננאאל] e Nithal [ניתאל].

Esta carta é Chesed em Atziluth, a influência de Chesed no Mundo do Puro Espírito. Aqui, Vênus, o planeta do amor e da luxúria, é ativado pelas energias marcianas de Áries. Se esse arranjo aparecesse numa leitura astrológica, poderia significar um breve romance ou algum outro tipo de sentimento afetuoso, embora fugaz. Todavia, esse não é o significado exato de Vênus em Áries no *Quatro de Paus*. Existe de fato certo número de cartas nas quais o significado dos Planetas nos Signos diferem daqueles normalmente aceitos, porque as cartas combinam simbolismos da Astrologia e das Sephiroth.

Devemos ter em mente aqui que o *Zodíaco* é o *Chakra Mundano de Chokmah; ele aparece no mais baixo dos Quatro Mundos*. As cartas representam a totalidade daquilo a que os Signos do Zodíaco se referem. Vênus em Áries é o atributo externo da carta. O significado mais importante é a energia de Chesed, o quatro puro no mundo de Yod-Fogo. Essa é, portanto, a perfeição, um processo de conclusão iniciado pelos Supernos.

Crowley usa um expediente muito interessante aqui, que consiste em cruzar os quatro bastões, cada um deles com a cabeça do carneiro (Áries) e do pombo (Vênus). A carta de Waite é também uma brincadeira com os bastões, usando-os para sustentar um dossel de grinalda. Isso ilustra o significado da carta: *trabalho perfeito, assentamento e descanso depois do trabalho*.

QUATRO DE COPAS, Senhor do Prazer Harmonizado (Lua em Câncer). **Anjos do Decanato**: Hayayel [הייאל] e Mevamayah [מומיה].

Esta carta é Chesed em Briah, a influência de Chesed no domínio mental inconsciente. A Lua rege naturalmente Câncer e aqui o seu fluxo oscilante é atenuado. Esta é uma carta de prazer, ainda que com reservas: embora nas cartas de Crowley e da Aurora Dourada todas as taças contenham água, as situadas na parte de cima transbordam e as de baixo não, sugerindo que o prazer tem limite. As energias desta carta são muito passivas, quase indiferentes, como indicam as figuras sentadas de Waite. O significado na divinação é *prazer e sucesso combinados com ligeiras inquietações e ansiedades.*

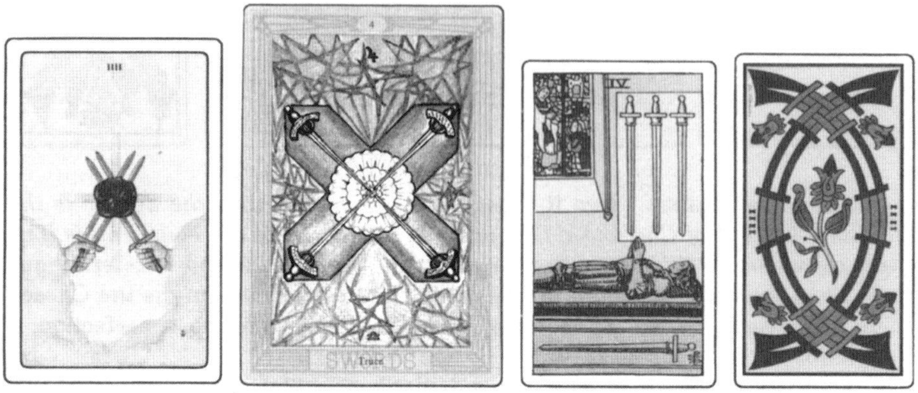

QUATRO DE ESPADAS, Senhor do Descanso Após a Luta (Júpiter em Libra). **Anjos do Decanato**: Leviah [לאויה] e Kelial [כליאל].

Esta carta é Chesed em Yetzirah, a influência de Chesed no Mundo Astral. Embora as Espadas geralmente sejam destrutivas, aqui o amor e a generosidade de Júpiter triunfam sobre os atributos acrimoniosos do Ar Fundamental, e a rosa da Aurora Dourada (tal como na carta de Chokmah, o *Dois de Espadas*) é restabelecida. Assim, o significado da carta é o *descanso após a luta*. A posição de Júpiter em Libra é sensível e compassiva, contendo muitas vezes implicações religiosas, como se pode ver na carta de Waite. Ela apresenta uma figura de Cristo, num vitral, acima de um cavaleiro em descanso.

QUATRO DE PENTÁCULOS, Senhor do Poder Terreno (Sol em Capricórnio). **Anjos do Decanato**: Keveqiah [כוקיה] e Mendial [מנראל].

Esta carta é Chesed em Assiah, o mundo material. Trata-se da expressão mais plena das energias de Chesed. Por isso, Crowley diz que esta carta é como uma "fortaleza".[79] A carta de Crowley representa "Lei e Ordem, mantidas pela constante autoridade e vigilância", sendo que cada um dos quatro elementos é conservado em equilíbrio.

O significado divinatório deriva da posição do Sol em Capricórnio, o qual, com sua luz e seu calor, assegura o sucesso material para o futuro imediato, mas nada além disso. Waite ilustra essa condição de *ganho material assegurado e poder terreno conquistado, porém nada além disso.*

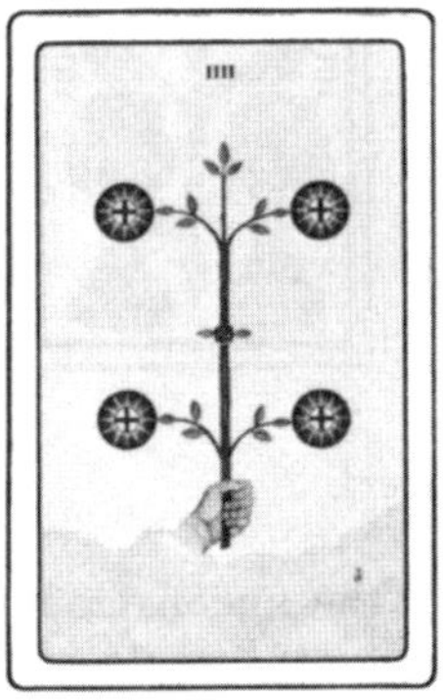

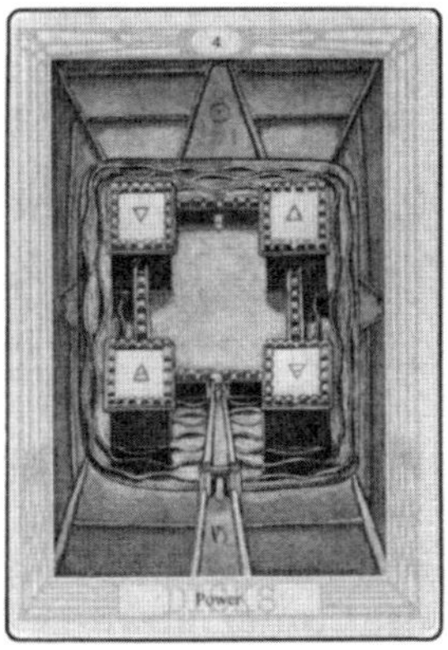

5 GEBURAH: FORÇA

Os Quatro Cincos

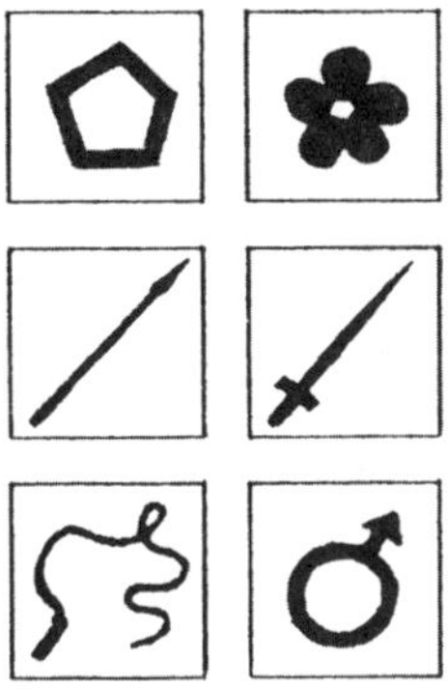

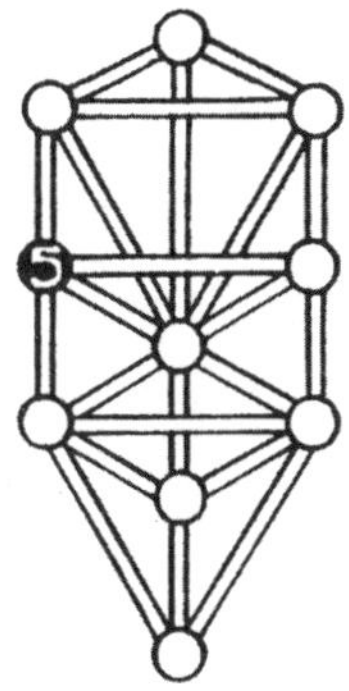

- O Destruidor
- Rei Guerreiro
- A Capacidade de Julgamento
- O Clarificador
- O Eliminador do Inútil

Símbolos. O Pentágono, a Rosa Tudor de Cinco Pétalas, a Espada, a Lança, o Açoite.
Planeta: Marte
Cor: Vermelho

Em Binah está a Raiz do Vermelho e lá existe uma cor vermelha pura e cintilante que se reflete em Geburah. *A esfera de sua atuação é chamada de* Madim, *ou Força violenta e impetuosa, e traz coragem, guerra, força e massacre, visto ser a Espada Flamejante de um Deus vingador. Ela rege a Esfera de Ação do Planeta Marte.* Elohim Gibor *é Elohim, Poderoso e Terrível, julgando e punindo o mal, governando com ira, terror e agitação, e em cujos passos seguem o raio e a chama. Seu Arcanjo é* Kamael, *o Príncipe da Força e da Coragem, e o Nome da Ordem de Anjos é* Serafim, *os Flamejantes, que também são chamados de Ordem das Potestades. A Sephirah Geburah é chamada de* Pachad, *Terror e Medo.*

Geburah é o perfeito equilíbrio de Chesed. Enquanto Chesed constrói, Geburah desmantela. Chesed é amorosa e compassiva, Geburah é implacável e exige o cumprimento do dever.

A quinta Sephirah, chamada de *Força*, muitas vezes é considerada a Sephirah mais difícil de ser abordada porque suas lições podem ser insuportáveis e devastadoras. Ela nos oferece um corretivo necessário para nossa vida eliminando tudo que é inútil, indesejável ou obsoleto. Vemos a ação de Geburah no incêndio que devasta uma floresta seca e cheia de pragas, numa guerra que arrasa uma sociedade doente ou em qualquer situação em que somos forçados pelas circunstâncias a recomeçar nossa vida. Assim, Marte (o planeta e o Deus Romano da Guerra) é atribuído a Geburah.

Muitas vezes a influência de Geburah é erroneamente considerada um mal na medida em que traz alguma forma de destruição. Trata-se, porém, de uma força necessária e sagrada por meio da qual o Universo impõe, em alguns casos dolorosamente, o indispensável equilíbrio. No Tarô, por exemplo, todos os *Cincos* estão de alguma maneira relacionados com a rivalidade, sendo que a intensidade dessa relação varia de acordo com o Mundo (Naipe) no qual eles operam. Todavia, a luta e a destruição no nível mundano sempre trazem consigo o aprendizado de uma lição. Quem poderia dizer que já enfrentou uma situação realmente difícil e não aprendeu nada com isso?

Geburah é uma rígida disciplina que, em última análise, é necessária, positiva e presta um bom serviço aos que apreciam a sua virtude. Ela tem a capacidade de julgar com lucidez bem como a disposição para ser submetida a julgamento. Isso é descrito pelo axioma Hermético: "Vigie o Vigia, Examine o Examinador, Julgue o Juiz". Sem as qualidades guerreiras de Geburah, os piedosos atributos de Chesed iriam acarretar um desequilíbrio de força maléfico. Precisamos reiterar aqui a existência de uma constante interação entre as duas Sephiroth, um fluxo e um ritmo que é contínuo.

Dion Fortune observa que "A grande fraqueza do Cristianismo está no fato de ele ignorar o ritmo. Essa religião opõe Deus ao Diabo em vez de Vishnu e Shiva. Os seus dualismos são antagônicos em vez de equilibradores e, portanto, nunca podem produzir uma terceira opção funcional em que o poder esteja em equilíbrio. O seu Deus permanece o mesmo ontem, hoje e sempre, e não evolui juntamente com sua criatura. Em vez disso, ele regala-se com um ato especial de criação e descansa sobre Seus Louros".

No sistema Cabalístico esse ritmo é visto mais dramaticamente na difícil travessia entre Chesed e Geburah, entre a mão esquerda que dá e a mão direita que tira. Uma iniciação a Geburah, correspondente ao grau de *Adeptus Major*, é um pré-requisito para a iniciação a Chesed na Aurora Dourada. A pessoa precisa aprender a ter um perfeito controle sobre si mesma antes de lhe ser confiada a afluência da Quarta Sephirah. Aqui, o atributo derivado da iniciação a Geburah é *Poder*.

Nos textos sagrados, Geburah está relacionada tanto com Kether como com Binah. Ela assemelha-se a Kether (Unidade) no sentido de que é uma fonte de grande poder fluindo para fora. Ela se une a Binah no sentido de que demole as estruturas prefiguradas em Binah e concretizadas arquetipicamente em Chesed. Trata-se, com efeito, de uma aplicação do potencial de morte implícito no nascimento por meio de Binah. Ao passo que a imagem mágica, a de um guerreiro barbado em sua carruagem, é masculina, as qualidades básicas de Geburah são femininas. Essa ideia é sugerida pela atribuição da rosa de cinco pétalas a Geburah. A rosa é o símbolo de Vênus, uma Deusa intimamente associada a Marte. Veremos que as energias do Um são transmitidas a partir de Geburah, através do núcleo do Eu Superior de Tiphareth, para Netzach, à qual Vênus é atribuído. Além disso, deve-se observar que no *Tarô da Aurora Dourada* a rosa é apresentada no dois, três, quatro, cinco, sete e oito de Espadas. O uso dessa rosa, apresentada inteira ou em partes, é um simbolismo particularmente brilhante criado por MacGregor Mathers.

Qualquer símbolo de cinco lados pode ser relacionado com Geburah, tal como o *pentágono* e o *pentagrama*. O último é usado na invocação e no banimento, e representa uma poderosa força reguladora. É somente por meio da implacável autodisciplina de Geburah que os pontos Elementares do pentagrama podem ser perfeitamente equilibrados no indivíduo. Esse é um símbolo adequado para aquela região da Árvore situada diretamente acima (Tiphareth) da experiência de compreensão da natureza mutável da Personalidade encarnada. Geburah é um atestado de que as verdadeiras forças do Indivíduo estão sob controle do Espírito, representado pelas pontas superiores do pentagrama, e uma iniciação à verdadeira natureza daquele Eu Superior primeiramente encontrado em Tiphareth. A experiência tem sido descrita como um devastador mergulho nos Fogos da Verdade, onde tudo o que não tem valor é consumido pelas chamas. Isso também é descrito como o silêncio brutal de uma autoavaliação.

O outro símbolo de Geburah são as armas. A *lança* representa uma destruição que pode ser rápida e completa, enquanto o *açoite* e a *corrente* sugerem a contínua aplicação de uma grande força. Essa é a diferença entre a força que corta diretamente e aquela que (como na meditação) é uma disciplina constante e que age com lentidão. O principal símbolo de Geburah é a *espada*, que merece uma menção especial porque é um dos instrumentos "mágicos" da Ordem da Aurora Dourada. Além dos símbolos dos quatro Elementos (ou naipes do Tarô) – Paus, Taça, Adaga e Pentáculos – existem ainda outras duas armas. São elas o

Bastão de Lótus e a Espada. Enquanto o Bastão de Lótus simboliza basicamente a Vontade e está relacionado com Kether, a Espada representa o grande poder exercido pela pessoa que tem um perfeito controle sobre si mesma. A força de Geburah é a sua maior arma.

Os Cincos

Oposição, luta e conflito; guerra, obstáculo ao que se tem em mãos. Indica a ocorrência de sucesso ou fracasso definitivos.

Os Cincos trazem sérios problemas para todas as áreas simbolizadas pelos Elementos. Aos Paus (energia), os Cincos trazem discórdia e conflito; às Copas (amor, amizade), os Cincos trazem a destruição dos relacionamentos; às Espadas (doença e dificuldades) eles trazem derrota certa numa determinada questão, e aos Pentáculos (negócios e dinheiro) trazem dificuldades materiais. Todavia, o sucesso ou o fracasso é representado por outras cartas numa divinação. Os Cincos simplesmente anunciam a existência de uma dificuldade.

CINCO DE PAUS, Senhor da Luta (Saturno em Leão).
Anjos do Decanato: Vahaviah [והויה] e Yelayel [יליאל].

Esta carta é Geburah em Atziluth, a influência de Geburah no Mundo do Puro Espírito. Aqui os poderosos efeitos de Saturno em Leão, um signo de fogo, são a disputa e o conflito. Esta carta deveria ser comparada ao *Cinco de Espadas*, o Senhor da Derrota. A natureza dos Paus é a de uma força em contínua efusão, de modo que a influência de Saturno aqui, em vez de indicar o término de uma disputa, é tumultuada e perturbadora. Crowley chama isso de "energia vulcânica".[80] Sua carta apresenta o bastão da Aurora Dourada de um Adepto Chefe interceptado pelo Bastão Fênix do *Adeptus Major* de Geburah e pelo Bastão Lótus do *Adeptus Minor* de Tiphareth. Esta carta simboliza mais a natureza das energias do que a condição de discórdia apresentada por Waite.

CINCO DE COPAS, Senhor da Perda do Prazer (Marte em Escorpião).
Anjos do Decanato: Livoyah [לוויה] e Pehilyah [פהליה].

Esta carta é Geburah em Briah, a influência de Geburah no Mundo Mental. A presença de Marte no signo de Escorpião produz um efeito extremamente emocional. A perda daquilo que é amado é simbolizada pelas taças, antes cheias e agora vazias, das cartas de Crowley e da Aurora Dourada, e por aquelas emborcadas aos pés da solitária figura da carta de Waite. A débil natureza desta carta destoa completamente da belicosa natureza de Geburah e significa a perda do prazer. Esta é também uma das cartas que pode significar morte, se as outras cartas em torno dela apoiarem essa interpretação. A morte, nesse caso, seria de um ente querido e não do consulente.

Um elemento da carta de Crowley que pode parecer peculiar é o pentagrama invertido, associado genericamente ao Diabo e ao mal. Aqui ele é usado para significar o triunfo da matéria sobre o espírito.

CINCO DE ESPADAS, Senhor da Derrota (Vênus em Aquário).
Anjos do Decanato: Aniel [אניאל] e Chaamiah [חעמיה].

Esta carta é Geburah em Yetzirah, a influência de Geburah no Mundo Astral. Esta carta (junto com o *Nove* e o *Dez de Espadas*) está entre as mais destrutivas do baralho. Já foi observada uma relação entre a espada de Geburah e a rosa de Vênus,

que é também a rosa dos Rosa-Cruzes. Elas são energias estreitamente relacionadas, sendo que, na mitologia, Marte é o consorte de Vênus. A carta da Aurora Dourada nos mostra que, quando a Espada de Geburah corta o Ar de Yetzirah, as energias positivas de Vênus não constituem páreo para ela, e as pétalas da rosa são, literalmente, espalhadas pelos ventos. A carta de Crowley mostra, na forma de um pentagrama invertido, essas mesmas forças de dispersão que estão por trás das Espadas. Waite ilustra o significado divinatório da carta: *derrota, perda, fracasso, disputa terminada e decidida contra a pessoa.*

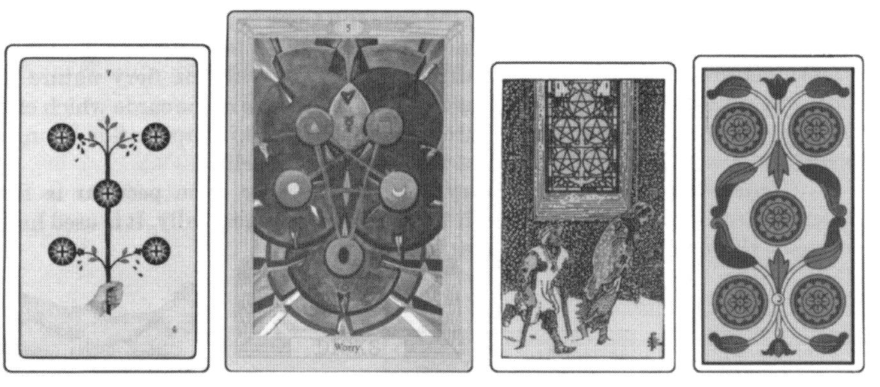

CINCO DE PENTÁCULOS, Senhor das Dificuldades Materiais
(Mercúrio em Touro).
Anjos do Decanato: Mibahiah [מבהיה] e Pooyal [פינאל].

Esta carta é Geburah em Assiah, a influência de Geburah no Mundo Material. Devemos fazer aqui uma distinção entre dificuldades materiais e a ruína de todas as coisas, indicada pelo *Dez de Espadas*. A estrutura natural introduzida em

Touro pelas energias de Mercúrio é neutralizada num nível mais elevado pela influência de Geburah. O resultado, numa divinação, é a perda da fonte de renda e dos recursos monetários, conforme é sugerido pela ilustração um tanto batida de Waite, representando vultos "expostos ao frio". As implicações mais sutis da carta são vistas na versão da Aurora Dourada, onde quatro rosas estão se partindo. Esse simbolismo foi estendido por Crowley, cujo pentagrama invertido contém os símbolos dos cinco *Tattvas*, formas geométricas que significam Fogo, Água, Ar, Terra e Espírito. No sistema hindu, elas são os fluxos subjacentes da matéria, cujos inversos se mostram totalmente instáveis.

6. TIPHARETH: BELEZA

Os Quatro Seis
Os Quatro Príncipes

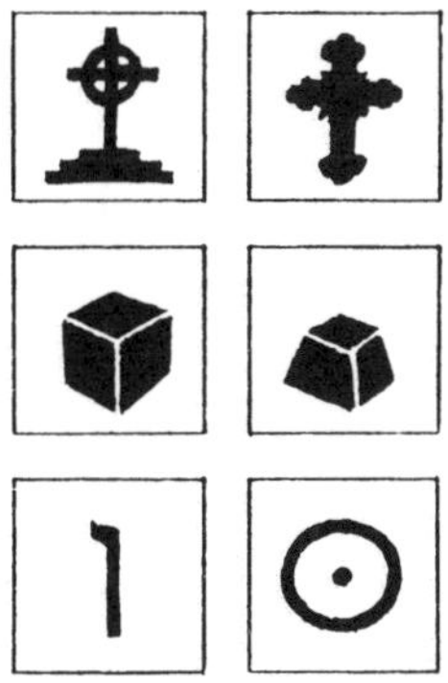

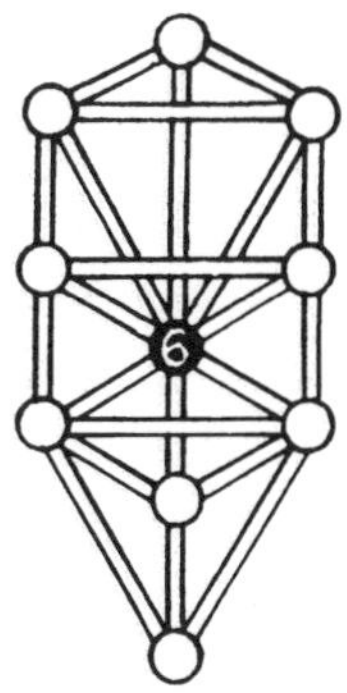

- Deus, o Filho
- Os Deuses Sacrificados
- Consciência do Eu Superior e dos Grandes Mestres
- A Visão da Harmonia das Coisas
- Cura e Redenção
- Os Reis Elementares

Símbolos: A Cruz da Cavalaria, a Rosa-Cruz, a Pirâmide Truncada, o Cubo, Vau.
Planeta: O Sol
Cor: Amarelo

Em Kether está a Origem de um Brilho Dourado e lá existe um amarelo dourado puro, primitivo e cintilante que se reflete em Tiphareth. *Esta é a primeira* Tríade *a ser completada. A esfera de sua operação é a de* Shemesh, *a Luz Solar, e conferiu Vida, Luz e Brilho à matéria metálica e rege a esfera de ação do Sol.* YHVH Eloah va-Daath *é um Deus do Conhecimento e da Sabedoria que governa a Luz do Universo; seu Arcanjo é* Rafael, *o Príncipe da Vivacidade, da Beleza e da Vida. O Nome da Ordem de Anjos é* Melechim, *isto é, Reis ou Reis Angelicais, que também são chamados de Ordem das Virtudes, Anjos e Soberanos.*

A iniciação de Tiphareth é a primeira das grandes iniciações ao significado do Eu Superior. Aqui a pessoa encontra o seu próprio Eu Superior e *sacrifica* sua Personalidade, aquilo que até então ela acreditava ser seu verdadeiro eu. Embora essa descrição possa parecer leviana, a iniciação de Tiphareth é literalmente a perda daquilo que a pessoa pensava ser a vida, um sacrifício dessa vida em troca de uma realidade superior. Esse é o verdadeiro significado do seguinte trecho: "Todo aquele que quiser salvar a sua vida a perderá; todo aquele que perder a sua vida por amor a mim a encontrará".[81]

Um sacrifício, nessas condições, significa não a renúncia a algo muito desejado mas sim aquilo que foi descrito como "translação da força de uma forma para outra". Essa é uma translação de força dirigida pela vontade.

Uma vez mais, nada na Árvore da Vida é estático. Deus "cresce"; ao contrário do Cristianismo exotérico, que no seu nível fundamentalista mais primitivo vê a existência como uma simples dicotomia entre o bem e o mal, a Cabala descreve uma Energia Universal (A Unidade) que atravessa condições variáveis. Nós mesmos, por meio de um processo natural de evolução, voltamo-nos para diferentes deuses e sacrificamos um princípio em favor de outro.

Tiphareth é o centro da Árvore da Vida e, como tal, é chamada de "Inteligência Mediadora". Os poderes de todas as outras Sephiroth fluem para ela, onde permanecem equilibradas e santificadas. A visão de Tiphareth é a da Harmonia Universal, uma visão também ligada à sua natureza como um centro de cura em que todos os relacionamentos são harmonizados. Esse é também o centro dos planetas. Cada um dos seis pontos do Hexagrama representa um planeta (e uma Sephirah planetária), estando o Sol no centro da figura (Figura 16).

Tiphareth é a luz da alma, da qual a vida desta última depende. De modo semelhante, a manifestação física de Tiphareth, o Sol, proporciona luz e mantém a vida na Terra.

O termo *luz* aparece repetidas vezes em todos os escritos esotéricos sérios, o que pode dar a impressão de que se trata de uma metáfora acerca da condição espiritual. Todavia, a referência à luz não é metafórica e sim descritiva. Todos aqueles que tenham um mínimo de experiência com os mundos interiores irão atestar o fato de que boa parte da literatura inspirada do Oriente e do Ocidente, interpretada pelos teólogos como algo meramente simbólico, é na verdade uma descrição surpreendentemente precisa de uma experiência espiritual.

A busca de uma experiência direta dessa Luz é a "Grande Missão" da Personalidade encarnada, e a devoção a essa obra é a virtude atribuída a Tiphareth. O princípio aqui envolvido é o de que, quando a pessoa se aperfeiçoa de alguma maneira, esse aprimoramento atua em benefício de toda a humanidade. Além do mais, conforme afirmou o astrônomo egípcio Ptolomeu, no seu *Centilóquio*: "Uma mente sagaz aperfeiçoa o funcionamento da providência assim como um fazendeiro habilidoso, através do cultivo, aperfeiçoa a natureza".[82] A Grande Missão, em última análise, consiste em retornar à divindade a partir do Universo emanado.

Antes de lidar com os mistérios de Tiphareth, a pessoa precisa primeiramente ter sido introduzida à Terra, ao Ar, à Água e ao Fogo (a Malkuth, a Yesod, a Hod e a Netzach, respectivamente). Não importa de que maneira uma religião ou *culto* esotérico – seja ele o Cristianismo, o Budismo ou o Cabalismo – descreva os diversos componentes da Personalidade ou a iniciação às quatro Sephiroth inferiores, a pessoa, de qualquer maneira, precisa passar por uma integração antes da descida da Luz que é Deus, o Filho. Essa integração é uma expiação pessoal pelo *Pecado Original*. Em Tiphareth está a *Redenção*.

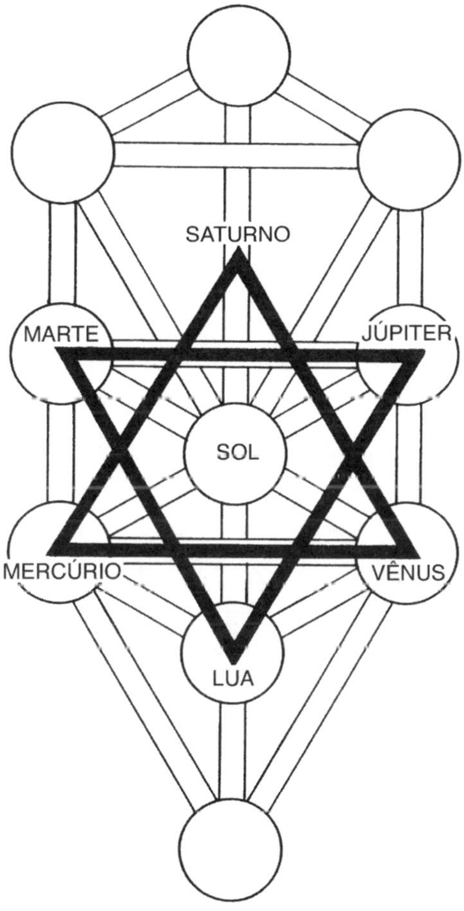

Figura 16. Atribuição dos Planetas ao Hexagrama. Ângulos planetários são atribuídos de acordo com a Árvore da Vida. Os *Supernos* são representados por Saturno, o qual se relaciona com Binah.

Assim como em Tiphareth o Espírito rege os quatro aspectos elementares que são a Personalidade, os regentes dos verdadeiros Reinos Elementares da Terra, do Ar, da Água e do Fogo também são encontrados em Tiphareth. Esses são os *Malachim*, as forças naturais que, por terem alcançado a imortalidade, regem os outros Elementos. Isso ocorre apenas graças à intervenção dos seres humanos. O homem é, de fato, o iniciador dos Elementos.

Existe outra referência bíblica muito comum que adquire um extraordinário significado quando interpretado em termos Cabalísticos: "A não ser que te convertas e te transformes numa criança, não entrarás no reino dos Céus".[83] Penetrar na Divina Luz de Tiphareth é um renascimento, uma "conversão" ou uma "mudança de atitude", como a palavra grega muitas vezes tem sido traduzida. O resultado da experiência consiste em a pessoa tornar-se uma criança num novo mundo. Assim, a *Criança* (que irá, por definição, crescer e tornar-se adulta com a nova experiência) é atribuída a Tiphareth. Tiphareth é a Criança que atinge a maturidade e toma Malkuth (o nosso mundo material) como noiva. Ao mesmo tempo, Chokmah e Binah foram produzidas pela Vontade do Pai Eterno em Kether. Assim, no Pilar do Meio, o Pilar do Equilíbrio, Tiphareth é Deus, o Filho.

Os leitores que se deparam com essa ideia pela primeira vez, tal como ela é relacionada com as Cartas da Corte em *An Introduction to the Golden Dawn Tarot*, poderão considerá-la um feliz conto de fadas: O Rei e a Rainha se casam e nasce um Príncipe, que se casa com a Princesa etc. Todavia, isso não é uma simples fantasia e, sim, um simbolismo antropomórfico que explica o modo de operação de [יהוה] onde quer que ele apareça. Tiphareth é o Príncipe, o Vau, da fórmula.

Entretanto, Tiphareth é também o reino dos Deuses Sacrificados: Cristo, Buda, Osíris e outros. Assim, nós compreendemos que o Príncipe precisa morrer para que o Ciclo Universal seja renovado.

Existem diversos símbolos básicos relacionados com Tiphareth, dentre os quais o primeiro é uma figura baseada num *seis*. Esse é o *cubo*, uma forma que aparece duas vezes no altar em cubo duplo de Malkuth. Outra figura de seis lados atribuída a essa Sephirah é a *pirâmide cortada por um plano secante*, ou seja, que teve seu topo cortado fora. A pirâmide representa Adam Kadmon, as seis Sephiroth inferiores. Esse é o Homem Arquetípico, acima do qual estão as Sagradas Supernais, Binah, Chokmah e Kether. As Supernais são o complemento da pirâmide.

Outro importante símbolo de Tiphareth é a *Cruz da Cavalaria*, apresentada corretamente em negro e rodeada por um círculo e apoiada em três suportes. Essa é a Cruz da Sabedoria por meio do Sacrifício. A *Rosa-Cruz* e o *Lamen da Rosa-Cruz* são também poderosos símbolos de Tiphareth.

Os Seis

Realização definida e conclusão de um assunto.

A característica básica de todos os seis é o sucesso resultante do esforço. Em Atziluth, o mundo da energia, isso significa vitória. Em Briah, o mundo do prazer, a felicidade é conquistada após o indivíduo ter se esforçado para alcançá-la. Em Yetzirah, o mundo da desavença e do conflito, o sucesso é obtido por meio da própria luta. E em Assiah, o mundo dos negócios e do comércio entre os homens, isso significa sucesso material.

SEIS DE PAUS, Senhor da Vitória (Júpiter em Leão).
Anjos do Decanato: Saitel [סיטאל] e Olmiah [עלמיה].

Esta carta é Tiphareth em Atziluth, a influência de Tiphareth no Mundo do Puro Espírito. A benevolência de Júpiter, no belicoso signo de Leão, traz sucesso e, possivelmente, relacionamentos cordiais. Trata-se de um aspecto que sugere certa dramaticidade e a conquista da vitória depois de um grande esforço. O perfeito equilíbrio de poderes é representado pelos bastoes cruzados que, na carta de Crowley, são aqueles dos três Adeptos no ritual da Aurora Dourada. Ao representar a figura de um homem montado, Waite enfatizou a ideia de *vitória depois da luta*.

SEIS DE COPAS, Senhor do Prazer (Sol em Escorpião).
Anjos do Decanato: Nelokhiel [נלכאל] e Yeyayel [ייאל].

Esta carta é Tiphareth em Briah, a influência de Tiphareth no Mundo Mental. Assim como Tiphareth em Atziluth significa Vitória depois de um esforço, Tiphareth no mundo Aquoso significa o *início* do prazer. Escorpião é um signo de

qualidades ocultas, um signo de discriminação e magnetismo. O escorpião pode ferroar onde a Vontade determina. Assim, quando o Sol ativa as energias de Escorpião, a melhoria ou o prazer tem início. Existe a sugestão, embora não a certeza, de que isso acontecerá. As cartas de Crowley e da Aurora Dourada mostram taças parcialmente cheias, enquanto a carta de Waite sugere o início do prazer por meio de flores saindo das taças.

SEIS DE ESPADAS, Senhor do Sucesso Merecido (Mercúrio em Aquário).
Anjos do Decanato: Rehaayal [רהעאל] e Yeyeziel [ייזאל].

Esta carta é Tiphareth em Yetzirah, a influência de Tiphareth no Mundo Astral. Saturno é o regente de Aquário e aqui exerce seu poder estabilizador sobre as qualidades fugazes de Mercúrio no Signo do Ar. O sucesso é resultado do trabalho de Saturno sobre esse aspecto. Assim, a carta é chamada de Senhor do Sucesso "Merecido". Aqui, uma vez mais, as qualidades cortantes da espada são usadas de forma positiva e a rosa da Aurora Dourada é ressuscitada após ter sido feita em pedaços pelas cinco espadas antagônicas de Geburah. No simbolismo da Aurora

Dourada, espadas cruzadas são o poder positivo do Ar. As espadas que não se tocam são o poder negativo do Ar. Quando as espadas se juntam e se tocam mutuamente, ou tocam a rosa, elas podem ser positivas ou negativas.

A carta de Crowley é particularmente interessante porque as espadas se encontram no próprio centro de uma Rosa-Cruz constituída por seis quadrados de ouro, o que, conforme ele explicou, significa que "a Rosa-Cruz é o principal mistério da verdade científica".[84] Uma vez mais, o caminho da Cruz é o do sofrimento, o que tende a ressaltar o significado desta carta como *sucesso após ansiedade e contratempos*. A grande dificuldade para a obtenção de uma recompensa é indicada por Waite por meio da representação de um barqueiro que carregar almas através do Rio do Espírito.

SEIS DE PENTÁCULOS, Senhor do Sucesso Material (Lua em Touro).
Anjos do Decanato: Nemamiah [נממיה] e Yeyelal [ייללאל].

Esta carta é Tiphareth em Assiah, o Mundo Material. As qualidades mutáveis da Lua, seu fluxo natural, encanto e sutileza combinam-se com o trabalho duro e com as qualidades terrenas de Touro. O resultado é a certeza de sucesso nos negócios e nas questões mundanas.

Apenas a carta de Crowley requer explicação. Ele abstraiu o hexagrama em torno de Tiphareth (veja mais uma vez a Figura 16) com seus símbolos planetários e o acréscimo de uma Rosa-Cruz com 49 (7 × 7) pétalas.

Os Príncipes

Esses Príncipes estão sentados em carruagens e nelas são conduzidos. Eles representam as Forças Vau do Nome em cada naipe; o Poderoso Filho do Rei e da

Rainha, que percebe as influências de ambos os níveis de Força; um príncipe, o filho de um Rei e de uma Rainha e, no entanto, um Príncipe dos Príncipes e um Rei dos Reis. Um Imperador, cujo efeito é ao mesmo tempo rápido (embora não tão rápido quanto o de um Rei) e permanente (ainda que não tão constante quanto o de uma Rainha). Assim, ele é simbolizado por uma figura levada por uma carruagem e usando uma armadura. Contudo, a não ser que seja acionado pela Mãe ou pelo Pai, seu poder é ilusório.

Os Príncipes são cartas muito complexas porque dependem do Rei e da Rainha para serem totalmente ativadas. Conforme o texto sugere, eles não dispõem de força motora própria, sendo puxados em suas carruagens. Entretanto, do ponto de vista do Tarô, essas cartas são muito importantes. Primeiro, veremos que o leão, a águia, o homem (fadas arquetípicas aqui) e o touro são os Quatro Querubins. Eles são símbolos antiquíssimos dos elementos e estão associados a muitas religiões diferentes. Eles aparecem entre os deuses dos assírios; são os quatro animais da visão de Ezequiel, no Antigo Testamento; são os quatro símbolos dos evangelistas cristãos e os regentes dos Quatro Elementos da Cabala. Em Kether estão os Elementos Primordiais, que são expressos individualmente em Malkuth e, juntos, regem os Elementos em Tiphareth.

Os Príncipes são as forças personificadas (Reis) daqueles elementos que estão perfeitamente equilibrados em Tiphareth. Se as cartas são dispostas numa fileira – Paus, Copas, Espadas e Pentáculos –, pode-se imaginar a Luz Dourada do espírito permeando as quatro cartas e guiando os Querubins que puxam as carruagens. Esses são os aspectos mais apurados da Personalidade; eles são os Reis Elementares dentro de nós mesmos. Assim, os Príncipes podem ser conduzidos para qualquer direção pela Vontade Divina. A energia do *Príncipe de Paus* pode ser aplicada com justiça ou crueldade; o fluxo inconsciente do *Príncipe de Copas* pode ser sutil e artístico ou extremamente perverso; as atividades mentais do *Príncipe de Espadas*, as ideias, podem ser criativas ou destrutivas; os atributos materiais do *Príncipe de Pentáculos* podem causar mudanças benéficas ou maléficas.

Os Príncipes podem nos proporcionar uma via de acesso para a verdadeira compreensão do baralho do Tarô como um instrumento de iluminação. Aqui a utilidade das Princesas talvez se torne clara, pois elas são os *fundamentos* das lições dos Príncipes expressos no nosso plano material.

Agora entenderemos por que os Príncipes, numa divinação, frequentemente representam a chegada ou a partida de uma pessoa e o início ou término de uma situação, ao passo que as Princesas muitas vezes representam a aprovação ou desaprovação de um assunto.

PRÍNCIPE DE PAUS, Príncipe da Carruagem de Fogo, Príncipe e Imperador das Salamandras (Último Decanato de Câncer – primeiros dois Decanatos de Leão).

O Príncipe de Paus é Ar do Fogo, Ar Específico do Fogo Fundamental. Nas cartas de Crowley e da Aurora Dourada, sua carruagem é puxada pelo Leão do signo do mesmo nome, simbolizando a enorme força que pode ser orientada para qualquer direção e, quando enraivecida, tornar-se violenta. Na carta da Aurora Dourada, o Príncipe segura o Bastão do Fogo Elementar ao passo que na carta de Crowley ele segura o Bastão de Fênix, associado à belicosa Sephirah de Geburah.[85]

De modo geral, os Príncipes (Cavaleiros) das cartas de Waite e de Marselha nada têm de extraordinário e não precisam ser analisados aqui.

PRÍNCIPE DE COPAS, Príncipe da Carruagem da Água, Príncipe e Imperador de Ninfas e Ondinas (Último Decanato de Libra – primeiros dois Decanatos de Escorpião).

O *Príncipe de Copas* é o Ar da Água, Ar Específico da Água Fundamental. Uma vez mais, a versão da Aurora Dourada serviu de inspiração para a carta de

Crowley, sendo que ambas apresentam uma serpente saindo de uma taça. Onde quer que a serpente apareça, ela geralmente é uma referência a Chokmah, a Sabedoria Divina, a Força Yod; aqui ela tem os belicosos e ameaçadores atributos de Escorpião. A taça, na mão do Príncipe, é Heh, e encerra a Serpente Yod. Assim como Vau, o Príncipe executa as atividades combinadas de Yod e Heh; aqui está a Água. A própria carruagem é puxada através da água por uma águia, o símbolo da Água entre os quatro emblemas Querúbicos. Em outro nível, a sugestão é de que o calmo aspecto da Água pode conter energias poderosas e violentas, tal como o ácido sulfúrico, que parece ser totalmente inofensivo até ter algo sobre o que atuar. A Água simboliza a Inconsciência pessoal, grupal ou universal, que contém energias dinâmicas.

PRÍNCIPE DE ESPADAS, Príncipe das Carruagens dos Ventos, Príncipe e Imperador de Silfos e Sílfides (Último Decanato de Capricórnio – primeiros dois Decanatos de Aquário).

O *Príncipe de Espada* é o Ar do Ar, Ar Específico do Ar Fundamental. Existe aqui um importante simbolismo Yesod-Lua, pois esta carta é uma carta da mente. As duas fadas da carta da Aurora Dourada e as três crianças aladas de Crowley sugerem que (tal como a própria mente) a carruagem pode ser puxada de forma caprichosa em qualquer direção. Na mão direita do Príncipe está a espada que invoca e cria, mas na sua mão esquerda está a foice que destrói o que foi criado. Na carta da Aurora Dourada, a repetição de pentagramas é uma referência à Espada de Geburah. Todavia, como a cimeira do Príncipe é a cabeça de uma criança com um pentagrama na testa, a mensagem aqui é a de que o Príncipe empunha a espada com inocência infantil. Essa é uma extensão do mesmo simbolismo encontrado na *Rainha de Espadas*.

PRÍNCIPE DE PENTÁCULOS, Príncipe da Carruagem da Terra, Príncipe e Imperador dos Gnomos (Último Decanato de Áries – primeiros dois Decanatos de Touro).

O *Príncipe de Pentáculos* é Ar da Terra, Ar Específico da Terra Fundamental. Na carta da Aurora Dourada, ele segura na mão direita o bastão do poder mundano e, na esquerda, um globo invertido (força material aplicada de forma grosseira). A carruagem é puxada pelo possante Touro do signo do mesmo nome. Crowley explicou detalhadamente sua versão desta carta, enfatizando as qualidades meditativas do Príncipe. "Ele é", disse Crowley, "o elemento da Terra tornado inteligível."[86]

7. NETZACH: VITÓRIA

Os Quatro Setes

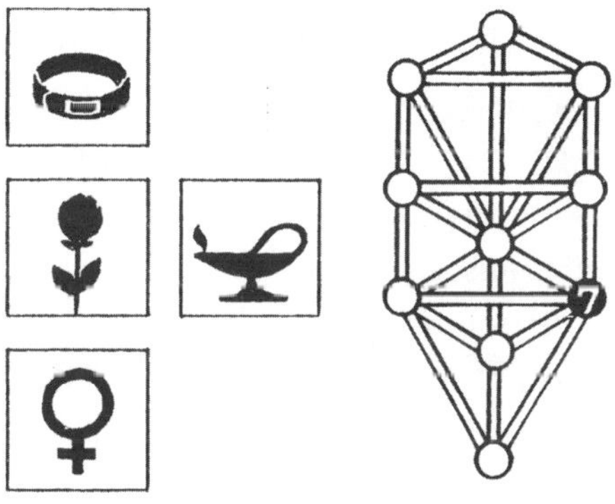

- Amor
- Sentimentos e Instintos
- A Mente Grupal
- Natureza
- As Artes

Símbolos: O Cinto, a Rosa, a Lâmpada
Planeta: Vênus
Cor: Verde

Os feixes de Chesed e Geburah encontram-se em Netzach e, por conseguinte, aí surge um verde puro, resplandecente e fulgurante como uma esmeralda. Sua esfera de operação é a de Nogah *ou Esplendor Externo, produzindo ciúme, amor e harmonia, e regendo a Esfera de Ação do planeta Vênus e a natureza do Mundo Vegetal.* Jehovah Tzabaoth *é um Deus de Hostes e de Exércitos, do Triunfo e da Vitória, que governa o Universo eternamente e com justiça. E seu Arcanjo é* Hanial, *o Príncipe do Amor e da Harmonia, e o Nome da Ordem de Anjos é* Elohim, *ou Deuses, também chamados de Ordem dos Principados.*

Cada uma das Sephiroth do Pilar da Misericórdia inicia uma sequência. Chokmah é a principal força voltada para a manifestação do *Triângulo Superno*. Chesed é a ideia organizadora por trás da primeira forma e a primeira Sephirah do *Triângulo Ético*: Netzach inicia o *Triângulo Astral* e é a primeira dentre as Sephiroth que constituem a Personalidade.

Considera-se que a Personalidade seja constituída por quatro Elementos, cada um dos quais representado por uma das Sephiroth inferiores. Aqui há um reflexo da fórmula [יהוה] e da sequência Fogo, Água, Ar e Terra, com as quais estamos familiarizados. Esses são os *Elementos Astrais*. Netzach é Fogo, uma forma inferior do Fogo-Yod de Chokmah, refletido de Geburah através de Tiphareth. Hod é Água, uma forma inferior da Heh-Água de Binah, refletida de Chesed através de Tiphareth. Yesod é Ar e Malkuth é Terra. Veremos que em todos os casos o último Heh do Nome Divino é atribuído a Malkuth, pois esse Heh final é produto do "Pecado Original".

A atribuição dos quatro Elementos a essas Sephiroth inferiores talvez pareça acrescentar mais uma frustrante complicação ao sistema Cabalístico. Na verdade, porém, chegamos agora ao ponto da Árvore da Vida em que a consciência normal desperta pode ser aplicada. Qualquer estudioso sério poderá lidar com o Triângulo Astral e com os componentes da Personalidade. A Ordem da Aurora Dourada iniciou seus membros nos Planos Interiores por meio de um sistema de exercícios *Tattva*, um tipo de "devaneio" controlado que tem por objetivo levar a pessoa a entrar em contato direto com as esferas Elementares sutis, que estão imediatamente abaixo da esfera das sensações materiais. Esse método foi considerado uma preparação para as técnicas mais avançadas de projeção interior com as cartas do Tarô e para as técnicas perigosas e ainda mais avançadas de projeção interior com as Tabuinhas Enoquianas. Basta dizer aqui que o reino astral, iniciado com Netzach, é o reino da ilusão (*maya*).

Netzach não pode ser considerada independente de Hod, seu contrapeso e oposto. Enquanto Netzach representa os instintos e as emoções, Hod representa o intelecto. Os sentimentos não verificados pela razão e a razão não verificada pelos sentimentos podem ser muito destrutivos. É por meio do equilíbrio adequado entre sentimento e razão que a pessoa consegue ascender, no Pilar do Meio, à consciência superior de Tiphareth.

Netzach é uma Sephirah de compreensão particularmente difícil. Isso em parte acontece porque ela representa as primeiras projeções indiferenciadas de Tiphareth e em parte porque ela tem de ser abordada a partir dos pontos de vista tanto do Macrocosmo quanto do Microcosmo. Quando lidamos com a Árvore da Vida, estamos lidando ao mesmo tempo com os padrões da espécie humana e com os padrões do indivíduo. Todavia, uma das lições dos Mistérios é a extensão em que essa dicotomia é, em si mesma, uma ilusão.

Por um lado, Netzach é a Alma indiferenciada da Humanidade, muitas vezes descrita como "Mente Grupal". A *centelha* da mente individual (levando em conta, outra vez, que esta é considerada uma Sephirah de *Fogo*) é uma parte daquela centelha grupal que, quando passa a incluir a si mesma, também abrange o todo. Por exemplo: Netzach é a região da Árvore da Vida à qual são atribuídas as artes, a música, a pintura, a poesia etc. Todo artista usa as qualidades de Netzach, retirando dela sua imaginação criativa (embora esse sentimento deva ser temperado pela disciplina de Hod-Razão, para que se possa fazer um trabalho sério). À medida que o artista desenvolve cada vez mais a capacidade de "criar" e de compreender a natureza de seu próprio ato criativo, ele também desenvolve a compreensão da natureza das artes em geral. Isso também poderia ser dito em relação ao cientista, o qual opera por meio de Hod, a Sephirah onde o geral torna-se específico.

O equilíbrio entre Netzach e Hod pode ser representado num diagrama simples:

NETZACH		HOD
Sentimentos e Instintos	→	*Intelecto*
Indiferenciado	→	*Indivíduo*
Mente Grupal	→	*Início da Mente Individual*

Considerando esse equilíbrio, é fácil compreender que Netzach é a Sephirah à qual as forças da *Natureza* são atribuídas e que seus anjos são os *Elohim*. Eles também são chamados de *Deuses* na medida em que, para a Personalidade encarnada e para a humanidade como um todo, eles são vistos assim. Eles são os deuses da sequência inferior do *Tetragrammaton*. Netzach também é a esfera de Vênus Afrodite, a Deusa do Amor. Como o título da Sephirah é *Vitória*, deve-se entender que a Vitória se dá no terreno do amor.

Aquilo que é chamado de "amor", particularmente no que diz respeito aos deuses e aos sistemas religiosos, é muitas vezes mal-interpretado. O equívoco está

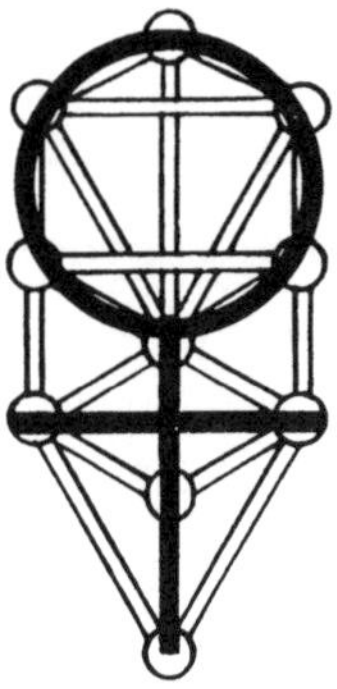

Figura 17. O Símbolo de Vênus na Árvore da Vida. Ele inclui todas as dez Sephiroth.

relacionado com a própria natureza dos Deuses. Já se disse que "Os Deuses são Criações daquilo que foi Criado... que são emanações da Mente Grupal das Raças; e que não são emanações de Eheieh, o Único e Eterno". A referência à Mente Grupal significa, em essência, que os Deuses são de Netzach. Essa ideia é resumida graficamente no diagrama do símbolo de Vênus, que inclui toda a Árvore da Vida (Figura 17). Devemos também lembrar que a Ordem da Aurora Dourada declarou estar ela própria sob a regência de Vênus.

A questão aqui é que não existem deuses, a não ser aquelas poderosas forças que moldamos à nossa própria imagem para atender às nossas necessidades. Não existe nada a não ser nós. Estamos acima e abaixo da *Tábua de Esmeralda*. Somos ao mesmo tempo muitas coisas e Uma só. Somos tudo o que existe, embora retiremos a nossa força do Invisível Divino que *não* é. Assim, o modo como nos comportamos em relação ao nosso semelhante é muito mais importante do que geralmente se pensa. O amor pelo próximo, o amor a Deus, qualquer relacionamento sexual, que é um equilíbrio físico, e qualquer intercâmbio equilibrado de energia entre pessoas, ajuda a espécie humana a cumprir a "Grande Missão" de retornar ao estado Primitivo a partir do qual ela evoluiu. É por isso que Netzach é descrita como a Sephirah das polaridades.

Em Netzach, estamos considerando uma Sephirah situada sobre um pilar masculino e com uma Deusa feminina ligada a ela. Todavia, a atribuição de características sexuais específicas rotuladas de "masculina" e "feminina" só é adequada para a nossa esfera de sensação. O que encontramos em Netzach é a interação entre Marte e Vênus. De acordo com o que dissemos anteriormente, Geburah tem determinadas qualidades de Vênus simbolizadas pela rosa; Netzach tem certas qualidades de Marte indicadas pela atribuição do Fogo. Além do mais, *Tzabaoth*, [יהוה צבאות] é o Deus das Hostes e dos Exércitos.

A relação entre Netzach e Geburah e entre Hod e Chesed talvez possa ser ligeiramente confusa quando considerada em termos da emanação das Sephiroth no Caminho da Espada Flamejante. Esse Caminho é importante porque indica tanto a sequência em que o Universo evoluiu como o curso através do qual quem procura o caminho (a não ser aquele que escolheu o Caminho devocional do Pilar do Meio) poderá retornar. Todavia, isso não representa o equilíbrio e as interações energéticas da Árvore da Vida completa.

Existem três símbolos fundamentais relacionados com Netzach. São eles a rosa, o cinto e a lâmpada. A rosa é a mais perfeita das flores, um atributo de Vênus frequentemente associado ao amor. O cinto também é um tradicional atributo de Vênus. Aprender o segredo do nó do seu cinto significa controlar as forças venusianas da natureza, amarrá-las ou liberá-las à vontade. O último símbolo é a lâmpada, o elemento portador do Fogo, relacionando Netzach com Geburah e com as poderosas forças guerreiras de Marte. Num outro nível, ela é a luz permanente do Templo do Eu Inferior.

Os Setes

Geralmente representa uma força que transcende o plano material e assemelha-se a uma coroa, a qual é realmente poderosa, mas requer alguém capaz de usá-la. Os setes, portanto, representam um resultado positivo que depende da ação a ser empreendida. Eles dependem muito dos símbolos que os acompanham.

SETE DE PAUS, Senhor do Valor (Marte em Leão).
Anjos do Decanato: Mahashiah [מהשיה] e Lelahel [ללהאל].

Esta carta é Netzach em Atziluth, a influência de Netzach no Mundo do Puro Espírito. Embora a posição de Marte em Leão seja de coragem e força, ela tem implicações ameaçadoras: um embate feroz é certo, mas a vitória no conflito não é.

Veremos que o padrão básico foi estabelecido pelas cartas de Marselha, as quais apresentam seis bastões cruzados e um bastão central. Ao adaptar esse padrão, Crowley usa mais uma vez os bastões correspondentes aos três níveis de Adeptos da Aurora Dourada, mas cruza-os com um bastão muito tosco para sugerir que, nesta carta, a luta pode ser desorganizada e ter resultados incertos. Waite representa a ideia de *oposição* e *possível vitória, dependendo de quanta coragem se tenha*.

SETE DE COPAS, Senhor do Sucesso Ilusório (Vênus em Escorpião).
Anjos do Decanato: Melchel [מלהאל] e Chahaviah [חהויה].

Esta carta é Netzach em Briah, a influência de Netzach no Mundo Mental. A presença de Vênus em Escorpião é extremamente intensa e emocional, frequentemente envolvendo fraude e impostura. Às vezes existe libertinagem, excesso de emoções e autoilusão. Esta certamente pode ser uma carta de egocentrismo e egoísmo. E, embora a carta da Aurora Dourada apresente as taças completamente vazias, pode-se acreditar que elas estejam tão cheias quanto as de Waite. Crowley, por outro lado, sugere que esta carta encerra uma grande advertência. Seus lótus tornaram-se feios e viscosos, uma perversão do sacramento do *Seis de Copas*, possivelmente causado por uma inflação do ego. Assim, o significado divinatório da carta é *erro, ilusão e sucesso ilusório.*

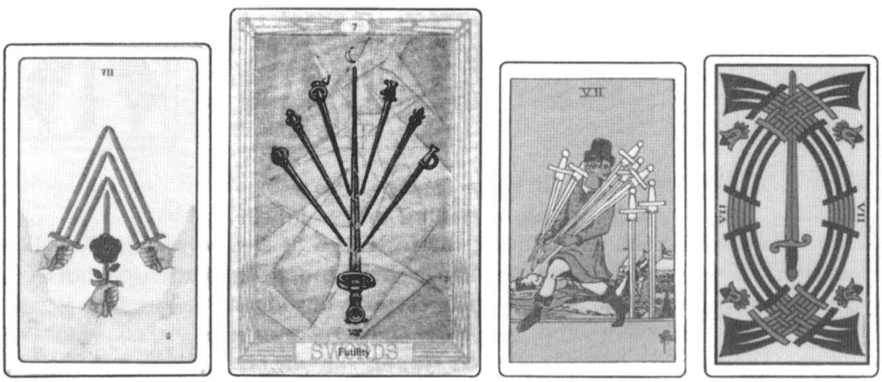

SETE DE ESPADAS, Senhor do Esforço Instável (Lua em Aquário).
Anjos do Decanato: Michael [מיכאל] e Hahihel [הההאל].

Esta carta é Netzach em Yetzirah, a influência de Netzach no Mundo Astral. Na carta da Aurora Dourada aparece mais uma vez a Rosa, pois ela é um símbolo básico de Vênus, que rege Netzach. Todavia, as Espadas estão precariamente equilibradas umas contra as outras, uma ideia também expressa pelas seis espadas planetárias voltadas contra a grande espada do Sol. Não está inteiramente claro o que se passa na cena representada, especialmente na carta de Waite, que é realmente enigmática. Na divinação, essa carta significa *esforço instável, vacilação e personagem indigno de confiança.*

A Lua em Aquário indica sociabilidade, frequentemente com inclinações religiosas; a Lua aqui é menos fluida e mutável do que em outras posições. O equilíbrio por ela estabelecido, porém, é precário e pode ser rompido facilmente.

SETE DE PENTÁCULOS, Senhor do Sucesso não alcançado (Saturno em Touro). **Anjos do Decanato.** Herochiel [הרחאל] e Mitzrael [מעראל].

Esta carta é Netzach em Assiah, a influência de Netzach no mundo material. Tal como acontece nos demais Setes, esta carta indica pouca coisa de bom. Saturno em Touro traz desapontamento e pequena recompensa para um grande esforço.

8. HOD: ESPLENDOR

Os Quatro Oitos

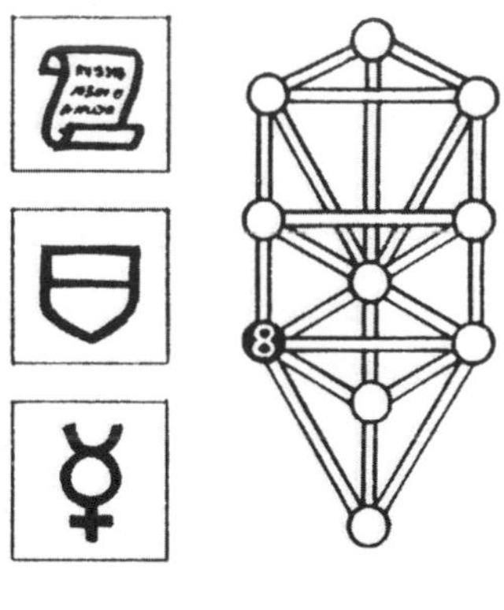

- Razão
- A Mente Individual
- Sistemas: Magia e Ciência
- Ponto de Contato com os Mestres
- Linguagem e Imagens Visuais

Símbolos: Nomes e Versículos, Avental
Planeta: Mercúrio
Cor: Laranja

Os feixes de Geburah *e* Tiphareth *encontram-se em* Hod *e, portanto, surge aí um laranja puro, brilhante e resplandecente. Sua esfera de operação é a de* Kokab, *a luz estelar, conferindo elegância, rapidez, arte e conhecimento científico, e regendo a esfera de ação do planeta Mercúrio.* Elohim Tzabaoth *é também um Deus de Hostes e dos Exércitos, da Compaixão e da Concordância, do Elogio e da Honra, governando o Universo com Saber e Harmonia. Seu Arcanjo é* Miguel, *o Príncipe do Esplendor e da Sabedoria, e o Nome de sua ordem de Anjos é* Beni Elohim, *ou Filhos dos Deuses, que também são chamados de Ordem de Arcanjos.*

Hod é a mente concreta. Trata-se da esfera de Mercúrio, e a ela é atribuído tudo o que é intelectualmente sistematizado, tal como as artes da magia, a literatura, a ciência e o comércio.

Ela situa-se na base do Pilar da Forma, abaixo de Binah, assim como Netzach está na base do Pilar da Força, sob Chokmah. Nessas duas Sephiroth inferiores, vemos o mesmo equilíbrio de forma e força encontrado nos Supernos. A diferença é que esse padrão pode ser expresso em termos que podem ser conceitualizados e compreendidos pela nossa mente. Ao passo que em Chokmah e Binah foi necessário falar em termos mais abstratos e simbólicos, tais como a "ideia da força transbordante" ou a "ideia da forma que limita a força", estamos agora lidando com conceitos que podem ser imediatamente compreendidos em termos da constituição da personalidade individual. O simbolismo está mais próximo de nós. Na personalidade humana o Fogo de Netzach é a intuição animal, ao passo que a Água de Hod é a mente concreta e racional.

O Tarô, que Lévi chamou romanticamente de *Livro de Thoth*, é atribuído a Hod. Thoth (egípcio), Hermes (grego) e Mercúrio (romano) são diferentes nomes do mesmo Deus. Cada um deles é mensageiro, patrocinador do aprendizado e professor dos Mistérios. Todas as linguagens (um meio de transmitir mensagens) estão relacionadas com Hod.

Na versão da Aurora Dourada da décima carta do Tarô, *A Roda da Fortuna*, o macaco com cabeça de cachorro que aparece ao fundo é o *Cinocéfalo*, companheiro de Thoth. Ele é também o símbolo hieroglífico egípcio para a escrita. O Cinocéfalo está relacionado com a Lua assim como Thoth está relacionado com Mercúrio. Na astronomia antiga, acreditava-se que a Lua seguia Mercúrio como um cão fiel (observe os cachorros em todas as versões de *A Lua* (Carta 18). Ampliando essa ideia, nós chegamos à compreensão de que a linguagem é a fiel companheira do estudioso dos Mistérios. As palavras de força são o seu instrumento mais importante.

É por isso que os *Nomes* e *Versículos* estão relacionados com Hod. Não é fácil convencer os céticos de que uma palavra, pronunciada com a vibração apropriada, pode exercer um poderoso efeito sobre os planos interiores. Não obstante, o efeito das palavras sobre o nosso plano é bastante óbvio. Quem pode ser indiferente a expressões como "Eu te amo" ou "Eu te odeio"? Para serem eficientes, porém, as palavras têm de ter um sentimento subjacente a elas. Assim como as expressões "Eu te amo" ou "Eu te odeio" soam estranhas e vazias, a menos que sejam pronunciadas com emoção, os Mundos do Poder de Hod só são eficazes quando projetados com os intensos sentimentos de Netzach. Em outras palavras, a energia dinâmica de Netzach é posta em ação através do veículo representado pelas palavras. É por essa razão que tantas pessoas fracassam em suas tentativas de fazer um ritual. As palavras por si só não bastam; a forma de Hod é inútil sem a força de Netzach. E o inverso também é verdadeiro.

Todavia, aqueles que abordam os estudos esotéricos com grande vitalidade e entusiasmo, mas carecem da disciplina de Hod, estão desperdiçando seu tempo. Os que não conseguem utilizar a intuição de Netzach nas muitas palavras escritas a respeito das ciências internas irão rapidamente concluir que os "Mistérios Herméticos" são pedantes e sem vida.

Diz-se que todo aquele que aprender a pronunciar o nome de Deus, [יהוה], será o senhor do Universo. Quando descobrimos que a quádrupla divisão Cabalística inclui muitos nomes (atributos da *Unidade*), cada um dos quais requerendo uma diferente experiência de aprendizado para ser "pronunciado", essa afirmação torna-se especialmente razoável. Embora os nomes do sistema sejam de Hod, o início da capacidade de utilizá-los apropriadamente está em Netzach, cujos deuses englobam toda a Árvore.

Forma é limitação e restrição. Não pode haver forma sem uma força que esteja de algum modo confinada. Assim, em Hod encontramos as qualidades dinâmicas da força de Netzach, as quais estão diminuídas para que possamos abordá-las com os nossos processos normais de pensamento. Essa diminuição assume a *forma* tanto da linguagem como da imagem visual, que são uma moeda muito mais intercambiável do que alguns poderiam crer. Ambas são conjuntos de símbolos compreensíveis convencionados pela sociedade para a transmissão de mensagens. Sabemos que a linguagem é artificial e não tem qualidades intrínsecas próprias. Isso também se pode dizer das imagens visuais, como o Sinal da Cruz, as cartas do Tarô ou mesmo aquilo que entendemos ser uma árvore nesta Terra. Esses símbolos transmitem ideias, que, em si mesmas, são neutras. Por essa razão, o *Hermafrodita* é a imagem mágica de Hod.

É em Hod que os veículos das ideias são selecionados. Na evolução, Hod completa o Pilar da Forma. Trata-se de um equilíbrio estabilizador para o complemento da Força, um equilíbrio que é modificado em Yesod e tem como emanação o nosso mundo material em Malkuth. Hod e Netzach (tal como Geburah e Chesed) são eficazes apenas quando suas energias se combinam ativamente numa terceira Sephirah. Nesse caso, vemos que a fusão entre Mercúrio (Hod) e Vênus (Netzach) dá origem à Lua (Yesod).

O segundo principal símbolo de Hod, o *avental*, também está relacionado com a Lua, tal como acontece, de certo modo, com o próprio Thoth. Esse avental é um tradicional símbolo Maçônico. Ele é o símbolo do construtor que é o artífice dos Mistérios e uma peça que, ao ser usada, cobre os órgãos sexuais atribuídos a Yesod. Além disso, à medida que passarmos a analisar Yesod veremos como a manipulação das energias sexuais constitui a base de todo trabalho prático.

Assim, dentro do grande projeto de retorno à Divindade a partir da nossa condição material, Hod é um ponto fundamental, um ponto de transferência conceitual. Aqui os mestres entram pela primeira vez em contato com as disciplinas que escolheram, assumindo eles próprios formas compreensíveis à mente humana. Aqui são apresentadas ao estudioso as ferramentas formais do *Caminho Hermético* (*em oposição ao Caminho Órfico* de Netzach, ou ao *Caminho Devocional* do Pilar do Meio).

Tudo isso é muito menos misterioso do que parece. Pode-se ter a impressão de que lidar com Hod (ou com qualquer outra Sephirah) significa apenas a projeção do indivíduo para essa esfera, seja por meio de rituais ou de técnicas de meditação. Essas práticas, obviamente, são importantes. Todavia, usamos as forças de Hod sempre que mergulhamos nos documentos dos Mistérios ou todas as vezes que abordamos intelectualmente alguma coisa. As Sephiroth são parte integral de nós mesmos e estão num estado de constante atividade. O princípio da Cabala prática consiste em dirigir a nossa atenção consciente para um aspecto específico de nós mesmos e, assim, ganharmos acesso à parte correspondente do Universo maior. Como existem 400 Árvores da Vida, operamos conscientemente no nível mais elevado que o nosso desenvolvimento espiritual permite.

Uma última observação a ser feita é a de que, embora Mercúrio seja o mestre dos Mistérios, ele é também o Deus da Fraude e do Embuste. Um autor sugeriu recentemente que esse aspecto em parte representa a "adaptabilidade" exigida pela atividade esotérica e conferida pelas energias de Hod. Conforme já dissemos, porém, *todo o reino astral procura iludir*. Quando lidamos com as imagens astrais, nós o fazemos com toda a vulnerabilidade perceptiva de nossa mente humana. Somos particularmente suscetíveis a isso na esfera alternativamente brilhante e tenebrosa de Yesod. É em Hod que começamos a compreender os mecanismos de nossas percepções.

Os Oitos

Geralmente indicam um sucesso isolado, ou seja, sucesso numa questão transitória e que não produz grandes resultados além de ganhos imediatos.

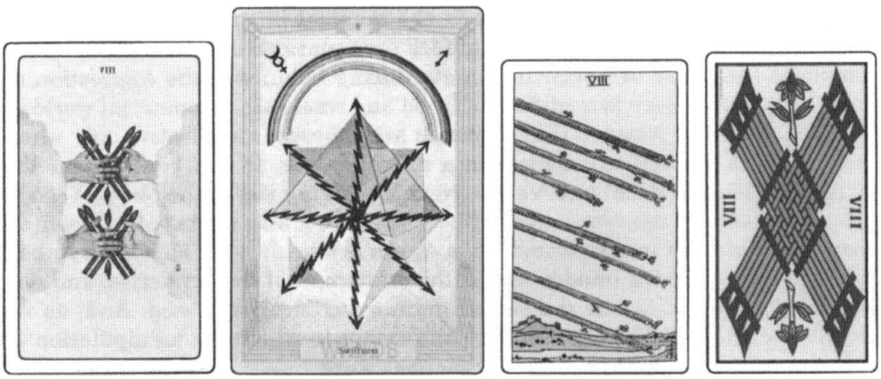

OITO DE PAUS, Senhor da Rapidez (Mercúrio em Sagitário).
Anjos do Decanato: Nithahiah [נתהיה] e Haäyah [האאיה].

Esta carta é Hod em Atziluth, a influência de Hod no Mundo do Puro Espírito. Mercúrio aqui não está bem posicionado; sua atuação em Sagitário fica prejudicada. Suas energias são atenuadas e se esgotam rapidamente no Signo do Arqueiro, um fenômeno que Crowley, em sua carta, comparou à eletricidade. O significado divinatório é *rapidez* ou *celeridade*.

OITO DE COPAS, Senhor da Renúncia ao Sucesso (Saturno em Peixes).
Anjos do Decanato: Vavaliah [ווליה] e Yelahiah [ילהיה].

Esta carta é Hod em Briah, a influência de Hod no Mundo Mental. A presença de Saturno no Signo Aquático de Peixes acarreta problemas sutis e uma certa introspecção que se manifesta na forma de um sentimento de desinteresse pelas

coisas materiais. O efeito da Água em Saturno produz insatisfação, sendo que esta carta significa *renúncia ao sucesso ou declínio do interesse por tudo*. Essa ideia é representada por Waite por meio da figura que caminha para longe das taças.

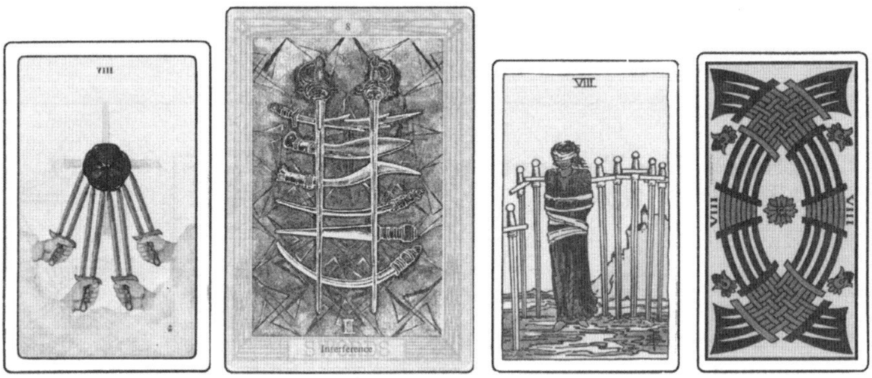

OITO DE ESPADAS, Senhor da Força Diminuída (Júpiter em Gêmeos).
Anjos do Decanato: Vemibael [ומבאל] e Yehohel [יההאל].

Esta carta é Hod em Yetzirah, a influência de Hod no Mundo Astral. A fraqueza de Júpiter (expansibilidade), aqui atuando em seu prejuízo, permite que as dualidades naturais de Gêmeos afetem suas energias positivas. Elas são prejudicadas ou reduzidas por um desejo de seguir primeiro numa direção e depois em outra. A aplicação da força de Júpiter nesse signo pode ser errática e instável ou, então, intensa e positiva, ainda que breve. Crowley tenta representar essa ideia fazendo diferentes todas as oito espadas. Waite, por outro lado, representa o efeito dessa condição energética: *força reduzida, aperto ou restrição, prisão*.

OITO DE PENTÁCULOS, Senhor da Prudência (Sol em Virgem).
Anjos do Decanato: Akaiah [אכאיה] e Kehethel [כהתאל].

Esta carta é Hod em Assiah, a influência de Hod no Mundo material. Aqui, o aspecto planetário é muito prático e tende a promover o interesse por pequenos detalhes. Tal como o restante dos oitos, qualquer proveito que possa aparecer é limitado e a "Prudência" não é uma grande virtude. O artífice de Waite ilustra o significado divinatório desta carta: *habilidade, prudência* e *um excesso de cuidado com as pequenas coisas, em detrimento do quadro maior.*

9. YESOD: O ALICERCE

Os Quatro Noves

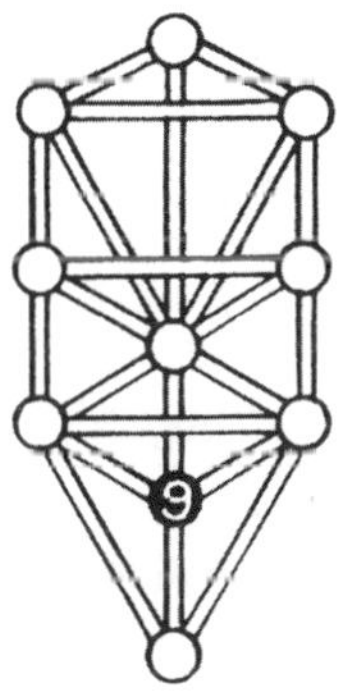

- A Luz Astral
- O Repositório de Imagens
- As Energias Cíclicas Subjacentes à Matéria

Símbolos: O Perfume e as Sandálias
Planeta: A Lua
Cor: Violeta

Os feixes de Chesed e Geburah se encontram em Yesod, *surgindo aí, portanto, um violeta brilhante e profundo, e sendo completada a terceira Tríade. Sua esfera de atuação é a de* Levanah, *o feixe Lunar, que produz mudanças, aumento ou diminuição das coisas criadas e regendo a Esfera de Ação da Lua e a natureza da humanidade.* Shaddai *é um Deus Onipotente, que espalha benefícios e satisfaz nossos desejos,* e Al Chai *é o Deus da Vida, a Entidade Viva. Seu Arcanjo é Gabriel, o Príncipe da Mudança e da Alteração. O nome da Ordem de Anjos é* Querubim, *os quais são chamados também de Ordem de Anjos.*

Ao abordar a nona Sephirah, aquilo que antes foi considerado em termos teóricos pode adquirir contornos muito práticos. Em Yesod estão aquelas energias, diretamente subjacentes ao mundo material, que são manipuladas em diversas formas de meditação e naquilo que é chamado de "magia". Essas tendências são conhecidas como *Luz Astral* ou *Fluido Akáshico*. Em meados do século XIX, Von Reichenbach, um dos primeiros a pesquisar cientificamente os fenômenos psíquicos, chamou isso de *força ódica*,[87] um termo que ocasionalmente ainda é empregado. Como quer que chamemos isso, trata-se de um tipo de energia que todas as pessoas podem sentir dentro de si mesmas e desenvolver extraordinariamente. Todos sentem a presença da Luz Astral, embora a maioria a considere uma estimulação neurológica generalizada, atribuível a alguma vaga causa física. Ela pode ser experimentada como uma sensação geral de formigamento ou como um calor difuso, frequentemente resultante da oração ou de estímulos de natureza sexual. Uns poucos descobrem que essa sensação pode ser intensificada e sua energia levada a se deslocar por todo o corpo de acordo com a vontade do indivíduo.

Essa força é sexual e pode ser vista no *Microprosopus* Yesod, que cobre os órgãos da reprodução. Aqueles que despertam essa força por meio da meditação, da oração, da estimulação sexual ou de métodos rituais, o fazem utilizando precisamente os mesmos mecanismos mentais. Já foi dito que Deus é sexo, e os registros da união extática de pessoas como Santa Teresa são altamente eróticos. Quando a Luz Astral de Yesod, as energias sexuais, é dirigida conscientemente e circulam por todo o corpo, como no *Exercício do Pilar do Meio* Cabalístico, o efeito pode ser avassalador.

A Luz Astral tem sido frequentemente descrita como uma corrente elétrica ou magnética. Na verdade, conforme o indivíduo "capta a Luz", seu corpo torna-se altamente carregado. Todavia, essa é uma energia *moldável*. Ela é mentalmente maleável e pode não apenas circular através do corpo, ou ser projetada em certas operações espirituais, como também é a matéria-prima com que as imagens visuais são construídas no Plano Astral.

Todo indivíduo possui um *Corpo Etérico* (que sai naturalmente do corpo físico durante o sono ou é conscientemente projetado pelos adeptos) constituído de Luz Astral. Assim, Yesod é denominado *Alicerce*. É ela que ativa os Quatro

Elementos de Malkuth, repetindo um padrão que se inicia em Kether e é encontrado em toda a Árvore: quatro elementos que derivam de um quinto.

No Oriente, a energia da Luz Astral é chamada de *Kundalini* (a Serpente), e os Cabalistas dizem que "Kundalini está enrolada em torno de Yesod". Não é necessário um grande esforço mental para se chegar à correta interpretação esotérica da serpente do Jardim do Éden, ou ao significado da Serpente que, na Árvore da Vida, é representada em contato com cada um dos Caminhos. Essa é a mesma serpente da Sabedoria que segura sua extremidade com a boca.

Um aspecto particularmente apropriado do simbolismo da Serpente é que o réptil desloca-se por meio de *ondulações*. De forma semelhante, a Luz Astral avança e recua. Ela segue diferentes ciclos que ativam os ciclos de nossa existência física e são subjacentes a eles. As fases de Yesod produzem no plano físico um movimento contínuo de carga e descarga, o qual se manifesta na forma de luz e escuridão, vigília e sono etc. Assim, é correto dizer que não se pode lidar com Malkuth sem antes ter compreendido Yesod. Obviamente, como uma extensão dessa ideia, não se pode lidar com Yesod sem primeiro ter compreendido Hod.

Fazendo um parêntese, é para Yesod que as pesquisas parapsicológicas são dirigidas, pois é possível usar alguns recursos científicos hoje disponíveis para quantificar seus efeitos no plano sensorial. Os que atuam nessa área de pesquisa descobriram que é necessário postular pelo menos a existência de alguma força como a Luz Astral para explicar de que maneira coisas tão admiráveis como a *psicocinese* (a capacidade de mover objetos mentalmente) podem ser realizadas.

A Lua é o "Planeta" (assim considerada pelos antigos astrônomos) atribuído a Yesod. À medida que suas fases vão se sucedendo, diz-se que ela afeta o movimento das marés. Além disso, o efeito supostamente desorientador da Lua cheia sobre algumas pessoas reflete-se na própria existência do termo *lunático*. No nosso conceito, porém, a Lua pertence não apenas aos loucos mas também aos amantes. Embora os psicólogos talvez consigam encontrar uma origem comum para ambas as condições (que é o que importa), permanece o fato de que uma é negativa e a outra positiva. Essa é a típica dicotomia dos símbolos ligados à Lua. Ela é a Deusa Feiticeira Hécate, com sua escuridão, e a Deusa Lunar Diana, com seu brilho. Os esoteristas concentram-se nesse último ponto, visto que, com o aumento do tamanho da Lua, há uma concomitante intensificação na quantidade de Luz Astral subjacente ao nosso plano, a qual pode ser utilizada para propósitos práticos.

A existência de uma relação entre Yesod e Binah é sugerida pelo controle que a Luz exerce sobre as *águas*. Yesod é na verdade o *Ar*, que movimenta a água. Binah é Ísis e o Grande Mar. Essa é a Consciência Universal a partir de onde, em última análise, todas as formas se desenvolvem. Assim como Binah é o desejo de formar,

Yesod é o repositório de imagens formais que estão diretamente abaixo da nossa experiência consciente.

Sendo o nível inferior do Mundo Astral, Yesod é o reino das imagens rejeitadas pela humanidade, sejam elas claras ou obscuras. Ela contém os *Registros Akáshicos*, que são ao mesmo tempo a história das raças e de cada ato mental do homem. Helena P. Blavatsky afirmou que boa parte de seus escritos extraordinariamente detalhados foi compilado psiquicamente a partir desses registros, o que, na pior das hipóteses, é uma asserção bombástica.

Embora as imagens de Yesod apresentem fabulosa beleza e sedução, elas também podem ser hediondas e apavorantes. Elas são os sonhos e os temores da humanidade, acumulados desde o início dos tempos (observe, uma vez mais, a relação com Binah). Trata-se, na verdade, de um imenso oceano onde cada pedra do pensamento é atirada e produz uma onda que continua a deslocar-se eternamente. Essas formas de Yesod, porém, são enganadoras. Elas não são reais no sentido que o termo seria aplicável às experiências de Tiphareth. Lembre-se de que a Lua não tem luz própria; Yesod pode apenas refletir a luz do núcleo Cristo-Osíris-Buda de Tiphareth. Esse reflexo, porém, é da maior importância para o desenvolvimento da pessoa, pois ela não consegue olhar diretamente para o Sol e só pode conhecer essa força a partir do estudo de sua imagem refletida pelas águas da Lua.

O Reino Astral inferior também é chamado de *maya* ou *ilusão*. Os poderes do plano Astral gostam de nos deixar acreditar no que quer que nos agrade. Eles nos proporcionarão visões que confirmam as nossas ideias mais absurdas e, ao mesmo tempo, inflam o nosso ego, um resultado perigoso e muito comum quando se atua nesse nível. Trata-se de um labirinto para os ingênuos e confiados, o qual somente poderá ser efetivamente transposto por aqueles cujos conceitos estão firmemente estabelecidos em Tiphareth. A visão de Yesod, a do "Mecanismo do Universo", dificilmente pode ser alcançada por aqueles que estão aprisionados dentro da estrutura da personalidade.

A esta altura, deve estar claro que a compreensão das marés cósmicas da Luz Astral de Yesod e sua utilização conferem poder. E, ao contrário da crença popular e da visão dos numerosos sistemas de iluminação que pregam firmes valores morais, a compreensão e a capacidade de manipular a Luz Astral nada têm que ver com virtude. Elas são adquiridas apenas e tão somente pela prática da meditação. Existem atualmente na Terra algumas pessoas extremamente desagradáveis que talvez afirmem com razão que conhecem o verdadeiro significado dos mecanismos do Universo.

Os símbolos de Yesod são as *sandálias* e os *perfumes*, ambos relacionados com a prática da magia. As santificadas sandálias usadas nos círculos místicos garantem que a pessoa esteja pisando em solo sagrado e (na sua neutralidade) permitem a transferência de energias entre a Terra e o Sol. Yesod é a intermediária entre Malkuth e Tiphareth (um espelho duplo). Os perfumes sugerem suas qualidades fluidas e etéreas: o incenso flui através de um templo ou igreja influenciando sutilmente a mente dos participantes. Suas qualidades são sugestivas, embora fugazes e ilusórias, como é da natureza de Yesod.

Os Noves

Geralmente, eles indicam uma força básica muito intensa. Grande capacidade de realização, tanto para o bem como para o mal.

NOVE DE PAUS, Senhor da Grande Força (Lua em Sagitário).
Anjos do Decanato: Yirthiel [ירתאל] e Sahiah [שאהיה].

Esta carta é Yesod em Atziluth, a influência de Yesod no Mundo do Puro Espírito. Os poderes lunares adquirem uma grande força em Sagitário, embora em tudo que diga respeito à Yesod e à Lua exista sempre o outro lado da moeda. Os sucessos são acompanhados de discórdia e apreensão. Embora esta carta indique certamente boa saúde, existem dúvidas quanto ao que acontecerá a longo prazo. Na divinação, esta carta significa *grande força, poder, recuperação de uma doença.*

NOVE DE COPAS, Senhor da Felicidade Material (Júpiter em Peixes).
Anjos do Decanato: Saliah [סלאיה] e Aariel [עריאל].

Esta carta é Yesod em Briah, a influência de Yesod no Mundo Mental. Aqui a benevolência de Júpiter, atuando através das águas de Peixes, produzem felicidade

e satisfação em Malkuth. Esta é uma carta de prazer e sensualidade que poderia ser comparada ao *Dez de Copas*, cujo sucesso é mais duradouro.

Tanto as cartas de Crowley quanto as da Aurora Dourada apresentam nove taças transbordantes e dispostas num quadrado, de modo a sugerir aqui a ideia de Chesed-Júpiter e da perfeição da força da água. Waite, por outro lado, representa os aspectos mais mundanos da carta para expressar o seu significado de *completo sucesso e realização dos desejos*.

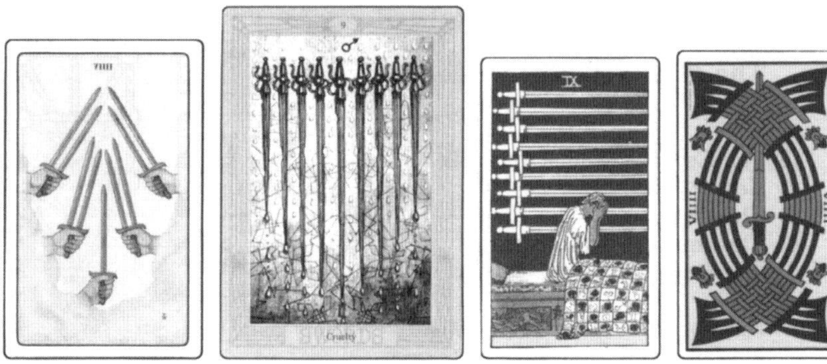

NOVE DE ESPADAS, Senhor da Crueldade e do Desespero (Marte em Gêmeos). **Anjos do Decanato**: Aaneval [ענואל] e Mochayel [מחיאל].

Esta carta é Yesod em Yetzirah, a influência de Yetzirah no Mundo Astral. Não é preciso ter muita familiaridade com a Astrologia para perceber que as belicosas energias de Marte não podem fazer nenhum bem ao signo das dualidades. Na carta da Aurora Dourada, a rosa foi completamente destruída ao passo que a versão de Crowley mostra "sangue e veneno" pingando de nove espadas enferrujadas e cheias de dentes. A carta de Waite ressalta o sentimento de desespero e os outros significados divinatórios da carta: *doença*, *sofrimento*, *crueldade*.

NOVE DE PENTÁCULOS, Senhor do Ganho Material (Vênus em Virgem). **Anjos do Decanato**: Hazayel [הזיאל] e Aldiah [אלדיה].

Esta carta é Yesod em Assiah, a influência de Yesod no Mundo Material. Vênus em Virgem traz uma grande eficiência, embora com uma relativa falta de sentimentos expressos com franqueza. Esse aspecto tende também a favorecer o acúmulo de bens; trata-se, portanto, de uma carta que é sinal de ganho material. Isso é sugerido pelos pentagramas da Aurora Dourada, cada um dos quais tem ao seu lado um botão de rosa plenamente desenvolvido, sendo que o pentagrama central tem dois botões para indicar a continuidade do crescimento e aquisição no plano físico.

A carta de Crowley é particularmente interessante, sendo muito mais complicada do que poderia parecer à primeira vista. Sobre essa carta ele diz o seguinte: "Os três discos estão bem próximos um do outro, dispostos na forma de um triângulo equilátero com o vértice voltado para cima e rodeados a alguma distância por seis discos maiores que formam um hexagrama. Isso significa a multiplicação do Verbo original graças à mistura de 'boa sorte com orientação'".[88]

Na divinação, esta carta significa *herança* ou *ganho material*.

10. MALKUTH: O REINADO

Os Quatro Dez
As Quatro Princesas

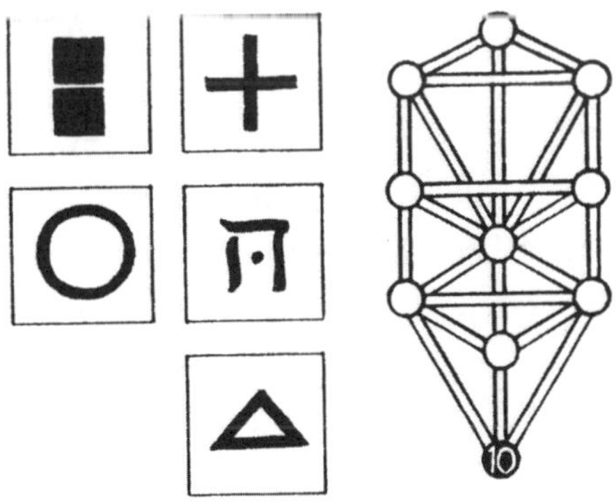

- A Terra em que caminhamos
- Kether inferior
- O Completamento
- A Mãe Inferior
- A Noiva de *Microprosopus*

Símbolos: O Altar do Cubo Duplo, a Cruz Grega, o Círculo Místico, o Triângulo da Arte, o Heh Final.
Cores: Amarelo-limão, Verde-oliva, Castanho-avermelhado, Preto.

*E a partir dos raios desta Tríade (*Netzach, Hod, Yesod*) aparecem três cores em* Malkuth *junto com uma quarta, que é a síntese de todas. Assim, do laranja de Hod e da natureza verde de Netzach surge um verde "citrino" puro e translúcido. A partir da mistura do laranja de Hod com o marrom-arroxeado de Yesod surge um "castanho-avermelhado" que cintila com um fogo oculto. E a partir do verde de Netzach e do marrom arroxeado de Yesod surge um verde-oliva vivo e resplandecente. A síntese de todas essas cores é um negrume que beira o Qlippoth. Assim, as cores das Sephiroth são completadas na sua escala feminina, o Arco-íris.*

Além disso, embora a Árvore da Vida opere em todas as Dez Sephiroth, ela está relacionada de forma especial com Tiphareth. Ademais, embora os ramos da Árvore do Conhecimento do Bem e do Mal se estendam pelas sete Sephiroth inferiores e cheguem até o Reino dos Invólucros, eles se identificam especialmente com Malkuth. Da mesma forma, as colunas esquerda e direita das Sephiroth estão relacionadas respectivamente com Hod e Netzach.

Em Malkuth Adonai ha-Aretz *é* Deus, *o Senhor e Rei, governando o reino e o Império do Universo Visível.*

E Cholem Yesodoth, *o Demolidor de Alicerces (ou* Olam Yesodoth, *o Mundo dos Elementos), é o Nome da Esfera de Operação de Malkuth, que é chamada de Esfera dos Elementos, a partir da qual todas as coisas foram criadas. Seus Arcanjos são três:* Metatron, *O Príncipe da Fisionomia, refletido de Kether,* Sandalphon, *o Príncipe da Oração (feminino) e* Nephesch ha Messiah, *a Alma do Harmonizador da Terra. A Ordem de Anjos é* Ashim *ou Chamas do Fogo, tal como está escrito: "Que fez seus Espíritos Angélicos e Ministros na forma de um Fogo flamejante", os quais também são chamados de Ordem das Almas Abençoadas ou Almas do Justo tornado Perfeito.*

Malkuth é a mais complicada das Sephiroth; Kether é a mais simples. Todavia, aplicando o princípio do "Assim em cima como embaixo", vemos que Kether está em Malkuth e Malkuth está em Kether. Em última análise, Deus está em tudo o que conhecemos, desde a flor do campo até a terra sobre a qual caminhamos. Tudo o que existe na Terra está impregnado da Natureza Divina. A separação entre o criador e sua criação é artificial. Deus é Homem. O Homem é Deus. Somos Deus coletiva e individualmente. Somos as partes e somos o todo. O sentimento de separação resulta do Pecado Original, e a Grande Missão de retornar à Divindade se inicia com o reconhecimento (ou talvez com a suspeita) de que nossas percepções foram inexatas. Assim, a Malkuth é atribuída a virtude do discernimento. Sua experiência espiritual é a "Visão do Santo Anjo da Guarda", um aspecto do Eu Superior. Em Malkuth, a existência é demonstrada e a Tiphareth é atribuída à união consciente da personalidade com o seu Gênio Superior.

A ideia da unidade de todas as coisas e da manifestação do Poder Divino em todos os aspectos do nosso mundo material pode parecer óbvia para aqueles que apresentam uma inclinação natural para as questões relacionadas com os Mistérios. Ao longo dos séculos, porém, muitas seitas religiosas sustentaram que o mundo material era intrinsecamente ruim, um ponto de vista que acaba sendo escapista e contraproducente. Isso também poderia ser dito a respeito de certas atitudes fundamentalistas Cristãs segundo as quais o homem deveria "entregar-se à vontade de Deus", já que isso seria praticamente uma ab-rogação da responsabilidade individual.

A Cabala ensina que o corpo é o Templo do Espírito Sagrado e que, a não ser que aprendamos as lições de Malkuth, não pode haver nenhum progresso adicional duradouro. A verdade é que nossas primeiras lições espirituais nos são proporcionadas por aqueles que estão à nossa volta. E, se não pudermos operar efetivamente no nível material, aprendendo com os padrões cotidianos que escolhemos para a nossa encarnação, é improvável que possamos atuar de maneira eficaz num plano espiritual mais aprimorado. A capacidade de sentir a importância das coisas comuns é uma forma especial de discernimento.

Toda meditação, toda divinação por meio do Tarô e projeção interior feita com a ajuda das cartas inicia-se e termina com uma afirmação da força e estabilidade da Terra. Antes de invocar a Luz Divina, a pessoa precisa estar ligada à Terra. Além disso, é necessário afirmar enfaticamente o retorno à consciência normal, especialmente ao término de um exercício de projeção. Se isso não for feito, pode ocorrer uma dissociação ou confusão patológica dos planos.

A lição de Malkuth, o equilíbrio dos quatro aspectos da Personalidade por meio de um processo que poderia ser chamado de *compensação*, é extremamente importante quando a pessoa está aprendendo a "Elevar-se através dos Planos". A Personalidade precisa ser totalmente reequilibrada e reajustada depois de cada nova experiência espiritual, um processo que ocorre em Malkuth. A consciência desperta é reintegrada à medida que as perspectivas da pessoa se modificam.

Nós não aprendemos num fluxo consistente, mas por meio de um processo natural de atividade e passividade, de avanços e paradas. Primeiro adquirimos informação ou um novo conjunto de valores e só depois paramos para integrar esse material ao nosso sistema. Isso precisa acontecer antes que as lições possam ser aplicadas, razão pela qual não podemos utilizar de fato os poderes de cada Sephirah até que tenhamos sido iniciados na Sephirah seguinte.

Ao longo da Árvore, tem havido repetidas referências aos Quatro Elementos que constituem o [יהוה]. Malkuth é a esfera na qual, em última análise, os Elementos estão assentados. Eles se combinam de modo a produzir a estabilidade que conhecemos como matéria. Eles não são propriamente o fogo, a água, o ar e a terra que vemos e tocamos, mas as forças motoras subjacentes a esses Elementos. Em termos mais simples – e ainda que isso possa parecer completamente fantasioso –, quando alguém acende um fósforo, faz isso apenas graças à Força Ígnea das *Salamandras*, o Fogo Elementar.

Os Elementos com os quais entramos em contato nos *Exercícios Tattva* em formas antropomórficas mais ou menos convencionadas são as forças que estão por trás das configurações do *Chakra Mundano*, o mundo material.

O Chakra Mundano de cada categoria de existência está em Assiah, o mais inferior dos Quatro Mundos. Aqui podemos uma vez mais considerar a ideia de que cada Sephirah contém toda uma Árvore. O Malkuth de Malkuth em Assiah é o chão sobre o qual pisamos; o Tiphareth de Malkuth em Assiah é o Sol em nosso Céu; Netzach é Vênus, Hod é Mercúrio e Yesod é a Lua. Todavia, aquilo que os nossos sentidos percebem é apenas a superfície do mundo material. A *Matéria* (o todo de Assiah) é constituída de partículas invisíveis a olho nu. Nós as vemos apenas através de microscópios eletrônicos, da mesma forma como as forças que ativam essas partículas só podem ser vistas com a visão interior.

Os exercícios dos Tattvas são de Assiah (embora eles possam facilmente ser aprofundados no Mundo Yetzirático). Quando meditamos com os Gnomos, estamos entrando em contato com forças de estabilidade situadas imediatamente abaixo da nossa esfera de sensação, forças que são um amálgama de aspectos de três Elementos dentro de um quarto Elemento. Malkuth é uma unidade quadripartida. Lidar com os Silfos significa manobrar as forças motoras do Ar, situadas diretamente abaixo do Chakra mundano de Yesod, a Lua. As Ondinas estão em Hod-Mercúrio e as Salamandras, em Netzach-Vênus.

Será muito proveitoso meditar a respeito da posição de Malkuth na base da Árvore da Vida sobre o Pilar do Meio. Esse é um receptáculo para todas as energias da Árvore. Elas sustentam Malkuth e estão assentadas na sua estabilidade. A palavra *inércia* foi aplicada a essa Sephirah significando mais um estado de descanso (estase) do que de inatividade, visto que o movimento contínuo é uma lei da natureza. A diferença entre Malkuth e as outras Sephiroth é que ela, tal como Kether, acha-se contida dentro de si mesma.

Malkuth é chamada de *Noiva de Microprosopus*, denominação que está relacionada com as Princesas do Tarô. O Príncipe é Tiphareth, que rege a personalidade projetada em cada encarnação. Entretanto, para que a personalidade possa cumprir sua missão, ela tem de operar dentro de uma dada estrutura. A Princesa, enquanto noiva do Príncipe (que na verdade é um Rei) é a própria estrutura (Reinado) por meio da qual o Príncipe governa. Por exemplo: observamos repetidas vezes que, na iconografia cristã, a Virgem Maria (Binah-Ísis) é *A Igreja*. Ela é o edifício, os rituais, a estrutura de apoio sem a qual a religião não conseguiria operar.

Considerada num nível menos simbólico, a escolha do Príncipe no sentido de tomar a Princesa como sua esposa é a nossa própria decisão pessoal de passar para uma nova encarnação, com uma nova personalidade. O Eu Superior de Tiphareth constrói a personalidade usando as energias sequênciais de Netzach, Hod e Yesod. Essa personalidade é expressa por meio do veículo da matéria em Malkuth, Sephirah que também é chamada de *Passagem*. A união de dois princípios dá origem a um terceiro, o qual se manifesta na forma de um quarto: [יהוה].

Como Malkuth é a Terra, ela é ativa e produtiva, sendo chamada de *Mãe Inferior*. Ela é uma manifestação de Binah, a *Mãe Superna*, no arco inferior. Aqui percebemos que a união entre Vau e o último Heh, tal como entre Yod e Heh, deve dar origem a alguma coisa mais. É produzida uma atividade renovadora no ponto de Kether, atividade que reativa a força de Chokmah, que sustém as energias formalizadoras de Binah, e assim por diante. Trata-se de um ciclo contínuo que é simbolizado pelo ovo ou pela serpente com a extremidade da própria cauda na boca. Todavia, esse círculo torna-se cada vez mais fechado, aproximando-se mais e mais de Kether a cada volta. Mais cedo ou mais tarde, chega-se a um ponto na evolução do Espírito da Humanidade em que a Árvore da Vida não descreve mais o nosso Universo.

Os principais símbolos de Malkuth são *o Altar do Cubo Duplo* e a *Cruz Grega*. O Altar dos Mistérios Ocidentais é preto e constituído por dois cubos, um em cima do outro. Há aqui uma referência ao princípio "Assim em cima como embaixo". Além do mais, os seis lados estão relacionados com Tiphareth. A Cruz Grega são os Elementos equilibrados.

Os outros dois símbolos são o *círculo místico*, que define e cerca o solo sagrado, e o *triângulo da arte*, no qual ocorre a *evocação*. *Evocação* é muito diferente da *invocação*. Evocar significa trazer alguma coisa de outro plano para o nível da manifestação física, em geral usando o incenso como veículo etérico. Invocar é pedir a ajuda de uma forma específica de Presença Divina; trata-se de um ato semelhante à oração, ainda que muito mais prático.

Os Dez

Geralmente representa uma Força completa, consolidada e plenamente desenvolvida, seja para o bem, seja para o mal. A matéria está completa e definitivamente determinada. Semelhante à força dos Noves, mas concluindo-a e levando-a até o fim.

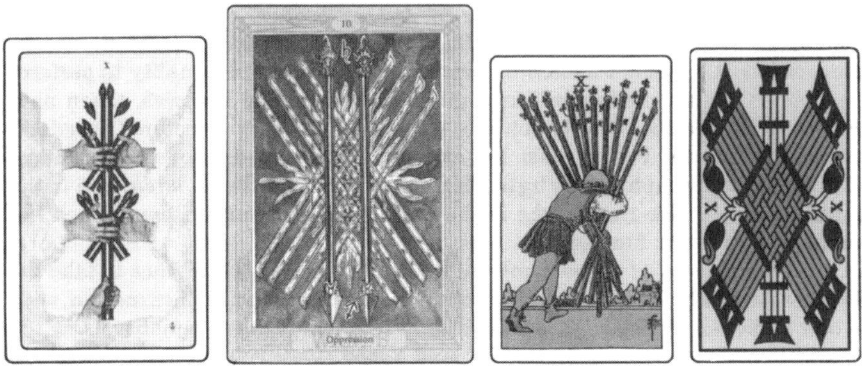

DEZ DE PAUS, Senhor da Opressão (Saturno em Sagitário).
Anjos do Decanato: Reyayel [רייאל] e Avamel [אומאל].

Esta carta é Malkuth em Atziluth, a influência de Malkuth no Mundo do Puro Espírito. Os poderes destrutivos de Saturno são amplificados pela rapidez de Sagitário, levando à aplicação egoística da força material, geralmente com crueldade. Crowley representa a natureza dessa força usando não mais bastões elegantes e sim toscos. A carta de Waite recorre a uma pesada carga para sugerir *crueldade, malevolência, força e energia despóticas, injustiça.*

DEZ DE COPAS, Senhor do Sucesso Completo (Marte em Peixes).
Anjos do Decanato: Aasliah [עשליה] e Mihal [מיהאל].

Esta carta é Malkuth em Briah, a influência de Malkuth no Mundo Mental inconsciente. Aqui existe uma situação em que a interpretação geral do significado astrológico não é aplicável. Numa leitura astrológica, Marte em Peixes, signo das águas, significaria uma dispersão de energia e certa frustração. O significado aqui, entretanto, é que o fogo de Marte faz as águas do último signo do Zodíaco penetrarem impetuosamente em Briah, ocasionando grande sucesso no plano material. Como sugerem todas as imagens da carta, a felicidade "vem de cima". Por outro lado, deve-se ter em mente que o Tarô, ao ser usado na divinação, é mais eficaz

quando aplicado às questões terrenas; o significado desta carta deve ser considerado de forma diferente quando aplicado a um plano mais espiritual. Na divinação comum, esta carta significa *questões definitivamente resolvidas e consolidadas como se queria, sucesso permanente e duradouro.*

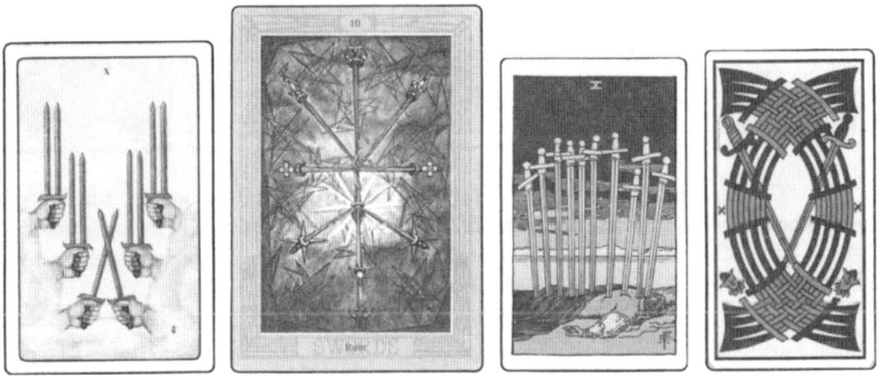

DEZ DE ESPADAS, Senhor da Ruína (Sol em Gêmeos).
Anjos do Decanato: Dambayah [רמביה] e Menqal [מיקאל].

Esta carta é Malkuth em Yetzirah, a influência de Malkuth no Mundo Astral. No que diz respeito às coisas materiais, esta é a carta mais destrutiva do baralho, e ninguém gosta de recebê-la numa tiragem. Todavia, os que usam o Tarô como um instrumento de desenvolvimento espiritual aprendem a não avaliar as experiências da vida com base apenas em seu aspecto manifesto. Quanto ao uso do Tarô para prever acontecimentos futuros, pode-se afirmar a respeito dele o mesmo que se diz em relação à Astrologia: "As estrelas influenciam, mas não determinam". Não somos escravos do nosso destino. Por meio dos processos interiores, temos a capacidade de melhorar consideravelmente a nossa sorte. Fazê-lo não é menos ético do que desistir de um emprego quando fica claro que alguma calamidade relacionada com questões profissionais surge no horizonte, ou caminhar na calçada quando "as cartas lhe dizem" que, se andar no meio da rua, provavelmente será atropelado por um automóvel. Nós deveríamos fazer uso das faculdades com que fomos dotados.

O significado divinatório atribuído pela Aurora Dourada a esta carta é *ruína, morte, fracasso, catástrofe*. Ela indica mais claramente a morte do que a própria carta da *Morte*, que geralmente significa uma morte circunstancial, uma transformação.

DEZ DE PENTÁCULOS, Senhor da Riqueza (Mercúrio em Virgem).
Anjos do Decanato: Hahaayah [ההעיה] e Laviah [לאויה].

Esta carta é Malkuth em Assiah, a influência de Malkuth no Mundo Material. Mercúrio, Deus do Comércio, rege o signo terreno de Virgem. Seu posicionamento aqui assegura um ganho material tão vasto que pode chegar a perder sua importância, uma situação descrita como *dificuldades produzidas pela riqueza*.

A versão da Aurora Dourada segue o mesmo padrão do Tarô de Marselha e representa o ganho por meio de rosas totalmente abertas. Tanto Waite como Crowley usam toda a Árvore da Vida para sugerir perfeição; seguindo a atribuição planetária, a Árvore de Crowley apresenta vários símbolos de Mercúrio.

As Princesas

Elas representam as forças do Heh Final do Nome em cada naipe, completando as influências de outros níveis. A forte e influente filha de um Rei e de uma Rainha: uma Princesa poderosa e terrível. Uma Rainha das Rainhas, uma Imperatriz, cujo efeito é uma combinação dos efeitos do Rei, da Rainha e do Príncipe.

[...] Seu poder é enorme e materialmente terrível, constituindo o Trono das Forças do Espírito. Pobre de quem entrar em conflito com ela!

PRINCESA DE PAUS, Princesa da Chama Brilhante, A Rosa do Palácio de Fogo, Princesa e Imperatriz das Salamandras, Trono do Ás de Paus.

A Princesa de Paus é a Terra do Fogo, a personificação da Terra Específica do Fogo Fundamental. Na carta da Aurora Dourada, sua mão repousa sobre um altar dourado decorado com cabeças de carneiros (Áries), lembrando-nos de que, no sistema de Decanatos, Áries inicia e encerra a série. O Fogo sendo "sacrificado" no altar de Malkuth, o Fogo do Bastão (agora tão imponente a ponto de ser considerado um bastão perigoso), e o Fogo sob os seus pés, lançando-se para cima. Esta carta é tão dinâmica e imprevisível como o *tigre* que está no elmo da Princesa.

Nesta carta, assim como em todas as Cartas da Corte, Crowley tenta representar a atividade da força em questão. Sua figura rodopiante, inseparável do tigre, é o aspecto mundano do Fogo. Aqui a dependência de Crowley em relação à ideia da carta da Aurora Dourada torna-se especialmente clara.

Por fim, devemos comentar sobre os "Valetes" de Waite e do Tarô de Marselha, ambos exotéricos. Como essas cartas são a "Noiva de *Microprosopus*", elas devem mostrar uma figura feminina. O Heh final é a *Mãe Inferior*. Waite sabia disso e talvez tivesse evitado expressar uma ideia que ele considerava um segredo esotérico.

PRINCESA DE COPAS, Princesa da Água e Lótus do Palácio das Inundações, Princesa e Imperatriz de Ninfas e Ondinas, Trono do Ás de Copas.

A *Princesa de Copas* é Terra da Água, a personificação da Terra Específica da Água Fundamental. Na carta da Aurora Dourada existem três símbolos importantes: a *tartaruga*, o *cisne* e o *golfinho*, sendo que este último foi discutido quando

tratamos do *Dois de Copas.* A tartaruga é um símbolo de sabedoria (porque ela se retira para dentro de sua própria carapaça); em alguns sistemas, ela também está associada à longa vida.[89] O cisne, porém, é o símbolo mais importante da Princesa, que usa uma capa feita de penas macias. O cisne está relacionado com Orfeu (que preferiu renascer nessa forma) e, portanto, com a lira e com todas as formas musicais. Por tradição, os marinheiros acreditam que o cisne traz boa sorte.[90] Em sua *Princesa de Paus,* Crowley abstrai os três símbolos da carta da Aurora Dourada, embora descreva a forma que sai da taça como sendo o *cágado* que, no Hinduísmo, tem sobre sua carapaça o elefante que sustenta o Universo. Esta é, portanto, uma carta da vida que emerge do mar e da matéria que se cristaliza na água.

PRINCESA DE ESPADAS, Princesa dos Ventos Violentos, Lótus do Palácio do Ar, Princesa e Imperatriz de Silfos e Sílfides, Trono do Ás de Espadas.

A *Princesa de Espadas* é Terra do Ar, personificação da Terra Específica no Ar Fundamental. A Princesa da Aurora Dourada fica de pé junto a um altar de prata sem nenhum fogo, de onde sai apenas fumaça, que pode ser levada para qualquer direção pelo Ar de Yetzirah. Ela representa uma mistura de Minerva (Deusa da Sabedoria) e Diana (Deusa da Lua e da Caça). O elmo, que descreve a sua personalidade, é uma cabeça de Medusa. Medusa foi uma mulher muito bonita que, por ofender Atena, acabou sendo transformada numa criatura hedionda, com serpentes no lugar dos cabelos. A simples visão de uma Medusa transformaria os homens em pedra.[91] A sugestão aqui contida, portanto, é a de que a personalidade da Princesa não é muito agradável. Deve-se também observar que é *Perseu* quem decepa a cabeça de Medusa. Ele também está presente na versão da carta *Os Enamorados* feita pela Aurora Dourada, na qual é representado livrando Andrômeda de seus grilhões. Mathers, um grande simbolista, pretendia indubitavelmente que fizéssemos essa ligação.

PRINCESA DE PENTÁCULOS, Princesa das Colinas dos Ecos, Rosa do Palácio da Terra, Princesa e Imperatriz dos Gnomos, Trono do Ás de Pentáculos.

A Princesa de Pentáculos é Terra da Terra, a personificação da Terra Específica no Mundo da Terra Fundamental. Seu atributo na Aurora Dourada é a cabeça alada de um Carneiro (transformada por Crowley num elmo), sugerindo que ela é a conclusão do que foi encontrado na *Princesa de Paus*. As Princesas são menos dependentes umas das outras do que as demais Cartas da Corte, pois os Elementos estão combinados em Malkuth.

Os Arcanos Maiores na Árvore da Vida

Aplicações do *Sepher Yetzirah*

Conforme já dissemos, o Tarô geralmente está relacionado com *Sepher Yetzirah* ou o *Livro da Criação*. Esse documento, breve porém importante, pretende descrever a estrutura racional e o modo como foi criado o nosso Universo. Entretanto, tal como acontece com todas as obras realmente iluminadas, ele não foi feito para ser lido e, sim, para servir como um estímulo à meditação.

O *Sepher Yetzirah* usa o simbolismo de palavras altamente abstratas para descrever aquelas energias que o Tarô descreve por meio de figuras, sendo que os elos correspondentes são as 22 letras do alfabeto Hebraico. Assim, qualquer comentário sobre uma letra Hebraica deve ser também considerado um comentário sobre a carta do Tarô correspondente a essa letra.

Abordar o Tarô a partir do ponto de vista do *Sepher Yetzirah* acrescenta uma importante dimensão ao estudo das cartas. Além do mais, o antiquíssimo documento é tão curto que essa não é uma tarefa difícil.

Comecemos pela aplicação de passagens selecionadas desse trabalho aos Trunfos do Tarô, tal como eles são tradicionalmente dispostos sobre a Árvore da Vida (Figuras 18 e 19).

As Maternais: Ar, Água, Fogo

A partir do Espírito, Ele produziu Ar e formou nele 22 sons, as letras. Três delas são primitivas, sete são duplas e doze são simples, porém o Espírito surgiu antes e está acima de todas elas.[92]

[א] *O Louco* é Ar. Todas as outras cartas do Tarô estão implícitas nesse Ar Transicional; todas elas surgem a partir do Ar.

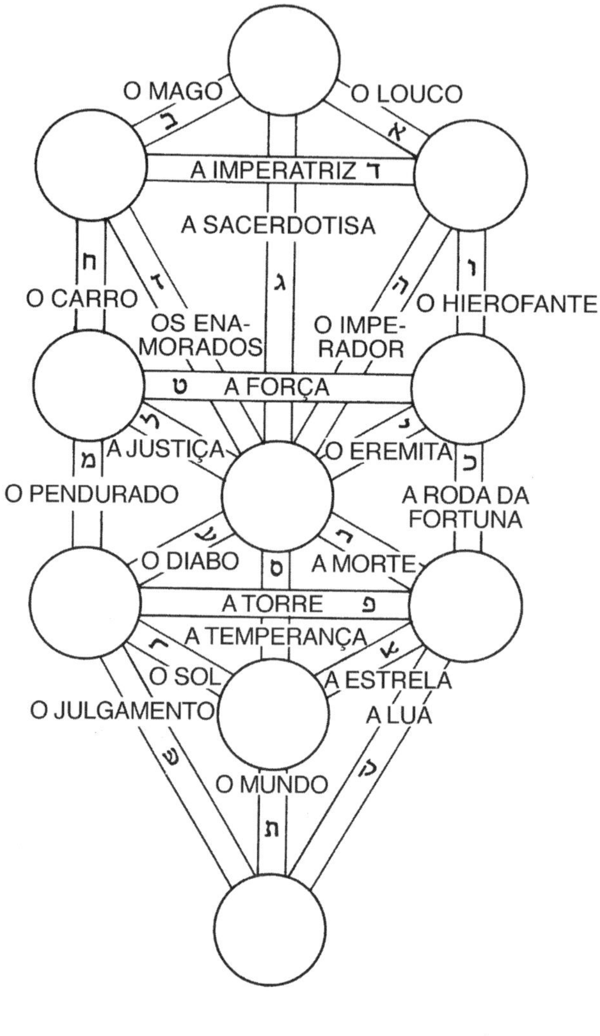

Figura 18. Atribuição dos Arcanos Maiores à Árvore da Vida.

A partir do Ar, Ele formou as Águas e, a partir do que era amorfo e vazio, fez lama e argila e criou superfícies sobre elas e escavou reentrâncias em seu interior e formou o sólido material de sua base.

[מ] *O Pendurado* é Água. Esta é a base da matéria e uma parte do *Microprosopus* sobre a Árvore da Vida, no lado do Pilar da Severidade. Os Alquimistas chamam a Água de "origem de todos os minerais".

A partir da Água Ele formou o Fogo e fez para si mesmo um Trono de Glória, tendo como anjos assistentes Aufanim, Serafim e Querubim; e com esses três ele completou sua morada...

[ש] *O Julgamento* é Fogo. A última maternal liga *Microprosopus* à sua noiva, Malkuth, mais uma vez no lado do Pilar da Severidade.

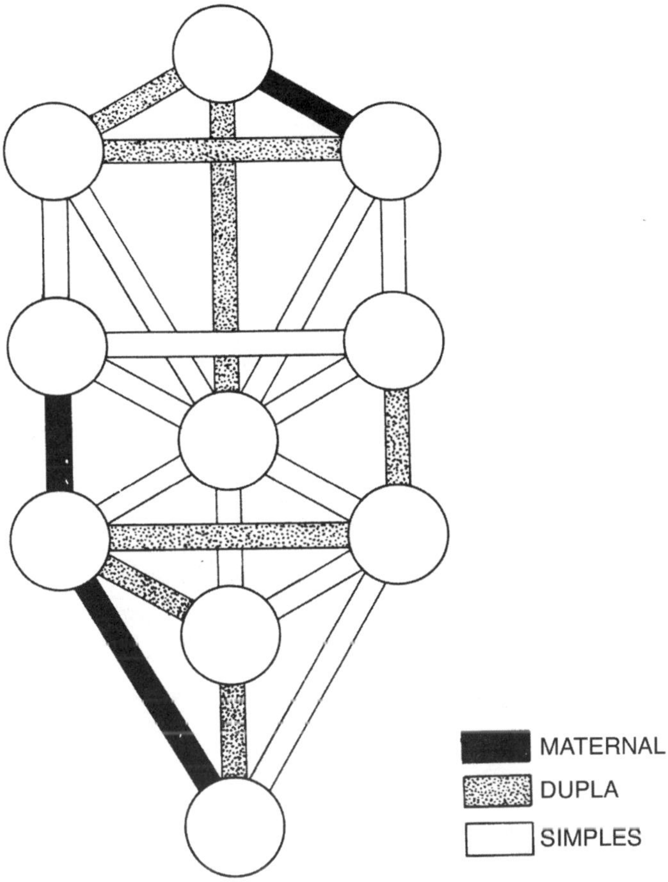

Figura 19. Atribuição das Letras Maternais, Duplas e Simples à Árvore da Vida.

Assim como o Caminho da Espada Flamejante (Figura 20), que é o Caminho da emanação das Sephiroth, atravessa o Abismo entre Binah e Chesed, onde não existe nenhum Caminho, também é possível a existência de uma passagem através do Abismo entre Chokmah e Geburah (embora essa não seja uma possibilidade viável para o espírito em desenvolvimento). Se isso fosse feito, seria possível subir e descer pela Árvore da Vida usando-se apenas os três Caminhos das Maternais. A partir de Kether, o Caminho de *O Louco* conduz a Chokmah. De Chokmah há um salto através do terrível abismo até Geburah. Depois de Geburah existe o Caminho de *O Pendurado* até Hod. Por fim, o Caminho de *O Julgamento* conduz à conclusão material de Malkuth.

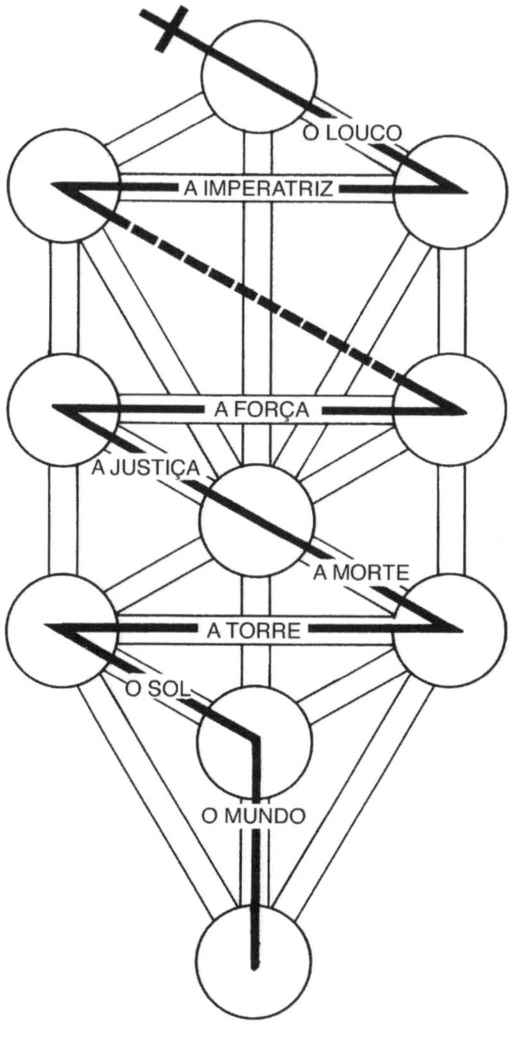

Figura 20. As Cartas no Caminho da Espada Flamejante.

Embora haja algo de "jogo mental" nesse modo de utilizar o *Sepher Yetzirah*, o método é de fundamental importância para a compreensão das maneiras pelas quais o Tarô incorpora elevados princípios Cabalísticos.

As Letras Duplas: Planetas, Localidades, Dias, Portões, Contrastes

O comentário inicial sobre as letras duplas afirma que elas recebem essa denominação "*porque cada letra representa um contraste ou permutação*". Na verdade, cada uma dessas sete letras tem duas pronúncias, uma dura e outra branda.

As letras dizem respeito, respectivamente, à vida e à morte, à paz e à guerra, à sabedoria e à insensatez, à riqueza e à pobreza, à graça e à indignação, à fertilidade e à solidão, ao poder e à servidão. Esses são os pares de opostos que podemos associar aos Trunfos do Tarô correspondentes.

Estas Sete Letras Duplas apontam para sete localidades: Acima, Abaixo, Leste, Oeste, Norte, Sul e para o Palácio da Santidade, situado no meio deles e sustentando todas as coisas.

Isso descreve o hexagrama, o qual está relacionado com as Sephiroth centrais da Árvore da Vida (Figura 16).

Ele criou, produziu e combinou essas Sete Letras Duplas e com elas formou os Planetas (estrelas) do Universo, os Dias da Semana e os Portões da Alma (os orifícios de percepção) no Homem.

Logo no início, é importante considerar que, como os planetas são atribuídos aos Caminhos (Figura 21), eles não são os mesmos planetas atribuídos às Sephiroth, os quais, num determinado nível, são os *Chakras* corporais ou os *Metais* dos Alquimistas. Ao *Mago*, por exemplo, corresponde Mercúrio, mas este difere do Mercúrio que é o chakra terreno da Sephirah Hod. Esse é o que Mathers chamou de "Mercúrio Filosófico".

Os Caminhos associados aos planetas devem ser considerados *transicionais*, do mesmo modo que os Caminhos aos quais os Elementos são atribuídos: eles sempre representam a ação de uma energia sobre outra, porque ligam duas Sephiroth. Isso também poderia ser dito a respeito dos Caminhos do Zodíaco, nos quais a ação de um planeta sobre outro ocorre por meio do Signo do Zodíaco. Seria agradável poder sugerir que isso na verdade não é tão difícil quanto parece, porém não é esse o caso. A compreensão desses conceitos requer um esforço hercúleo por parte daquele que pretenda abordá-los de forma puramente intelectual. A saída é fazer uma projeção astral com as cartas do Tarô. O contato direto com essas energias é a única maneira de conhecer realmente esses princípios, os quais são necessariamente expressos com frieza.

[ב] *O Mago* é Mercúrio, Vida-Morte.
[ד] *A Imperatriz* é Vênus, Paz-Guerra.
[ג] *A Sacerdotisa* é a Lua, Sabedoria-Insensatez.

[כ] *A Roda da Fortuna* é Júpiter, Riqueza-Pobreza.
[פ] *A Torre* é Marte, Graça-Indignação.
[ר] *O Sol* é o Sol, Fertilidade-Esterilidade.
[ת] *O Mundo* é Saturno, Poder-Servidão.

Estas são as principais correspondências entre os planetas e as cartas do Tarô, embora, conforme indicam as ilustrações, cada Signo do Zodíaco seja regido por um planeta. Existem apenas três Caminhos na Árvore da Vida em relação aos quais não existe nenhuma referência planetária; estes são os Caminhos das Maternais. Um princípio extremamente importante baseia-se nesse fato e na disposição específica das Maternais na Árvore da Vida.

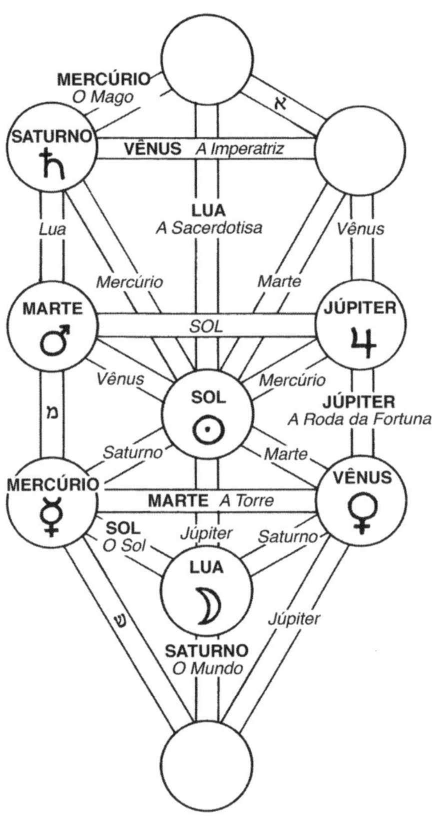

Figura 21. Atribuições Planetárias à Árvore da Vida. Os Planetas ligados às Sephiroth são indicados em negrito. Também em negrito estão aqueles planetas diretamente atribuídos aos Caminhos; os Arcanos Maiores associados aos planetas são apresentados embaixo. Os sete Caminhos planetários são as sete letras duplas do *Sepher Yetzirah*. Os planetas em itálico são Caminhos atribuídos aos signos do Zodíaco regidos por esses planetas. Observe que os únicos Caminhos que não estão relacionados aos planetas são aqueles das letras hebraicas *Maternais*: [א] (Ar), [מ] (Água) e [ש] (Fogo).

As Letras Simples do Zodíaco

As doze letras simples... constituem a base destas doze propriedades: Visão, Audição, Olfato, Fala, Paladar, Amor Sexual, Trabalho, Movimento, Cólera, Júbilo, Imaginação e Sono.

[...] Ele criou e combinou essas Doze Letras Simples e com elas formou as Doze constelações celestiais do Zodíaco.

(A Figura 22 mostra os Signos do Zodíaco sobre a Árvore com os Arcanos Maiores correspondentes do Tarô. Esse diagrama deveria ser estudado com a Figura 23, a qual considera a atribuição dos Elementos ao mesmo Signo em cada Caminho.)

[ה] O IMPERADOR é Áries, Visão.
[ו] O HIEROFANTE é Touro, Audição.
[ז] OS ENAMORADOS é Gêmeos, Olfato.
[ח] O CARRO é Câncer, Fala.
[ט] A FORÇA é Leão, Paladar.
[י] O EREMITA é Virgem, Amor Sexual.
[ל] A JUSTIÇA é Libra, Trabalho.
[נ] A MORTE é Escorpião, Movimento,
[ס] A TEMPERANÇA é Sagitário, Cólera.
[ע] O DIABO é Capricórnio, Júbilo.
[צ] A ESTRELA é Aquário, Imaginação.
[ק] A LUA é Peixes, Sono.

Assim, a totalidade da condição humana está representada nos 22 Arcanos Maiores, sendo que as Cartas Maternais constituem as principais forças do espírito; as cartas das letras duplas são as condições opostas que afetam o indivíduo numa determinada encarnação; as cartas das letras simples são as atividades às quais a pessoa se dedica.

Em termos de Microcosmo e Macrocosmo, as letras maternais são as *origens* de qualquer forma de consciência, as letras duplas são os *portões* ou orifícios do corpo e as letras simples são os *órgãos*. A meditação sobre a encarnação dos diversos aspectos das letras irá produzir algumas descobertas bastante profundas.

O Cubo do Espaço

Um ligeiro sentimento de desespero talvez seja uma reação comum quando alguém toma contato pela primeira vez com este diagrama (Figura 24), o qual pode dar a impressão de acrescentar a última gota-d'água ao que já era um simbolismo insuportavelmente pesado. Na verdade, porém, qualquer um que consiga interpretar um mapa do metrô de Nova York não terá nenhuma dificuldade com o Cubo do Espaço. Trata-se de um tipo de mapa interno do Universo, apresentado no *Sepher Yetzirah*, onde é atribuída uma direção a cada letra do alfabeto Hebraico.

Muitos dos símbolos discutidos neste livro são muito mais acessíveis do que poderiam parecer à primeira vista. O Cubo do Espaço é um bom exemplo, e poderia servir para demonstrar em que medida os símbolos Cabalísticos foram produzidos para serem usados em nossos processos internos de aprendizado.

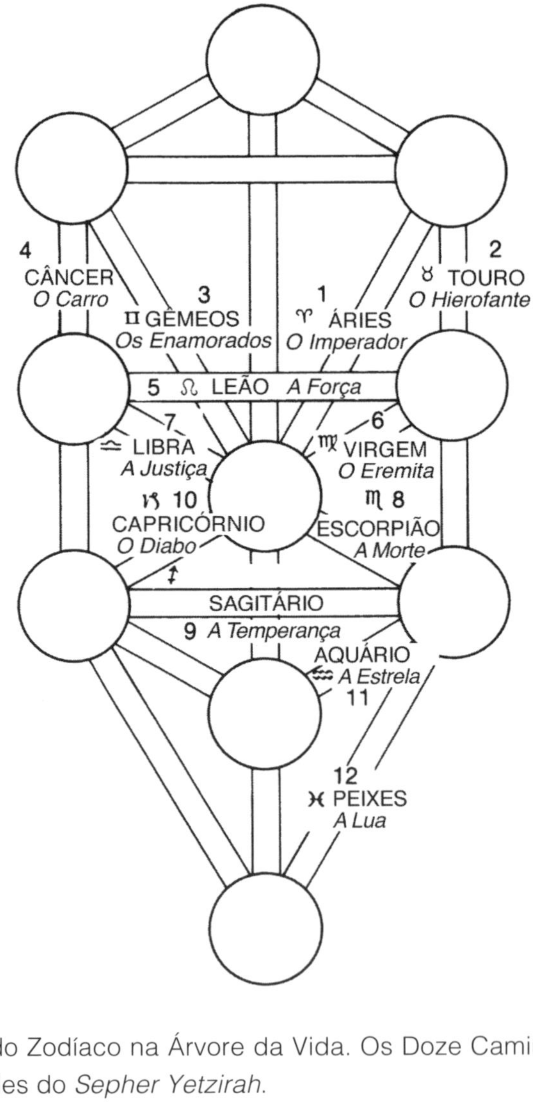

Figura 22. Signos do Zodíaco na Árvore da Vida. Os Doze Caminhos Zodiacais são as doze letras simples do *Sepher Yetzirah*.

Quando nos sentamos em silêncio, tornamo-nos capazes de imaginar nossos pensamentos, sentimentos e nosso ser espiritual sendo controlados a partir de um ponto central situado na cabeça. Esse talvez possa ser chamado de ponto "Eu". Uma vez que tenhamos dirigido a nossa atenção para esse ponto interno, poderemos começar a pensar no modo como ele se relaciona com os princípios de um universo interior. Esses princípios são os cantos e arestas do cubo. Portanto, temos de fazer de conta que a nossa consciência está dentro de um cubo, dando assim à nossa inteligência algo de concreto, embora artificial, com que iniciar a exploração interior.

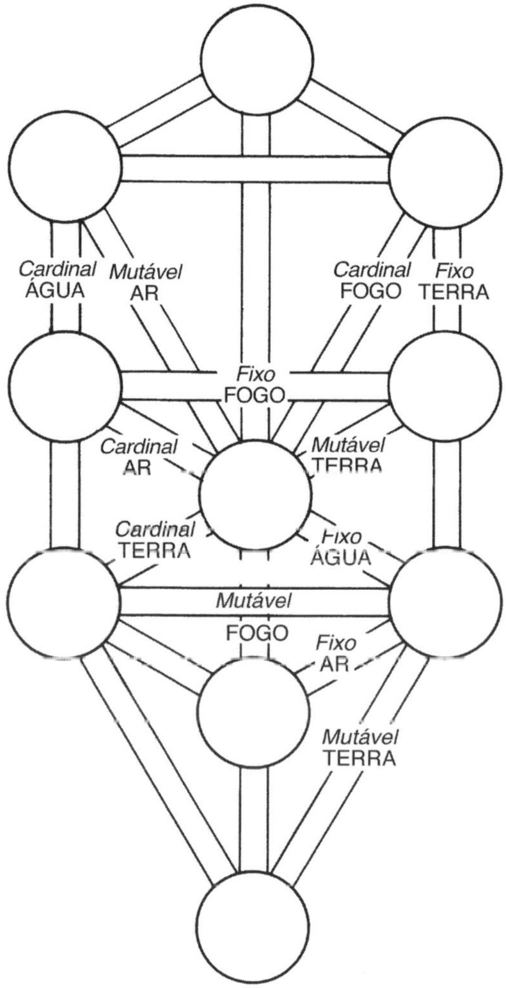

Figura 23. Os Signos do Zodíaco na Árvore da Vida como Elementos *Cardeais*, *Fixos* e *Mutáveis*.

O Cubo do Espaço é bastante simples, ainda que seu simbolismo apresente um padrão muito diferente daquele encontrado na Árvore da Vida. Além disso, embora o *Sepher Yetzirah* descreva com grande precisão esse Cubo do Espaço, não é fácil relacioná-lo com a Árvore! O problema é que o documento não atribui especificamente os Caminhos entre as Sephiroth, tal como os conhecemos hoje. E, como temos visto, algumas versões da Árvore não apresentam todos os 22 Caminhos.

Uma possível explicação, aceita por um grande número de estudiosos, é que o livro representa uma tentativa de fundir dois diferentes métodos de abordar os mundos interiores usando um tipo de lógica semelhante àquela dos neopitagóricos, muito em voga nos séculos II e III d.C.[93] O mínimo que se pode dizer é que (tal como em relação ao *Bahir*) existem aspectos do *Sepher Yetzirah* que não se adaptam facilmente à nossa moderna estrutura simbólica.

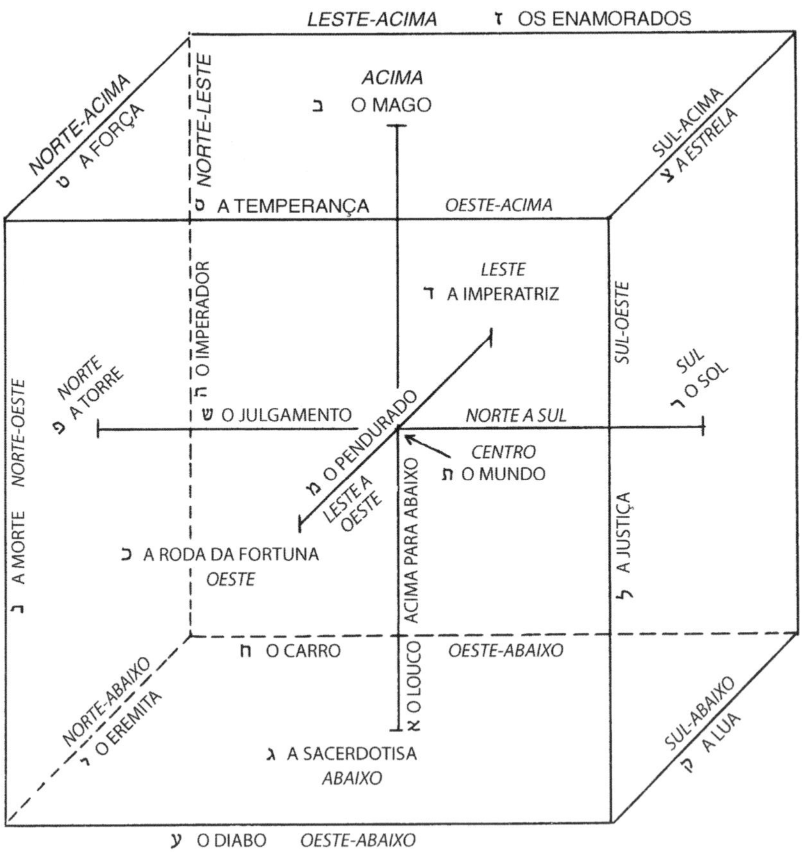

Figura 24. O Cubo do Espaço.

Por outro lado, o Cubo do Espaço demonstra certos relacionamentos que não são de maneira alguma evidentes na Árvore da Vida. Um exemplo importante é o cruzamento das três Maternais no ponto de *O Mundo* (Tau). Isso também é mais consistente com as direções do ritual tradicional: Leste, Oeste, Norte e Sul. Gareth Knight chama a isso de "Compartimento Superior",[94] um método de relacionar nossas perspectivas espaciais mundanas a uma experiência interior, com os propósitos de orientação.

Devemos deixar bem claro, porém, que nenhum dos sistemas externos indica realmente a qualidade da experiência interna dos Caminhos. A razão pela qual todos eles parecem tão complexos e desarticulados é o fato de tentarem sugerir experiências que não podem ser descritas de maneira adequada pela nossa linguagem. Não importa quão dogmática a pessoa possa ser a respeito do emaranhamento intelectual de símbolos; o mais intricado comentário a respeito dessas questões muitas vezes se assemelha às proposições dos clérigos medievais que discutiam quantos anjos poderiam caber na cabeça de um alfinete. Todavia, algumas afirmações que pareciam ser meramente simbólicas revelaram-se descrições extraordinariamente precisas de uma experiência universal. Cabe ao discernimento do estudioso distinguir uma coisa da outra. Apenas a experiência interior desses Caminhos deixa claro o que os vários sistemas de símbolos estão tentando explicar. E, até que tenhamos um encontro direto com as energias subjacentes à nossa existência, nós nos esforçamos para formar conceitos acerca dessas energias por meio de técnicas artificiais, como a Árvore da Vida, e por meio de métodos como a manipulação Cabalística de números.

Numerologia

A numerologia Cabalística é chamada de *Gematria*. Ela implica simplesmente tomar os valores numéricos de cada letra Hebraica de uma palavra e somá-los. As palavras com o mesmo valor total têm teoricamente alguma relação conceitual, embora esse princípio possa ser levado a extremos absurdos. A Gematria pode ser uma armadilha fútil.

A inter-relação entre números e letras, porém, frequentemente sugere algumas ideias profundas. Por exemplo: já consideramos a interação entre Chokmah e Binah, cuja união resulta em Tiphareth. Yod e Heh dão origem a Vau. Convertidos em números, Yod é 10 e Heh é 5. A soma deles é 15, número que pode ser reduzido a 6, o valor numérico de Vau. Mesmo os mais céticos talvez concordem que é interessante o fato de a relação entre os valores numéricos ser precisamente a mesma existente entre as letras como valores filosóficos. Esses padrões ocorrem com tamanha frequência que parecem claramente ter sido criados para nos comunicar alguma coisa.

A excelente explicação da Gematria feita por Westcott foi reimpressa por Aleister Crowley em seu *Equinox*.[95] Reproduzimos aqui um de seus exemplos utilizando o Nome de Deus [רוחאלהים] (Ruach Elohim), que significa Espírito de Elohim. Os valores numéricos dessa frase podem ser facilmente obtidos, tal como é mostrado abaixo. Tendo apurado que as letras da frase têm um valor total de 300, descobrimos um paralelo com a letra *Shin*, que também vale 300. Shin é a letra maternal do Fogo espiritual.

Se 300 for reduzido, torna-se 3, o número de Binah, implicando a existência de uma relação de Ruach Elohim e das potências simbolizadas por Shin com a primeira Sephirah formativa. O sistema de números é uma maneira extraordinária de transmitir ensinamentos "secretos". No entanto, aqui deve ser feito um aviso cauteloso. Muitos estudiosos sérios ficam tão imersos em derivar números a partir de palavras hebraicas que se perdem em pequenos detalhes, deixando de ver a floresta por causa das árvores. A complexidade do estudo Cabalístico, principalmente quando se segue algumas das metodologias hebraicas mais antigas, pode ser uma armadilha. A pessoa pode se absorver tanto, se enredar a tal ponto em detalhes, que o objetivo principal do autodesenvolvimento pode se perder.

[ר]	=	200
[ו]	=	6
[ח]	=	8
[א]	=	1
[ל]	=	30
[ה]	=	5
[י]	=	10
[ם]	=	40
Total		300

LETRA	(Final)	NOME	EQUIVALENTE	VALOR	SIGNIFICADO
[א]		ALEPH	A	1	Boi
[ב]		BETH	B, V	2	Casa
[ג]		GIMEL	G, Gh	3	Camelo
[ד]		DALETH	D, Dh	4	Porta
[ה]		HE	H	5	Janela
[ו]		VAU	O, U, V	6	Prego ou Gancho
[ז]		ZAYIN	Z	7	Espada ou Armadura
[ח]		HETH	Ch	8	Cerca, Cercado
[ט]		TETH	T	9	Cobra
[י]		YOD	I, Y	10	Mão
[כ]	[ך]	KAPH	K, Kh	20,500	Punho
[ל]		LAMED	L	30	Aguilhão
[מ]	[ם]	MEM	M	40,600	Água
[נ]	[ן]	NUN	N	50,700	Peixe
[ס]		SAMEKH	S	60	Esteio
[ע]		AYIN	Aa, Ngh	70	Olho
[פ]	[ף]	PE	P, Ph	80,800	Boca
[צ]	[ץ]	TZADDI	Tz	90,900	Anzol
[ק]		QOPH	Q	100	Orelha, Nuca
[ר]		RESH	R	200	Cabeça
[ש]		SHIN	S, Sh	300	Dente
[ת]		TAU	T, Th	400	Cruz

O Alfabeto Hebraico

Por meio da Gematria, uma energia "total" é considerada a soma de suas partes. A mesma abordagem pode ser feita graficamente, usando-se o Tarô para soletrar os Nomes de Deus. *Ruach Elohim*, por exemplo, é constituído pelas energias simbolizadas pelos seguintes itens:

[ר] *O Sol*
[ו] *O Hierofante*
[ח] *O Carro*
[א] *O Louco*
[ל] *A Justiça*
[ה] *O Imperador*
[י] *O Eremita*
[מ] *O Pendurado*

Conjuntos de Caminhos

Uma outra maneira de considerar os Arcanos Maiores é em termos de *equilíbrio e de opostos* (Figura 25). Aqui *O Louco* é visto como o oposto de *O Mago*, ou *O Carro* como oposto de *O Hierofante* com base em suas posições na Árvore da Vida. É necessário observar que o importante aqui é a posição, visto que alguns autores usam outros critérios para determinar os opostos.

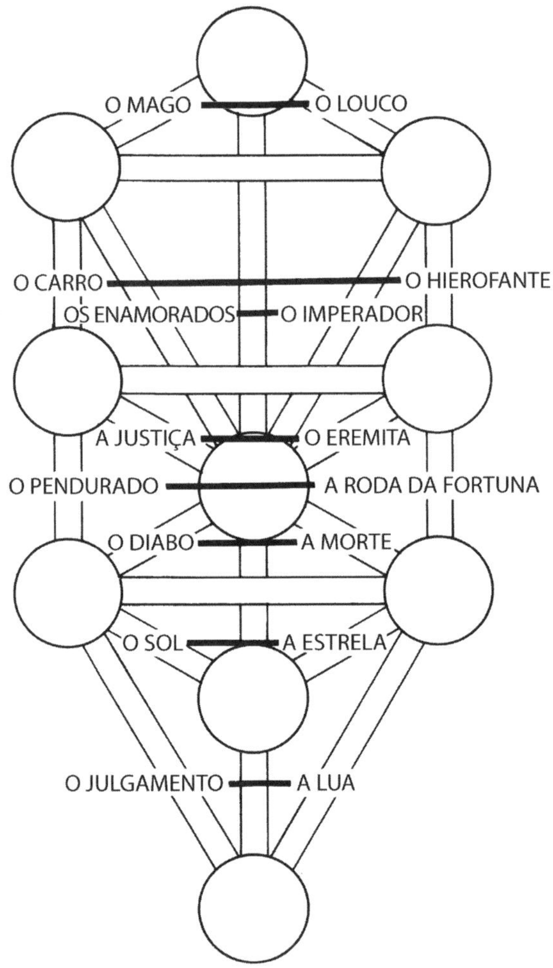

Figura 25. Cartas Consideradas como Opostos.

Depois de utilizar a Gematria para estudar o funcionamento interno da Árvore da Vida, a pessoa começa a procurar Caminhos que estejam relacionados de alguma maneira especial. A respeito disso, já sugerimos que certos conjuntos (três) de Caminhos definem aspectos do Eu Superior, a saber: o Supremo Eu Espiritual, o Eu Superior e a Personalidade. Outros conjuntos de Caminhos são mais óbvios, tais como aqueles da *Espada Flamejante* (Figura 20), em que cada carta é importante para o processo de emanação do Universo.

Um dos mais poderosos conjuntos de Caminhos é o Pilar do Meio, que engloba *A Sacerdotisa*, *A Temperança* e *O Mundo* (Figura 26). Esse diagrama nos diz basicamente que é experimentando três diferentes tipos de energia que podemos alcançar o conhecimento da Divindade Suprema.

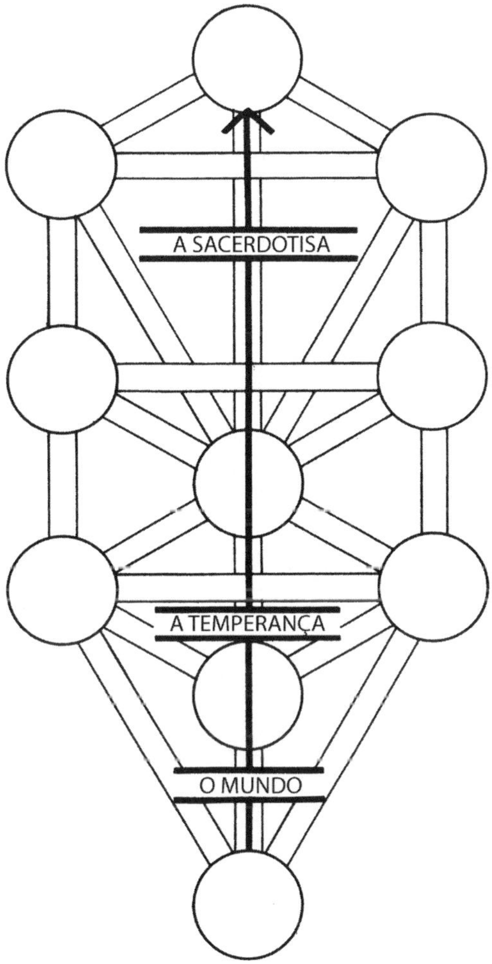

Figura 26. As Cartas no Pilar do Meio. Embora existam na verdade apenas três cartas sobre o Pilar do Meio, percorrer esses Caminhos significa também "passar pelas" poderosas energias simbolizadas por três outras cartas. Observe ainda que o Caminho de *A Sacerdotisa* estende-se através do Abismo.

Se aplicarmos da mesma forma as definições dos *Trinta e Dois Caminhos de Sabedoria* (Figura 27), encontraremos esses três Caminhos principais na ordem de seu progresso em direção à Divindade: *A Inteligência Administrativa* (*O Mundo*), a estrutura organizadora por trás do nosso ambiente material; *A Inteligência da Provação* (*A Temperança*), talvez o Caminho mais difícil de toda a Árvore da Vida, o Caminho da Alquimia Espiritual e da terrível "Noite Escura da Alma", que leva ao mergulho deliberado da Personalidade na consciência do Eu Superior; *A Inteligência Unificadora* (*A Sacerdotisa*), o Caminho através do qual tudo o que aparentemente foi afastado da Divindade volta a se juntar a ela.

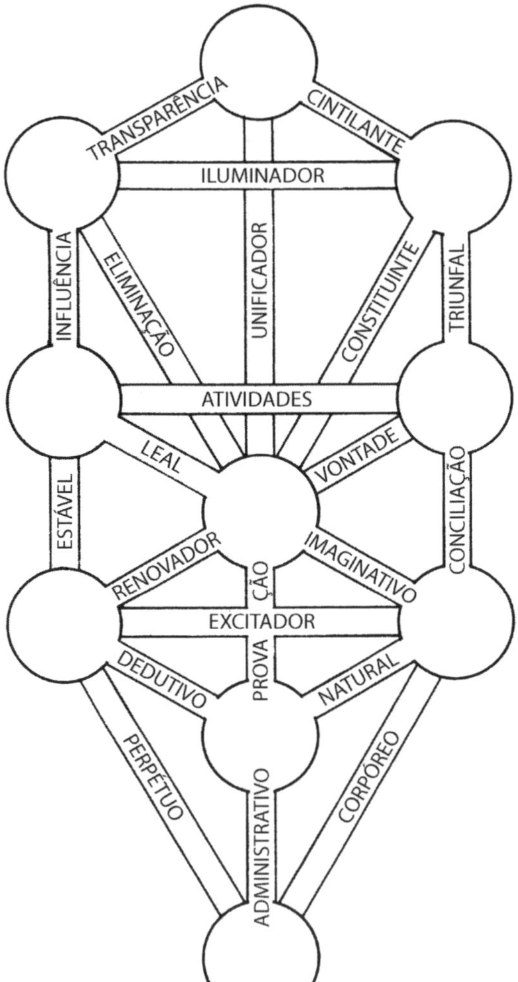

Figura 27. Os Caminhos Segundo os *Trinta e Dois Caminhos de Sabedoria.*

A questão aqui é a medida pela qual os antigos documentos Cabalísticos aumentam nossa compreensão do Tarô e vice-versa.

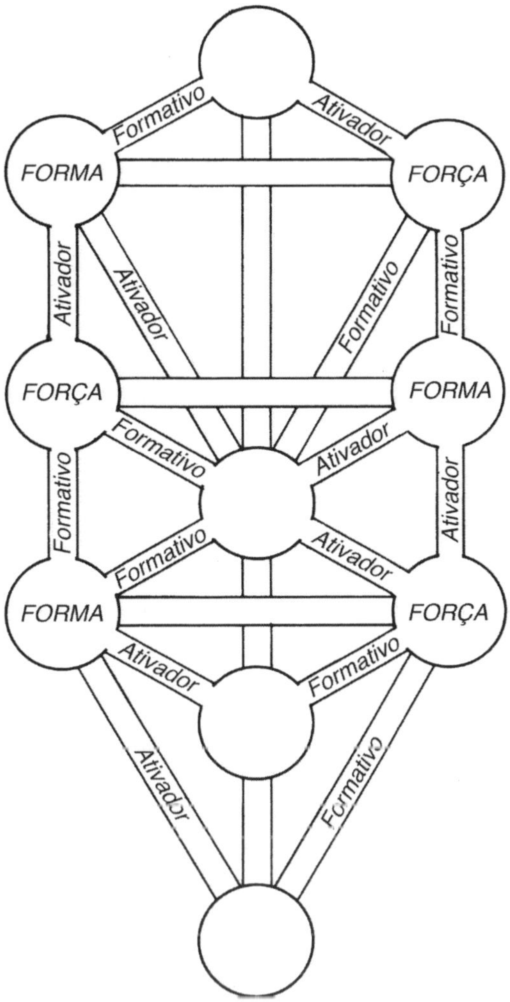

Figura 28. Padrões de Forma e Força na Árvore da Vida. Os *Caminhos Ativadores* são o [י]; os *Caminhos Formativos* são o [ה]; os *Caminhos Transversais* e aqueles do Pilar do Meio são os [ו]. Observe que a palavra "formativo" é usada aqui no lugar de "passivo", como preferem alguns autores. Não existe inércia na Árvore da Vida; ela está constantemente em atividade e o processo formativo é uma resposta à ativação. Ele não é neutro no sentido que seria indicado pela palavra "passivo". Aqui talvez fosse útil considerar o fato de que *O Imperador* é mais um Caminho Formativo que ativador, e de que Binah (assim como o Caminho de *O Imperador*) é vermelho-vivo em Atziluth.

O Arranjo Inicial do Tarô

Como temos visto, a Árvore da Vida baseia-se num princípio muito simples: uma energia positiva e outra negativa, combinadas, produzem um novo terceiro tipo de energia que está em equilíbrio. Estas são Yod, Heh e Vau, do Nome Divino. Uma variedade de termos descreve esse padrão, tais como: Masculino, Feminino e Neutro, ou Pai, Mãe e Filho. A Figura 28 qualifica as Sephiroth como *Força* ou *Forma*, enquanto os Caminhos são classificados como *Ativadores* ou *Formativos*. Essa ligeira distinção é feita para chamar a atenção para o fato de que as Sephiroth são centros de energia ao passo que os Caminhos são experiências subjetivas entre esses centros.

Antes de prosseguir, parece importante chamar a atenção para o fato de que a complexa discussão que se segue é apresentada não tanto pelo seu conteúdo, mas sim pelo *método* utilizado para analisar a Árvore.

A Árvore da Vida é um sistema de triângulos constituídos por Caminhos que podem ser Ativadores, Formativos ou Equilibradores. Esse é um princípio cabalístico absoluto, um padrão universal. À luz desse padrão, voltemos à ideia de que cada um dos triângulos principais da Árvore diz respeito a uma parte da Alma: O Triângulo Superno é o Supremo Eu Espiritual; o Triângulo Ético é o Eu Superior e o Triângulo Astral, a Personalidade encarnada. Essa ideia, que foi desenvolvida principalmente por Dion Fortune,[96] atribui uma importância especial a nove cartas do Tarô:

O EU ESPIRITUAL	
TRIÂNGULO SUPERNO	O LOUCO (*Ativador*) O MAGO (*Formativo*) A IMPERATRIZ (*Equilibrador*)
O EU SUPERIOR	
TRIÂNGULO ÉTICO	A FORÇA (*Equilibrador*) O EREMITA (*Ativador*) A JUSTIÇA (*Formativo*)
A PERSONALIDADE	
TRIÂNGULO ASTRAL	A TORRE (*Equilibrador*) A ESTRELA (*Formativo*) O SOL (*Ativador*)

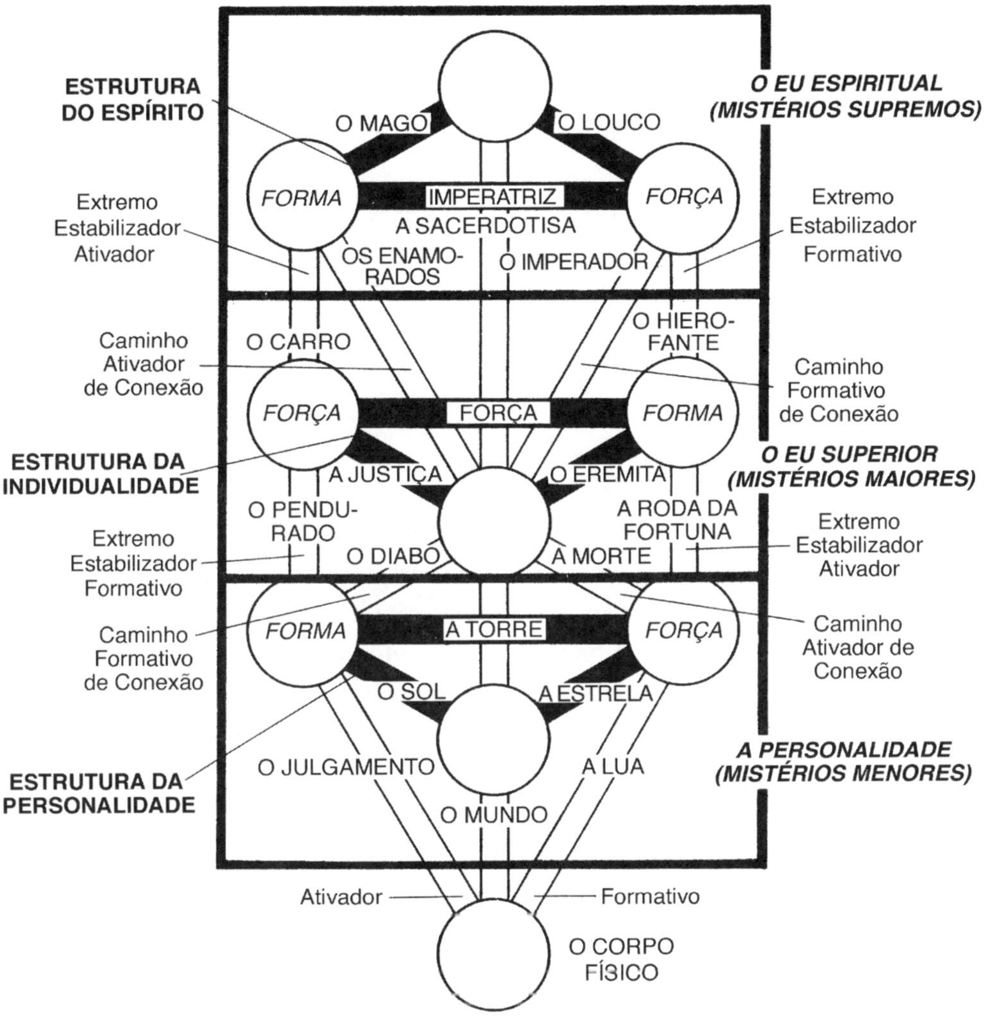

Partes da Alma

Figura 29. Partes da Alma. Este diagrama extremamente complicado baseia-se na ideia de que cada um dos Triângulos da Árvore representa uma determinada parte da Alma, *O Eu Espiritual*, *O Eu Superior* e *A Personalidade*. Se aceitarmos essa ideia, estaremos admitindo que nove dos Caminhos (representados em preto) são especificados, cada um deles sendo o positivo, o negativo ou o equilíbrio de um aspecto da Alma. Nesse caso, faz-se necessária a seguinte pergunta: como os outros treze Caminhos se relacionam com os nove especificados?

A estrutura central de cada parte do Eu Superior é constituída por três aspectos: um *Ativador* (Yod-Fogo), um *Formativo* (Heh-Água) e uma energia *Equilibradora* (Vau-Ar), conforme é mostrado na Figura 29. Uma importante pista para a decifração desse simbolismo é que Heh-Água, onde quer que apareça, significa *consciência*. Em algumas cartas do Tarô, essa é uma Consciência Universal, ao passo que em outras é a consciência pessoal. Yod-Fogo é o princípio motor (aquilo que Fabre d'Olivet chamou de "princípio volitivo intelectual"). É sobre ele que a consciência atua. Vau-Ar é o equilíbrio entre esses dois princípios, o qual torna possível a interação entre eles. É importante compreender que esse padrão é implícito a todos os níveis. Tendo conhecido as atividades de Yod, de Heh e de Vau nas estruturas centrais do Eu passamos a procurar pelo mesmo padrão nas energias dos Caminhos em torno dessas estruturas centrais.

As nove cartas do Eu estão claramente definidas. O que falta, portanto, é uma compreensão do relacionamento entre essas cartas e as outras. Sabemos, antes de mais nada, que cada Caminho representa uma lição específica acerca do Eu, uma lição necessária para a plena compreensão do aspecto central (triângulo) do Eu com o qual ele está relacionado. Veremos aqui que os Caminhos secundários, tal como as Sephiroth, operam através da Árvore da Vida de acordo com o mesmo padrão de energia em ziguezague. Considerando apenas os Caminhos mais externos:

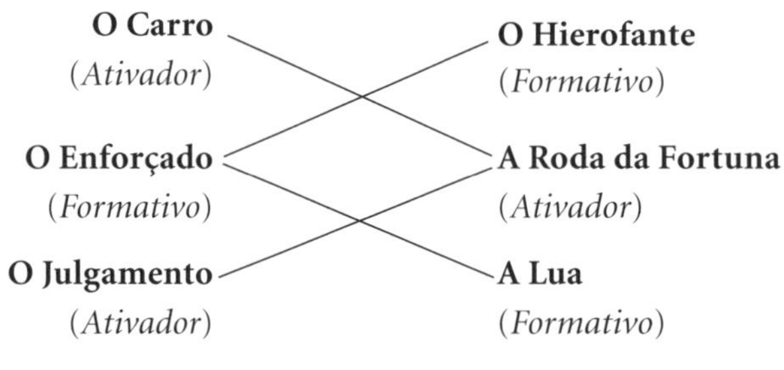

Os quatro Caminhos superiores são os extremos de energia que sustentam os Pilares opostos e que podem, portanto, ser chamados de Caminhos de energia *Extrema Estabilizadora*, que pode ser *Ativadora* ou *Formativa*. Nesta altura, descobrimos que em cada um dos níveis os dois Caminhos de cada lado do Pilar do Meio compartilham as qualidades das cartas que estão ao lado deles. Surge assim um arranjo ainda mais complexo e interessante, o qual revela a existência de relações entre as cartas que, de outra maneira, permaneceriam ocultas:

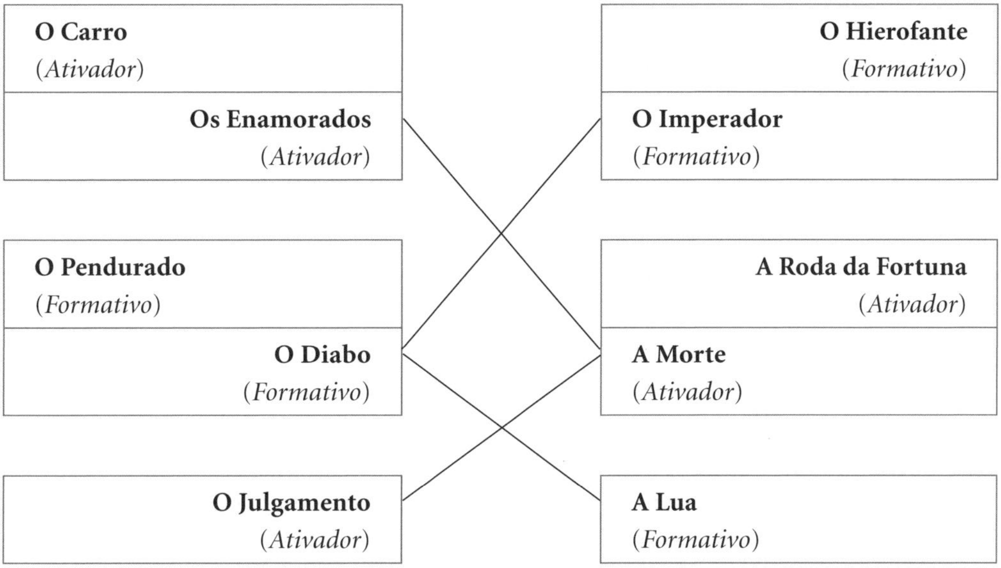

Cada Caminho Extremo Estabilizador está relacionado com um *Caminho de Conexão* interior (ou seja, *Os Enamorados, O Imperador, O Diabo, A Morte*). Em vez de serem parte integrante de algum Pilar, esses Caminhos interiores ligam os diversos níveis do Eu; eles também podem ser considerados os extremos menos importantes das energias Ativadoras e Formativas. Eles e os Caminhos do Pilar do Meio podem ser chamados de *Caminhos Probatórios*.

Embora essas definições sejam de certa forma arbitrárias, não podemos deixar de fazer uma tentativa de organizar nossos conhecimentos dentro de uma perspectiva intelectual mais ampla. É a partir daí que começamos a internalizar e a personalizar conceitos, e passamos a encarar a nossa vida de maneira diferente. Esse processo pode ser doloroso e frustrante.

Todo o mundo que trabalha seriamente com a Árvore da Vida chega a um ponto em que não consegue mais interpretar os símbolos de acordo com seu significado manifesto, ocasião em que os símbolos parecem um tanto insípidos e destituídos de significado. Aí a pessoa começa a se perguntar: De que forma cada um dos Caminhos e Arcanos Maiores do Tarô está relacionado especificamente comigo? Essa questão pode surgir a partir de uma observação interna do próprio processo de pensamento do indivíduo, aquilo que os Mistérios Herméticos chamariam de "observar o observador". Todos temos consciência da nossa própria consciência, embora isso seja algo em que pouquíssimas pessoas algum dia pararam para pensar. Além disso, ao observar o processo de prestar atenção em nós mesmos, poderíamos muito bem perguntar de que forma a consciência e a observação da consciência se encaixam na Árvore da Vida.

Para responder a essa questão, consideremos o nosso corpo. A Cabala coloca os nossos veículos físicos em Malkuth (usando o sistema de uma só Árvore) ou em Assiah (de acordo com o sistema de quatro Árvores). Além do mais, embora o corpo seja um todo, atuando como uma unidade em toda operação física que realizemos, nós imaginamos seus componentes separadamente a fim de podermos compreender sua contribuição individual para o funcionamento do conjunto. A cabeça não é a mão, ainda que uma não funcione sem a outra. Não é difícil atribuir ao corpo as diversas partes da Árvore da Vida. Para isso não é necessário nenhum grande esforço intelectual.

Todavia, ao nos tornarmos conscientes da nossa consciência, a Personalidade "Eu" que funciona dentro da nossa cabeça, talvez tenhamos dificuldades para relacionar aquilo que observamos à Árvore da Vida. Nossa autoconsciência (que na verdade está limitada à Personalidade, na maioria de nós) não se encaixa *totalmente* em nenhuma parte da Árvore da Vida. O conjunto de pensamentos e sentimentos que observamos não parece aplicável especificamente a nenhuma Sephirah ou Caminho. Pode-se dizer que Hod é intelecto, que Netzach é intuição e sentimentos, ou mesmo que Yesod é a nossa capacidade de imaginação. Entretanto, quando pensamos em alguma coisa, não estamos operando exclusivamente em Hod, e quando usamos nossa imaginação também não estamos funcionando exclusivamente em Yesod.

Essas qualidades não são específicas e, sim, fluidas e misturadas. Na verdade, operamos necessariamente em todos os Caminhos ao mesmo tempo. A consciência da nossa Personalidade é o efeito combinado do que acontece nesses níveis inferiores. Embora não tenhamos como separar a nossa capacidade de pensar da nossa capacidade de sentir, podemos nos concentrar numa ou em outra (o processo alquímico de "*dissolução*"). Fazer isso é iniciar a viagem consciente por um Caminho onde encontramos a trilha deixada por muitos outros que seguiram esse mesmo processo. Os Caminhos são, em parte, a separação artificial dos 22 aspectos distintos da consciência; eles também são o encontro das mesmas qualidades específicas da consciência universal da humanidade. Usando a fórmula "Assim em cima como embaixo", começamos por estudar nossas funções intelectuais e intuitivas. À medida que começamos a compreendê-las começamos a reconhecer seus padrões em todos os seres humanos.

Pode-se compreender, assim, por que essas qualidades só podem ser expressas em termos de símbolos. A separação entre o Corpo, a Personalidade, o Eu Superior e O Espírito é apenas conceitual, e os símbolos nos proporcionam um ponto de convergência para o estudo de qualquer aspecto específico do todo inerentemente indivisível.

32. O CAMINHO DE TAU

O Mundo

A Vigésima Primeira Carta

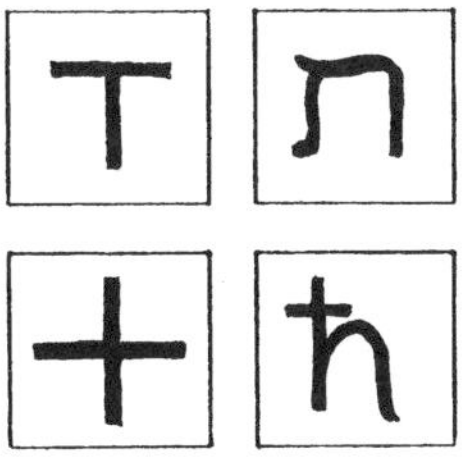

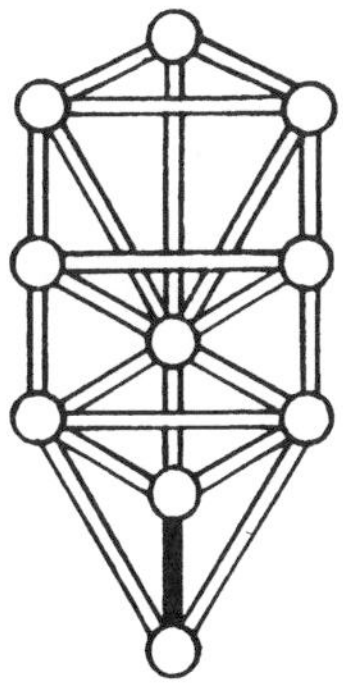

- COR DO CAMINHO: Índigo
- SOM RELACIONADO: Lá Natural
- PLANETA: Saturno
- SIGNIFICADO: Cruz Tau, Cruz Grega
- LETRA DUPLA: Poder-Servidão
- TÍTULO ESOTÉRICO: A Grande Unidade da Noite do Tempo

TRINTA E DOIS CAMINHOS DE SABEDORIA: *O Trigésimo Segundo Caminho é a Inteligência Administrativa, sendo assim denominado porque dirige e associa em todas as suas operações os sete planetas, mesmo estando todos eles no seu devido curso.*

O estudo dos Caminhos inicia-se, não pela primeira carta, *O Louco*, mas pela última, *O Mundo*.[97] Isso acontece porque ascendemos pela Árvore da Vida, partindo da nossa perspectiva material ("embaixo") para alcançar as esferas do Puro Espírito ("em cima"). Nossa compreensão a respeito dos padrões universais mais aperfeiçoados baseia-se no que aprendemos aqui na Terra. É aqui que todo trabalho esotérico sério começa e termina, já que a nossa Consciência Divina está operando através de um veículo físico.

O Caminho do Tau, *O Mundo*, une Malkuth (a Terra) a Yesod (o Alicerce). Esse é o primeiro Caminho fora da condição material e nos conduz a uma compreensão da Personalidade forjada pelo Eu Superior de Tiphareth para cada encarnação. Os *Trinta e Dois Caminhos de Sabedoria* chamam a isso de "Inteligência Administrativa" e dizem que ela "dirige e associa em todas as suas operações os sete planetas". Em termos simbólicos, esse Caminho liga a Terra aos poderes equilibrados de *Microprosopus*, representados pelo *Hexagrama* (sete Planetas sobre a Árvore da Vida).

O Tau é a última letra do alfabeto hebraico. Entre o Aleph e o Tau está todo o Universo, chamado em termos greco-cristãos de *Alfa* e *Ômega*, o início e o fim. Tau significa *cruz*, seja uma cruz em forma de T (cruz Tau) ou uma cruz com os braços iguais (cruz grega), o que é bastante apropriado para a posição que ocupa no Cubo do Espaço descrito no *Sepher Yetzirah*.

Este livro se refere ao Tau como ao "Palácio da Santidade que sustenta todas as coisas". Ele é ao mesmo tempo "Poder e Servidão". Além do mais, considerado em relação ao Cubo do Espaço, ele é encontrado exatamente no centro das três letras maternais, Aleph, Mem e Shin, as formas simbólicas de energia a partir das quais a manifestação foi criada. O Caminho de *O Mundo* é a chave de tudo isso, porque está situado no ponto onde todos eles se cruzam (veja mais uma vez a Figura 24). Esse ponto de cruzamento, onde essas energias primárias estão equilibradas, é o *sanctum sanctorum* dos mistérios. Alguns autores chegaram até mesmo a chamar este Caminho de "Céu" ou "Nirvana" para indicar que ali a pessoa experimenta a consciência do Universo Maior, uma realidade última em comparação com a nossa condição sensorial. A fórmula "Assim em cima como embaixo" significa que a nossa experiência com o padrão universal completo dos níveis inferiores nos diz algo a respeito do Criador que existe em cima.

Um símbolo que pode ser aplicado tanto a *O Louco* como a *O Mundo*, o início e o fim, é a *suástica ou gammadion*. Em Kether, seus braços giram tão rapidamente que se juntam e são percebidos como um só ponto. Essa é a lição de *O Louco*. No Caminho de *O Mundo*, entretanto, pode-se dizer que a suástica diminuiu a velocidade de sua rotação de modo que cada um dos braços é completamente perceptível, e todos estão perfeitamente equilibrados em torno de um ponto central. Essa é a completa expressão da Unidade na matéria.

Ao discutir *O Mundo*, estamos na verdade discutindo os domínios da matéria. A maioria das pessoas tem uma concepção dualista de si mesmas: elas são corpo e mente, e acham que as imagens que vão até elas quando sonham ou meditam estão separadas do seu lado físico. Todavia, os Mistérios vêm afirmando ao longo das gerações que o Cosmos é todo mental e que a distinção entre mente e corpo é ilusória e não real. Na verdade, quando fechamos os olhos e vemos imagens, aquilo que vemos primeiro são as mais aprimoradas formas de matéria, as imagens e formas de energia que estão mais próximas da condição física. O conceito que precisamos compreender (aliás, uma ideia reconhecidamente complexa) é o de que a maior parte do mundo físico é invisível. É por isso que, no arranjo dos Quatro Mundos, somente Malkuth de Assiah é descrita na nossa esfera de sensações. A ideia é representada na carta pela estrela de sete pontas que simboliza os *Sete Palácios de Assiah*. Vivenciar o Caminho de *O Mundo* significa ser levado para a entrada desses sete palácios.

O Mundo simboliza um Caminho no qual os componentes do Plano Universal tornam-se manifestos, embora não sejam necessariamente compreensíveis. A pessoa talvez entre no Santo dos Santos e encontre essas forças num estado tal que esteja "dentro delas mas não pertença a elas". O importante aqui é que, ao contrário do que acontece nos outros Caminhos, as energias estão todas equilibradas e presentes na sua plena expressão. Isto e a ideia de que o Tau é o ponto central dos Caminhos Aleph, Mem e Shin constituem o significado da cruz de braços iguais.

Do ponto de vista do misticismo prático, *O Mundo* pode ser considerado a carta mais importante do tarô, pois é o ponto onde iniciamos o processo de exploração interior. É nesse ponto que penetramos abruptamente numa realidade que pode ser ao mesmo tempo apavorante e tranquilizadora porque boa parte do que encontramos nesse Caminho foi produzido por nós mesmos. É nesse Caminho que encontramos a consciência da nossa própria personalidade individual, tudo o que está dentro da nossa cabeça, separado da segurança da realidade física. Essa é a iniciação da Personalidade na sua própria estrutura, a qual é um Universo Microcósmico. Ao mesmo tempo, encontramos símbolos e ideias de uma consciência maior do que a nossa e começamos a ver as maneiras pelas quais o nosso ser está relacionado com o quadro geral do Universo.

Esse é um Caminho que só pode ser percorrido com sucesso por aqueles que começaram a trazer a própria Personalidade para um equilíbrio baseado na com preensão de si mesmo; aqueles que não agiram assim serão atormentados por fantasmas produzidos por eles próprios e terão as portas fechadas diante de si. Por outro lado, aqueles que realmente aproveitaram suas experiências de vida encontrarão ajuda e encorajamento em todos os passos. É no Caminho de *O Mundo* que a pessoa descobre o quanto o processo de exploração interior é orientado e, em particular, a proteção e assistência bastante concretas que os Arcanjos dão à humanidade. Antes de a pessoa iniciar esses exercícios, os Arcanjos são uma simples abstração, alguma coisa na qual se pode vagamente acreditar ou não.

Faz-se necessária aqui uma palavra de advertência. Como *O Mundo* é um Caminho que leva ao Astral, devemos ter em mente que o Astral "procura iludir". Muitas pessoas acreditam estar num ou em outro Caminho quando, na verdade, estão apenas alimentando ideias fantasiosas. Até que tenhamos aplicado todos os testes da razão e do sentimento, devemos ter muito cuidado com a aceitação de quaisquer imagens que nos pareçam uma "realidade" de algum tipo. Chega um momento no qual sabemos que aquilo que estamos experimentando talvez não seja produzido por nós mesmos porque estamos na verdade *aprendendo*. Estamos adquirindo novas informações que frequentemente podem ser confirmadas pela pesquisa. De uma maneira ou de outra, uma considerável quantidade de vulgaridades precisa ser posta de lado antes que possamos chegar às coisas mais sutis. Essa é uma das lições mais importantes de *O Mundo*, um Caminho que deve ser abordado com a virtude de Malkuth, o *discernimento*. É apenas por meio do discernimento que podemos nos colocar dentro do equilíbrio "administrativo" simbolizado por uma dançarina envolta por um cachecol em forma da letra Kaph (uma referência à *Roda da Fortuna*) e rodeada pelos símbolos animais dos Quatro Elementos.

Em termos Cabalísticos, aquilo que está representado é, uma vez mais, o princípio dos quatro Elementos unidos por um quinto, que é o Espírito. Devemos lembrar aqui que os primeiros Cabalistas (da mesma forma que o *Sepher Yetzirah*) consideravam apenas a existência de três Elementos: Ar, Água e Fogo, sendo que a Terra e o Espírito foram acrescentados posteriormente à filosofia. E, como temos visto, a Árvore da Vida mudou de forma ao longo dos séculos para acomodar essas mudanças conceituais. Uma dessas importantes alterações está relacionada com o Trigésimo Segundo Caminho, o qual, em alguns arranjos, é o único Caminho que liga a esfera da sensação ao restante da Árvore. O acréscimo dos Caminhos de Shin (*O Julgamento*) e Qoph (*A Lua*) igualou o número de Caminhos à quantidade de letras do Alfabeto Hebraico e evidenciou a existência de uma conexão direta entre Malkuth e os dois Pilares laterais.

Uma ilustração muito interessante do século XVI mostra um homem segurando toda a Árvore pelo Caminho de *O Mundo*.[98] Vemos assim que durante pelo menos quatrocentos anos a interpretação básica desse Caminho, como uma base empírica para a viagem consciente por todos os Caminhos, não mudou, embora o conceito tenha sido ligeiramente atenuado pela adição de dois Caminhos.

O princípio de acordo com o qual compreendemos toda a Árvore com base no que é ensinado no Caminho do Mundo é muito profundo e nos leva de volta à ideia representada pela expressão "Assim em cima como embaixo". Temos discutido o "desejo de formar", de Binah, a Grande Mãe, que é a origem da vida consciente, e Saturno no elevado Reino Superno. Essa é a mesma energia (agora expressa de forma completa) encontrada no Trigésimo Segundo Caminho. A figura feminina no centro da carta é a mais plena expressão da Grande Mãe, que é *A Imperatriz*. Ela é Ísis, a *Aima Elohim*, ela é Binah, é Saturno, é todos os princípios existentes por trás daquilo que percebemos como a matéria, é a Dançarina Cósmica que administra e ativa os Elementos. Ela é também uma porta de entrada e de saída de Malkuth, é Saturno, aquele que dá e retira a vida, o grande verificador que rege tanto o nascimento como a morte. Quando morremos, deixando para trás nosso "invólucro animal", é sobre esse Caminho que, tal como a Dançarina, subimos rodeados por um anel de estrelas.

Todos os principais baralhos de Tarô estão de acordo quanto ao fato de que a figura feminina deve estar rodeada por algum tipo de forma oval. No Tarô de Crowley, essa forma é um anel de estrelas. Nos baralhos de Marselha e de Waite, é uma grinalda. No baralho da Aurora Dourada, a forma oval é constituída por doze esferas (os doze Signos do Zodíaco) unidas por 72 pérolas (o *Shemhamaphoresch* ou 72 Nomes de Deus). Essa forma simboliza tanto o útero da fêmea humana, através do qual a criança nasce, como o Grande Útero para o qual a alma passa por ocasião da morte.

O profundo simbolismo da Grande Mãe através da qual a pessoa tem de passar, como se fosse uma porta para entrar e sair da vida, infelizmente é subestimado por alguns escritores (incluindo Case), segundo os quais a "tradição" exige que a figura feminina seja hermafrodita. Embora essa ideia seja absurda, ela talvez represente uma tentativa bem intencionada de alguns teóricos Cabalistas para reconciliar a feminilidade do Caminho com a Imagem Mágica de Yesod, no qual ela conduz um "Um Lindo Homem Nu".[99] Esse último representa o eterno jorro do Espírito de Cristo a partir de Tiphareth, personificado dentro de Yesod antes de passar para Malkuth. O mistério Cristão não é apenas um acontecimento ocorrido há dois mil anos para ser lembrado com reverência e, sim, a chave secreta de um padrão natural. A força de Cristo (ou de Buda, de Osíris ou de Krishna) continua a nascer dentro do nosso mundo, a ser sacrificada para o bem da humanidade, a ressuscitar e a ser reconhecida. Tal como Yod Heh Vau Heh, ela permanecerá até o fim dos tempos, o qual será o fim da necessidade de experiência sensorial para a espécie humana. O tempo, obviamente, é uma das principais restrições de Saturno.

Como estamos agindo dentro de uma estrutura temporal, um acontecimento, incluindo a emanação da força de Tiphareth, deve ter um início, um meio e um fim. Os processos da Vida ocorrem em ondas ou espirais que voltam ao ponto de partida. Esse é o curso natural do fluido akáshico de Yesod. Portanto, uma vez mais, a mulher é mostrada dançando. Ela rodopia e dá voltas, ao contrário da sua forma mais abstrata de energia, *A Imperatriz*, onde está firmemente sentada num Trono Superno. A Força em espiral da natureza é dirigida pelos bastões que ela segura: eles representam as energias ativas e passivas, tendo cada um deles dois polos.

A carta de Crowley representa essas forças naturais como a serpente Kundalini, descrita como estando "enrolada em Yesod". Essa é uma referência às forças sexuais básicas da natureza encontradas em *O Mundo*. Essas são as forças que aprendemos a controlar dentro de nós mesmos e sobre as quais impomos as estruturas de Binah, a Grande Mãe, o Grande Mar.

A *Água* é muito importante para esse Caminho, que é o Grande Mar da consciência na sua expressão mais densa e difícil. O Trigésimo Segundo Caminho poderia ser considerado uma gruta escura, cheia de cavernas e de túneis traiçoeiros, alguns conduzindo à Luz, mas outros levando a Qlippoth.

31. O CAMINHO DE SHIN

O Julgamento

A Vigésima Carta

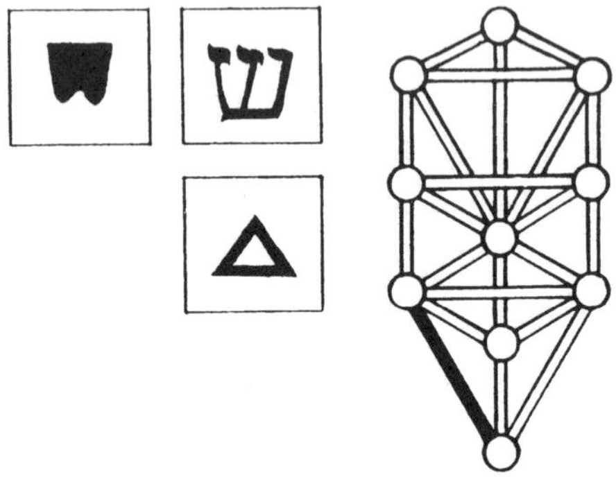

- COR DO CAMINHO: Vermelho-alaranjado vivo
- SOM RELACIONADO: Dó Natural
- SIGNIFICADO: Dente
- LETRA MATERNAL: Fogo
- TÍTULO ESOTÉRICO: O Espírito do Fogo Fundamental

TRINTA E DOIS CAMINHOS DE SABEDORIA: *O Caminho de Shin,* O Julgamento, *une Malkuth (a Terra) a Hod (Esplendor), a Sephirah inferior e o complemento do Pilar da Severidade. A Terra, assim, é ligada ao que é a expressão final de Binah, o Desejo de Formar. Trata-se de um Caminho ativador do intelecto ao passo que seu oposto, A Lua, é o Caminho formativo da emoção.*

O que é representado aqui como "julgamento" é um processo por que passa a Personalidade à medida que procura tornar-se consciente do seu próprio funcionamento interno. O julgamento, porém, não é transitório ou limitado. Segundo os *Trinta e Dois Caminhos de Sabedoria*, ele é *perpétuo*. Trata-se de um contínuo acompanhamento do progresso da Personalidade rumo à consciência universal. Aquilo que é considerado indigno pelas entidades angélicas invocadas pelo desejo do estudioso de percorrer os Caminhos é lentamente eliminado pelo Fogo redentor, um processo que é, na verdade, físico.

O texto da Aurora Dourada chama esse Caminho de "Esplendor do Mundo Material", salientando a relação entre o Caminho e o corpo físico. Aqui é representada uma ressurreição, um renascimento. Essa ressurreição baseia-se nos desenvolvimentos da carta oposta a esse Caminho, *A Lua*, e está relacionada com as verdadeiras modificações fisiológicas que ocorrem com o estudioso em consequência da busca disciplinada de uma realidade superior. Em outras palavras, o corpo revivido é fisiologicamente reconstruído, um processo estimulado pelas energias de Qoph, *A Lua*. Isso é o que Paul Foster Case descreveu como o processo de construção do corpo de um mestre.

Esse é também um Caminho no qual os componentes da Personalidade, que se encontraram primeiramente em *O Mundo*, são avaliados e analisados criticamente (julgados). É o brilhante e ardente caminho probatório do intelecto, assim como *A Lua* é o sombrio, frio e aquoso caminho probatório das emoções. Esses Caminhos servem de introdução para a verdadeira natureza do Eu encarnado e, portanto, podem ser extremamente difíceis. Na verdade, todos os Caminhos Elementares (*O Louco, O Pendurado, O Julgamento*) são difíceis de entender. O problema deriva parcialmente do fato de *todos* os Elementos estarem presentes em cada um desses Caminhos, seja numa forma manifesta ou não. Deveremos voltar a esse conceito posteriormente.

Primeiramente, consideremos o padrão das Maternais. O *Sepher Yetzirah* afirma que o Ar produz a Água que produz o Fogo. *O Louco* é puro Ar. *O Pendurado* é Ar que sofreu ação da Água. *O Julgamento* é Ar e Água afetados pelo Fogo dentro do veículo da Terra (o *cadinho* que, na Alquimia Espiritual, é o nosso próprio corpo).

As cartas dos Tarôs de Waite e da Aurora Dourada* representam o Ar na parte superior e a Água entre duas porções de Terra. Entende-se que o Ar, a Água e a

* O "Tarô Waite-Smith" - assim conhecido popularmente - foi concebido pelo oraculista A. E. Waite e ilustrado pela artista plástica Pamela C. Smith. A edição brasileira mais completa, publicada pela Editora Pensamento, *O Tarô Original Waite-Smith 1909*, acompanha o livro do autor intitulado "A Chave Ilustrada do Tarô", publicado em 1911. "O Tarô da Aurora Dourada" foi ilustrado

Terra estejam sendo aquecidos e ativados pelo Fogo. Não existem chamas aqui porque a ação produzida pelo Arcanjo é lenta e constante (perpétua). Esse efeito é produzido sobre as dualidades constituintes do indivíduo, as quais são simbolizadas pelo Fogo e pela Água: a Mente-consciência (Água) é ativada pelo Princípio Dinâmico (Fogo) na presença do Espírito Equilibrador (Ar) dentro do veículo físico (Terra). O Caminho de *O Julgamento*, portanto, tem por objetivo a produção de um equilíbrio no interior do indivíduo, equilíbrio que é necessário para a total compreensão da estrutura da Personalidade e da sua relação com o Universo maior.

Todavia, dizer que o "equilíbrio" é produzido nesse Caminho levanta uma questão. Como é possível haver um equilíbrio em qualquer Caminho que não pertença ao Pilar do Meio? A resposta é encontrada na ideia de que *todo símbolo é uma dualidade e contém o seu próprio oposto*. Tal como acontece com as cores brilhantes, um símbolo só é funcional na medida em que for um equilíbrio independente de dois extremos. Estendendo esse princípio aos Caminhos, vemos que cada Caminho deve conter os componentes essenciais do Caminho oposto a ele. Aqui podemos retornar ao exemplo de Hod e Netzach, que estão relacionados com *O Julgamento* e com *A Lua*, respectivamente. O intelecto destituído de sentimento é tão patológico quanto o sentimento sem intelecto. Quando percorremos o Caminho de *O Julgamento* aprendemos as lições de *A Lua*. E, tomando os aspectos mais refinados da Árvore da Vida, quando percorremos o Caminho de *O Mago* aprendemos as lições de *O Louco*. Essas cartas são diferentes, porém mutuamente explanatórias. Não é possível lidar com qualquer carta sem que a energia oposta a ela esteja presente. E, como as cartas representam tipos de consciência, pode-se dizer que todas as coisas que vivenciamos, toda ideia, toda atividade, coexiste dentro de nós com o seu oposto.

Essas lições sobre os Caminhos são extremamente práticas, embora isso possa não ser óbvio quando a pessoa começa a lidar com os traiçoeiros conceitos relacionados com os quatro Elementos simbólicos. Por outro lado, as figuras das cartas apresentam uma forte relação com a experiência visual dos Caminhos, e muito se pode aprender meditando sobre elas. As imagens dos Caminhos são representações arquetípicas de verdadeiras estradas internas construídas por meio de séculos de esforço mental por parte dos homens e mulheres mais adiantados de todos os tempos. Essas imagens são, na sua maioria, constructos feitos para nos ajudar por aqueles que passaram por ali antes de nós. É nisso que muitas pessoas

---

por Robert Wang, sob orientação de Israel Regardie, um dos mais proeminentes magistas associados à ordem hermética de mesmo nome, a Golden Dawn. O conceito do baralho, criado pelos dois autores, teve influência direta dos escritos de S. L. MacGregor Matthers, um dos fundadores dessa ordem. (N. do RT.)

tropeçam, acreditando que o constructo (o símbolo concretizado no plano astral) tem uma realidade própria. É somente além do plano astral inferior que a pessoa entra em contato com as realidades que ativam os símbolos.

Podemos trilhar o Caminho de *O Julgamento* e experimentar inicialmente aquilo que é mostrado na carta do Tarô. Entretanto, depois de conhecermos esses constructos visuais, passamos a compreender que o Caminho é o efeito ativador do princípio motor cósmico da consciência individual: o Espírito do Fogo permeia a Personalidade consciente quando a energia desce para penetrar na matéria. Quando subimos deliberadamente pelo caminho de Shin, as últimas ilusões de independência da Personalidade são iluminadas.

Para reiterar o simbolismo Cabalístico: Shin contém todos os quatro Elementos: Fogo, Água, Ar e Terra. Esse conceito pode ser explicado sob a ótica do desenvolvimento. A evolução do Cosmos se dá do mais simples para o mais complexo. Vai do nada para alguma coisa. Trata-se de um processo (aplicando-se o princípio "Assim em cima como embaixo") semelhante àquele por que passa o *zigoto*, que se inicia com uma única célula que é fertilizada e cresce até se transformar num organismo humano. As células do zigoto multiplicam-se inúmeras vezes até se transformarem num corpo que é o receptáculo do Espírito Santo neste nosso mundo. Em qualquer estágio de desenvolvimento, desde uma única célula fertilizada até o produto final, o todo está implícito nas partes em desenvolvimento. Assim, uma *Unidade* se transforma em dez ou em dez mil ou em dez bilhões de incontáveis células mentais que constituem o corpo do Universo. O extremo da simplicidade é *O Louco*, e o extremo da complexidade é *O Mundo*. Mas *O Mundo* e todas as outras cartas estão implícitas, ainda que não expressas, em *O Louco*. Nas cartas intermediárias, portanto, encontramos diferentes estágios daquilo que é ou não expresso. Tomando uma carta específica da Árvore, a energia de todas as cartas situadas acima dela estão expressas, e as energias das cartas abaixo dela estão presentes, mas não estão expressas. Cada uma delas define um estágio de desenvolvimento. Utilizando-se essa lógica, pode-se compreender que em *O Louco* o Ar está expresso enquanto a Água e o Fogo estão implícitos. Em *O Pendurado* o Ar e a Água estão expressos e o Fogo está implícito. Quando chegamos a *O Julgamento* encontramos mais uma vez o Ar e a Água expressos, só que desta vez colocados em movimento pela plena expressão do Fogo.

Devemos repetir aqui que esses padrões serão completamente destituídos de sentido até surgir uma verdadeira compreensão daquilo que é simbolizado pelos vários "Elementos". Cada símbolo Cabalístico está relacionado com alguma parte específica do Eu e as cartas dos Arcanos Maiores do Tarô são definições bastante precisas das partes componentes do todo humano.

Os Caminhos de *O Julgamento, O Mundo* e *A Lua* são aspectos da consciência normal desperta da Personalidade. Elas também representam estágios da autocompreensão. *O Julgamento* é a carta em que as forças divinas encontram o aspirante aos Mistérios, em que a Personalidade é elevada do sepulcro da matéria e avaliada quanto ao seu equilíbrio em relação aos quatro Elementos de Malkuth. É por essa razão que as pessoas têm experiências tão diversas nesse Caminho; cada Personalidade tem de enfrentar de forma direta o que é e o que tem sido, respondendo ao chamado do anjo cuja presença foi invocada pelo fogo do desejo. Em todos os relatos, é Gabriel quem toca a trombeta do *Juízo Final*, e a maioria das pessoas irá presumir que é Gabriel quem está representado aqui. Todavia, esse não é absolutamente o Juízo Final, e o Arcanjo é *Miguel*, o Regente Angelical de Hod.

Informações adicionais a respeito dessa carta estão contidas no significado da letra hebraica, pois o nome de cada letra é uma palavra. Todavia, como tais palavras são atribuídas aos Arcanos Maiores do Tarô, existe uma grande liberdade de interpretação dentro dos limites das qualidades descritas para uma dada palavra. Shin, neste caso, significa *dente*, sugerindo dureza, pungência e mordacidade. Ela pode ser interpretada como os dentes que fazem a mastigação antes de a energia ser levada para dentro do sistema, ou seja: aquilo que promove a liberação de energia (a força *kundalini*). O dente também pode ser interpretado como aquilo que mata, significando aqui o golpe de misericórdia na percepção da Personalidade como algo independente.

Essas palavras descritivas estendem o simbolismo dos números, tão importantes para a Cabala Hermética. Conforme foi demonstrado, o número 300, atribuído a Shin, é reduzido a 3, o número da Sephirah Binah; o número da carta, 20, é reduzido a 2, o número de *A Sacerdotisa*. O princípio aqui é o de que os números das letras hebraicas são reduzidos e manipulados em relação às dez Sephiroth, enquanto os números das cartas (0-21) estão relacionados com outras cartas. Obviamente, a conexão com as outras cartas é feita em bases mais ou menos numéricas. Por exemplo, o fato de Shin ser Fogo sugere a existência de uma relação entre ela e duas outras cartas importantes, *A Torre* (Marte) e *O Sol*.

Essa ligação com *O Sol* é explicitada no *Livro T* da Aurora Dourada, segundo o qual o anjo aqui é Miguel, o Regente de Fogo Solar. É ele que toca a trombeta invocando a influência de Binah. Outra referência às Supernais é a bandeira com uma cruz vermelha, a qual representa os Quatro Rios do Paraíso e as quatro letras do Nome Divino.

O arco-íris da carta da Ordem, contendo serpentes que representam o impetuoso Serafim, é sem dúvida aquele que rodeia o ígneo Trono Divino descrito no *Apocalipse*.[100] Esse arco-íris encerra o Arcanjo que parece sair do próprio triângulo de Fogo.

Na base da carta, erguendo-se do túmulo diante da presença do anjo, está *Arel*, o Regente do Calor Oculto. Ele também é o candidato para os Mistérios que sucedem esse Caminho do Fogo. A figura masculina à esquerda é Samael, o Regente do Fogo Vulcânico. Do lado oposto está Anael, Regente da Luz Astral, representado em duplicata porque ela é Deméter-Perséfone e Ísis-Nefti.

A carta de Crowley, chamada "*Aeon*", afasta-se por completo da tradição, e é importante porque sua filosofia pessoal está mais firmemente apoiada nessa imagem do que na da maioria das outras cartas do *Tarô de Thoth*. De maneira geral, o baralho de Crowley é representativo do *Book of the Law* [Livro da Lei], um documento que, segundo afirmou, lhe foi revelado e constitui o núcleo de seus ensinamentos. O *Aeon* também está relacionado com o que ele chamou de *Estela da Revelação*.[101]

Essa carta, explicou ele, põe de lado todos os conceitos anteriores dos Arcanos Maiores e mostra o estado harmonioso e espiritual da existência humana neste planeta tal como será em meados do século XXII. Essa condição é simbolizada pela Deusa do Céu, Nuith, e seu consorte, Hadit (representado como um globo dourado de luz). Eles dão origem a Hórus, representado aqui em suas formas ativa e passiva, sentado e de pé. Crowley também chama atenção para o fato de que um outro nome de Hórus é *Heru*, que é sinônimo de *Hru*, "O Grande Anjo do Tarô".

O que Crowley propõe aqui está perfeitamente de acordo com a doutrina Cabalística, ou seja: o sistema evolui para atender às necessidades da evolução espiritual da humanidade. Ao supor que *O Julgamento* representa um estágio no desenvolvimento da espécie e da consciência da Personalidade individual, ele está sugerindo que haverá um tempo, num futuro não muito distante, em que a constituição espiritual da humanidade terá progredido tanto que *O Julgamento*, tal como era conhecido, não descreverá mais a experiência deste Caminho. Ele afirma ainda que agora estamos entrando num período de 500 anos de extrema obscuridade e provação, o qual irá preparar a humanidade para uma nova Era de Luz.[102]

30. O CAMINHO DE RESH

O Sol

A Décima Nona Carta

ר

☉

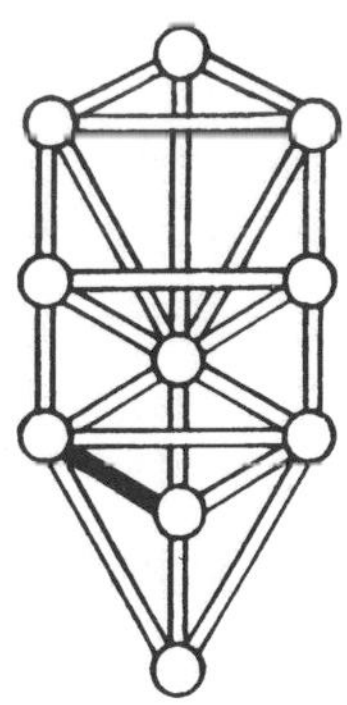

- COR DO CAMINHO: Laranja
- SOM RELACIONADO: Ré Natural
- PLANETA: Sol
- SIGNIFICADO: Cabeça
- LETRA DUPLA: Fertilidade-Esterilidade
- TÍTULO ESOTÉRICO: O Senhor do Fogo do Mundo

TRINTA E DOIS CAMINHOS DE SABEDORIA: *O Trigésimo Caminho é a Inteligência Dedutiva, assim chamada porque os Astrólogos deduzem a partir dela o juízo das Estrelas e dos signos celestiais e as perfeições de sua ciência, de acordo com as regras de suas resoluções.*

O Caminho de Resh liga Hod (Esplendor) a Yesod (o Alicerce) e é o primeiro dos Caminhos da Tríade da Personalidade que encontramos na ascensão pela Árvore. Trata-se de um Caminho ativo quanto ao aspecto intelectual-formativo; é a força ativadora da Personalidade que, tal como o Eu Superior e o Eu Espiritual, é constituído por um lado "masculino" (intuitivo-dinâmico, Yod), um "feminino" (intelectual-formativo, Heh) e por um conjunto de energias que são o resultado da interação entre os dois opostos (equilibrador, Vau).

O Sol (Resh) é descrito como a "Inteligência Dedutiva", significando que ele controla um determinado número de componentes – neste caso, os Signos do Zodíaco, que são simbolizados pelos doze raios que emanam de *O Sol*. Esses signos são os marcos indicadores da Personalidade e receptáculos das influências planetárias, uma das quais rege o nascimento e o curso de vida de cada encarnação. Assim, *O Sol* não é importante apenas para a encarnação em curso como também atua como um elo entre as Personalidades que passaram por outras encarnações. Todos os componentes da Personalidade descobertos nesses Caminhos inferiores estão aqui impregnados com a dupla ação do Sol, da luz e do calor. Embora pareça estranho, estas são consideradas qualidades intelectuais.

A atividade desse Caminho é intelectual. De fato, o Caminho de *O Sol* é o mais elevado nível do intelecto humano, assim como *A Estrela* é o nível mais elevado das emoções. Eles são equilibrados por *A Torre*, embora o aspecto dessa carta não nos deixe muito convencidos de que esteja havendo equilíbrio. Não obstante, ela representa o efeito das energias combinadas de *O Sol* e de *A Estrela*. Retomaremos esse assunto mais adiante.

Resh significa *cabeça*, o que é compatível com a ideia de que esse é o mais elevado Caminho do intelecto humano, a "Inteligência Dedutiva". Com relação a isso, existe uma interessante ilustração extraída de um manuscrito alquímico de 1606 mostrando um vulto sem cabeça, com o corpo em forma de um globo e tendo acima de si o Sol. Ao lado dessa figura está escrito: "O Mundo".[103] A cabeça é o próprio Sol, suspenso acima do corpo material; sem o Sol-cabeça o mundo não poderia existir. Mathers confirma essa ideia chamando *O Sol* de "Esplendor do Mundo Material". Assim, a carta representa basicamente a ação do intelecto sobre as dualidades da condição humana, a consciência e seu veículo terreno. Esse é o ponto de conexão entre o intelecto humano e o intelecto superior, a Vida Maior. O Sol é também o Filho que leva avante o trabalho do Pai.

O Trigésimo Caminho é composto: sob a regência do Sol, nele estão envolvidos os Quatro Elementos, os Signos do Zodíaco e os Planetas, de acordo com o que é simbolizado pelo Hexagrama. Essa figura significa a perfeita integração entre a Personalidade e o Eu Superior. Na Árvore da Vida, isso aparece como a interação entre os Triângulos Astral e Ético, sendo que Deus, o filho de Tiphareth, está na origem de ambos. Como quer que as energias possam ser simbolizadas, o Caminho de *O Sol* é um importantíssimo caminho introdutório.

A experiência de *O Sol* é muito profunda por ser uma iniciação ao Sol interior, o qual é a luz da Personalidade, da mesma forma que o Sol físico é a Luz do mundo material. Nesse Caminho, a pessoa sente o calor e vê a luz mas, tal como no plano das sensaçoes, trata-se de um Sol para o qual não se pode olhar diretamente sem sofrer dano. Os opostos atribuídos a Resh pelo *Sepher Yetzirah* – fertilidade e esterilidade – nos recordam que o mesmo Sol que ilumina e promove o crescimento também pode nos trazer a destruição completa. A bênção do fazendeiro é a maldição do viajante solitário perdido no deserto, e é nesse Caminho que a pessoa descobre os grandes potenciais desse poder. Essa é a iniciação da Personalidade à grande fonte de luz interior, uma iniciação que ocorre no veículo físico (o jardim murado) e afeta os componentes duais do Eu Inferior (Personalidade).

Devemos reiterar aqui uma questão importante, que muito frequentemente é negligenciada pelos que discutem os Caminhos: trabalhar os Caminhos produz nítidas alterações físico-químicas no corpo humano. No seu programa de estudos, *Os Trinta e Dois Caminhos de Sabedoria*, Paul Case enfatiza a extensão desses fenômenos. Ao descrever o Caminho de Resh, ele declara o seguinte a respeito do homem que alcançou a proficiência:

> [...] as acentuadas diferenças internas em relação ao indivíduo médio se devem às diferenças psicológicas em relação aos estados mentais das pessoas comuns, embora também sejam sinais exteriores de alterações orgânicas no corpo da nova criatura. Ele é química e estruturalmente diferente do *genus homo*. Existem constituintes diferentes na sua corrente sanguínea. Através do seu sistema nervoso passam correntes de energia que não existem na maioria dos organismos humanos, pois nele estão abertos os canais que permanecem fechados nos veículos físicos da maioria das pessoas. No corpo de um adepto, os núcleos do cérebro e do sistema nervoso, bem como as glândulas relacionadas com eles, não funcionam da mesma maneira que no corpo da maioria de seus contemporâneos.[104]

Deve-se também ter em mente que a Personalidade, cujos componentes são simbolizados por esses Caminhos inferiores, atua através do corpo como um veículo coletor de experiências para o Espírito. Um dos equívocos mais sérios que se pode cometer é o de separar conceitualmente o corpo físico das energias que o criaram e que operam através dele. Esse é o cadinho dos alquimistas, e o Sol é um importante símbolo no processo alquímico de "transformação do chumbo em Ouro".

Os Caminhos da Personalidade conduzem diretamente ao veículo físico, ou seja: a consciência que conhecemos como "eu" está diretamente ligada ao nosso corpo. O Eu Superior atua por meio da Personalidade quando sua influência se faz sentir no plano físico, da mesma forma como o Puro Espírito funciona necessariamente por meio do Eu Superior. Obviamente, não existe nenhuma verdadeira separação entre essas três coisas: *A Árvore da Vida descreve uma percepção racial de um padrão de separação. Entretanto, como a percepção varia amplamente de organismo para organismo, cada pessoa deve literalmente criar a sua própria Cabala.* A experiência do caminho de Resh é básica para o desenvolvimento dessa Cabala individual. Este é, além do mais, o Caminho no qual a pessoa pode receber a aceitação e a marca daqueles seres que dirigem a experiência interior de aprendizado do estudioso. É nesse ponto que o estudioso talvez possa candidatar-se à iniciação maior de Tiphareth.

Muitas descobertas são feitas neste Caminho que conduz a Hod, uma esfera onde, segundo alguns autores, os mestres interiores exercem sua influência sobre o mundo material. Este é um Caminho onde a natureza da relação entre a mente e o corpo pode tornar-se clara, onde o indivíduo começa a compreender o controle e as limitações do intelecto. Trata-se também de um Caminho do despertar para o uso do tremendo poder sexual de Yesod. É nesse ponto que compreendemos que a grande "força" secreta manipulada pelos iniciados nos Mistérios é a sexualidade.

Yesod é a Lua, a sexualidade, o fluxo e refluxo da Luz Astral que está por baixo da nossa existência material. Hod é Mercúrio, a primeira diferenciação da Personalidade específica. Ela é hermafrodita, masculina e feminina ao mesmo tempo, pois essas qualidades ainda estão para serem separadas quando consideramos a Sephirah num curso descendente rumo à manifestação. Visto sob o aspecto do desenvolvimento, o Caminho de *O Sol* é a infância da Personalidade emergente que se desenvolve rumo a uma nova encarnação. Quando subimos por este Caminho, voltamos ao ponto de inocência original. Trata-se, de forma bastante literal, de um processo oposto ao do envelhecimento, um processo de nascimento invertido até alcançarmos um estágio no qual haja alguma lembrança das nossas origens.

Essa juventude, a Infância do Sol, está representada na carta de Waite. Aqui, seguindo uma iconografia desenvolvida por Lévi, é apresentada uma criança montada num cavalo branco, símbolo de Apolo, o Deus do Sol. A sugestão é a de que nesse Caminho nós nos tornamos o Apolo criança.

A carta da Aurora Dourada, seguindo basicamente a versão do baralho de Marselha, mostra duas crianças nuas num jardim cercado por um muro. Uma está de pé na terra e outra de pé na água. Elas são a expressão mais pura dos princípios positivo (masculino) e negativo (feminino) da encarnação, também presentes nos conceitos chineses de *Yin* e *Yang*. O princípio masculino, ativo, opera através da Terra firme, ao passo que o princípio feminino, passivo, opera através da consciência fluida da Água. As crianças estão de mãos dadas para indicar que suas atividades são recíprocas. Essa é também uma referência a Gêmeos, o signo que liga Touro (Terra) a Câncer (Água). Gêmeos é também o signo que os antigos gregos e romanos associavam a Apolo e ao Sol.

A relação entre o Sol e o Zodíaco tem certa importância, como indicam os doze raios que aparecem tanto na carta de Crowley como na da Aurora Dourada (Waite usou 22 e o baralho de Marselha, 16). O Zodíaco está relacionado com Chokmah, de onde deriva, em última análise, a energia deste Caminho. Os padrões dessa energia, além do mais, são representados pelos raios ondulados e proeminentes, as correntes alternadas masculina e feminina. Os sete *Yods* cadentes (sendo Chokmah, uma vez mais, a origem de Yod) fazem alusão às energias dos planetas que, sob a regência do Sol, são transmitidas para a matéria.

A carta de Crowley está relacionada com *O Julgamento*, que ele chamou de *Aeon*. Ela mostra *Heru-Ra-Ha*, o Senhor da Luz, aquele que rege a nova era que está para vir, o próximo estágio no processo de desenvolvimento humano. Em virtude do tema que foi enfatizado, é curioso perceber que Crowley baseou a carta no brasão da sua própria família, "O Sol guarnecido com uma rosa sobre um monte verdejante."[105]

Segundo sua explicação, a rosa circundada pelos Signos do Zodíaco representa o desenvolvimento da influência solar. O montículo verde de terra, abaixo da Rosa-Sol, significa fertilidade e tem essa forma para sugerir a aspiração de se conseguir algo mais elevado. Tal como em outras versões, existe um terreno cercado por muros, mas aqui as crianças estão fora dele, significando que a humanidade não está mais presa "pelos preconceitos de pessoas que datam moralmente de 25 mil a.C".[106] Mais interessante, talvez, é a observação feita por Crowley de que a Cruz, retirada da fórmula dos Rosa-Cruzes, irá se expandir e se transformar no Sol com doze raios. Ele não será mais limitado pelos quatro braços e poderá irradiar-se livremente para fora.

Uma ideia especialmente significativa ligada a este Caminho é a de que, conforme afirma o ritual da Aurora Dourada para o Vigésimo Nono Caminho, o "Sol abarca com seus raios toda a criação".[107] Essa ideia é transmitida por meio de uma variedade de maneiras, tal como pelos quatro girassóis e 22 raios na carta de Waite, significando os Quatro Mundos e 22 Caminhos. A carta da Aurora Dourada mostra dez flores, para representar a totalidade da Árvore da Vida. A carta de Crowley, como já observamos, procura mostrar a expansão da rosa e da cruz no seu relacionamento com o Sol, centro de manifestação. Portanto, ela também se refere à totalidade da criação, tornada quente e brilhante pelos raios do Sol. Obviamente, é necessário uma vez mais ter em mente a distinção entre os dois lados do *Abismo*. A criação e a luz significam *Microprosopus*, em cujo centro está Tiphareth. A escuridão, ainda que potencial, está associada a *Macroprosopus*, ou seja, o Triângulo Superno.

29. O CAMINHO DE QOPH

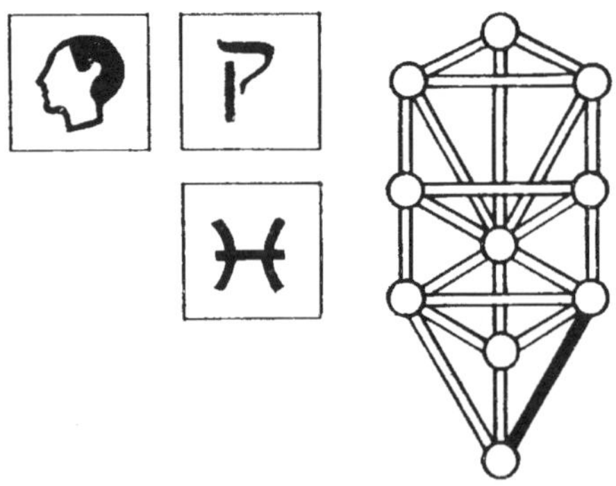

A Lua

A Décima Oitava Carta

- COR DO CAMINHO: Carmesim (Ultravioleta)
- SOM RELACIONADO: Si Natural
- SIGNO: Peixes (Água Mutável)
- SIGNIFICADO: Nuca, Orelha
- LETRA SIMPLES: Sono
- TÍTULO ESOTÉRICO: O Regente do Fluxo e Refluxo. O Descendente dos Filhos do Poderoso.

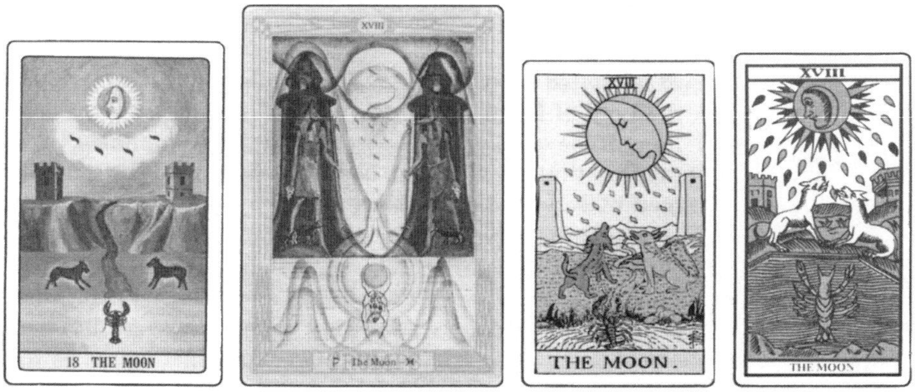

TRINTA E DOIS CAMINHOS DE SABEDORIA: *O Vigésimo Nono Caminho é a Inteligência Corpórea, assim chamada porque molda todos os corpos formados abaixo do conjunto de mundos, bem como o seu desenvolvimento.*

O Caminho de Qoph liga Netzach (Vitória) a Malkuth (O Reino) e é descrito não apenas como a "Vitória do Mundo Material", mas também como o "efeito enganador do aparente poderio das Forças Materiais". Crowley chama este Caminho de "Portal da Ressurreição [...] o limiar da vida [...] ou renascimento espiritual". Este Caminho pode ser considerado em dois níveis: primeiro, no curso do processo de encarnação, é a etapa em que a alma organiza o corpo físico que irá habitar. Trata-se de um "sono" (tal como é atribuído a Qoph pelo *Sepher Yetzirah*) que precede a consciência normal do estado de vigília, uma forma de pré-consciência que se diferencia em matéria a partir da inconsciência coletiva de Netzach. Segundo, em termos da pessoa que está se desenvolvendo espiritualmente, é uma conquista dos fantasmas refletidos pelo mundo material, aquilo que a Aurora Dourada chama de "O Descendente dos Filhos do Poderoso", ou seja: as "criações do que foi criado". Este é um caminho de provação, no qual o estudioso deve enfrentar e vencer os fantasmas dos recessos mais escuros de sua mente e aqueles da humanidade. Nesse sentido, ele pode ser um Caminho terrível e assustador, implicando a existência de perigos reais para a estabilidade emocional daqueles que não forem suficientemente fortes para lidar com essa experiência. Essas perturbações interiores podem efetivamente resultar em sérios problemas físicos. Por outro lado, a tradição afirma que a travessia bem-sucedida deste Caminho confere poderes de "enfeitiçar e produzir ilusões". Quando matamos os dragões dos profundos recessos da nossa consciência adormecida e compreendemos os seus mecanismos, nós adquirimos a capacidade de manipular essas qualidades tanto em nós mesmos como nos outros.

Qoph significa *nuca*. É por trás da cabeça que está Resh (*O Sol*). Assim, aquilo que é simbolizado por *A Lua* precede a brilhante consciência intelectual de *O Sol*. Neste nível da Árvore, a Lua apenas reflete a luz do Sol; o Caminho do centro da carta vai do lado escuro da Lua para o lado claro, onde o Sol incide diretamente. Deve-se observar aqui que Crowley discordava acentuadamente das interpretações da Aurora Dourada e de Waite, segundo as quais a Lua é crescente.[108] O fundamento lógico aqui é que o caranguejo é o símbolo de Câncer, significando que, quando o Sol está em Peixes, a Lua será crescente em Câncer. Assim, pretendia-se que o Caranguejo, saindo da Água, num determinado nível significasse: "O Sol abaixo do horizonte, como sempre acontece quando a Lua é crescente".[109]

Outra importante ideia expressa nos manuscritos da Aurora Dourada é a de que a figura do caranguejo deriva do escaravelho.[110] Crowley desenvolveu essa ideia, fazendo do escaravelho o elemento central da sua carta e enfatizando os aspectos mais sombrios do Caminho. Ele chamou isso de "Lua minguante da feitiçaria e feitos maléficos [...] a escuridão deletéria que é necessária para o renascimento da luz".[111] O renascimento da Luz a partir de uma horrenda e abominável escuridão é o principal objeto do seu interesse e é admiravelmente simbolizado pelo besouro, uma referência a Kephera, Pai dos Deuses e o grande Deus da Criação e da Ressurreição.[112] O besouro ou *scarabaeus* (chamado de *kheprera* pelos egípcios) era o principal símbolo de Deus. Trata-se de um besouro que põe ovos em bolinhas de excrementos, que são empurradas a uma certa distância e onde os ovos eclodem depois de ficarem expostos ao calor do Sol. A bola de excremento foi considerada equivalente ao próprio Sol, pois contém tudo o que é necessário para o crescimento e a nutrição.

Sob alguns aspectos, a forma que emerge das águas é ao mesmo tempo o superior e o inferior. Ela é o próprio criador da vida, tal como Kephera, o Deus que se diz ter emergido da "aquosa massa de Nu" na forma de um besouro. Ela é a força criativa superior, iniciando sua autoexpressão material como a forma orgânica mais baixa. O caranguejo significa a evolução orgânica da espécie humana; ela também diz respeito ao desenvolvimento celular do veículo físico a partir das raízes internas da natureza. E, na condição de originador da forma, Peixes (regido por Júpiter) está relacionado com Chesed. A respeito de Peixes, os documentos mais antigos da Aurora Dourada, os assim chamados *Ancient Cypher Manuscripts* [Antigos Manuscritos Cifrados] afirmam que "por ele fluem as águas de Chesed",[113] significando que ele é a primeira consciência formativa no nível mais baixo da Árvore.

Naturalmente, a mais importante referência do Tarô em relação à Lua é *A Sacerdotisa*, o Caminho de Gimel que leva diretamente de Deus, o Pai, para Deus, o Filho. *A Sacerdotisa* é a fonte das águas cristalinas da consciência que brotam da Divindade. As mesmas águas são vistas em *A Lua*, mas neste caso estão poluídas! Isso não significa que exista algo intrinsecamente mau neste Caminho. Mais exatamente, seus fantasmas estão relacionados com a densidade do corpo físico, o qual é afetado por todos os três Caminhos que levam a Malkuth: *O Julgamento, a Lua* e *o Mundo*. Como já dissemos, o processo de percorrer os Caminhos produz um nítido efeito sobre o corpo. O veículo físico é sutilmente modificado à medida que a Luz vai penetrando nele e a Personalidade torna-se cada vez mais consciente da presença e das atividades do Eu Superior.

No que diz respeito ao corpo humano, o Caminho *A Lua* é organizador (formativo). Ele é descrito nos *Trinta e Dois Caminhos de Sabedoria* como "Inteligência Corpórea", a qual, segundo Case, significa "consciência do corpo". Ele também observa que o radical da palavra "corpóreo", em hebraico, significa "chover sobre".[114] Cada uma das três cartas mostra Yods "chovendo" sobre o Caminho. Ou então, como descreveu Pausânias, poderiam ser as lágrimas da Lua-Deusa, que faziam o Nilo encher e baixar.[115] Seja como for, existe uma concordância geral de que, tal como simbolizam os Yods cadentes, alguma coisa desce da Lua para a Terra neste Caminho.

Na carta de Waite, existem quinze Yods, uma possível referência ao cativeiro da matéria, simbolizado pela décima quinta carta-trunfo, *O Diabo*. A carta da Aurora Dourada mostra quatro Yods, um para os poderes de cada um dos Quatro Mundos, enquanto Crowley usa nove, numa referência a Yesod. Ele as descreve como "gotas de sangue impuro",[116] significando o ciclo menstrual. Ele descreve o Caminho como uma torrente de soro tingido de sangue.

De fato, a menstruação e seu sangue escuro estão intimamente associados a este Caminho, o Caminho do parto, onde reina a Deusa grega Ártemis.[117] Sendo irmã de Apolo, o Sol, Ártemis era a Lua. Tal como Diana, sua equivalente em Roma, ela era a Deusa da Caça, percorrendo florestas bravias e montanhosas com sua matilha de sabujos. Dessa maneira, o parto está ligado aos aspectos mais selvagens da Natureza. Tal como o Caminho, a Deusa pode ser perversa e implacável; sua lenda faz muitas referências a atributos sinistros e vingativos. Qualquer infração de suas regras era imediata e ferozmente punida. Portanto, a partir do ponto de vista da lenda grega, os cães de *A Lua* podem ser considerados os cães de Ártemis, prontos para atacar e destruir os homens que a desagradarem. A própria ideia é bárbara e incivilizada, assim como o Caminho de Qoph. Este é um Caminho primitivo, relacionado com a natureza bruta animal. É o Caminho dos instintos animais (a lei da selva), das paixões e energias que não estão sob o controle de considerações intelectuais, morais ou éticas. Este pode ser um Caminho muito cruel, mostrando-nos aspectos de nós mesmos que, embora a sociedade nos obrigue a reprimir, sem dúvida fazem parte da natureza humana. Todavia, nós abordamos as imagens e lições desse Caminho sem hesitar e interpretamos à luz da razão aquilo que for encontrado, da mesma forma como aplicamos as emoções ao que é encontrado no Caminho de *O Julgamento.*

A Lua é uma das cartas para as quais a tradição nos legou uma estrutura bem definida, sendo que as cartas da Aurora Dourada e de Waite baseiam-se claramente na versão do baralho de Marselha: dois cachorros (na carta de Waite aparecem um cachorro e um lobo) postam-se ameaçadoramente sob uma Lua personificada, entre duas torres desertas. Na água, na parte de baixo da carta, há um lagostim. É interessante observar aqui que na versão de Marselha não é mostrado nenhum Caminho, e apenas por inferência pode-se perceber que o lagostim irá passar entre os dois cães ferozes.

Mathers e Crowley concordaram que esses últimos deveriam na verdade ser considerados os chacais de Anúbis, os necrófagos da morte. Anúbis era o Deus Chacal e o grande Deus dos Infernos, encarregado de julgar e embalsamar os mortos. No Tarô, isso significa o processo natural de deterioração do corpo físico por ocasião da morte, o retorno de suas energias ao invisível e uma sugestão de correspondência com o Caminho de Shin, *O Julgamento.* A sugestão aqui é a de que, por ocasião da morte, a atividade das forças naturais sobre o corpo ocorre de forma concomitante com a "pesagem da alma" nesse Caminho.

Anúbis é um Deus muito complexo e de opostos lunares, conforme é sugerido pelas figuras duais de Crowley. Anúbis é um Deus de luz e trevas, de morte e ressurreição, cujo culto fascinou as sociedades antigas que viviam em torno do Egito. Descrevendo para os romanos as sutilezas do culto a esse deus, Plutarco escreveu:

> Por Anúbis eles entendem um círculo horizontal que separa a parte invisível do mundo, que chamam de Néftis, da parte visível, à qual dão o nome de Ísis; além disso, como esse círculo toca tanto as fronteiras da luz como as da escuridão, pode-se considerá-lo comum a ambas – e a partir dessa circunstância surge a semelhança que eles imaginam haver entre Anúbis e o cão, pois esse animal mantém-se igualmente alerta tanto de dia como de noite. Em suma, o Anúbis egípcio parece ter o mesmo poder e natureza da grega Hécate, uma divindade comum ao inferno e às regiões celestiais.[118]

Continuando com a ideia de Anúbis e da ressurreição, existe um nítido relacionamento com a lenda de Cristo. Pode-se dizer, embora talvez pareça um tanto estranho, que num obscuro simbolismo medieval a lagosta seja um símbolo do Cristo ressuscitado.[119] Devemos ter um extremo cuidado para não descartar de imediato esse simbolismo porque, embora o Tarô seja muito esquivo e enganoso, suas origens são inegavelmente medievais. No século XIV, qualquer símbolo, mesmo os ocultos, estava relacionado com Cristo.

De uma maneira ou de outra, nascimento, morte e ressurreição são conceitos fundamentais para o caminho de *A Lua*. Esses não são processos simbólicos; são fisiológicos, ocorrem na escuridão e também sob a luz do nosso senso de percepção. O processo energético, um movimento ondulatório cíclico, é representado por Crowley como um padrão que está tanto em cima como embaixo, ligado pelo Escaravelho do Sol.

Reafirmando o significado deste tenebroso Caminho em seus termos mais simples: esta é a energia natural a partir da qual o nosso corpo físico se desenvolve no útero. Trata-se de um processo que continua ao longo de toda a nossa vida, à medida que as células do corpo vão morrendo e são substituídas. A atividade deste Caminho termina com a dissipação da energia e o retorno à sua origem, que é Netzach.

Compreender este Caminho significa compreender a relação entre a nossa Personalidade-consciência e o veículo físico construído para cada encarnação, um empreendimento muito difícil para a maioria das pessoas, que acha que existe apenas através de seu corpo. Aqui o significado da letra simples Qoph, sono, nos proporciona uma importante indicação. Durante a fase cíclica da consciência do veículo físico, a maioria das pessoas continua a agir com base em informações e fantasias estreitamente relacionadas com sua existência corporal. Seus sonhos são cheios de sombras da matéria, a qual, uma vez conscientemente transcendida, é a conquista do Caminho de *A Lua*.

28. O CAMINHO DE TZADDI

A Estrela

A Décima Sétima Carta

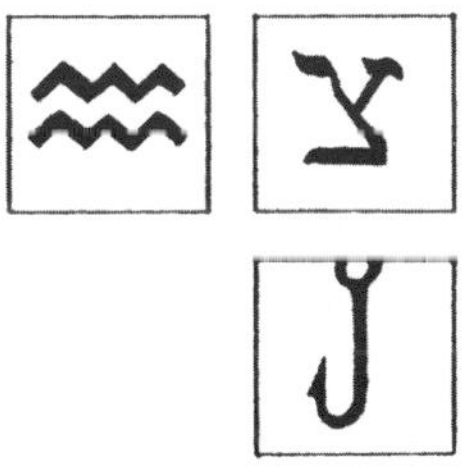

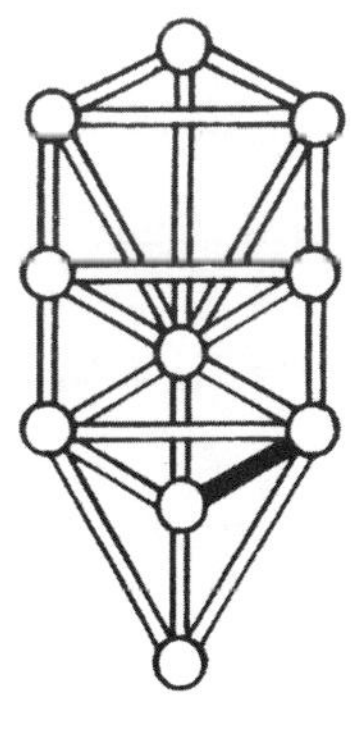

- COR DO CAMINHO: Violeta
- SOM RELACIONADO: Lá Sustenido
- SIGNO: Aquário (Ar Fixo)
- SIGNIFICADO: Anzol
- LETRA SIMPLES: Imaginação
- TÍTULO ESOTÉRICO: A Filha do Firmamento: Aquela que Habita entre as Águas.

TRINTA E DOIS CAMINHOS DE SABEDORIA: *O Vigésimo Oitavo Caminho é chamado de Inteligência Natural, sendo assim denominado porque através dele é consumada e aperfeiçoada a Natureza de todas as coisas que existem debaixo do Sol.*

O Caminho de Tzaddi, *A Estrela*, liga Netzach (Vitória) a Yesod (O Alicerce). Trata-se de um Caminho muito poderoso, que indica a maneira pela qual a Energia Divina inerente a cada indivíduo pode ser abordada adequadamente. A letra Tzaddi significa *anzol*, sugerindo meditação, um processo intimamente ligado ao uso da imaginação. Assim, a imaginação é descrita, não como a conquista de alguma coisa, mas como uma fusão de duas correntes de consciência individual para formar uma consciência maior. Embora este seja um Caminho da intuição fundamental, as vasilhas representam uma separação e, em seguida, uma reintegração da força de Chokmah (neste nível, sentimento e intuição) e de Binah (intelecto). O simbolismo do anzol na meditação é facilmente estendido para a Árvore da Vida: o Anzol (Tzaddi, *A Estrela*) é colocado nas águas de Mem (*O Pendurado*) para pegar o peixe (Nun, *A Morte*). A água é, mais uma vez, um símbolo de consciência. Quando praticamos meditação e visualização criativa, lançando-nos no Oceano Universal, nós procuramos compreender os processos de vida e morte.

Os Trinta e Dois Caminhos de Sabedoria descrevem este Caminho como a *Inteligência Natural*, sugerindo as forças brutais da natureza atribuídas a Netzach; os *Elohim* (Deuses de Netzach) são sinônimos da própria natureza. Além do mais, esta Inteligência Natural está relacionada com as energias simbolizadas em outra carta, *A Força*. O número de *A Estrela*, 17, reduz-se ao número de *A Força*, 8. Essa carta representa o controle consciente da energia Kundalini, a qual é descrita como *solar* ou *sexual*. Lembremos aqui que, embora se diga que a serpente Kundalini (a mesma que tentou Eva na Árvore do Conhecimento do Bem e do Mal) está "enrolada em Yesod", quando representada na Árvore da Vida ela está em contato com todo e qualquer Caminho. Quando encontramos a força Kundalini – as energias sexuais que estão dentro de nós mesmos –, nós nos aproximamos dos Grandes Mistérios de Tiphareth, o Logos Solar, que é a Estrela central da nossa existência. O processo de abordagem é uma espécie de yoga, envolvendo a inervação de centros de energia. É essa energia que usamos no processo de meditação; ela é ao mesmo tempo os meios e a meta da iluminação pois, como diz o texto acerca de Tzaddi: "Através dele é consumada e aperfeiçoada a natureza de todas as coisas que existem debaixo do Sol". *A Estrela* representa o método, os meios de se efetuar o aperfeiçoamento.

Conforme declara Case a respeito desse método: "A meditação é, na verdade, uma função do ego, que eleva até o nível consciente os poderes da consciência automática de Yesod... por mais que no início a meditação possa nos parecer uma atividade pessoal, quando realmente somos bem-sucedidos na meditação descobrimos que, na verdade, nós não meditamos *mas somos meditados*".[120] A ideia aqui é a de que o Eu Superior (que Case chama de Ego) leva a Personalidade à meditação. O "anzol" é a busca da realidade pela Personalidade consciente no contexto da meditação e a vara de pescar do Eu Superior para puxar a Personalidade das profundezas onde se acha recolhida.

A figura desta carta é a mais pura manifestação da Grande Mãe no nível da Personalidade e antes de seu aprisionamento na matéria. Por essa razão, ela está completamente despida: ela é a *perfeição* da forma física da natureza, ou seja, de "tudo o que existe sob o Sol", significando isso: abaixo do nível de Tiphareth. Essa é a mesma figura primeiramente encontrada em *A Imperatriz*, com manto e coroa; é também a mesma figura encontrada em *A Sacerdotisa* e a mesma figura de *O Mundo*.

Na carta da Aurora Dourada, a mulher é representada despejando o conteúdo de duas vasilhas (Chokmah e Binah) sobre a terra, de modo que "eles se juntam e formam um rio aos seus pés".[121] Na carta de Waite, as vasilhas estão despejando o líquido na terra e na água. O simbolismo de Crowley é muito mais complicado. Ele apresenta duas taças em forma de seio, uma de ouro e outra de prata: "Com a taça de ouro, ela despeja sobre sua cabeça essa água etérea, que também é leite, óleo e sangue, indicando a eterna renovação de categorias, as inexauríveis possibilidades da existência. A mão esquerda, abaixada, segura uma taça de prata, da qual ela também despeja o líquido da sua vida. [...] Ela o verte no limite entre a terra e a água. Essa água é a água do Grande Mar de Binah; na manifestação de Nuith num plano inferior ela é a Grande Mãe".[122] Crowley interpreta as diversas espirais desta carta como uma referência à forma do Universo prevista por Einstein e por seus seguidores. Ele chama a atenção para o fato de que existem formas retangulares apenas na taça inferior e diz que "Nisto talvez possa ser descoberta a doutrina segundo a qual a cegueira da humanidade a todas as belezas e maravilhas do Universo seja devida a essa ilusão de retidão."[123]

A versão da Aurora Dourada para *A Estrela* contém informações mais específicas do que as outras a respeito desses Caminhos, ainda que ocultas nas complexidades do número. Nesta carta, os sete raios primários e os quatorze raios secundários da estrela totalizam 21. Esse é o número de *Eheieh*, o nome divino de Kether, comunicando-nos que a relação entre este Caminho e a Divindade é muito mais direta do que parece. Além do mais, as imagens da Aurora Dourada explicam por que *A Estrela*, cuja posição foi trocada por Crowley pela de *O Imperador*, está firmemente estabelecida no Vigésimo Oitavo Caminho, onde a tradição a colocou.

A chave de tudo são as duas árvores ao lado da figura feminina. Elas são a *Árvore da Vida*, à direita, e a *Árvore do Conhecimento do Bem e do Mal*, à esquerda. Os estudiosos da Bíblia irão imediatamente reconhecer as árvores simbólicas descritas no Gênesis; Adão e Eva podiam comer o fruto da primeira, mas estavam proibidos de fazer o mesmo com os da segunda.

A Ave de Hermes acima da *Árvore do Conhecimento do Bem e do Mal* (o Íbis) amplia o significado da Árvore nesta carta. Trata-se de uma referência a *O Mago*, a carta de Hermes-Thoth-Mercúrio. A palavra hebraica *kokab* significa estrela e, mais especificamente, Mercúrio. Assim, vemos que, para aprender as lições deste Caminho, precisamos aplicar a força de vontade do Mago, a força diretora da meditação.

O *Zohar*, falando sobre a *Árvore do Conhecimento do Bem e do Mal* explica que, "se um homem vive honradamente, esta é a Árvore do Bem, e se vive iniquamente, esta é a Árvore do Mal".[124] Isso não implica a aceitação de qualquer doutrina social ou lei, bem como de qualquer norma de conduta social. Significa simplesmente atuar de acordo com a Vontade Universal. Nesta carta, vemos que os ramos inferiores da Árvore são o inverso dos princípios simbolizados pelos ramos de cima. Cada ramo representa um dos sete planetas (seis em torno do Sol) e Saturno representa os três Supernos (Figura 30).

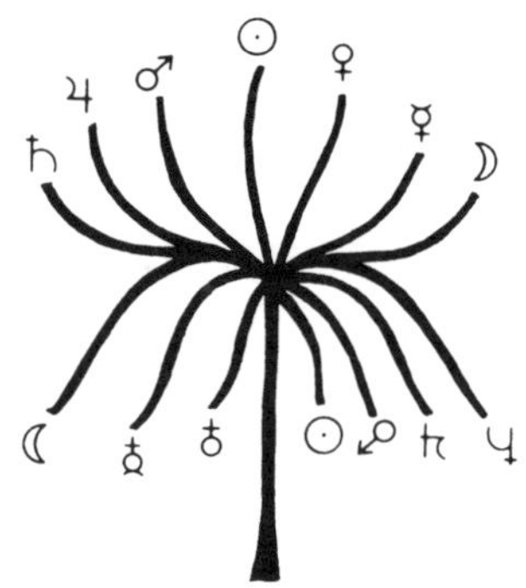

Figura 30. A Árvore do Conhecimento do Bem e do Mal.

Assim, vemos que esta Árvore, relacionada com a expulsão de Adão e de Eva do Paraíso, simboliza o dualismo da condição humana: bem e mal, dor e prazer, harmonia e discórdia. A ave voando acima da Árvore, embora seja uma referência a *O Mago* e à vontade, chama a nossa atenção para o fato de que a sabedoria deriva da correta compreensão e do controle dos aspectos diários da nossa vida. Os Mistérios Herméticos servem para explicar tudo o que é chamado de bem ou mal na nossa vida e nos ajudam a transcender as limitações que nos são impostas por essas qualidades. Veremos também que a *Árvore do Conhecimento do Bem e do Mal* está voltada para o Pilar da Severidade. Seu oposto, a *Árvore da Vida*, está voltada para o Pilar da Misericórdia, pois é uma dádiva de Deus que equilibra as lições completamente opostas da outra Árvore. A sugestão bastante prática aqui contida é a de que temos de aplicar continuamente à nossa vida diária as lições dos mundos interiores – os resultados da meditação – e vice-versa.

Esta carta mostra o Jardim do Éden, a condição original. Todavia, surge aqui uma complicada questão: por que esse jardim deveria ser representado numa carta situada tão baixo na Árvore da Vida e por que deveria formar um dos principais Caminhos da Personalidade? Isso é explicado por uma referência deste Caminho a um Caminho mais elevado, o de *O Imperador*.

O nome hebraico correto desta carta é [הכוכבים] (*ha-kokabim*), significando *as Estrelas* e não *a Estrela*. Case notou isso e observou que por essa razão alguns baralhos franceses e italianos antigos usavam o plural *Les Étoilles* e *Le Stelle*.[125] Embora Case não tivesse desenvolvido essa ideia, os admiradores de Crowley irão imediatamente lembrar da afirmação contida em seu *Book of the Law*, que o levou a inverter as posições de *O Imperador* e de *A Estrela*: "Tzaddi não é a Estrela". Na verdade, nao é uma única estrela, como também nao o é *O Imperador*. Todavia, existem muitas maneiras Cabalísticas por meio das quais *O Imperador* (Heh) e *A Estrela* (Tzaddi) se correspondem. Uma dessas lições, mais uma vez demonstrada pelo Mestre da Gematria, Paul Case, está relacionada ao fato de que a expressão hebraica *ha-kokabim* tem o mesmo valor numérico de [אבן האדם] (*ehben ha-Adam*), *A Pedra de Adão*.[126] Essa é uma referência simbólica à união do Pai Superno, Chokmah, com o Sol, Tiphareth, ou seja: O Caminho de *O Imperador*. Netzach é a energia de Chokmah em seu arco inferior, na base do Pilar da Misericórdia. Seus *Elohim* são a expressão inferior do YHVH *Elohim* de Binah, os quais, conforme nos diz o Gênesis, criaram o jardim e as duas Árvores. O Caminho de *A Estrela*, portanto, é o Éden inferior, o Éden da Personalidade. O Caminho de *O Imperador*, como discutiremos posteriormente, é o aspecto ígneo do Éden superior, o Éden a partir do qual emerge o Eu Superior.

A Estrela mostra o Éden "restaurado" por Adão, uma referência a Tiphareth, à qual Adão é atribuído. Esse Éden inferior é um estado com o qual a Personalidade pode se relacionar diretamente. Aqui também recordamos que a criação do homem, a formação da consciência individual a partir da consciência coletiva, se inicia a partir de Netzach. Esse é também o nível mais elevado da intuição da Personalidade, ao contrário do Caminho de *O Sol*, o nível mais elevado que o intelecto pode alcançar.

O signo aéreo de Aquário, associado à paz, ao amor e à inspiração, é atribuído a este Caminho. Na Antiguidade, dizia-se que Saturno regia Aquário, o que nos remete uma vez mais a Binah e, na verdade a *O Mundo*. Deve ficar claro aqui que *A Estrela* está relacionada com um número muito maior de Caminhos do que a maioria dos outros Arcanos Maiores e, nessa condição, tem uma importância especial. Crowley, melhor do que qualquer outro autor, explicou por que isso acontece. Ele disse que "aqui o Mundo está reduzido a seus elementos últimos".[127]

Esse desígnio está implícito na própria figura da Estrela central, que é uma mistura de muitas luzes. Trata-se de um brilho emitido a partir de um ponto central que tem sido relacionado com *Lúcifer*. Esse anjo não é visto como uma figura dos infernos, mas como o portador da Luz, a "Estrela da Manhã e da Tarde", geralmente tida como o planeta Vênus, o Chakra mundano de Netzach.

27. O CAMINHO DE PEH

A Torre

A Décima Sexta Carta

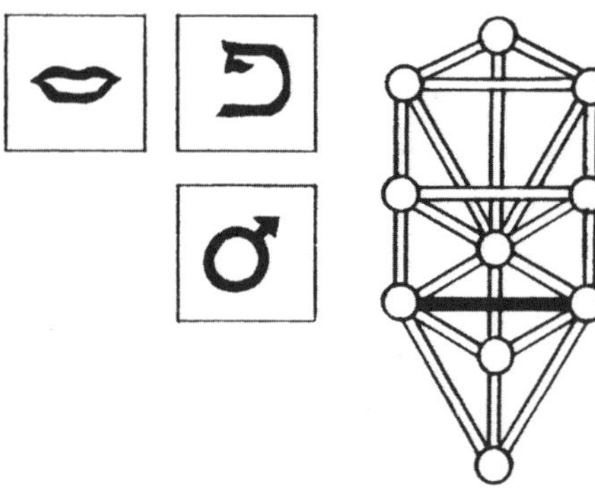

- COR DO CAMINHO: Escarlate
- SOM RELACIONADO: Dó Natural
- PLANETA: Marte
- SIGNIFICADO: Boca
- LETRA DUPLA: Graça-Indignação
- TÍTULO ESOTÉRICO: O Senhor das Hostes do Poderoso

TRINTA E DOIS CAMINHOS DE SABEDORIA: *O Vigésimo Sétimo Caminho é a Inteligência Ativa ou Excitadora, assim chamada porque é por meio dela que todo ser recebe seu espírito e movimento.*

O Caminho de Peh, *A Torre*, liga o centro do processo de raciocínio (Hod) ao centro do desejo-intuição (Netzach). Ele é o Caminho equilibrador da Personalidade,

relacionado com Marte e com o Norte, região tradicionalmente conhecida nos Mistérios como "o local de maior escuridão", porque se diz que o Sol nunca brilha na face norte do Templo de Salomão. Não obstante, nos é ensinado que a luz vem da escuridão, que "o ouro vem do Norte" e que "a Iluminação tem sua origem nas fontes ocultas de poder que aterrorizam a mente do ignorante".[128]

Peh é uma letra dupla e, portanto, um dos "portões da alma", podendo dar passagem para duas direções. Como palavra, Peh significa *boca*, um orifício relacionado com a ingestão de alimentos e com a emissão da fala. No primeiro caso, podemos inferir que é por meio da função desse devastador Caminho que as energias superiores são transmitidas para a Personalidade. Além do mais, enquanto o alimento espiritual entra no sistema, através da sua boca simbólica, a fala também passa por ela rumo ao exterior.

Qualquer um que tenha feito algum trabalho prático esotérico tem consciência da singular importância das palavras e dos sons com que são formadas. A *vibração* de um Nome Divino (sua elocução, de tal forma que possa ser efetivamente sentida pelo corpo) produz um claro efeito sobre o veículo físico e um efeito concomitante sobre os veículos psíquicos. Esse é um fato que pode ser facilmente testado pelo estudante, embora o efeito sobre o aspecto psíquico talvez não possa ser completamente percebido pela consciência desperta.

As "Palavras de Força", adequadamente vibradas com força marciana, contribuem para a destruição de nossas torres pessoais, falsos conceitos e instituições que acreditamos serem realidade. Temos de compreender, porém, que a destruição de algo abre espaço para a criação de alguma coisa nova. Conquanto Marte seja o Deus da Guerra e da destruição, ele é também o Deus que rege a produtividade das colheitas.[129] Com relação à fala, sabemos que *Logos* é também chamado de *Palavra*.

A maioria das versões desta carta representa uma torre, situada num local deserto, sendo atingida por um raio. Pessoas caem dela quando a coroa é derrubada.

Nos termos mais simples possíveis, isso simboliza a súbita destruição da nossa percepção acerca do que constitui a realidade. A torre é o conceito do que a maioria das pessoas chama de "Eu", a consciência da Personalidade sendo destroçada por um influxo de força que revela algo a respeito da natureza do Eu Superior. A torre também simboliza todas as instituições artificiais criada pelo homem, quer isso signifique governo, igreja ou quaisquer outros valores socialmente aceitos.

Isso poderia ser interpretado como a destruição do mal. De fato, um outro nome desta carta é *A Casa de Deus*. O processo de aprendizado espiritual envolve o contínuo desenvolvimento e a destruição de conceitos criados apenas como meios para a penetração nos mundos interiores. Por exemplo: nos Caminhos, nós primeiramente encontramos os Arcanjos com uma máscara antropomórfica. Essa parece ser a sua realidade, sobretudo se inicialmente não tenhamos acreditado na sua existência. O que encontramos são imagens estabelecidas ao longo de séculos de prática de meditação. Elas são, antes, uma útil criação de seres humanos do que a verdadeira e pura consciência das entidades arcangélicas. Encontrar os Arcanjos como consciências amorfas significa destruir outra torre criada por nós. Todavia, essas torres são necessárias e sagradas. Tal como os nossos corpos, a expressão mais densa de nós mesmos, elas são templos do Espírito Santo. Compreendendo isso, aprendemos a aplicar os princípios subjacentes de cada Caminho sem ficarmos presos às suas manifestações externas necessariamente artificiais. Sabemos que qualquer Caminho que sigamos é, por definição, artificial, seja ele a Cabala, o Hinduísmo, o Catolicismo, o Judaísmo ou o Budismo, e que cada tijolo cuidadosamente acrescentado a essas estruturas mais cedo ou mais tarde será destruído.

Um importante símbolo de *A Torre* é o seu próprio isolamento. Ela fica no topo desolado de uma montanha. A maioria das pessoas se vê dessa forma, como unidades de consciência totalmente isoladas. Assim, a destruição da torre significa conhecer o Verdadeiro Ego, que não pertence apenas a nós. O raio que fere a torre é uma súbita percepção da nossa verdadeira identidade. Esse raio tem a forma do círculo e da lança de Marte para indicar o poder que inicia a experiência.

Nas cartas de Waite e da Aurora Dourada, o raio atinge a coroa no topo da torre, uma óbvia referência à Coroa de Kether. O que está simbolizado aqui, porém, são as falsas coroas da nossa existência, aqueles valores artificiais que acreditamos nos controlar. Um dos significados da coroa aqui é o de *vontade*, a Vontade Fundamental de Kether, que é a única verdadeira realidade. A nossa tentativa consciente de nos alinharmos com essa Vontade Fundamental acarreta a destruição da nossa crença na existência de uma vontade pessoal.

A referência a Marte no 27º Caminho indica a correspondência do Caminho com Geburah, a quinta Sephirah. Aqui se dá a atividade de Geburah no sentido da destruição de valores obsoletos. Naturalmente, devemos reiterar que as Sephiroth são centros de energia objetiva ao passo que os Caminhos são a nossa utilização subjetiva dessas energias. Em graus variáveis, as energias de todas as Sephiroth estão em todos os Caminhos; neste caso específico, a energia de Geburah é predominante. Lembremos também que Netzach e Geburah, Vênus e Marte estão integralmente ligados e que os Deuses associados a Hod e a Netzach são chamados de *Deuses dos Exércitos*. Foi por uma boa razão que Crowley deu a esta carta o subtítulo de *Guerra*. Em toda a literatura esotérica espiritual o autodesenvolvimento é descrito em termos marciais. O *Bhagavad-Gītā*, por exemplo, descreve uma batalha simbólica das partes que compõem o Eu: Krishna é o Gênio Superior que guia Arjuna até o seu campo de batalha pessoal interior. Muitas pessoas cometem o erro de presumir que o processo de desenvolvimento espiritual é caracterizado por "suavidade e luz", um equívoco estimulado principalmente pelo Cristianismo. *A Torre* indica que o crescimento interior tem de ser um processo difícil e doloroso. A natureza nem sempre é bondosa conosco. Quando invocamos as forças interiores, logo descobrimos que obtemos aquilo que precisamos e que isso nem sempre é aquilo que queremos. Além do mais, frequentemente não é aquilo que esperamos. Os ramos da Árvore da Vida, como esta carta sugere, estão cheios de surpresas!

Tanto na carta de Waite como na da Aurora Dourada, a surpresa e o caráter súbito da descoberta são simbolizados pela queda de um raio. A versão de Crowley representa o mesmo princípio, mas procura expressar alguns dos significados mais sutis do Caminho. Ele nos diz que esta carta representa o "prefácio" da chegada de uma nova era mostrada na 20ª Carta, *O Julgamento*. Sua versão de *A Torre* representa a destruição da velha ordem.

Tal como em *A Estrela*, Crowley usa linhas retas e figuras geométricas para indicar aquilo que é artificial. Ele observa que, como a perfeição é o *Nada* (com o significado de *Ain Soph*, literalmente "coisa nenhuma"), "todas as manifestações, por mais gloriosas e encantadoras que sejam, não passam de nódoas".[130]

Em sua carta, o Olho Cósmico que tudo vê observa e dirige o processo de demolição e destruição da torre, enquanto Dis, o Deus Romano da Morte, vomita chamas a partir da estrutura da base. No outro lado estão a serpente e o pombo, representando as "duas formas de desejo [...] o desejo de viver e o desejo de morrer [...]". Crowley diz que eles são também "os impulsos masculino e feminino".[131]

Tanto na carta da Aurora Dourada como na de Waite, há duas figuras caindo da torre. Case interpretou-as como modos duais da consciência pessoal inferior (consciência e subconsciência), enquanto Mathers chamou-as de Reis de Edom. Waite presumivelmente concordou com Mathers, pois suas duas figuras também usam coroas.

A referência aos Reis de Edom nos leva a alguns significados muito sutis desta carta. A queda dos Reis de Edom é uma referência à conquista dessa nação pelos judeus, lideradas por Judas Macabeu. Existe nessa queda, porém, um significado muito mais profundo, o qual é discutido com certa minuciosidade no *Zohar*. Esse livro afirma que, antes da criação do nosso Universo, havia outros universos ou formas de existência com as quais o Divino Criador estava descontente e que Ele reduziu a um estado de caos ou de não existência.[132] Além disso, *A Torre* tem outras implicações bíblicas. Na parábola da Torre de Babel, por exemplo, a relação fala-torre é apresentada com clareza. Segundo consta, depois do dilúvio, os descendentes se estabeleceram na Babilônia (Babel), onde construíram uma cidade de tijolos. Eles fizeram uma torre numa suposta tentativa de ganhar as alturas e conquistar o Céu. Considerando esses homens inferiores e ambiciosos, Deus procurou castigá-los. Onde anteriormente "toda a Terra tinha uma só língua" e os homens podiam trabalhar em uníssono, Deus impôs várias línguas, forçando sua dispersão pela Terra. Em termos simbólicos, a construção de uma torre de falsos conceitos produz confusão; ela é a aceitação das limitações da "língua", significando constrições de qualquer cultura específica. Nesse sentido, portanto, a torre também representa a estrutura dos sistemas religiosos individuais. Aqueles que estão entre os tijolos e a argamassa de qualquer sistema não conseguem enxergar além desse sistema e ver a Unidade Divina e o propósito que constituem o núcleo de todas as verdadeiras religiões.

As três janelas existentes tanto na versão da Aurora Dourada como na de Waite mostram o quanto as implicações desta carta vão muito além até mesmo do nível do núcleo do Eu Superior de Tiphareth. O número 3 é uma referência ao Triângulo Superno, significando que a atividade de *A Torre* envolve de alguma forma os nossos eus cósmicos. Crowley usa o símbolo do Olho Cósmico (o terceiro olho da visão interior), mas o significado é exatamente o mesmo. Aqui há o envolvimento de Deus, o Pai. O fato é que o Caminho de *A Torre* pode ser considerado a afirmação da Vontade Fundamental de que apenas Ela é a Verdadeira Coroa, equilibrando assim, no Eu, o positivo puro (Chokmah) e o negativo puro (Binah) que ficam no topo de cada pilar em nossas Árvores da Vida individuais internas.

Na verdade, toda Árvore da Vida está envolvida neste Caminho. Waite sugere isso colocando a Torre entre dois conjuntos de Yods cadentes (o Espírito descendente), os quais têm o seu número aumentado para 22, o número de letras hebraicas e de Caminhos. Lembraremos aqui que todas as dez sephiroth foram criadas por meio do Raio.

Na carta da Aurora Dourada é feita uma sugestão ainda mais profunda a respeito de nossos sistemas de valores humanos. No lado direito está a Árvore da

Vida e, no esquerdo, uma outra árvore, que é Qlippoth. Quando a Torre é atingida, os opostos do "bem" e do "mal" subitamente são vistos de forma diferente e a pessoa adquire a consciência de que tudo o que *existe* no Universo é uma parte do seu Único Criador. Uma vez mais, conforme temos afirmado repetidamente: tudo o que foi criado contém as sementes do seu oposto.

Até aqui temos discutido as implicações psicológicas do Caminho, ideias que podem ser facilmente derivadas a partir da meditação com a carta. *A Torre*, entretanto, envolve alguns simbolismos que raramente são encontrados em letra impressa. Esse simbolismo é puramente sexual.

No passado, o significado de determinados símbolos era apenas vagamente sugerido porque muitas pessoas poderiam considerá-los chocantes. Um desses símbolos é a própria Torre, que é um falo. Além do mais, a *boca* (Peh) poderia ser interpretada em um determinado nível como significando a abertura do órgão reprodutor masculino, por onde são emitidos os Yods, as sementes da vida. A carta de Crowley sugere isso de forma ainda mais clara por meio da forma da boca que expele fogo na parte inferior à direita. No seu diário de 1923, ele não deixa dúvidas ao falar da "torre destruída que é, na verdade, um falo emitindo raios de esperma".[133] O fogo é destruidor e renovador, pois força a transmutação da energia de uma forma para outra. Ele é, portanto, o ativador inicial que, em última análise, nos levará à fruição. Isso torna-se claro quando se levanta a seguinte questão: o que acontece à torre, que aqui é vista sendo destruída? A resposta é que acontece exatamente o mesmo que acontece no nosso mundo físico quando alguma coisa queima. A energia é liberada para ser reestruturada e se manifestar de outra forma.

Esta carta contém uma lição extremamente importante a respeito da natureza da transmutação de energias no Universo. A transmutação é tão difusa que pode ser encontrada em todos os níveis da Árvore da Vida. O conhecimento de que a energia de Marte é a força sexual universal de *Microprosopus* e de que a imagem da torre é, de algumas maneiras (embora não todas), o falo sugere outro importante significado desta carta. É a energia sexual superior que destrói a percepção da Personalidade a respeito da natureza da função sexual; é a destruição da percepção do próprio órgão sexual durante o orgasmo. E, como observamos anteriormente, um dos preceitos dos Mistérios afirma corretamente que "Deus é sexo". Desnecessário é dizer que esse preceito não era muito difundido na época vitoriana.

Existe aqui mais um outro mistério complicado. Esse é o mistério da *circuncisão*, uma ideia implícita na derrubada da "Coroa" do alto da Torre. Esse é, sem dúvida, um dos mais secretos significados da carta e é apoiado pela Gematria. A letra Peh tem o valor 85, que é o mesmo da palavra hebraica que significa circuncisão. Poderíamos também acrescentar que, quando conquistaram os edomitas, os judeus os forçaram a se circuncidarem, o que lhes permitiu serem absorvidos pela sociedade judaica.

Embora a origem do rito da circuncisão seja muito obscura, trata-se de uma prática que se sabe ter sido difundida pelos egípcios.[134] Os textos bíblicos mostram que diversas ideias estão relacionadas com a circuncisão: 1) Ela estava relacionada com a preparação para o casamento. No caso dos Mistérios, isso poderia significar aquilo que os alquimistas chamam de "Núpcias Alquímicas". 2) Era um rito de iniciação a um grupo social. 3) Era uma "oferenda redentora", tal como é interpretada no Levítico.[135] 4) E, o que é mais importante, era um testemunho da *aliança* entre Abraão e Deus. Em termos antigos, isso significava um acordo entre duas partes; não se tratava de um contrato no moderno sentido da palavra, mas de um compromisso bilateral de lealdade.[136]

Assim, pode-se interpretar a queda de cima da torre como o sacrifício da percepção da função sexual por parte da pessoa (uma circuncisão simbólica), como algo que é exigido continuamente da humanidade como requisito para a manutenção da aliança entre Abraão e Deus, ou seja, para conservar o Caminho através do qual a pessoa pode voltar à Fonte de Tudo. Além disso, ela é um marco introdutório; trata-se de uma preparação para o "Conhecimento e a Conversão do Anjo da Guarda" de Tiphareth.

Curiosamente, o texto bíblico exige a circuncisão de todas as crianças do sexo masculino no oitavo dia de vida. Isso certamente sugere uma relação com a oitava Sephirah, Hod, ligada a Netzach pelo Caminho de *A Torre*.

A Torre é o falo. Todavia, esse simbolismo não significa de maneira alguma que o Caminho seja trilhado exclusivamente pelos que estejam operando em encarnações masculinas. A existência do Caminho de Peh é anterior ao ponto de diferenciação dos sexos para a encarnação e, portanto, é uma amálgama de energias masculinas e femininas. Neste Caminho, a pessoa deve se concentrar no componente masculino da força sexual, da mesma forma como em outros Caminhos ela tem de lidar com os seus componentes femininos. O fato de o indivíduo ter um corpo masculino ou feminino, porém, acarreta algumas diferenças na maneira de abordar os Caminhos inferiores abaixo de Tiphareth. As energias são polarizadas de maneira diferente na experiência de um Caminho de acordo com a sexualidade do veículo físico. Isso não produz nenhuma diferença prática no trabalho individual; essas polaridades só precisam ser levadas em conta quando se está trabalhando em grupo.

26. O CAMINHO DE AYIN

O Diabo

A Décima Quinta Carta

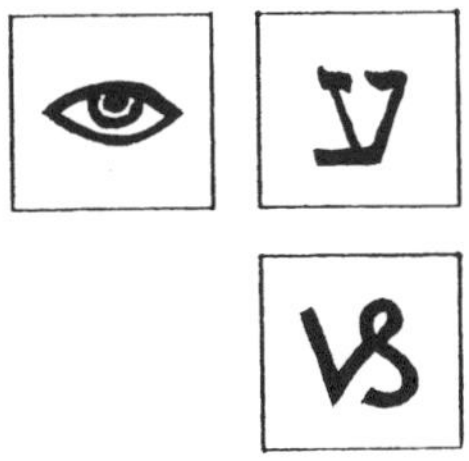

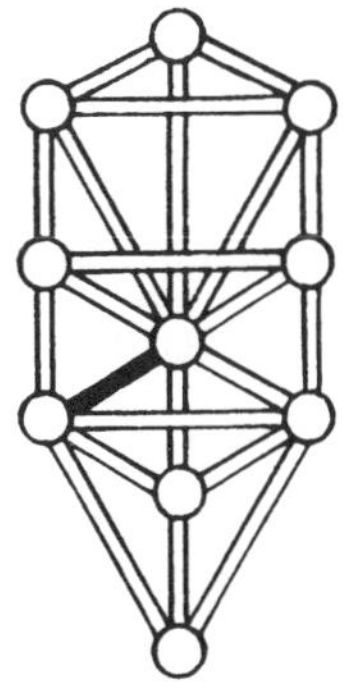

- COR DO CAMINHO: Índigo
- SOM RELACIONADO: Lá Natural
- SIGNO: Capricórnio (Terra Cardinal)
- SIGNIFICADO: Olho
- LETRA SIMPLES: Júbilo, Hilaridade
- TÍTULO ESOTÉRICO: O Senhor dos Portões da Matéria; o Descendente das Forças do Tempo.

TRINTA E DOIS CAMINHOS DE SABEDORIA: *O Vigésimo Sexto Caminho é chamado de Inteligência Renovadora, pois através dele o Sagrado Deus renova todas as coisas mutantes que são renovadas pela criação do mundo.*

O Caminho de Ayin, *O Diabo*, liga Tiphareth, o núcleo da consciência do Sol, a Hod, a esfera de Mercúrio e do intelecto. O vigésimo sexto Caminho é formativo e, em termos da estrutura do Eu, é uma ponte intelectual entre a Personalidade e a Individualidade.

De todos os Caminhos, este talvez seja o de compreensão mais difícil por parte daqueles cujas raízes estão fincadas nas culturas ocidentais, pois sua interpretação vai contra o significado que a maioria das pessoas associa ao Diabo. Em termos Cabalísticos o Diabo não é visto como uma entidade maléfica dotada de existência independente. E, além disso, representa um mistério especial que deve ser desvendado antes que a pessoa possa conhecer o Princípio Superior do Eu. O Diabo, que é o adversário, é o Senhor da forma manifesta, que temos de enfrentar e vencer.

Paul Foster Case, em seu programa de estudos, foi mais longe do que qualquer outro autor ao apontar as profundas implicações desta carta. Ele disse: "De todas as cartas do Tarô, a de número 15 é a mais importante. Ela é o disfarce simbólico do maior segredo prático do ocultismo, pois oculta e revela o segredo dos poderes tradicionalmente atribuídos a Moisés, a Davi e a Salomão. Esse é o mesmo grande segredo que Pitágoras aprendeu nas escolas dos templos egípcios. É também o grande Arcano da alquimia e da magia. Conhecê-lo é adquirir a capacidade de fazer a Pedra Filosofal e o Elixir da Longa Vida. Todavia, os que conhecem esse segredo *não podem revelá-lo*, pois a questão essencial está além do poder de expressão das palavras".[137] Aqui temos a compreensão de estar lidando com um Caminho da Árvore da Vida que é uma transição entre o intelecto normal da consciência desperta e a verdadeira consciência espiritual.

Existem três Caminhos que levam diretamente a Tiphareth: *O Diabo, A Temperança* e *A Morte*. Cada um desses Caminhos representa uma provação especial. Devemos reiterar, porém, que o estudioso não precisa percorrer todos eles. Os que escolherem o Caminho do Pilar do Meio precisam lidar apenas com *A Temperança*, que vai de Yesod a Tiphareth. Todavia, a decisão de seguir todo e qualquer Caminho significa a aquisição de controle sobre as energias simbolizadas por cada Caminho; todo Caminho confere um poder único. Por outro lado, percorrer o Caminho do Meio significa compreender e equilibrar, no interior do Eu, as energias de todos os 22 Caminhos. A diferença aqui é que o indivíduo pode compreender esses aspectos (conceituais) da consciência, sem necessariamente desenvolver a capacidade de manipular essas mesmas energias. Poderia-se dizer que a diferença entre o estudioso da magia e o monge católico é um maior nível de curiosidade. Embora alguns, obviamente, busquem os estudos ocultos movidos pelo simples desejo de conquista do poder, essas pessoas aprendem rapidamente que, se esse poder for adquirido e mal-utilizado, haverá um terrível preço a pagar. Não há dúvida de que o Caminho da devoção e da meditação é muito mais seguro do que o Caminho da magia.

O Diabo, na verdade, simboliza o poder em bruto. Ele é a força que produz a transmutação de *A Torre*, fato acentuado pela relação desta carta com Marte: *O Diabo* é o signo de Capricórnio, no qual Marte é exaltado. Este é o denso e, até mesmo, cego signo da Terra, simbolizando o que há de mais elevado e de mais inferior. Não obstante, ele é considerado um signo de iniciação ou de libertação das limitações da matéria. Trata-se de uma limitação sugerida pela regência de

Saturno sobre Capricórnio, o planeta de Binah, a Grande Mãe. Capricórnio rege as limitações da forma, quer isso signifique a prisão da matéria ou do tempo, ou o sistema artificial com que medimos e envolvemos todas as nossas atividades.

O Diabo representa a falsa percepção da realidade por parte da pessoa comum; a crença da nossa condição material é "real" no verdadeiro sentido da palavra. Essa falsa percepção é aqui simbolizada de duas formas: em primeiro lugar, pretende-se que o Diabo seja visto como uma figura cômica, o bicho-papão da nossa infância coletiva. Nossa crença na *ilusão* de matéria criada pelas energias simbolizadas por esta carta é efetivamente risível, e aqui está mais do que claro que o riso e o bom humor são ferramentas que nos ajudam a transcender a ilusão. Temos de aprender a não levar a sério as ilusões do mundo material. A hilaridade é o primeiro grande corretivo.

Em segundo lugar, nossa percepção equivocada da verdadeira natureza das coisas é sugerida pelo pentagrama invertido na cabeça do Diabo. O símbolo sagrado da humanidade, virado de cabeça para baixo, significa que a própria visão de mundo da maioria das pessoas e seu relacionamento com uma realidade espiritual estão de cabeça para baixo. E o significado da letra Ayin, *olho*, significa que a lição desta carta é uma reorganização de perspectiva, uma nova visão das coisas. O *olho* simboliza tanto a nossa aceitação da realidade do que vemos no mundo sensorial como também uma visão maior decorrente do uso da visão interior. Aceitar o que o nosso olho físico nos mostra significa nos sujeitarmos à ilusão e ao cativeiro, um estado simbolizado nas cartas da Aurora Dourada e de Waite pelas figuras acorrentadas. As figuras têm chifres para mostrar que, embora sem terem consciência disso, elas são servas dessa criatura cômica.

Uma afirmação fundamental deste Caminho é que o Diabo não existe da forma como é postulado pelo ignorante. Conforme está escrito na *Tábua de Esmeralda*: "Todas as coisas vieram da Unidade por meio da meditação da Unidade", significando que não existe nada no Universo a não ser Deus, incluindo o assim chamado Diabo. A carta contém um dos maiores mistérios da Cabala, o de que o Diabo é um meio necessário para se alcançar a consciência Cristo-Buda de Tiphareth. Descrito como a "fonte das formas e da aparência da existência relativa" e como "Senhor dos Portões da Matéria e Descendente das Forças do Tempo", o Diabo é ao mesmo tempo o Tentador e o Redentor. Ele também é chamado de "Príncipe dos Poderes do Ar", indicando que essa energia media o fluxo de correntes astrais. O Ar aqui deve ser entendido como o todo de Yetzirah, o Plano Astral que controla o fluxo e o refluxo da matéria.

Este Caminho confere a capacidade de endireitar o Pentagrama do Diabo e de erguer a sua tocha. Em termos práticos, isso significa a capacidade de inverter as correntes da Luz Astral. O intelecto e a meditação disciplinada são os meios através dos quais se pode realizar isso e produzir a Pedra Filosofal e o Elixir da Longa Vida. O processo se inicia com o intelecto de Hod e leva à intuição de Tiphareth. Esse é o significado do texto dos *Trinta e Dois Caminhos de Sabedoria*, que descreve Ayin como a *Inteligência Renovadora*. Sabemos que é apenas por meio das forças do Diabo, e da nossa correta compreensão dessas forças, que poderemos chegar a entrar em contato direto com a Luz de Deus, o Filho. As escrituras afirmam que o próprio Cristo foi tentado pelo Diabo. Assim, o caminho nos é apontado mais claramente do que os fundamentalistas cristãos jamais poderiam suspeitar.

Éliphas Lévi considerou este Caminho "a primeira manifestação física do Sopro Divino". E aqui recordamos que "Saturno come os seus filhos", significando que, embora a criação da ilusão da forma seja essencial para a manifestação no plano terrestre (e seja o verdadeiro significado do termo manifestação), a "dissolução dessas formas é fundamental para o Caminho de Volta". Para os alquimistas, *dissolução* significa *análise*, que é justamente o que fazemos quando separamos intelectualmente as energias que compõem a nós mesmos e ao nosso universo em 22 Caminhos da Árvore da Vida. Primeiro precisamos distinguir conceitualmente (bem como sob um aspecto prático) essas partes componentes e, depois, *reintegrá-las* por meio da compreensão do seu funcionamento. Desenvolvendo uma analogia já apresentada anteriormente: é apenas com a análise de cada parte do nosso corpo, considerando cada órgão isoladamente, que poderemos compreender como os órgãos atuam em conjunto para manter o nosso ser físico. A reintegração, nesse sentido, é a nossa visão geral da interação entre esses órgãos. Tendo obtido essa visão geral, podemos começar a aplicar ativamente o novo conhecimento. Essa é uma fase positiva da utilização daquilo que sabemos. É o passo que vem logo depois da dissolução e da reintegração. Todavia, como estamos operando numa encarnação terrestre, tudo deve estar relacionado com a nossa condição mundana. Cada lição tem de estar ligada à terra.

Esse é o significado psicológico de um processo que tem sido descrito em termos simbólicos ao longo dos séculos. Nossa psicologia nos proporcionou palavras para descrever relacionamentos de energia que os antigos apenas podiam expressar por meio de símbolos. Palavras como "subconsciente" e "inconsciente" integraram-se de tal forma ao nosso vocabulário que muitas vezes deixamos de reconhecer o seu valor. Assim, mais do que em qualquer outra época, hoje estamos preparados para lidar com os conceitos dos Mistérios, incluindo o que tem sido chamado variadamente de Fluido Akáshico, Força Ódica ou Luz Astral. Por meio da compreensão de *O Diabo*, essa força pode ser manipulada para qualquer fim que a pessoa tenha em vista. Aqui Lévi (que usou a expressão "Grande Agente

Mágico") descreve o processo de manipulação como *dissolver*, *consolidar*, *acelerar* e *moderar*,[138] Isso significa dissolução, reintegração, atividade e ligação com a terra. As mesmas qualidades podem ser descritas como Fogo, Água, Ar e Terra.

A indispensável interação entre os Quatro "Elementos" também é sugerida pelas cartas da Aurora Dourada e de Waite: A tocha invertida é o Fogo, as garras da Águia são a Água, as asas são o Ar e o corpo grotesco do Diabo é a Terra. Um simbolismo interessante, porém ainda menos óbvio, está no fato de *O Diabo* ser representado com as orelhas de um asno, uma referência mitológica que sugere uma interpretação sexual para esta carta. *Priapus* era o Deus Romano do Falo, a quem o asno era tradicionalmente sacrificado.[139]

O simbolismo das cartas da Aurora Dourada e de Waite é essencialmente o mesmo, com uma exceção. Na carta da Aurora Dourada, o Diabo segura um único chifre na mão direita. Pretende-se que esse seja o chifre de um carneiro ou Áries, o Caminho de *O Imperador*, regido por Marte. Mathers viu nisso o mais profundo significado da carta, pois esse é também o *shofah* judaico, o chifre de carneiro que é tocado para convocar as pessoas para orar no Yom Kippur. Assim, o Diabo segura os próprios meios de livramento da servidão. Nele estão aquilo que escraviza e o que confere liberdade. Além do mais, somos levados a compreender que o Caminho de *O Imperador* simboliza a energia pura que promove a queda de *A Torre* e o exame de *O Julgamento* (lembrando que Áries é o primeiro Signo do Zodíaco e marca o início da Primavera). Todos estão relacionados com Binah, que é um vermelho ígneo em Atziluth.

A carta de Crowley é muito mais complexa do que as outras e, uma vez mais, é explicitamente sexual. Ele diz que esta carta representa "a energia criativa na sua forma mais material", e o "Pangenitor, o Criador de Tudo o Que Existe". Seu bode é Pã, postando-se de pé sobre o pico mais alto da Terra e tendo ao fundo "as mais fantásticas, tênues e complexas formas de loucura".[140] Entre as pernas do bode está o bastão do Adepto Chefe da Aurora Dourada. Não é preciso muito esforço para perceber que nesta carta Crowley representou um pênis, um símbolo bastante apropriado, visto que, em seu entender, esta carta representa a mais masculina de todas as energias masculinas. Ele comunica um outro conceito ainda ao fazer com que a ponta do órgão masculino ficasse simbolicamente no Paraíso, fora da carta, enquanto os testículos contêm as formas aprisionadas da manifestação física.

Não há dúvida de que muitos irão se sentir pouco à vontade pela repetição de um simbolismo claramente sexual nas cartas. Embora esse simbolismo tenha sido compreendido ao longo dos séculos pelos iniciados nos Mistérios, só recentemente a nossa sociedade alcançou um estágio de maturidade no qual essas ideias podem ser discutidas abertamente e numa perspectiva apropriada. Todo adulto certamente concordará que o orgasmo é a mais poderosa força natural que afeta o corpo humano; todavia esse é meramente um indicador de um poder divino tão forte que nossa mente não pode conceber.[141]

25. O CAMINHO DE SAMEKH

A Temperança

A Décima Quarta Carta

ס

♐

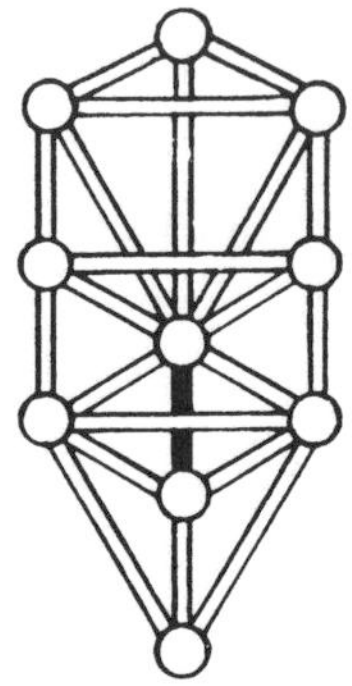

- COR DO CAMINHO: Azul
- SOM RELACIONADO: Sol Sustenido
- SIGNO: Sagitário (Fogo Mutável)
- SIGNIFICADO: Esteio
- LETRA SIMPLES: Cólera
- TÍTULO ESOTÉRICO: A Filha dos Reconciliadores, a Parteira da Vida.

TRINTA E DOIS CAMINHOS DE SABEDORIA: *O Vigésimo Quinto Caminho é a Inteligência da Provação, e é assim chamado porque é a Tentação primária, por meio da qual o Criador testa todas as pessoas íntegras.*

O Caminho de Samekh, *A Temperança*, vai de Yesod a Tiphareth, da Lua ao Sol, da Personalidade ao Eu Superior. Ele está entre os mais importantes e difíceis de toda a Árvore e nele pode ser vivenciada a própria enormidade da Grande Missão. Ele tem sido chamado de "Noite Escura da Alma",[142] um Caminho no qual a pessoa penetra num túnel profundo na crença de que irá encontrar a Luz na outra extremidade. Este é um Caminho de sacrifício e de tentação, chamado de *Inteligência da Provação*. Também é conhecido como a "Filha dos Reconciliadores, a Parteira da Vida". Em sua obra *777*, Crowley fez o seguinte comentário sobre a letra Samekh: "O útero preserva a vida. O autocontrole e o autossacrifício regem a roda".[143] Todas essas frases nos sugerem a ideia de que, em última análise, por trás desta carta está a Grande Mãe, o [יהוה אלהים] (*YHVH Elohim*) de Binah. Por essa razão, as figuras centrais das cartas de Crowley e da Aurora Dourada são femininas. Além do mais, o Vigésimo Quinto Caminho é o de *Sagitário*, o Arqueiro que é também Diana, a Caçadora, Deusa da Lua. Isso reafirma o princípio de que todas as figuras do Tarô (exceto *O Louco*) são Mãe-Binah e Pai-Chokmah sob diferentes roupagens.

Em sua função como Diana, ela rege as marés da Terra e as flutuações da Corrente Astral. Ela é a estrutura natural e o sustentáculo do fluxo e refluxo das energias da existência. Ela é o *esteio*, o próprio significado da palavra Samekh. A Grande Mãe é, assim, o "Útero que preserva a Vida". Ela é restrição e controle sobre as energias naturais; todas as energias do Universo manifesto são controladas e manipuladas dentro de restrições e limites específicos.

Em sua obra, *Voice of Isis* [Voz de Ísis], Hariette e Homer Curtis descrevem a Mãe Universal como o "poder de dar à luz na humanidade a Criança Divina ou o Cristo".[144] É ela que, em toda pessoa, promove o contato da Personalidade com a Luz Divina interior. Em termos Cabalísticos, ela é o Conhecimento e a Familiaridade com o Santo Anjo da Guarda. A ascensão pelo Caminho de *A Temperança* nos conduz ao parto de uma Criança, que é o próprio indivíduo renascido. A carta 14 é o início de uma consciência do Eu Superior de Tiphareth. A carta ilustra, não a experiência propriamente dita, mas o modo como ela é adquirida, ou seja: por meio de uma troca e de um equilíbrio de opostos que podem ser descritos em termos simbólicos. Aqui, o uso de símbolos não tem absolutamente nada que ver com o sigilo e simplesmente reflete a inadequação da linguagem para descrever o processo.

A carta de Crowley é a mais específica, mostrando o processo em termos alquímicos, nos quais o Fogo torna-se Água e a Água torna-se Fogo. Além do mais, visto que a Alquimia fundamental ocorre dentro do corpo do próprio alquimista, podemos também compreender que esta carta está na verdade descrevendo um efeito físico. Não se trata de algo tão simbólico como alguns poderiam pensar.

O obstinado intercâmbio entre o Fogo e a Água é a mistura de energias opostas no interior do corpo, fenômeno aqui simbolizado por um líquido sendo despejado repetidas vezes de um vaso para o outro. Esta é a *Água Viva*, a consciência vivificada pela mistura com o Espírito Ígneo. O processo consiste em conduzir o

Espírito até o corpo, de modo que ele *modere* a consciência e seja moderado por ela, formando assim uma coisa nova, algo que "é mais do que a soma de suas partes". Essa é a aplicação pessoal, no indivíduo, da união entre Yod (o Fogo) e Heh (a Água) para produzir Vau (o Ar) dentro do corpo, que é o Heh final e a Terra.

O processo envolve uma manipulação interior das energias sexuais. Na verdade, o simbolismo da flecha atirada para cima representa o orgasmo espiritual. Embora essa interpretação possa parecer extremada, ela é na verdade bem aceita na iconografia cristã. O êxtase de Teresa, a Santa e mística do século XVI, é descrito em termos de um anjo atirando uma flecha flamejante em seu coração. Esse simbolismo da flechada que produz êxtase e iluminação parece ser uma descrição universalmente aplicável (na verdade *arquetípica*) de um processo real.

O que acontece é o estabelecimento de um movimento rítmico masturbatório de energia interior. O controle mental dessa energia, sua manipulação consciente, é simbolizado pelo intercâmbio entre o Fogo e a Água ou pela troca de fluido entre os vasos. A chave desse processo efetivamente simples é o símbolo do infinito, o oito horizontal, que Waite usa acima da figura do seu mago. Trata-se de um fluxo e refluxo que está confinado, ou seja, que é usado dentro de parâmetros muito específicos (daí o simbolismo do útero) mas que pode ser dirigido para qualquer direção que se queira. À medida que a pessoa altera a frequência de vibração da sua energia interior, ela aumenta ou diminui o nível da sua consciência, ou seja: desloca-se de um Chakra para outro Chakra ou de um Caminho para outro Caminho.

Explicando tudo isso de uma forma mais simples: no nível mais inferior, a Água (que antes chamamos de *consciência*), sob a influência do Fogo (a energia Kundalini ou sexual), produz as imagens do Astral, as representações que se formam na nossa mente. Essas são as qualidades do Ar (Vau), pois nossa mente está ligada à Terra. O princípio consiste em produzir-se uma visão controlada pela consciência e limitada pela vontade. Uma questão importante a ser compreendida aqui é que a maioria das palavras simbólicas da Alquimia, do Hermetismo, da Cabala etc. descrevem processos que qualquer pessoa pode narrar. Eles não são estranhos nem complicados, principalmente no nível de Assiah. E, sob alguns aspectos, toda essa linguagem simbólica tem sido totalmente substituída pela linguagem da psicologia criada por Carl Jung e outros.

Temos de acrescentar que os *metais* descritos na literatura da alquimia equivalem aos Sete Chakras dos hindus e aos Sete Planetas e Sephiroth do *Microprosopus*. Esses termos têm sido usados de forma cifrada ao longo dos séculos, significando sete níveis distintos de consciência objetiva. Assim, quando se diz que um planeta rege um signo do Zodíaco, o que se pretende expressar é a relação entre um Signo e um determinado centro de energia, tanto no Universo Maior como no corpo humano.

Sagitário é o signo do Zodíaco relacionado com *A Temperança*. Seu regente planetário é Júpiter, significando Chesed, embora em certa medida ele também atue sobre *A Roda da Fortuna*, a décima carta do Tarô.

Chesed é sugerida pelo azul da túnica usada pelo Anjo da Aurora Dourada, a cor do Vigésimo Quinto Caminho em Atziluth. No peito da figura há um quadrado dourado, mais uma referência a Chesed, ao número *4* e à matéria. Na carta de Waite, o quadrado está coberto por um triângulo, significando que tudo no Universo manifesto é governado pelos Supernos. Relembramos aqui que Chesed é a arquiteta de toda manifestação, trabalhando com o puro "potencial de formar" de Binah.

Reiterando os importantes significados de *A Temperança*: 1) Ela diz respeito a um processo efetivamente físico, o qual tem sido conservado secreto pelos místicos através dos séculos. 2) Esse processo envolve o intercâmbio de energias opostas e é dirigido pela vontade. 3) O processo se inicia no nível do Eu Superior. Ele é instituído em Chesed, o nível mais aprimorado do *Microprosopus*, em cujo centro está o Eu Superior e a Sephirah onde o desejo de formar da Grande Mãe é realizado. 4) Até que esse processo seja completado, o Eu Superior não pode ser conhecido pela Personalidade.

Toda experiência é uma preparação da Personalidade e do corpo no qual ela está operando, a fim de poderem lidar com um influxo de Luz que seria insuportável para um sistema despreparado para lidar com essa energia. O mais importante aqui é o monitoramento do progresso, a contínua verificação a partir de cima. Aqui, o Anjo que despeja o elixir de um vaso para o outro é ao mesmo tempo o Eu Superior e as forças iniciatórias da natureza. Esse é um processo permanente de verificação e de medição para se saber o quanto o veículo físico pode suportar. Quando ele se torna capaz de lidar com o intercâmbio de energia aqui simbolizado, a flecha é liberada. Por outro lado, o anjo certifica-se de que nenhum indivíduo receba mais energia do que pode suportar. Quando isso acontece, esse anjo dá uma sacudidela de advertência que tão cedo não será esquecida. Os anjos, descritos como sentinelas de cada portão interior, estão lá para a nossa proteção.

Algumas ideias especiais podem ser obtidas a partir da análise da descrição da letra Samekh no *Sepher Yetzirah*, ainda que os termos desse documento se prestem a uma extraordinária variedade de interpretações. A palavra *cólera* [רוגז] está relacionada a Samekh. Todavia, Case afirma que isso é apenas uma "fachada" e que o significado original da palavra hebraica era *tremor* ou *vibração*.[145] Essa interpretação é inteiramente consistente com o simbolismo alquímico, pois o intercâmbio entre o Fogo e a Água é um controle de vibrações interiores. Entretanto, existem dois outros significados de "cólera" que poderiam ser apropriados para este

Caminho. Primeiro, é a ideia de cólera no sentido de *ira divina*, uma fúria tão devastadora que sua força retesa o arco e libera a flecha de Sagitário para o alto no Pilar do Meio. Em segundo lugar, trata-se de um aspecto dos Mistérios que raramente é discutido e que certamente é bastante apropriado para o Vigésimo Quinto Caminho: é a hostilidade que o estudioso muitas vezes sente em relação ao próprio Caminho à medida que ele continua a trabalhar dia após dia e parece não chegar a resultado algum. Essa hostilidade e essa frustração são em si mesmas um grande teste; elas fazem parte do trabalho que precede a obtenção da experiência interior. A cólera, se é que ela pode ser chamada assim, é dissipada ao longo do Caminho, quando os Espíritos começam a encher a vasilha na qual os elementos têm sido purificados para recebê-la.

A relação deste Caminho com outros três nos proporciona um dos melhores encadeamentos do simbolismo Cabalístico, pois as letras combinadas dos três Caminhos inferiores, [ק], [ש] e [ת], formam a palavra hebraica que significa *arco*. A mesma palavra também significa *arco-íris*, um símbolo que aparece repetidas vezes no Tarô. Esses três Caminhos são as forças que, quando combinadas, enviam a flecha através do céu em direção a Tiphareth. Eles são as três provações menores que antecedem a grande provação de *A Temperança*. Para abordar o Vigésimo Quinto Caminho é necessário que o indivíduo tenha começado a misturar a "Água" de *A Lua* [ק] com o "Fogo" de *O Julgamento* [ש] e estabelecido o intercâmbio com o Caminho de *O Mundo* [ת]. Essa atividade é sugerida em *O Mundo* pelas hastes bipolares carregadas pela figura central.

As cartas da Aurora Dourada e de Waite têm simbolismos muito semelhantes e ambas seguem muito de perto a tradição. Os vasos da Aurora Dourada são vermelho e azul para simbolizar um intercâmbio entre energias opostas (Chokmah e Binah em suas cores de Atziluth). Os vasos da carta de Waite são dourados para mostrar que tudo isso é uma função do Sol. Esse Planeta também é representado pelo emblema na testa do anjo e pela esfera que figura sobre a cabeça do anjo da Aurora Dourada. Em ambos os casos, o anjo tem um pé na água e o outro na terra, significando matéria sólida e consciência fluida. A Água é, de certa forma, representativa de Yesod, a fonte inferior desse Caminho, o *Alicerce* que é a fonte das dualidades de nossa condição sensorial e que controla o seu fluxo e refluxo. Esses são os opostos que procuramos manipular por meio do uso consciente do Fogo Solar mostrado, ao fundo, na forma de um vulcão em erupção.

O simbolismo de Crowley é ao mesmo tempo mais complicado e mais explícito, embora o significado da carta que ele chama de *Art* seja exatamente o mesmo que o das outras. Dentre todas as cartas em que Crowley se afastou radicalmente do *design* tradicional, esta é uma das mais bem-sucedidas. Ela demonstra graficamente princípios complexos e sutis que são apenas vagamente sugeridos pelas cartas de Waite e da Aurora Dourada.

Em sua obra *Livro de Thoth*, Crowley observa que esta carta é o complemento e a realização da carta 6, Gêmeos, *Os Enamorados*. Ela é "a consumação do Casamento Real que ocorreu em Atu VI. [...] É a mesma fórmula, mas num estágio mais avançado. A dualidade original tem sido completamente compensada; depois do nascimento vem o crescimento; depois do crescimento vem a puberdade e depois da puberdade vem a purificação".[146] Existe um perfeito intercâmbio. O Leão Vermelho alquímico tornou-se branco e o Leão Branco tornou-se vermelho. A Água é despejada sobre o Fogo e o Fogo é misturado com a Água, tudo isso dentro de um caldeirão dourado que é entendido como o veículo físico purificado.

Veremos que uma pequena flecha sobe em direção aos seios da figura, os quais serão dispostos na forma dos seis planetas de *Microprosopus* em tomo do Sol. Além do mais, o método para trilhar com sucesso este Caminho é dado cripticamente numa inscrição latina em torno da figura: *Visita Interiora Terrae Rectificando Invenies Occultum Lapidem*, que significa "Visita as partes interiores da Terra; por retificação a pedra oculta será encontrada". A pedra, às vezes chamada de *Pedra Filosofal*, é o objetivo último da Alquimia.

Obviamente, seria impossível discutir em detalhes aqui o sistema da Alquimia e a Grande Missão, aos quais Crowley se refere. Devemos acrescentar, porém, que o uso que Crowley faz do simbolismo alquímico tem alguns significados particulares específicos para o seu sistema. Tal como em *A Torre*, ele menciona a existência aqui de um segredo especial, conhecido pelos iniciados no nono grau de seu O.T.O. e que, como os leitores não se surpreenderão em descobrir, é claramente sexual.

Em seu livro *Sexuality, Magic and Perversion*, Francis King explicou um "código" com o qual as técnicas sexuais de O.T.O. foram descritas: "Este código foi elaborado a partir da terminologia técnica tradicional da Alquimia. O pênis foi chamado de *athanor*, o sêmen, de *serpente*, ou, ocasionalmente, de *sangue do leão vermelho*, enquanto a vagina foi chamada de *cucúrbita* ou *retorta*. As secreções que lubrificam a vagina foram chamadas de *menstruum do Glúten*, às vezes abreviado para *menstruum*, e a mistura de sêmen com o lubrificante vaginal foi chamada de *Primeira Matéria* ou, quando supostamente transmutada pelos poderes mágicos dos participantes do rito, de *Amrita* ou *Elixir*.

"Os iniciados do nono grau afirmaram ter tido sucesso em praticamente toda operação mágica, desde a invocação de Deus até a 'busca do grande tesouro' que poderia ser alcançado pela aplicação da técnica sexual apropriada."[147]

24. O CAMINHO DE NUN

A Morte

A Décima Terceira Carta

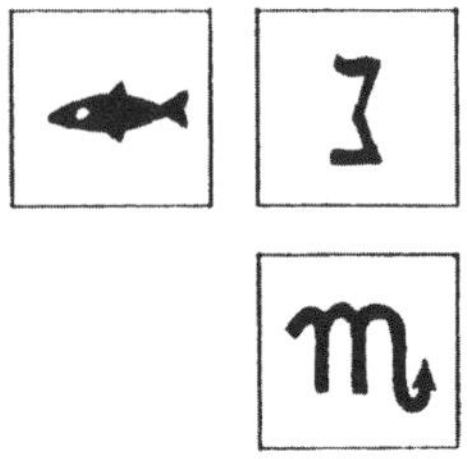

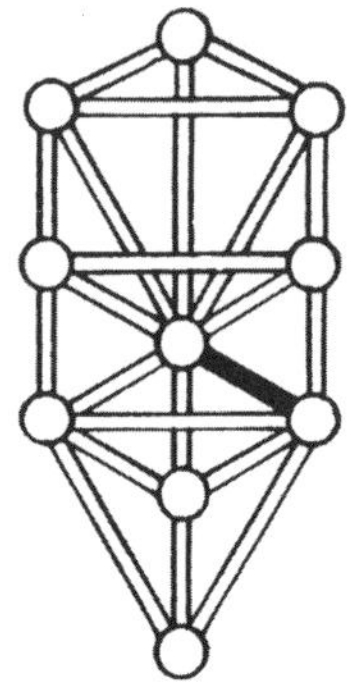

- COR DO CAMINHO: Verde-azulado
- SOM RELACIONADO: Sol Natural
- SIGNO: Escorpião (Água Fixa)
- SIGNIFICADO: Peixe
- LETRA SIMPLES: Movimento
- TÍTULO ESOTÉRICO: O Descendente dos Grandes Transformadores; o Senhor do Portão da Morte.

TRINTA E DOIS CAMINHOS DE SABEDORIA: *O Vigésimo Quarto Caminho é a Inteligência Imaginativa, assim chamada porque confere uma semelhança a todas as similitudes que são criadas de maneira similar a seus harmoniosos aprimoramentos.*

O Caminho de Nun, *A Morte*, é um dos três Caminhos que vão da Personalidade ao Eu Superior. Como uma introdução ao seu estudo, poderíamos proveitosamente considerar os comentários de Crowley e de Case. Diz Case de modo provocativo: "A Carta 13 nos revela o maior de todos os Segredos [...] aqueles que o conhece tem em suas mãos um poder que poderia ser usado para destruir o mundo. Todavia, nenhuma pessoa o aprende antes de estar realmente preparada. Mais do que qualquer outra coisa, isso significa uma preparação *ética* tal que nenhuma tentação de fazer mau uso desse poder jamais poderia ser forte o bastante para afastar o conhecedor do caminho da aplicação estritamente construtiva e benéfica da força que ele é capaz de controlar".[148] Poderíamos também relembrar a afirmação de Case a respeito de *O Diabo*, ao dizer que "esta é a máscara simbólica para o maior segredo prático do ocultismo". Conforme iremos ver, a semelhança entre as descrições dessas duas cartas não é uma coincidência.

Crowley fez comentários a respeito das implicações mais importantes desta carta. Ao discutir o *peixe*, o significado de Nun, ele diz: "Este símbolo resume *toda* a Doutrina Secreta".[149]

A grande importância deste Caminho é indicada pela sua própria posição na Árvore da Vida. Ele está no Caminho da Espada Flamejante, entre Tiphareth e Netzach, significando isso que ele é o Caminho da emanação da Energia do Criador Inferior para a matéria; ele é o Caminho no qual a energia de Deus, o Filho, é transformada na primeira esfera ou padrão de energia subjacente ao mundo material. Em termos do homem considerado de forma isolada, este é o Caminho no qual o Eu Superior envia a Personalidade "para baixo" a fim de passar por mais uma encarnação. Considerado sob a perspectiva da evolução pessoal, este é um Caminho no qual a energia da Personalidade, projetada pelo Eu Superior, é absorvida na morte física ou reconceitualizada na iniciação. A Grande Missão envolve muitas coisas que poderiam ser chamadas de reorientação psicológica; ocorre uma alteração perceptiva em relação à natureza da realidade e daquilo que constitui o Eu. Esse é um aspecto da "transformação" que ocorre neste Caminho.

A transformação implica o abandono da *natureza passional* de Netzach e o fato de ser o indivíduo absorvido por Tiphareth. Essa natureza passional é a própria essência da Personalidade, que opera apenas em termos da satisfação de seus desejos e necessidades. A própria vontade de viver, significando o desejo da Personalidade de continuar operando na condição sensorial, é anulada no Caminho de *A Morte*. Aqui a natureza temporária e ilusória da Personalidade é corretamente compreendida. A Personalidade sofre uma "morte" voluntária, renunciando a tudo o que ela acreditava ser. O mais difícil é que essa total renúncia à vida, esse sacrifício iniciatório, deve preceder o contato com a consciência cósmica. O indivíduo é solicitado a entregar a totalidade do seu ser, sua própria vida, em relativa escuridão, sem saber exatamente o que se passa mas com a fé de que haverá uma ressurreição na Luz. De acordo com a afirmação de Jung: "Ao penetrar no inconsciente, a mente consciente se coloca numa situação perigosa, pois está aparentemente extinguindo a si mesma".[150] Essa é, como Gareth Knight descreveu, uma "Noite Escura da Alma", muito semelhante ao Caminho de *A Temperança*, outro dos três Caminhos que vão da Personalidade ao Eu Superior. Embora a pessoa possa conhecer o Eu Superior por meio de qualquer desses Caminhos, as lições de todos os três Caminhos devem ser dominadas. *O Diabo*, *A Temperança* e *A Morte* são diferentes aspectos e perspectivas da mesma coisa, sendo que *A Temperança* é o Caminho da meditação entre Ayin e Nun. Isso poderia ser compreendido mais facilmente considerando-se a ideia de que a figura de *O Diabo*, o Anjo de *A Temperança* e o esqueleto de *A Morte* são todos aspectos do Eu Superior.

Ao se deparar com essa trindade tão rigidamente definida das cartas do Tarô, a pessoa talvez se pergunte como os princípios universalmente aplicáveis do [יהוה] podem estar relacionados. Nesse caso, *A Morte* é Yod-Fogo, *O Diabo* é Heh-Água e *A Temperança* é Vau-Ar, o resultado da interação dos outros dois. O *Sepher Yetzirah* obviamente fala apenas em Yod, Heh e Vau. Aplicadas a essas três cartas, Yod, Heh e Vau são forças que interagem no nosso próprio veículo físico, o Heh final.

Veremos que, embora a Árvore da Vida tenha um Caminho chamado *A Morte*, não existe o seu oposto, o Caminho do nascimento. Isso pode ser explicado de duas maneiras. A primeira é que *O Diabo*, que nos prende à matéria, é sob certos aspectos a carta do nascimento! Todavia, o mais importante é que tanto o nascimento quanto a morte são essencialmente a mesma transição. Quando a pessoa vem para este mundo, ela morre para o mundo interior; quando a pessoa morre neste mundo, renasce no mesmo mundo interior do qual se originou. Assim, esta carta representa a passagem simbólica através de um portão que é ao mesmo tempo a completa destruição de uma fase de energia e a transformação dessa energia em alguma outra coisa. Entretanto, a transformação é dirigida a partir de cima. Assim, esta carta do Tarô é chamada de *O Descendente dos Grandes Transformadores*. Ela é também o *Senhor dos Portões da Morte*. Nun não é os Grandes Transformadores propriamente ditos, mas o seu *Descendente*. Nun não é a Morte, mas o guardião de seus Portões. Esse é um importante princípio para a verdadeira compreensão desta carta.

Um outro simbolismo que talvez seja muito útil é de natureza alquímica. A este Caminho é atribuída a *putrefação*, a massa negra em decomposição que, no cadinho, acaba se transformando em ouro. Isso representa o surgimento de uma nova vida a partir da morte. Dentre as quatro cartas apresentadas, apenas a de Crowley sugere essa ideia. As versões de Crowley, da Aurora Dourada e de Marselha mostram o esqueleto da Morte empunhando uma foice, ferramenta agrícola que também é o símbolo do tempo e, portanto, de Saturno-Binah, o doador e o destruidor da Vida. Somente na carta de Crowley o destruidor movimento da foice também produz bolhas nas quais pode-se ver novas formas de vida se desenvolvendo. Essa é a ressurreição que se segue à transformação da morte. De fato, tanto Crowley como Mathers atribuem o esqueleto a Osíris, um Deus que foi morto e ressuscitou.

Obviamente, em todos os casos o esqueleto representa aquilo que permanece depois que os vermes da terra tiverem consumido a carne. O esqueleto é a estrutura do sistema orgânico e é, portanto, fundamental para o crescimento e a fruição. Curiosamente, como a palavra Nun é um verbo, isso significa *germinar* ou *crescer*. Assim, podemos ver o esqueleto como uma *semente* simbólica e perpétua. Embora a planta morra no inverno, isso não acontece antes que possa produzir as sementes que irão regenerar sua imagem na primavera. A imagem que persiste é uma espécie de esqueleto espiritual, um padrão que não é influenciado pela transformação da planta: a planta transforma-se em semente e esta, uma vez mais, transforma-se em planta. Esse é o significado das palavras dos *Trinta e Dois Caminhos de Sabedoria*: "[...] confere uma semelhança a todas as similitudes que são criadas de maneira similar a seus harmoniosos aprimoramentos". A meditação a respeito dessa ideia irá revelar a mensagem mais importante da carta *A Morte*, a qual sintetiza toda a Grande Missão ou, como disse Crowley acerca de seu símbolo, o peixe, "resume toda a Doutrina Secreta".

Nun significa *peixe*; Tzaddi significa *anzol*. Embora o *Sepher Yetzirah* relacione *imaginação* a Tzaddi, os *Trinta e Dois Caminhos de Sabedoria*, que surgiram posteriormente, chamam Nun de *Inteligência Imaginativa*. Para tornar esse simbolismo menos misterioso, os documentos indicam que no Caminho de Tzaddi começamos a desenvolver as ferramentas da imaginação criativa, as quais são necessárias para se trilhar o difícil Caminho de Nun, ou seja, para se fazer a transição entre a Personalidade e o Eu Superior. Uma vez mais, tudo está sintetizado no simbolismo do peixe.

O peixe é um símbolo tradicional daquilo que os alquimistas chamam de *Prima Materia*, algo quase impossível de se descrever, mas que é a substância mental de tudo o que existe. Gareth Knight diz que a melhor definição moderna nos foi oferecida por Coleridge e é a de "Imaginação Primária".[151] Desde possivelmente o século II d.C., o peixe também tem sido um símbolo importante do Cristianismo. Na Igreja primitiva, a Eucaristia não era especificamente representada, estando implícita em diversas cenas de refeições. A mais comum dessas cenas era o *Ágape* ou a *Refeição de Confraternização* (da *Berakah* judaica, refeição de bênção). Os iconógrafos chamam essas cenas de *fractio panis*, significando que o pão era simbolicamente repartido. As cenas mais primitivas de Ágape mostram várias figuras em torno de uma mesa em cujo centro está um peixe. Esse peixe, mostrado sempre vivo e frequentemente em forma dual, representa o Cristo que se oferece como uma refeição simbólica.

A associação entre Cristo e o peixe deveu-se basicamente à história do "milagre dos pães e dos peixes", outra convincente maneira pela qual os primeiros cristãos representaram secretamente a Eucaristia. Ela também está relacionada com um epíteto de Cristo: *Jesus Cristo, Filho do Deus Salvador*. As iniciais em grego desse epíteto formam a palavra *Ichthus*, palavra grega que significa peixe.[152]

O ambiente do peixe, o elemento de onde ele veio, é a água. Em termos cristãos, isso significa Cristo como descendente da Mãe Maria, Binah, que frequentemente é chamada de *Stella Maris* e o Grande Mar.

O signo astrológico atribuído a Nun, Escorpião, é simbolizado de três maneiras diferentes. Ele é o *Escorpião*, a *Serpente* ou a *Águia*. Essa é a transição, feita no Caminho de *A Morte*, desde a perigosa criatura que envenena e rasteja sobre a terra até a Serpente, que avança sinuosamente (uma referência à Luz Astral) para cima, a fim de se transformar na Águia que se ergue acima de todas as cabeças.

Crowley usa todos esses três símbolos. Seu esqueleto tem o Escorpião e a Serpente aos pés e a Águia atrás da cabeça. O mais sugestivo é que a Serpente se enrola em torno do Peixe. Essa é uma atividade circular, de rodopio, um movimento que o *Sepher Yetzirah* descreve como um atributo de Nun. Nesse contexto, movimento significa mudança, uma contínua transformação que é o padrão permanente do universo, ou seja, aquilo que serve de base para que tudo o mais possa ser previsto.

O movimento é a atividade principal da força de Marte, que rege Escorpião. Assim como há o envolvimento de Marte, o mesmo acontece com *A Morte*, com *A Torre* e com a quinta Sephirah, Geburah. Além do mais, *O Imperador* é essa energia de Marte durante a claridade do dia, enquanto *A Morte* é essa mesma energia no escuro da noite. Essa é, mais uma vez, a escuridão do desconhecido, a "Noite Escura da Alma" descrita por São João da Cruz. O que ele diz a respeito dessa condição aplica-se a *O Diabo, A Temperança* e *A Morte*: "[...] embora essa noite feliz traga escuridão para o espírito, ela o faz apenas para derramar luz sobre todas as coisas; e embora ela o torne humilde e o faça infeliz, isso acontece apenas para glorificá-lo e engrandecê-lo; e embora ela o esgote e o destitua de toda afeição e vínculos naturais, ela o faz apenas para que ele possa desenvolver-se divinamente e, assim, conheça e desfrute todas as coisas que existem tanto em cima como embaixo [...]".[153] Sua referência à perda da afeição e a vínculos naturais é um comentário sobre a redução da natureza passional da Personalidade. Lá se desenvolve, de fato, um terrível vazio, quase um completo desinteresse por tudo, mesmo que isso diga respeito a viver ou morrer. Os processos vitais deixam de ser importantes. Apesar desse sentimento, a pessoa segue adiante, quase mecanicamente mas com muita fé. A alma avança centímetro por centímetro, mergulhada numa indescritível escuridão (a "noite escura", a "putrefação") na crença – embora nem sempre com tanta certeza – de que a luz acabará aparecendo para indicar o caminho.

Tudo o que está envolvido aqui tem relação com as energias sexuais. Escorpião rege os órgãos sexuais e Marte rege Escorpião. A energia reprodutiva é conscientemente direcionada em exercícios práticos, tais como os do *Pilar do Meio*.[154] A versão de Crowley para a carta *A Morte* é a que melhor indica essa atividade.

A carta da Aurora Dourada é bastante tradicional, com duas exceções. Primeiro, a águia de Escorpião está em cima, à direita, transformando-se a partir da forma da serpente ígnea. Do lado oposto está o Sol Espiritual escurecido, que devia representar o processo de putrefação, a partir do qual surgirá finalmente o ouro espiritual. Ele é também a "Escuridão do Meio-Dia" dos cristãos.

O afastamento de Waite em relação à tradição, ao mostrar a Morte como um esqueleto montado e usando uma armadura, representa um outro aspecto do Caminho: sua qualidade belicosa. Aqui Waite recorreu a representações medievais da Morte, representando-a como um Cavaleiro Negro. Atrás dele está caído o Rei da matéria; à sua frente está um Bispo com uma mitra em forma de cabeça de peixe, supostamente com a função de indicar a passagem para a Era de Peixes. O Sol nascente, por trás das duas torres, visto primeiramente no Caminho de *A Lua*, é também uma referência à ressurreição, a vitória sobre a morte. Por fim, e o que há de mais interessante nessa versão, há uma bandeira com a rosa branca de dez pétalas, cinco internas e cinco externas. Como a rosa tem por base o número 5, essa é uma referência à força marciana de Geburah. Todavia, a totalidade das dez pétalas significa o envolvimento de todo o Universo sob Kether, por causa de sua cor branca. Ela também significa *O Louco* e Urano, com o qual a rosa branca está relacionada.

23. O CAMINHO DE MEM

O Pendurado

O Décimo Segundo Caminho

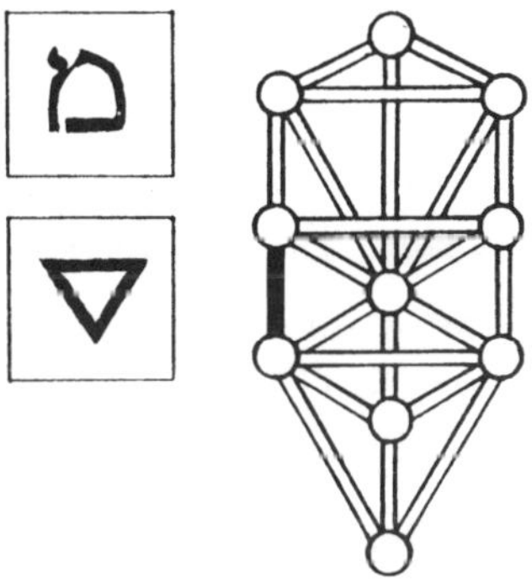

- COR DO CAMINHO: Azul-escuro
- SOM RELACIONADO: Sol Sustenido
- SIGNIFICADO: Água
- LETRA MATERNAL: Água
- TÍTULO ESOTÉRICO: O Espírito das Poderosas Águas.

TRINTA E DOIS CAMINHOS DE SABEDORIA: *O Vigésimo Terceiro Caminho é chamado de Inteligência Estável e recebe essa denominação porque tem a virtude da consistência entre todas as numerações.*

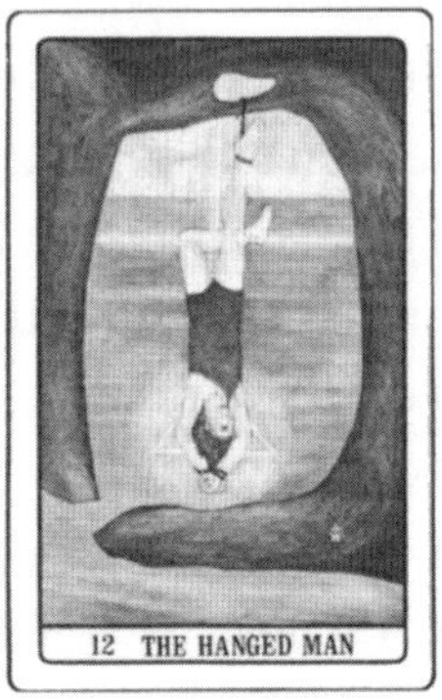

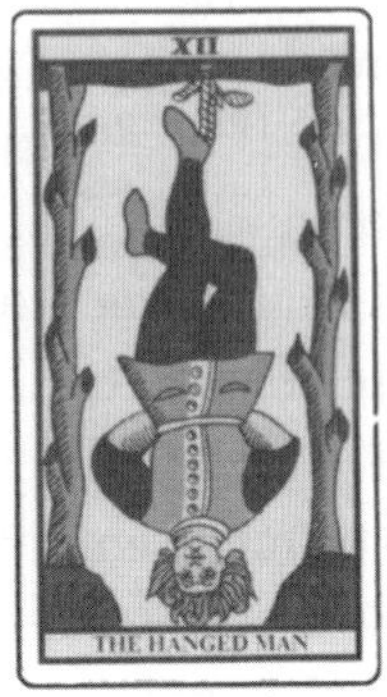

O Pendurado, o Caminho de Mem, faz a ligação entre Hod e Geburah no Pilar da Severidade. Esse é também um canal de comunicação entre a Personalidade e o Eu Superior, embora suas implicações iniciatórias sejam bem diferentes daquelas dos três Caminhos que conduzem diretamente a Tiphareth. Este Caminho e o simbolismo da carta divergem completamente de qualquer outro que tenhamos encontrado anteriormente.

Esta é uma figura curiosa, e a maioria das pessoas, ao vê-la pela primeira vez, procura inverter a posição da carta. No século XVIII, o escritor Court de Gebelin chegou a pensar que a figura pendurada fosse um equívoco e afirmou que o homem era originalmente um símbolo de Prudência, apoiando-se sobre apenas um pé enquanto decidia onde colocar o outro.[155] Embora hoje essa interpretação possa parecer cômica, somente há poucas décadas foi publicamente revelado o verdadeiro e complexo significado desta carta do Tarô. Arthur Edward Waite evitou discutir a questão, a mesma coisa acontecendo com qualquer outro autor conhecido do seu tempo. Ele disse: "Esta é uma carta de significado profundo, porém todo ele oculto. [...] De minha parte, direi apenas que ela expressa a relação, num de seus aspectos, entre o Divino e o Universo".[156] Talvez a melhor indicação fornecida por Waite seja a de que a figura foi criada com a intenção de representar a Cruz Gamada (Suástica) e, portanto, está relacionada com Kether de alguma maneira fundamental.

O mais importante é que este é o Caminho da Água e que a letra Mem é uma das três letras Maternais. Sob alguns aspectos, este é o Caminho do *batismo* na Água Maternal. De fato, seria possível afirmar que a experiência de cada Caminho Maternal é um batismo: Shin é o batismo do Fogo (*O Julgamento*), Mem é o batismo da Água (*O Pendurado*) e Aleph é o batismo do Ar (*O Louco*). O batismo da Água é a experiência central mais importante da Árvore da Vida.

Água significa Consciência, o Primeiro Princípio dos Alquimistas, a substância a partir da qual tudo o mais é produzido. Essa substância, às vezes chamada de *Princípio do Pensamento*, é simbolizada pela água porque tem algumas das propriedades da água física, em particular o seu movimento ondulatório. Em sua expressão inferior, ela é o Fluido Astral primeiramente descoberto no Caminho de *O Mundo* e que tem sua origem em Yesod, o Alicerce. Isso ajuda a explicar a descrição particularmente críptica de Mem encontrada nos *Trinta e Dois Caminhos de Sabedoria*: "O Vigésimo Terceiro Caminho é chamado de Inteligência Estável e recebe essa denominação porque tem a virtude da consistência entre todas as numerações". Isso equivale a dizer que a Inteligência opera em todas as esferas (Sephiroth e Caminhos, ou seja, "numerações") e da mesma maneira. O Fluido Astral, a Água, está por trás de tudo o que existe. Embora seja possível descrever as propriedades e atividades dessa Água, é somente no Vigésimo Terceiro Caminho que a pessoa pode ser efetivamente absorvida por ela, ou seja, "afogar-se" nessas águas e perceber a si mesma como uma parte intrínseca e inseparável da Consciência Unitária.

Hoje vivemos num período no qual boa parte do estranho e complicado simbolismo do passado está sendo expresso em termos psicológicos bastante compreensíveis. Ao discutir a experiência do Inconsciente Coletivo, Carl Jung descreve quase que literalmente a experiência de *O Pendurado*. Ele fala de:

> [...] uma ilimitada vastidão, cheia de uma incerteza jamais vista, aparentemente sem interior nem exterior, sem acima nem abaixo, sem aqui nem lá, sem meu nem teu, sem bem nem mal. Esse é o mundo da água, onde toda a vida flutua em suspensão; onde se inicia o domínio do sistema simpático, a alma de tudo o que é vivo; onde sou individualmente este *e* aquele; onde experimento o outro dentro de mim mesmo e o outro experimenta a mim [...] o inconsciente coletivo nada mais é que um sistema pessoal encapsulado; trata-se de pura objetividade, tão grande quanto o mundo e aberta para todo o mundo. Lá sou o objeto de cada sujeito, um processo totalmente inverso ao da minha *consciência normal* [os grifos são do autor], onde sou sempre o sujeito que tem um objeto.[157]

Quase quatro séculos antes, em sua *Noite Escura da Alma*, São João da Cruz recordou sua própria experiência a respeito de *O Pendurado*, embora em termos Cristãos: "Com sua mão bondosa ele golpeou minha nuca, fazendo com que todos os meus sentidos fossem *suspensos* [grifos do autor] [...] Permaneci perdido no esquecimento. Inclinei meu rosto para o Bem-amado, deixando minhas preocupações esquecidas entre os lírios...".[158] Isso poderia ser comparado a outra das afirmações de Jung: "Lá, senti-me tão intimamente integrado ao mundo que facilmente me esqueci de quem realmente sou. 'Perdido em si mesmo' é uma boa maneira de descrever este estado [...] nós nos *tornamos* o inconsciente antes de entrarmos em contato com ele – nós perdemos a consciência de nós mesmos".[159]

Os místicos hindus chamam a esse estado de *Samadhi*, referindo-se a uma condição na qual os processos físicos são literalmente suspensos durante um transe, enquanto a consciência efetua uma união com o Divino. Crowley era obcecado por esse estado. Ele escreveu: "Estou absolutamente convencido da suprema importância de devotar minha vida a alcançar o Samadhi".[160] De fato, quando Crowley passou a acreditar que os Chefes Secretos da Ordem da Aurora Dourada o haviam escolhido para suceder Mathers, ele escreveu: "Impus a mim mesmo a condição de alcançar o Samadhi; ou seja: devo receber um grau de iluminação, sem o que seria uma presunção da minha parte assumir a liderança".[161]

Crowley também deixa claro que o Samadhi, que ele define com incomum simplicidade como "União com o Senhor", é um termo geral para designar diversos estados que envolvem diferentes graus de transe. Em suas *Confissões*, ele descreve uma devastadora experiência da mais elevada forma de Samadhi, no Caminho de *O Louco*.[162]

Do ponto de vista do Tarô, é importante observar que o Caminho de *O Pendurado* é apenas o primeiro de uma sequência de estados de união. Embora talvez venhamos a passar toda a nossa vida buscando essa experiência, esse é apenas um passo ao longo de um Grande Caminho. A respeito disso, Crowley mais uma vez nos proporciona excelente orientação. Escrevendo sobre o crescente desejo de Alan Bennett de tornar-se monge budista, ele diz: "Os fenômenos Dhyana e Samadhi deixaram de exercer seu fascínio inicial. Ele os vê como insidiosos obstáculos ao verdadeiro progresso espiritual; na verdade, a ocorrência desses fenômenos rompeu o controle mental que estava tentando desenvolver e impediu-o de alcançar a verdade última que estava procurando. Ele tinha a força mental necessária para resistir aos atrativos dessas intensas alegrias espirituais. Tal como o amor físico, eles persuadiam suas vítimas a se conformarem com o mal essencial da existência".[163]

A ideia aqui contida é a de que temos de nos deslocar constantemente para cima na Árvore da Vida. As qualidades de uma determinada Sephirah serão completamente compreendidas e poderão ser direcionadas somente quando conhecemos a Sephirah situada imediatamente acima dela. Vemos aqui que o Caminho de Mem leva diretamente a Geburah, acima de Tiphareth. Geburah é a parte ativa do Eu Superior. Ela é a energia ígnea no Pilar da Água, abaixo de Binah. É nela que se apoiam os pés de *O Pendurado*.

O principal símbolo aqui é a cruz acima do triângulo, que é também o emblema da Ordem Hermética da Aurora Dourada, indicando que os princípios de *O Pendurado* representam a essência da doutrina dessa Ordem. Além do mais, esta carta representa uma síntese da doutrina de todo o Tarô; o alegórico *Livro T*, encontrado nas mãos de Christian Rosencreutz, contém os mais secretos ensinamentos de todos os tempos.

Não é incomum, como acontece na carta de Waite, que a figura esteja suspensa a partir de uma *Cruz Tau*. De fato, a relação simbólica entre Tau e Mem é profunda. Tau está no próprio centro do Cubo do Espaço e é cortado pelas linhas de *O Louco* (Aleph), *O Julgamento* (Shin) e *O Pendurado* (Mem). O Mem final, porém, a forma completamente fechada dessa letra, usada quando ela aparece no fim de uma palavra, é também atribuída a esse ponto central. O simbolismo diz, em essência, que o *complemento de Mem é Tau*. Tanto Mem quanto Tau estão suspensos no centro do Cubo do Espaço.

A figura invertida da carta representa a suspensão da consciência pessoal quando uma realidade maior impõe uma completa inversão da perspectiva. Isso tem sido descrito como o "espírito humano suspenso por um único fio". Todavia, essa é uma suspensão voluntária, um sacrifício que é um batismo, mas que também pode ser uma crucificação. Esta, portanto, é uma carta do Deus Agonizante.

Alguém poderia perguntar por que essa crucificação deveria ocorrer num lado da Árvore. A razão é que essa é uma experiência essencialmente intelectual, conforme é indicado pela posição das pernas de *O Pendurado*. A cruz acima do triângulo é o quatro acima do três, as propriedades imaginativas de *A Imperatriz* (3) subordinadas às propriedades racionais de *O Imperador* (4). Esse é o último sacrifício do desejo a um princípio racional.

Uma contrapartida dessa experiência pode ser encontrada em *A Roda da Fortuna*, diretamente oposta a *O Pendurado* na Árvore da Vida. *O Pendurado* é repouso; *A Roda da Fortuna* é atividade. Em outras palavras, *O Pendurado* é o que acontece quando *A Roda da Fortuna* para de girar: a suspensão ou *Crucificação no Espaço* é a parada voluntária de *A Roda da Fortuna*. Por outro lado, *A Roda da Fortuna* é a ativação daquilo que está inativo no Caminho de *O Pendurado*. Conforme está escrito na *Tábua de Esmeralda*, isso é multiplicidade na unidade, a atividade e a passividade da Entidade Unitária.

Esperamos ter demonstrado que o Caminho de *O Pendurado* deve ser abordado de forma muito diferente a partir dos Caminhos inferiores. Existe uma inversão da estrutura conceitual que é ao mesmo tempo uma parada voluntária e um aprimoramento da observação. O que medita transforma-se no objeto da sua própria meditação. Ele se torna o "outro", aquilo que tem sido o objeto da busca, e este último transforma-se nele.

Uma das principais qualidades deste Caminho é ser um Caminho das possibilidades eternamente não resolvidas. Trata-se de uma abertura sem começo nem fim, exatamente o oposto de *A Roda da Fortuna*, que encerra o eterno movimento. Quando Mem é fechada, ela se transforma em Tau. Tau é Mem invertida. 12 (*O Pendurado)* é 21 (*O Mundo*) invertido. Esse é o segredo do Deus Agonizante no Caminho da Água.

Esta mitologia do Deus Agonizante é universal, toda cultura parece apresentá-la de alguma forma, seja ela Cristo, Osíris ou uma divindade local. *O Pendurado* é um aspecto particularmente peculiar desse mito transcultural. Na mitologia nórdica, o Deus Odin se pendura em sacrifício nos ramos da Árvore do Mundo.[164] Na Grécia, a Deusa Ártemis era pendurada todos os anos em efígie, e seu bosque sagrado nas Colinas Arcádicas era conhecido como "O Pendurado".[165] Poderíamos citar muitos outros desses rituais de enforcamento, nenhum dos quais é uma morte definitiva. Eles são simplesmente inversões nas quais os pés de Deus são assentados na *Anima Mundi* e não sobre a terra.

A morte e a ressurreição de qualquer Deus estão relacionados com esse Caminho e são descritas como uma *Morte Kabírica*. No mito de Kabíria, um irmão é morto pelos outros três. Seu corpo esquartejado é descoberto e, com grande júbilo, ressuscitado para o bem da humanidade.[166] A semelhança com a lenda de Osíris é clara. Nessa história, as partes do corpo de Osíris são espalhadas pela terra, recolhidas e ressuscitadas.

A morte do Deus é um acontecimento contínuo e natural, sendo simbolizado pela fórmula ritual IAO, significando Ísis, Apófis e Osíris, os quais simbolizam a fruição, a morte e, em seguida, a ressurreição. Essa fórmula também está relacionada com a de Yod Heh Vau.

Como é costume, a versão de Crowley para esta carta é mais complexa que a de Mathers ou a de Waite. Sua figura, que enfatiza a Cruz e o Triângulo, está suspensa a partir do *Ankh* egípcio, uma forma de Tau. Atrás dela estão as Tabuinhas Elementares,[167] resumindo toda a natureza. Seu pé esquerdo está pendurado numa serpente enrolada que é "o criador e o destruidor que promove todas as mudanças". A serpente de baixo representa o efeito do esforço divino: "Através do seu Esforço uma Criança é gerada, conforme é indicado pela serpente que se agita na Escuridão do Abismo abaixo dele".[168]

22. O CAMINHO DE LAMED

A Justiça

A Décima Primeira Carta

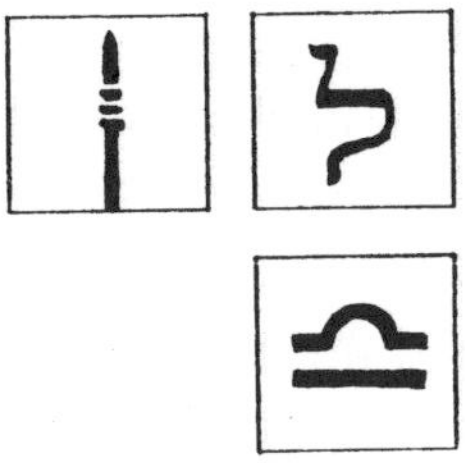

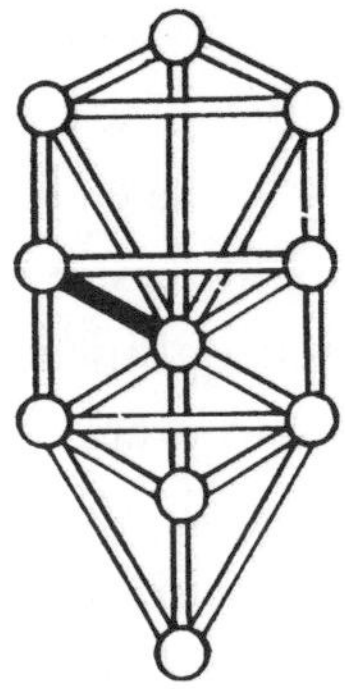

- COR DO CAMINHO: Verde-esmeralda
- SOM RELACIONADO: Fá Sustenido
- SIGNO: Libra (Ar Cardinal)
- SIGNIFICADO: Aguilhão
- LETRA SIMPLES: Trabalho
- TÍTULO ESOTÉRICO: A Filha dos Senhores da Verdade; o Controlador da Balança.

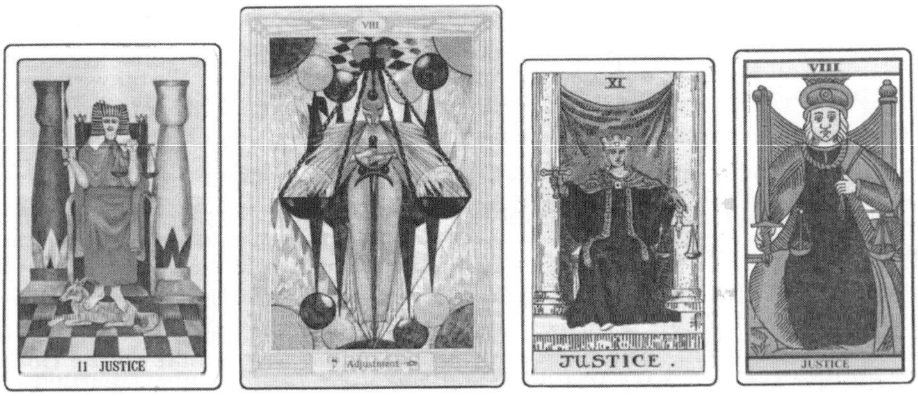

TRINTA E DOIS CAMINHOS DE SABEDORIA: *O Vigésimo Segundo Caminho é a Inteligência Leal, assim chamada porque por meio dela as virtudes espirituais são aumentadas, e todos os habitantes da Terra estão praticamente sob a sua sombra.*

O Caminho de Lamed, *A Justiça*, está entre Tiphareth e Geburah. Lamed significa *aguilhão*, uma vara pontiaguda que estimula o boi a continuar andando. Essa atribuição indica o relacionamento especial desta letra com Aleph (boi) no Caminho de *O Louco*. A interação entre eles é excepcionalmente complexa, embora os princípios essenciais possam ser expressos com simplicidade: *A Justiça* conserva o equilíbrio da Árvore e, assim, a energia que flui de *O Louco* (que às vezes tem sido chamado de "Espírito Santo") irá operar dentro dos limites de um padrão natural. *A Justiça* é que administra as leis de Binah, escritas por O *Hierofante*. Esse é o "Controlador da Balança".

Ele é chamado de *Inteligência Leal* "porque suas virtudes espirituais são aumentadas, e todos os habitantes da Terra estão praticamente sob a sua sombra". Seu significado não pode ser interpretado como o de Inteligência da *fé*. Em vez disso, trata-se da Inteligência que é *leal* ao que é simbolizado por *O Louco*. Sem Lamed, Aleph não poderia agir da forma como o faz. Além do mais, toda a Árvore da Vida está relacionada com o Vigésimo Segundo Caminho, cujo número é o total de todos os Caminhos. *A Justiça* não é uma figura ou força solitária, mas um amálgama de todos os Caminhos. O alinhamento de forças tem sido descrito como algo que está contido na força essencial da vida simbolizada por *O Louco*.

A Justiça atua continuamente acima e abaixo, no Universo Maior e na alma individual. Fazendo uma comparação mais mundana: quando dirigimos um veículo estrada abaixo, *A Justiça* são as correções que fazemos ao girar o volante para um lado e para o outro a fim de manter o veículo no centro da pista. Essa função deliberadamente equilibradora ocorre no nosso corpo, onde a alimentação deve ser equilibrada e contínua para mantê-lo operando como um repositório apropriado para o Espírito. Uma função equilibradora também ocorre na nossa personalidade; nenhum comportamento extremo constante pode ser tolerado sob pena de não podermos operar de maneira eficaz em nossos ambientes. A Justiça opera tanto por meio da razão como por meio da força natural. Nós temos a capacidade de nos decidir a equilibrar alguma coisa dentro de nós mesmos; se não tomarmos essa decisão, porém, ela será tomada por nós. Se privarmos o nosso corpo de sono, nós nos veremos forçados a descansar. Podemos simplesmente sofrer um colapso. O mesmo processo ocorre em todos os níveis de *A Justiça* (ou seja, através dos Quatro Mundos). Se não tomarmos uma decisão consciente, ela poderá ser tomada por nós. Seja como for, esta Inteligência é "Leal", ela nos guia e protege.

O título de Crowley, *Ajustamento*, é apropriado. Esse é um Caminho onde se faz tudo o que é necessário para levar o organismo a um estado de equilíbrio, um processo que, como o símbolo da espada sugere, nem sempre é agradável. Essa é a espada de Geburah, que extirpa tudo o que não é necessário. Trata-se de uma dura experiência, embora nenhum castigo esteja implícito. Não existe questionamento a respeito do bem ou do mal, do certo ou do errado. Conforme Gareth Knight afirma: "O importante, aqui, é que todas as Formas-Deuses são aspectos da própria alma e não agentes externos. Assim, o processo pode ser considerado psicologicamente uma condição de autoavaliação".[169] A alma avalia a si mesma com a mão esquerda e, em seguida, faz os ajustes necessários empunhando a espada com a direita. Pode-se observar que, quando as Sephiroth são colocadas no corpo humano, Geburah fica no lado direito e Chesed, no esquerdo.[170]

A espada de *A Justiça*, a arma de *Elohim Gibor* (Deus de Geburah), é terrível. Ela pode ser rápida e devastadora na remoção de tudo o que não é mais necessário. Ela pode fazer a guerra e impor a paz. Mas a espada tem dois gumes, um que destrói e outro que consagra, tal como acontece durante a outorga do grau de cavaleiro. A eliminação dos aspectos negativos do corpo e da alma é um retorno à pureza, uma consagração. Essa ideia de pureza renovada é reforçada pela função de Libra e dos rins, que removem as excreções do sistema orgânico. Outro paralelo, sugerido por alguns autores, é o de que este Caminho está relacionado com o *Purgatório*, uma condição de consciência após a morte na qual a alma é purificada e se livra dos resíduos de sua encarnação terrena.

De conformidade com a ideia de encarnação e de reencarnação, diz-se que esta carta representa o *Karma*, um princípio geralmente compreendido como a colheita, pela alma renascida, daquilo que foi semeado em vidas passadas. Paul Case, porém, insistindo em que o termo frequentemente tem sido mal-empregado, afirma que Karma na verdade significa *ação*. Essa é uma ação que representa um contínuo ajustamento entre muitas encarnações.

Ele também diz que esta carta está relacionada com a *educação*, pois Lamed significa *ensinar*.[171] Essa é uma observação especialmente interessante e que não é encontrada em nenhum outro lugar. A manutenção consciente do equilíbrio é sem dúvida um processo de aprendizado. Nós aprendemos, muitas vezes de forma lenta e dolorosa, como analisar e reequilibrar a nós mesmos quando isso se torna necessário em diferentes situações. Quanto mais aprendemos a respeito dos mundos interiores, mais sutil e difícil isso se torna. O perfeito equilíbrio é uma fórmula tão precisa que os egípcios simbolizavam sua sutileza com uma alma humana sendo pesada tendo no outro prato da balança uma pena.

Os antigos tinham um conceito de "certo, verdade, lei e retidão" que era expresso pela palavra *maat*. Ela originalmente significava "aquilo que é correto", mas passou a significar também uma regra, algum tipo de medida ou uma lei.[172] *Maat* era simbolizada por uma pena, a qual era utilizada para pesar o coração do morto ou todo o seu corpo. Em ilustrações, vemos essa pesagem sendo feita por Anúbis e o resultado sendo registrado por Thoth. Crowley relaciona esses dois deuses ao Décimo Nono Caminho, *A Força*, que é o equilíbrio entre Geburah e Chesed. A inferência é a de que o ajustamento que ocorre no Vigésimo Segundo Caminho é administrado e registrado por meio dos processos do Décimo Nono Caminho.

Na condição de Deusa, *Maat* representou a lei moral e a verdade. Ela era, em resumo, a personificação do conceito de *maat*. Essa Deusa é apresentada na carta de Crowley, coroada com seu símbolo, a pena de avestruz. A pesagem de almas obviamente também está implícita nas versões da Aurora Dourada, de Waite e de Marselha, sendo que as duas últimas seguem o estilo medieval.

Na carta da Aurora Dourada, a figura de uma mulher apoia os pés sobre um chacal, o animal associado a Anúbis, que supervisiona a pesagem de almas. Ela segura uma balança que, tal como na carta de Crowley, tem a cor preta numa referência a Binah e a Saturno. Isso significa não apenas avaliação mas também *restrição*, que é também *tempo*, um importante aspecto da administração da lei. Em contrapartida, a versão de Waite e aquela produzida pelo B.O.T.A. apresentam balanças com pratos dourados, significando que a alma individual é avaliada sob a pura Luz dourada de Tiphareth. É apenas sob essa luz que a espada de Geburah realiza o seu trabalho, conforme é sugerido pela lenda de *Maat*. *Maat* está relacionada com o Deus Sol, *Rá*. De fato, ela é conhecida como a "Filha de Rá", pois é Cabalisticamente batizada de "Filha dos Senhores da Verdade". Os egípcios também a chamavam de "Rainha dos Céus".

O mais importante é que Maat é a reguladora do caminho do Sol. O texto egípcio sugere que é por meio de Maat que o Sol subsiste, pois diz-se que Rá "apoia-se em Maat" e "vive por Maat".[173] Em nossos termos, isso significa que os princípios do Caminho de *A Justiça* sustentam Tiphareth. Todavia, como Rá é a fonte de toda a luz, ele é também *O Louco*. Assim, pode-se fazer uma paráfrase e dizer que *Aleph apoia-se em Lamed* e que *Lamed é o regulador do Caminho da Força Vital Divina*.

O relacionamento entre Aleph e Lamed encobre o maior segredo do Tarô, o qual, como disse Crowley, está "além de todas as considerações planetárias e zodiacais", significando Kether! Em seu *Livro da Lei*, [אל] é a chave de todo o Universo, revelando um mistério de indescritível profundidade. Na Árvore da Vida, [אל] é também o Nome Divino de Chesed, o Demiurgo (Criador Menor) a partir do qual *Microprosopus* é formado.

Muitos planetas estão relacionados com esta carta. O primeiro é Vênus, que rege Libra, signo ao qual este Caminho é diretamente atribuído. Marte está relacionado porque esse é um exercício das energias purificadoras de Geburah. O Sol está envolvido, não apenas porque o Caminho vai do Sol a Marte, mas porque a Justiça deve ser feita sob a luz clara da Verdade. Saturno também foi mencionado e é exaltado em Libra. Por fim, há ainda Júpiter, o planeta de Chesed e de [אל].

Afirmar que Libra é regida por Vênus é também afirmar que por trás de *A Justiça* está *A Imperatriz*, o principal Caminho de Vênus, que é o perfeito equilíbrio entre as energias de Chokmah e de Binah. A referência também diz respeito às forças naturais de Netzach.

Tendo observado que Lamed, sob alguns aspectos, se refere a todos os Vinte e Dois Caminhos e letras hebraicas, é interessante observar que Vênus se refere a todas as Sephiroth. Vênus é o único planeta cujo símbolo abarca todas as Sephiroth da Árvore da Vida (ver Figura 14), significando que o amor é a força mais poderosa do Universo. Assim, dizer que Vênus rege Libra-Lamed equivale a dizer: *Aquilo que engloba todas as Sephiroth rege aquilo que engloba todos os Caminhos.* Isso talvez possa ser compreendido considerando-se mais uma vez a ideia de que as Sephiroth são objetivas e os Caminhos, subjetivos. Objetividade e subjetividade são condições complementares. Uma não pode existir sem a outra, assim como a cor vermelha não pode existir sem a possibilidade do verde e as energias de Marte não podem existir sem aquelas de Vênus. Mesmo o chão da figura da carta da Aurora Dourada, sobre o qual está o chacal de Anúbis, se refere a uma condição complementar, a dos Criadores Maior e Menor: o *branco* (que na verdade representa puro esplendor) é Kether, ao passo que o *púrpura* é a cor de Chesed em Atziluth. Todo o simbolismo aqui contido indica que essa figura está mantendo os opostos em equilíbrio. Trata-se de um regulador de energia.

Surpreendentemente talvez, Waite enfatiza o aspecto marciano de *A Justiça*, em detrimento do seu aspecto venusiano, fazendo com que a figura esteja vestida principalmente de vermelho. Se a sua carta for considerada no contexto da estrutura da Árvore da Vida (quando a carta é colocada no Caminho de Lamed), veremos que a espada erguida aponta para Geburah, enquanto a balança é abaixada na direção de Tiphareth. A mesma cor púrpura do piso da Aurora Dourada aparece no *pano de honra* estendido por trás da figura. O fundo propriamente dito é amarelo, significando Tiphareth.

As diferenças nas cores das três versões de *A Justiça* indicam os diferentes conceitos dos seus desenhistas. A Aurora Dourada enfatiza o verde, contrastando com um trono vermelho e um fundo azul claro. A carta de Crowley recorre aos azuis e verdes do Vigésimo Segundo Caminho nos Quatro Mundos. Os azuis são especialmente vibrantes, uma referência ao efeito de Júpiter sobre o Caminho.

O *Ajustamento* de Crowley está entre as suas cartas mais abstratas. Na visão dele, a figura representa não apenas a Deusa Maat mas também *Harlequin*, "a parceira e complemento de *O Louco*". A figura está de pé dentro de uma estrutura em forma de diamante que é a *Vesica Piscis*. Atrás dela está um trono formado por esferas e pirâmides, em grupos de quatro, significando "Lei e limitação". Essa é uma outra referência a Chesed. Como Maat, ela usa penas de avestruz e tem na testa a serpente Uraeus, Senhora da Vida e da Morte. Ela empunha a Espada (neste contexto, um símbolo masculino) de maneira a sugerir união sexual e o "completamento" da fêmea. Isso é o que o *777* descreve como "A Mulher absolvida. O Portão é feito de equilíbrio e de autossacrifício."[173A] Uma balança, pendendo de um ponto acima da sua cabeça, pesa tudo o que *existe* na criação, de Alfa a Ômega. Ela é o equilíbrio total, ainda que em constante movimento: "Ela é a ilusão final, que é a manifestação; é a dança multicolorida da própria Vida. Rodopiando constantemente, todas as possibilidades são desfrutadas sob a ilusão do Espaço e do Tempo; todas as coisas são reais e a alma é a superfície, justamente porque elas são instantaneamente compensadas por esse Ajustamento. Todas as coisas são harmonia e beleza; todas as coisas são verdadeiras, pois anulam-se mutuamente".[174]

21. O CAMINHO DE KAPH

A Roda da Fortuna

A Décima Carta

כ

♃

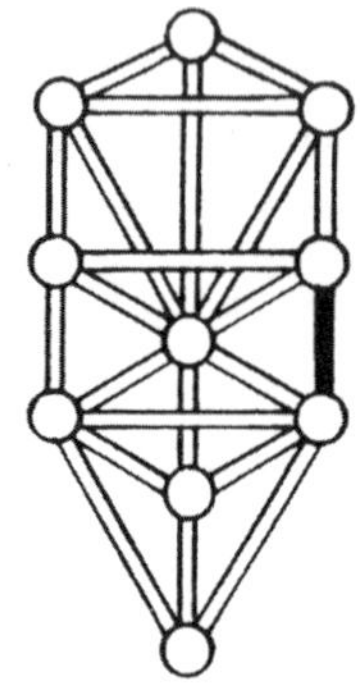

- COR DO CAMINHO: Violeta
- SOM RELACIONADO: Lá Sustenido
- PLANETA: Júpiter
- SIGNIFICADO: Punho
- LETRA DUPLA: Riqueza-Pobreza
- TÍTULO ESOTÉRICO: O Senhor das Forças da Vida.

TRINTA E DOIS CAMINHOS DE SABEDORIA: *O Vigésimo Primeiro Caminho é a Inteligência da Conciliação, assim chamada porque recebe a influência divina que flui para dentro dela a partir de sua bênção sobre tudo o que existe.*

O Caminho de Kaph, *A Roda da Fortuna*, vai de Chesed a Netzach. Ele é o Caminho que faz a ligação entre a Personalidade e o Eu Superior, no Pilar da

Misericórdia, abaixo de Chokmah. Os *Trinta e Dois Caminhos de Sabedoria* o chamam de *Inteligência da Conciliação*, sugerindo que ele tem uma função mediadora. Além do mais, em vista do que foi discutido a respeito da regulação de energia no Caminho de *A Justiça*, não nos causa surpresa descobrir que Júpiter é atribuído a este Caminho, ou que se diga que Júpiter é o responsável pela circulação sanguínea.

Kaph é uma letra dupla, um dos "portais da alma". A ela são atribuídos os opostos *riqueza* e *pobreza*, os quais poderiam ser considerados a flutuação natural das forças de Júpiter neste Caminho. Obviamente, a riqueza e a pobreza não dizem respeito a esta nossa Terra, mas à própria Alma.

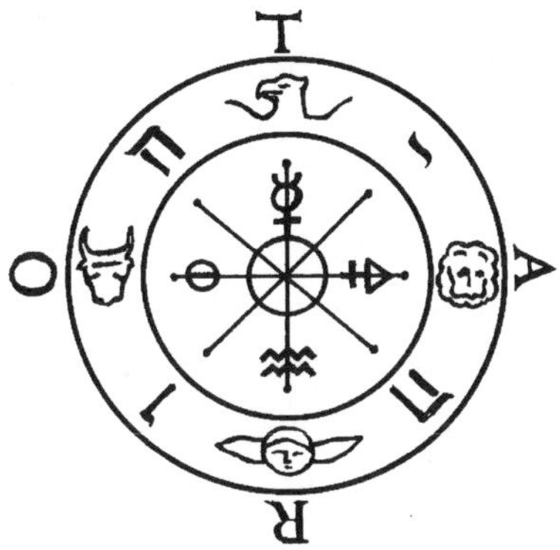

Figura 31. A Interpretação de Lévi sobre a Roda de Ezequiel (Redesenhada a partir do seu *Sanctum Regnum*).

A palavra Kaph significa *punho*. A mão fechada simboliza o claro entendimento e a conclusão de uma atividade ou o fechamento de um círculo. Nesse sentido, Kaph é a mantilha que envolve a dançarina na carta *O Mundo*. Além disso, veremos também que, sendo Kaph a mão fechada, a carta que a precede, *O Eremita* (Yod), é a mão aberta.

A roda, tão importante para este Caminho, é um símbolo muito antigo da própria vida, sendo que o seu giro, em alguns sistemas, é uma oração. Ela é a roda do nascimento, da morte e do renascimento. É a roda do karma. Todavia, positivamente, *não* é uma roda de acasos ou acidentes. Não existem acidentes no Universo, verdade que constitui uma das principais lições desta carta. Somos os únicos responsáveis pelo nosso próprio destino. A fortuna nos proporciona aquilo que recebemos, o que nem sempre é agradável.

A chave para *A Roda da Fortuna* é a dualidade e o intercâmbio de energias entre os opostos, os quais, afinal de contas, fazem a roda girar. A roda é a atividade de toda manifestação, conforme é simbolizado pelos doze raios na versão da Aurora Dourada. Esses são os signos do Zodíaco, cada um na sua cor correta do Caminho de Atziluth. O baralho de Crowley usa dez raios para simbolizar a totalidade das Sephiroth, ao passo que Waite usa um sistema de oito raios baseado em dois conjuntos de quatro elementos cada: as letras T A R O é o [יהוה]. O padrão da roda de Waite é baseado na *Roda de Ezequiel*, ilustrada por Lévi em seu livro, *Ritual Mágico do Sanctum Regnum*,[175] e descrito pelos ocultistas antigos em termos muito complexos:

> A Roda de Ezequiel contém a solução para o problema da quadratura do círculo e demonstra a correspondência entre palavras e figuras, entre letras e emblemas; ela apresenta o tetragrama de caracteres análogo ao dos elementos e das formas elementares. Trata-se de um glifo do movimento perpétuo. O triplo ternário é mostrado; o ponto central é a primeira unidade; três círculos são acrescentados, cada um com quatro atribuições. O estado de equilíbrio universal é sugerido pelos emblemas equilibrados e pares de símbolos. A Águia voadora equilibra o homem; o Leão rugidor contrabalança o laborioso Touro.
>
> Kether, a Coroa; Tiphareth, a Beleza; e Yesod, o Alicerce, formam um eixo central, ao passo que Sabedoria, Chokmah; equilíbrio com Compreensão, Binah; e a Severidade da Justiça, Geburah, fazem contrapeso com a Misericórdia da Justiça, Chesed.[176]

Como as dualidades na manifestação ativa estão aqui implícitas, poderíamos sugerir que duas rodas descreveriam melhor do que uma aquilo que se pretendia: ou seja, uma roda interligada com outra, como num giroscópio, e cada uma girando em direções diferentes. Isso realmente ilustra o que se pretendia dizer com *Inteligência da Conciliação*. Ela é a mediação entre as atividades dos opostos em rotação. Rotação, nesse sentido, significa uma sequência, alguma coisa que começa, termina e recomeça. Isso significa periodicidade, ritmos de atividade e de causa e efeito, aquilo que o texto da Aurora Dourada chama de "influência permutante da Luz e da Escuridão". Waite descreve essa atividade com o "perpétuo movimento de um universo fluido [...] o fluxo da vida humana. A Esfinge é o equilíbrio nesse nível".

A Esfinge é o elemento estável em meio à mudança. Assim, tanto na carta de Crowley como na de Waite ela fica bem no alto da Roda. Na carta da Aurora Dourada, porém, ela é retirada por completo da Roda. Enquanto as cartas de Crowley e de Waite enfatizam o papel da Esfinge como um aspecto equilibrador da energia cíclica, a carta da Aurora Dourada enfatiza seu papel de guardiã do portão dos mistérios, detendo o segredo da vida e da morte.

Essa interpretação é posterior (em grande parte, grega) e foi um tanto modificada pelo romantismo do século XVIII. No Egito, a Esfinge era originalmente uma representação do Faraó, simbolizando seu grande poder (o corpo de leão) sobre os adversários. Esse ponto de vista é corroborado por diversos relevos nos quais a Esfinge-Faraó é representada aniquilando os inimigos.

Supõe-se que a Esfinge mais conhecida seja a de Quéops, que construiu a Grande Pirâmide por volta de 2500 a.C. Quando os gregos viram essa monumental escultura, cerca de 1500 anos mais tarde, acharam que ela significava tudo o que era misterioso e mágico, um sentimento refletido na história de Édipo na estrada para Tebas. A Esfinge obstruiu a estrada e fez a cada viajante a seguinte pergunta: "O que caminha com quatro pernas pela manhã, com duas pernas ao meio-dia e com três pernas à tarde?" Todos os que não conseguiram responder a essa pergunta foram mortos. Édipo, porém, sabia que a resposta era o próprio homem, que engatinha na infância, anda sobre duas pernas na idade adulta e usa uma bengala na velhice. A reação da Esfinge à resposta correta de Édipo foi atirar-se ao mar, um ato repleto de significado para o estudioso da Cabala.

Os gregos fizeram uma importante modificação na imagem da Esfinge. O que era originalmente a representação de um faraó num corpo de leão transformou-se numa mulher no corpo de um leão macho. Assim, a Esfinge passou a representar, não apenas o rude poder do homem sobre o reino animal, mas também um equilíbrio entre macho e fêmea numa mesma forma.[177]

A importância especial da Esfinge para a Aurora Dourada é discutida nos documentos da Ordem relativos aos Mistérios Enoquianos.

> "Aprende agora o mistério da Sabedoria do Egito. 'Quando a Esfinge e a Pirâmide se juntam, tens aí a fórmula da Magia da Natureza.'
>
> 'Esses são os princípios fundamentais da sabedoria de todos os tempos e – quem sabe? – o seu início. Eles contêm os sagrados mistérios e o conhecimento da magia e de todos os deuses.'
>
> No ritual do 32º Caminho, que conduz ao Grau do Teórico, está escrito assim: 'A Esfinge do Egito disse: Sou a síntese das forças elementares. Sou também o símbolo do homem. Sou Vida. Sou Morte. Sou produto da Noite do Tempo'".[178]

O mais original aqui é o conceito de que a Esfinge é a síntese das Forças Elementares. Como a raiz de todos os Elementos, ela também é a quinta ponta superior do Pentagrama – o Espírito acima dos quatro Elementos. De fato, os documentos afirmam que existem quatro formas de Esfinge: Touro, Águia, Homem e Leão.[179]

Embora não esteja inteiramente claro por que Waite representou esses símbolos animais segurando livros, devemos presumir que se trate de uma referência aos Quatro Evangelhos. O Leão, a Águia, o Homem e o Touro, encontrados na visão de *Ezequiel*,[180] e possivelmente de origem assíria, foram usados pelo Cristianismo para representar os Quatro Evangelistas (Mateus, Marcos, Lucas e João). Quando os Querubins são mostrados com livros na mão, isso significa os diferentes aspectos de Cristo a respeito dos quais cada evangelista escreveu.[181] Neste ponto, Waite talvez esteja desenvolvendo a afirmação, feita por Lévi, de que a Roda é comparável ao monograma grego de Cristo. O importante, de qualquer forma, é a fusão dos Quatro Elementos neste Caminho. A Esfinge é a unificação dos Querubins. Além disso, a Pirâmide – que ao juntar-se à Esfinge supostamente produz uma fórmula mágica – tem quatro lados e está relacionada com Chesed.

A Esfinge é, portanto, um símbolo fundamental da manifestação. A pessoa passa por ela tanto no nascimento como na morte, cabendo-lhe o controle da passagem. Ela é o aspecto diretor do Eu Superior em Tiphareth e a Guardiã dos Portais, impedindo a Personalidade de absorver mais do que o seu sistema pode captar. Ser capaz de responder corretamente à pergunta da Esfinge (sendo essa resposta uma extensão do axioma grego: *Conhece-te a ti mesmo!*) significa que a pessoa está preparada para passar através dos portais da consciência interior. Prosseguindo com a lenda de Édipo: Quando a pergunta foi respondida corretamente, a Esfinge atirou-se ao mar. Isso significa que, não sendo mais necessária, agora que o "portal" está aberto, a Guardiã dos Portais foi absorvida pelo Grande Mar da Consciência. Em termos mais precisos, ela foi reabsorvida pela Consciência Individual Superior que a criara. Por outro lado, a Esfinge "mata" os que não estão preparados para ultrapassar conscientemente as restrições de tempo e espaço, conceitos válidos apenas em termos da matéria. A destruição daqueles viajantes que não conseguem responder à pergunta da Esfinge é uma proteção da Personalidade pelo Eu Superior. Todavia, ela também pode ser considerada o verdadeiro processo da morte. Os que conhecem a natureza da Esfinge (composta de Fogo, Água, Ar e Terra) poderão passar conscientemente de um estado para o seguinte, ao passo que outros caem num sono profundo, uma "destruição" da consciência a partir da qual a alma gradualmente desperta para uma nova condição. Além da própria Roda, a Esfinge é o único elemento comum às três versões modernas da carta aqui apresentada. A carta da Aurora Dourada tem apenas duas figuras, a da Esfinge e a do *Cinocéfalo*. A carta de Waite apresenta a Esfinge, *Hermanúbis* e *Tifão*, tal como acontece com a versão de Crowley.

As figuras da carta de Marselha representam um período de transição na iconografia da Roda da Vida. A roda, que parece ter sua origem no período da arquitetura românica (séculos XI e XII), era uma maneira popular de representar o homem à mercê das mudanças da sorte.[182] As primeiras versões representavam figuras humanas presas a uma roda, a qual era regida pela figura que ficava acima dela. As figuras de animais foram provavelmente introduzidas no final do século XV, a fim de acentuar a natureza animal do homem e a mutabilidade da vida. Assim, a carta de Marselha mostra figuras muito genéricas do bem e do mal, tendo em cima um controlador que equilibra esses aspectos na roda. A imagem serve para nos lembrar, por comparação com as outras cartas, o quanto a interpretação simbólica do Tarô tem sido aprimorada nos últimos dois séculos. De meados do século XIX em diante cada uma das figuras da carta passou a ter uma referência mitológica muito específica.

Começando pela carta da Aurora Dourada: aquilo que é chamado de *Cinocéfalo Plutoniano* é um macaco com cara de cachorro sentado logo abaixo da roda. Esse animal, que simboliza o *tempo* e a *eternidade*, é o tradicional companheiro de Thoth (Hermes-Mercúrio), e o símbolo hieroglífico da *escrita*.[183] Thoth é o inventor da escrita e o escriba dos Deuses, que serve especialmente a Osíris. Ele é chamado de *Senhor das Palavras Sagradas*, que registra o resultado da pesagem de almas no Caminho de *A Justiça*. Diz também que Thoth mediu o tempo, dividindo-o em anos, meses e estações. Assim, tempo e eternidade são atribuídos a seu companheiro, o Cinocéfalo, que os antigos relacionavam com a Lua, o "planeta" que, conforme se acreditava, seguia Mercúrio.

A implicação da ilustração da Aurora Dourada é a de que a Esfinge e o Cinocéfalo são dois aspectos diferentes (o em cima e o embaixo) da força estável que monitora e regula as estações da vida. A Esfinge é o Ser Elementar quadripartido guiado pela Consciência Superior (a cabeça humana). O Cinocéfalo (o corpo do fiel macaco ligado à cabeça de uma forma quase humana) significa as "palavras" que usamos. Essas palavras são os padrões vibratórios de existência que fazem a roda girar. E, tal como a abertura do Evangelho de São João: "No princípio era o Verbo e o Verbo estava com Deus e o Verbo era Deus".[184] Esse trecho está relacionado com o Criador Divino Menor, o Demiurgo que temos identificado com Chesed, a origem do Caminho de *A Roda da Fortuna*. A carta em geral significa que, quando o Eu Superior tem os Quatro Elementos sob controle, as "palavras", padrões vibratórios, tornam-se nossas fiéis companheiras e nos libertamos da roda.

As cartas de Waite e de Crowley, ambas mais tradicionais do que aquela da Aurora Dourada, devem ser interpretadas em termos da interação entre Esfinge, Hermanúbis e Tifão. Hermanúbis é um Deus dual, que Case equivocadamente considerou ser uma combinação de Hermes com Anúbis, mas que na verdade é uma combinação de Hórus com Anúbis. Ele é *Heru-em-Anpu*, significando Hórus *como* Anúbis. Essa forma Divina, um desenvolvimento do Egito posterior, é descrito por Wallis Budge como tendo "dois aspectos distintos e opostos; como o guia do céu e condutor das almas a Osíris, ele era um Deus benevolente, mas como a personificação da morte e da decomposição ele era um ser que inspirava terror".[185]

O mito de Tifão ou *Tiphoeus* é de origem grega. Tifão foi envolvido nas guerras travadas entre os Deuses pela supremacia. Ele era um monstro tão horrível que até mesmo os Deuses fugiam ao vê-lo. Todavia, conforme reza a lenda, ele acabou sendo subjugado por Zeus, que o queimou e o enterrou sob o monte Etna. Assim, Tifão tomou-se conhecido como o monstro que vomita fogo e personifica vulcões e tufões. Ele também era chamado de *Pai da Esfinge.*

À medida que sua mitologia se desenvolveu, Tifão foi associado ao Deus egípcio Set, irmão e assassino de Osíris. Set era o lado escuro simbólico de Osíris (lembramos aqui o texto da Aurora Dourada onde está escrito que essa carta envolve a "influência interativa entre a Luz e a Escuridão"). Tifão é também associado ao Dragão Aphóphis, que é o *acusador* no *Livro dos Mortos.* Quando Tifão é representado na forma de uma cobra, tal como acontece na carta de Waite, ele é uma das formas de Set.[186] A ligação entre isso tudo é a ideia de que Anúbis – que também é Hórus – frequentemente é representado (assim como São Jorge) matando a Serpente.

Portanto, em Tifão e Hermanúbis temos fases de energia que se suplantam ("se matam") umas às outras, três tipos de energia subjacentes à manifestação. Eles aparecem no centro da Roda de Waite como os símbolos do Sal [⊕], do Enxofre [🜍], e de Mercúrio [☿]. A quarta figura, a mesma do signo de Aquário [♒], é o símbolo alquímico da *dissolução.*

No sistema hindu, aquilo que o Ocidente chama de "Três Princípios Alquímicos" é chamado de *Gunas.* Os Gunas são *Sattva, Rajas* e *Tamas.* Sattva é o Mercúrio filosófico, a superconsciência. Rajas é Enxofre: atividade, paixão e desejo. Gunas é Sal: é ignorância e inércia, subconsciência. A ideia de que *A Roda da Fortuna* simboliza a evolução das fases naturais é geralmente aceita, embora exista alguma confusão a respeito de qual Guna corresponde a cada figura. Crowley afirma que a Esfinge é Enxofre, Hermanúbis é Mercúrio e Tifão é Sal.[187]

A versão da Aurora Dourada, por outro lado, permitiria que a Esfinge fosse considerada como nada menos do que a Superconsciência, Sattva, o Mercúrio Filosófico. E vemos que, na carta de Waite, a Esfinge está sentada sobre o símbolo do Mercúrio na Roda.

Os documentos da Aurora Dourada declaram que Mercúrio é atribuído a Kether, o Sal é atribuído a Chokmah e o Enxofre é atribuído a Binah. Os "Três Princípios da Natureza" também estão relacionados com as letras Maternais do *Sepher Yetzirah.*

20. O CAMINHO DE YOD

O Eremita

A Nona Carta

י

♍

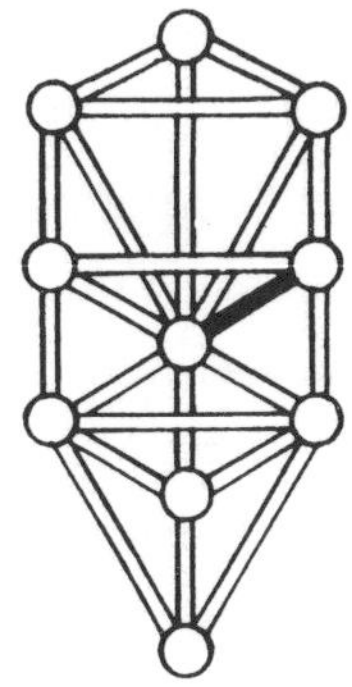

- COR DO CAMINHO: Verde-amarelado
- SOM RELACIONADO: Fá Natural
- SIGNO: Virgem (Terra Mutável)
- SIGNIFICADO: Mão
- LETRA SIMPLES: Amor Sexual
- TÍTULO ESOTÉRICO: O Profeta do Eterno, o Mago da Voz do Poder

TRINTA E DOIS CAMINHOS DE SABEDORIA: *O Vigésimo Caminho é a Inteligência da Vontade, assim chamado porque constitui os meios de preparação de todas as coisas criadas, sendo por meio dessa inteligência que a Sabedoria Primordial se torna conhecida.*

O Caminho de Yod liga Tiphareth (o núcleo Cristo-Buda) a Chesed (o Arquiteto da Manifestação). Em suma, ele representa o começo independente da manifestação. Ele é o próprio ponto de origem de nosso Universo manifesto, em contato direto com a Fonte Divina de Todas as Coisas. É o Caminho através do qual o Demiurgo escapa da escuridão. É a chegada da Luz da manifestação através de *Microprosopus*.

Como o signo de *Virgem* é atribuído ao vigésimo Caminho, entendemos que o Eremita é eternamente casto, puro e totalmente inocente. E como ele representa uma passagem para a ponte entre *Macroprosopus* e *Microprosopus*, também envolve determinadas qualidades de Daath. Essas qualidades de Daath são representadas pelo próprio isolamento da figura: Existe algo naturalmente misterioso e instigante a respeito dessa figura de pé no deserto segurando sua própria fonte de luz. Pensa-se imediatamente em Diógenes à procura de um homem honesto, ou em Moisés (cuja cabeça supostamente emanava raios de luz) ou em Cristo, como a "Luz do Mundo". Pode-se também considerar, ao se estudar essa figura solitária, que o monasticismo surgiu no deserto do Egito, no terceiro e quarto séculos depois da morte de Cristo. O extremo asceticismo e o afastamento da sociedade eram considerados meios de alcançar a perfeição. De fato, a própria palavra *eremita* deriva de uma palavra grega que significa ermo, *deserto*, o lugar onde alguns dos primeiros monges viveram em quartos com uma só janela.

Quanto mais elevada a posição de uma carta na Árvore da Vida, maior a importância de deixarmos essa carta sugerir livremente imagens. A imagem de um deserto, por exemplo, é muito forte. Conceitualmente, trata-se de uma expansão da terra, tornando-a tão infinitamente vasta quanto um oceano. E, como consideramos Binah no contexto da imagem formada por águas profundas, escuras e infinitas, podemos imaginar o deserto como uma cristalização ou precipitação do vasto oceano da consciência de Binah.

O Eremita é uma expressão da mesma energia de *O Louco*. Ele é ao mesmo tempo, a sábia velhice da Criança (da carta *O Louco* da Aurora Dourada) e o imaculado início de uma nova sequência. É a pureza e inocência de *O Louco* transformada na projeção de *Microprosopus* através de Binah. A ideia de que *O Louco* (criança) é ao mesmo tempo *O Eremita* (homem idoso) talvez possa ser melhor compreendida meditando-se sobre a cobra que segura a própria cauda com a boca, o símbolo tradicional da sabedoria.

Tem-se afirmado que *A Justiça*, o Caminho oposto a *O Eremita*, administra as energias na manifestação de *O Louco*. Assim, vemos que *A Justiça* e *O Eremita* também têm de trabalhar juntos de alguma maneira fundamental. A chave para a solução desse mistério está, uma vez mais, no [ל + א], *A Justiça* + *O Louco*, que é também o Nome Divino de Chesed, ponto de origem do Caminho de *O Eremita*.

O mais importante é que *O Eremita* representa a comunicação entre o Eu Superior de Tiphareth (o *Ruach*) e o Eu Espiritual de Kether (o *Yechidah*). Por essa razão os textos da Aurora Dourada consideram *O Eremita* a primeira das três grandes cartas iniciatórias, sendo as outras duas *A Força* e *O Carro*. Com relação a isso, devemos observar que as experiências de todos esses Caminhos podem ser obtidas no Caminho de *A Sacerdotisa*. Este Caminho não apenas contém todos os Caminhos acima de Tiphareth como também ultrapassa o Abismo com sua devastadora experiência da *reconciliação divina através do isolamento*.

Como quer que *O Eremita* possa ser descrito, trata-se fundamentalmente de uma carta de união. Ela representa o primeiro ponto de consciência, por parte do Eu Superior, a respeito do Supremo Eu Espiritual, explicável apenas por meio da mais erótica das imagens. Essa ideia é apoiada pelo *Sepher Yetzirah*, o qual atribui o *amor sexual* à letra simples Yod. Todavia, essa não é a sexualidade da cópula, pois a carta é a essência do isolamento e da singularidade. A "sexualidade" é autossuficiente e independente, uma qualidade descrita cripticamente nos documentos da Aurora Dourada como "Prudência".

Yod está relacionado com Kether, não apenas por ser isolado e autossuficiente, mas também por formar a raiz gráfica de todas as outras letras do alfabeto hebraico. Além do mais, o Yod é fálico. Ele é o Fogo-Masculino – que se precipita em direção à Água-Feminina. Na versão da Aurora Dourada, isso é simbolizado pelo sinal na frente do capuz do Eremita. O Yod dentro de um triângulo de fogo significa que essa letra é a própria essência do Fogo Espiritual dentro de *Microprosopus*. Ele é, portanto, um aspecto da Força de Chokmah. Ele é o pai de toda manifestação abaixo do Abismo, o qual está relacionado ao *Logos*.

Embora não seja difícil, o conceito de Logos frequentemente é malcompreendido. Logos é um termo grego que em geral se pensava ter o sentido de *palavra*, e que passou a representar um princípio tanto na metafísica grega como na hebraica. Nos termos mais simples possíveis: o Logos é um elo, um intermediário entre Deus e o Homem. Isso também é verdadeiro para qualquer Deus sacrificado, incluindo Cristo, Osíris ou Buda.

Na Árvore da Vida, Tiphareth é o Logos objetivo, o centro objetivo da energia produzida pelo Demiurgo (Chesed) como uma ligação direta entre o Inferior e o Superior. Em termos dos Caminhos, porém, que são subjetivos, o elo está no Caminho de Yod. Isso equivale a dizer que, embora Tiphareth seja objetivamente o centro de Logos, subjetivamente, a fim de compreendermos essa energia transicional, precisamos subir acima de Tiphareth em direção a Chesed, no Caminho de *O Eremita*.

As atitudes Cabalísticas em relação ao que é chamado de Logos se devem em grande parte a Philo, um filósofo judeu que viveu na época de Cristo. Ele fez a síntese entre os pensamentos grego e hebraico. Para os hebreus, a "palavra" (vibração) era Poder. Para os gregos, o Logos era "seminal", significando que ele era a origem de Tudo. Heráclito descreveu-o como um Fogo Divino que promoveu e manteve a ordem. Os estoicos viam o Logos como uma força que permeava todo o mundo. Posteriormente, a doutrina neoplatônica do Logos influenciou o autor do *Sepher Yetzirah*.

Filo combinou o conceito judaico de Palavra com o conceito platônico (relacionado especialmente a *Timaeus*) de manifestação que evolui a partir de um ponto de transição entre a Divindade e o Homem. *O Eremita* pode ser considerado uma "Palavra" (Vibração) pronunciada numa vasta área. A Palavra estimula continuamente o desenvolvimento da manifestação e energiza os princípios da forma que produziu.

Embora o Eremita frequentemente seja considerado uma representação de Cristo, ele está mais relacionado com *Moisés*, que guiou seu povo através do mesmo deserto egípcio no qual o monasticismo se desenvolveu muitos séculos depois. Moisés foi primeiramente relacionado com o Logos por uma seita Gnóstica primitiva cuja denominação foi inspirada por Simão, o Mago, descrito no *Ato dos Apóstolos*. Esses "Gnósticos Simonianos", que viveram aproximadamente no século II d.C., acreditavam que o *Livro do Exôdo* era uma alegoria da alma sendo conduzida pelo Logos (Moisés) através do deserto da vida para a terra prometida espiritual.[188]

Em outras palavras, Moisés é o *Taumaturgo*, o mago-mor. Ele contava com o apoio de um bastão de enorme poder, que fazia brotar água das rochas e, a uma ordem sua, transformava-se numa serpente. Esse último ato refere-se ao uso da força Kundalini (Yod) pelo Adepto-Mago. Essa força é o Fogo Sagrado que constitui a essência do Logos transmitido pelo bastão fálico.

Uma outra correspondência entre Moisés e o Logos é encontrada na interação entre o profeta e Deus enquanto a sarça ardia. Em vez de ser emitida diretamente, a palavra de Deus tem como intermediário Moisés, na função do Logos. Mais do que isso, Moisés pode ser considerado um *instrumento* do Pai Supremo, um executor levando a cabo a Sua Vontade. Sob esse aspecto, a *mão*, a mais criativa ferramenta humana, é atribuída a Yod. *O Eremita* é a própria mão de Deus.

A mão de *O Eremita* está aberta, ao contrário da mão de *A Roda da Fortuna*. A mão aberta é um símbolo de grande poder, encontrado especialmente nas representações bizantinas do *Pantocrator*, Cristo na qualidade de Regente do Universo. Todavia, a mão aberta é também um sinal de inocência; ela pode doar e tomar livremente, sem os obstáculos do pensamento ou das restrições morais. A mão aberta representa *O Eremita* como Profeta, o adepto completo.

Na medida em que *O Eremita* é o Adepto-Mago, ele é o agente da Vontade Suprema e, como tal, os *Trinta e Dois Caminhos de Sabedoria* chamam o Vigésimo Caminho de *Inteligência da Vontade*. Existe uma forte ligação entre *O Eremita* e o Caminho de *O Mago* (a *Inteligência da Transparência*) visto que Virgem é regido por Mercúrio. Isso significa que o Mercúrio Filosófico, em última análise, dirige o curso do Yod-Fogo nos Caminhos.

O fato de Virgem ser um signo terrestre talvez cause alguma perplexidade, porque qualquer discussão a respeito de *O Eremita* gira invariavelmente em torno da ideia do fogo. Esperamos que tenha ficado bem claro que o fogo aqui discutido não é a mesma coisa que o Fogo Elementar ou Fogo Maternal. *O Eremita* poderia ser considerado uma "Terra Primitiva", dentro da qual opera um Fogo Sagrado. A força Yod, uma vez mais, atua no sentido de manter o mundo em ordem, um estímulo que poderia ser chamado de fertilização. Esse é um conceito extremamente difícil e está relacionado com uma potencialidade multifacetada. Abordando a questão por outro ângulo, poderíamos dizer que a existência mais ordenada é a Terra, aqui representada como um ambiente totalmente estéril, mas com um potencial para o desenvolvimento de todo tipo de vida. Na carta da Aurora Dourada, a importância de Binah para esse processo é sugerida pela faixa vermelha em torno da cintura do Eremita. O verde-venusiano da terra é cingido pelo cordão vermelho-Atziluth de Binah.

A Aurora Dourada enfatiza as qualidades terrenas e monásticas da figura. Ademais, e embora isto talvez seja forçar o simbolismo para efetuar a sugestão, os mantos duplos lembram os títulos de Binah e Chokmah: *O Manto Exterior da Dissimulação* (Binah) e *O Manto Interior da Dissimulação* (Chokmah). O bastão, obviamente, está relacionado com Chokmah. Ele é empunhado de maneira a sugerir que se destina a ser plantado e que nele surgirão folhas e flores.

Das quatro versões, apenas a de Crowley sugere o *movimento* e a atividade que são essenciais a Yod. E, como de costume, sua carta requer mais explicação do que as outras. Ele enfatiza, por exemplo, a ideia de que *O Eremita* está radicado em Binah vestindo-o inteiramente de vermelho.

Diante da figura de vermelho está o *Ovo Órfico*, com uma serpente enrolada em torno dele. Nos antigos Mistérios Órficos, isso significava o Cosmos envolvido pelo Espírito Ígneo, que é Yod. Por trás da figura está Cérbero, o cão de três cabeças que guarda os portões do Inferno e que foi domado pelo Eremita. O espermatozoide simboliza as energias Yod do mundo material, ao passo que o bastão, que transmite a energia sexual, está completamente oculto. Como Crowley diz: "Nesta carta, está representado todo o mistério da Vida em seus detalhes mais secretos. Yod=Falo=Espermatozoide=Mão=Logos=Virgem".[189]

Yod tem sido chamado de *A Coroa*, significando isso que ele é o ponto mais elevado do Logos, a energia primária da qual deriva a manifestação. E, obviamente, qualquer referência à Coroa aponta em direção a Kether, a Coroa acima de Tudo.

O último símbolo a ser considerado é a lâmpada, a qual, em todas as versões, está relacionada com Tiphareth e constitui uma afirmação a respeito da verdadeira natureza da luz. Nos rituais da Aurora Dourada, esse princípio foi expresso em três linguagens: *Khabs am Pekht* (cóptico); *Konx om Pax* (grego); *Luz em Extensão*. Isso significa que a luz é o princípio da manifestação sobre o qual toda a criação é constituída. Assim, pode-se dizer que o Eremita representa um glifo sobre a natureza da manifestação fundamental por baixo do Abismo e do relacionamento entre a luz e o Fogo Sagrado, simbolizado por Yod.

Poderia-se esperar que a disposição das letras Yod, Heh e Vau sobre a Árvore da Vida tivesse um significado profundo. Assim, é particularmente intrigante perceber que essas letras operam em conjunto como uma trindade que vai de Chesed a Chokmah, passando por Tiphareth, e retorna a Chesed. Yod é *O Eremita*, Heh é *O Imperador* e Vau é *O Hierofante*, todos atuando do lado do Pilar da Misericórdia na Árvore da Vida. Nossa intenção, aqui, não é a de fornecer uma explicação e, sim, de sugerir um tema sobre o qual vale a pena meditar.

19. O CAMINHO DE TETH

A Força
A Oitava Carta

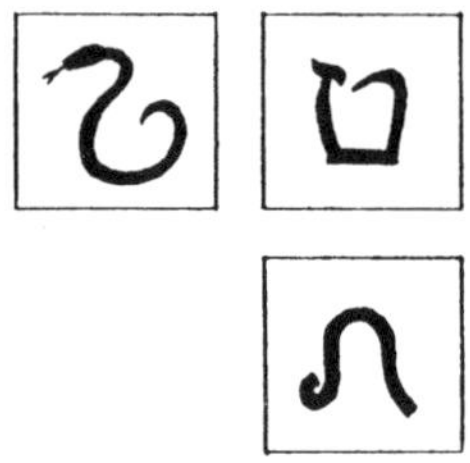

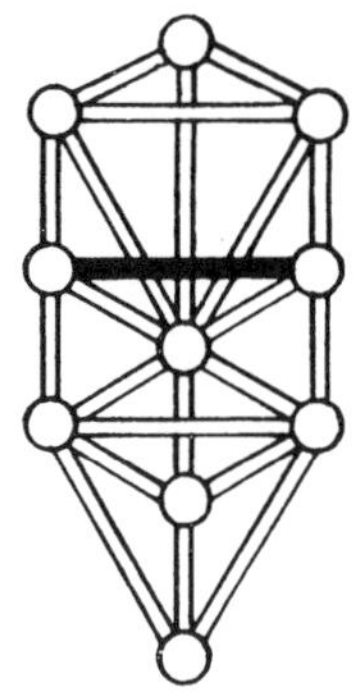

- COR DO CAMINHO: Amarelo-esverdeado
- SOM RELACIONADO: Mi Natural
- SIGNO: Leão (Fogo Fixo)
- SIGNIFICADO: Cobra
- LETRA SIMPLES: Sabor
- TÍTULO ESOTÉRICO: A Filha da Espada Flamejante

TRINTA E DOIS CAMINHOS DE SABEDORIA: *O Décimo Nono Caminho é a Inteligência de todas as atividades e seres espirituais, sendo assim chamado por causa da abundância difundida por ele a partir da mais elevada bênção e da mais sublime glória.*

Neste nosso avanço ascendente pela Árvore da Vida, o Caminho de *A Força* leva-nos à beira do Abismo, tal como *O Eremita*. Embora talvez pareça paradoxal, à medida que nos aproximamos da origem de Tudo, da Simplicidade Última, o simbolismo torna-se cada vez mais complexo. Nas cartas inferiores, as energias e experiências podem ser descritas com precisão por meio de palavras. Neste nível da Árvore e nos níveis superiores, aprendemos basicamente por meio da meditação sobre o inter-relacionamento de símbolos, que contêm segredos muito profundos. Poucas pessoas, por exemplo, chegariam a suspeitar que o desenho de uma mulher com um leão poderia ter um significado tão amplo.

Em termos de evolução, o Décimo Nono Caminho é o primeiro Caminho de *Microprosopus*, a Fisionomia Menor. Ele é o jorro de energia de Chesed para Geburah, no processo de manifestação; é o Caminho primário do Eu Superior, ligando os grandes opostos abaixo do Abismo. *É o Caminho no qual o Fogo torna-se Luz*, pois a manifestação é Luz, ao passo que os Supernos são a escuridão ígnea. Assim, no seu *The Book of Tokens*, Case fala da "radiante escuridão da Luz Infinita".[190]

Para o Caminho de *A Força* são atribuídos a letra hebraica Teth e o mais poderoso signo do Zodíaco, Leão. Teth significa *cobra*, e a permutabilidade entre o simbolismo do leão e da cobra é importante para o significado desta carta. Como os símbolos se alternam, nós compreendemos que as realidades que eles representam também podem ser permutadas. O Espírito Unitário assume qualquer forma que Ele queira, o que é uma importante lição deste Caminho. A ideia é claramente expressa no *Zohar*: "Os três princípios elementares da natureza são o Fogo, o Ar e a Água. Na verdade, eles são uma só função e uma só substância, podendo se transformar um no outro. Isso também acontece com o Pensamento, a Fala e o Logos: eles são todos uma única e a mesma coisa".[191]

Quando a Serpente segura a própria cauda com a boca, ela representa a *sabedoria* e o *Universo* (observe aqui que o paladar é atribuído a Teth no *Sepher Yetzirah*), ao passo que a mesma serpente é descrita no *Gênesis* como a *tentadora*. Além disso, na medida em que ela é a ígnea e fundamental Força da Vida, ela é também a *redentora*. Essa é a mesma ideia aparentemente contraditória encontrada na principal carta da matéria, *O Diabo*, o qual também é tentador e redentor. Curiosamente, o leão às vezes é relacionado com Saturno, a suposta "morada" do Diabo. A Cabala felizmente nos permite colocar esses símbolos numa perspectiva muito clara, pois Binah-Saturno é a causa última do diabólico aprisionamento da matéria.

Precisamos admitir que o leão tem sido usado em tantas culturas e panteões simbólicos diferentes que passou a ter significados mutuamente exclusivos. Em geral, porém, as referências ao leão estão relacionadas com a sua força física. (Esta, de qualquer forma, não é uma carta do intelecto.) A força mais poderosa que o homem pode conceber é a luz do Sol, o regente de Leão. E, como iremos ver, ao leão é permitido abrir o Pergaminho Sagrado do Apocalipse. Isso significa que o poder solar, representado por esta carta, pode abrir os níveis superiores da consciência além do próprio Sol (Tiphareth). No simbolismo, isso é mostrado sobretudo graficamente por representações do Deus Solar Mitra, que tem corpo de homem e cabeça de leão.

O simbolismo do leão sempre implica uma força bruta que pode ser usada de forma construtiva ou destrutiva. Este é o Caminho no qual a Espada de Geburah é formada, indicando que está sempre presente a possibilidade de o filósofo ser esmagado pelo poder que invoca. Esse perigo é enfatizado, por exemplo, na história de Daniel no covil do leão, a qual está estreitamente relacionada com o simbolismo desta carta. Daniel, assim como Moisés, é um Mago (Taumaturgo) que detém o poder destrutivo dos leões por meio da pura força de vontade.

Daniel, Noé, os três hebreus na fornalha ardente e outras dessas figuras foram escolhidos pelos primeiros cristãos como representantes bíblicos da salvação. Na parede de uma catacumba, uma descrição de Daniel significa, em essência: "Assim como Daniel foi salvo dos leões, que também seja salvo todo aquele que vier a ser enterrado aqui". Assim, uma fé simplista na proteção divina passou a eclipsar um simbolismo de consequências muito mais amplas, o da pessoa esclarecida controlando a "energia animal" subjacente a toda existência.

No simbolismo da Alquimia, o leão assume três formas diferentes. Primeiro, existe o *Leão Verde*, a energia da natureza antes de ser purificada e submetida à vontade. Em seguida, vem o *Leão Vermelho*, representado na carta de *A Força*. Essa é a força da natureza sob perfeito controle, aquilo que os Alquimistas descreveriam como o Enxofre (energia solar) combinado com Mercúrio (vontade). Waite dá ênfase a esse significado representando o símbolo do infinito de *O Mago* acima da cabeça da mulher; essa é a força de vontade diretora do Décimo Segundo Caminho, aquele que Mathers chama de *Mercúrio Filosófico*. Por fim, existe o *Leão Velho*, significando a consciência completamente purificada, a ligação de todos os componentes da alma com o Eu Espiritual Superior, que é "mais velha do que o próprio tempo".

O leão figura em lendas antigas e cristãs, tal como a história de São Jerônimo, na qual o santo remove um espinho da pata de um leão e o animal, agradecido, torna-se seu servidor.[192] A característica comum a todas essas histórias é a referência a um sábio que subjuga um animal selvagem por meio da força da sua humanidade. É o atributo superior do homem controlando o atributo superior dos animais (dos quais o leão é "rei"), uma ideia tão comum na história que poderia ser considerada uma extensão do arquétipo do *Velho Sábio*, de Jung. Sob esse aspecto, vemos que cada carta do Tarô representa um corpo de ensinamentos, de lendas ou de tradições profundamente implantado na alma coletiva da humanidade e expresso de diferentes maneiras através da história.

O relacionamento do leão simbólico com o Sol pode produzir alguma confusão. Num nível, o leão é o *Kerub do Fogo*, símbolo de um dos Quatro Elementos. Mas este não é o mesmo leão do Fogo Espiritual do Sol, ou Kundalini, que é também a serpente.

O ígneo leão-serpente é um aspecto da Força Vital que, na manifestação, é uma dualidade de atividade e passividade. Kundalini, o Fogo Sagrado, é a fase ativa dessa energia, que é intencionalmente liberada e dirigida pela vontade. Isso é sugerido pelas duplas terminações das varas nas mãos da figura de *O Mundo*, uma carta relacionada, de diversas maneiras, com *A Força*.

Observaremos, por exemplo, que a mantilha da figura da carta da Aurora Dourada é semelhante àquela usada pela figura de *O Mundo*. Ambas são *disfarces*. Ambas são princípios de dissimulação, embora em diferentes extremidades da manifestação. *A Força* é o início de *Microprosopus*, enquanto *O Mundo* é o completamento do processo. A mulher que domou a energia do leão e a mulher que dança no espaço rodeada pelos Quatro Querubins são ambas expressões daquilo que, no nível mais elevado, é chamada de *A Imperatriz*.

Este é um Caminho muito poderoso, sobre o qual a pessoa sensitiva não pode meditar sem que ocorram profundos efeitos sobre a sua psique. A carta pode vir a ser reconhecida como uma exposição de metodologia, através da qual a força de vontade controla a energia da vida. *The Book of Tokens*, de Case, sugere que o segredo dessa metodologia está no número, embora, tal como é usada nesse texto, a palavra signifique a origem da divisão daquilo que pode ser contado: "Número oculta o poder de Elohim, pois Número é aquela impenetrável escuridão sobre a qual está escrito, 'E Moisés chegou mais perto da impenetrável escuridão Onde estava Deus'; e, uma vez mais, '*Tetragrammaton* disse que iria habitar na impenetrável escuridão'". E prossegue: "Fora dessa escuridão, a Serpente é um símbolo, a Grande Serpente, a cobra real do Egito. Embora essa seja a Serpente da tentação, dela provém a redenção, pois a Serpente é a primeira manifestação do Sagrado".[193]

A Força representa a mais importante fórmula iniciatória que lida com o poder da serpente. Esse poder é utilizado para estimular os diversos *chakras* ou centros de energia no corpo. Os princípios encerrados no número (tal como são definidos acima) nos ensinam como utilizar esse poder, o que não significa sugerir que o processo é frio e distante. Ao contrário, o título de Crowley, *Luxúria*, é bastante apropriado. O que está envolvido é o desenvolvimento de um "frenesi divino" sugerido pelas instruções frequentemente repetidas: "Inflama-te a ti mesmo através da Oração!" Ou então, como diziam os alquimistas, "O Calor do forno faz a Pedra". O calor é uma grande paixão dentro dos limites de um exercício tal como esse do Pilar do Meio.[194]

O método é um tema que aparece com frequência nos cursos por correspondência de Paul Case. Numa determinada lição, ele fala o seguinte a respeito dos exercícios interiores: "Através da prática continuada, seguida durante meses ou anos sem resultado aparente, os que seguem o Caminho da Libertação efetuam mudanças em sua subconsciência. Essas mudanças são simbolizadas pela Carta 8 e produzem ao mesmo tempo o resultado apresentado na Carta 16".[195] Ele afirma repetidas vezes que o importante nos exercícios de meditação é uma mudança sutil porém real na estrutura das células do corpo. Os que estão familiarizados com a definição de Dion Fortune, segundo a qual a Cabala é o "Yoga do Ocidente", entenderão que Case disse de forma direta coisas que ela apenas sugeriu.

Quando temos as cartas importantes, *toda* a literatura mística subitamente se revela e nos parece genuinamente simples. Esse é o caso do *Livro da Revelação* [*O Apocalipse*], que deixa totalmente confusa a maioria dos estudiosos da Bíblia e é fonte de algumas bobagens extraordinariamente eruditas. Como o *Livro do Gênesis*, o *Apocalipse* é também um dos grandes documentos Cabalísticos. Assim, não devemos nos surpreender ao descobrir que *A Força* (ou a *Luxúria* de Crowley) está relacionada diretamente com a obra de São João.

No *Apocalipse* está escrito que o leão, símbolo da Tribo de Judá (os descendentes de Davi), havia "conquistado o direito de abrir o pergaminho e romper os sete selos".[196] Quando os selos estão prestes a ser rompidos, porém, descobrimos que o cordeiro tomou o lugar do leão. *O leão, de fato, transformou-se no cordeiro dos "Sete Olhos"*. Esses são os sete chakras ativados pelo Poder da Serpente-Leão. Essa é a doma do leão pela mulher em *A Força*. Em termos Cabalísticos, isso significa que controlar perfeitamente as energias simbolizadas pelo leão equivale a romper os selos do Livro da Realidade acima do Abismo. O simbolismo diz respeito ao método por meio do qual a pessoa pode vir a conhecer aquilo a partir de onde surge a manifestação, o Triângulo Superno da Árvore da Vida. Devemos observar aqui que, dentre os Caminhos que não têm ligação direta com os Supernos, o de Teth é o mais elevado da Árvore. Ele é, portanto, um importante Caminho de transição e, tal como *O Eremita*, é também uma passagem para Daath.

Na versão da Aurora Dourada, para ambas as cartas, Daath é sugerido pelo deserto. Quando cruzamos o deserto, indo para cima, somos levados até a fronteira pelo próprio Logos (Moisés atuando como a Luz). Mesmo a carta de Crowley poderia ser interpretada dessa maneira, embora ele a tenha colocado no décimo primeiro Caminho, tradicionalmente atribuído a *A Justiça*. Seu simbolismo é perfeitamente compatível com o significado das cartas da Aurora Dourada ou de Waite no que tange a Daath, a respeito do qual ele fez o seguinte comentário no *Equinox*:

"Diz-se que em Daath está a Cabeça da Grande Serpente Nechesh ou Leviatã, chamada de mal para dissimular a sua Santidade".[197] Esse raciocínio é interessante em termos da *Luxúria*, em que representou a besta de sete cabeças do Apocalipse, com a qual ele pessoalmente se identificou. Pode-se sugerir que Crowley se identificou com a besta segundo a mesma ideia filosófica que ele apresentou no caso da serpente, isto é: um mal que é apenas aparente e na verdade esconde um grande bem. Pode-se argumentar teologicamente que Deus criou apenas o bem e, portanto, aquilo que aparenta ser um grande mal deve na verdade ocultar o bem.

De qualquer maneira, muitos poderão achar estranho e, até mesmo, ver certa morbidez no fato de Crowley ter introduzido nas cartas aspectos de sua própria personalidade, embora seja necessário algum estudo para se compreender em que medida isso aconteceu. Outros poderão achar curiosa a imagem escolhida e se admirarem por ele ter ilustrado uma carta de tamanho vigor espiritual, como é o caso de *A Força*, com a Mulher Escarlate do Apocalipse cavalgando a Besta. Por meio da Gematria, Crowley fez a ligação com o número 666, com o qual ele relacionou o seu próprio nome, O Sol, o que ele chamou de a "Estrela do Apocalipse" e de a Besta do Apocalipse.

Embora nesse contexto a imagem seja um tanto chocante, Crowley usou a Prostituta de Babilônia para representar a epítome da virgindade, que era simbolizada na carta da Aurora Dourada por meio de quatro flores (Chesed) e pela grinalda na carta de Waite. O princípio, mais uma vez, é aquele de um grande mal ocultando um grande bem.

A mulher tem a mesma inocência que *O Eremita*. Ela é *virgo intacta* e somente como tal ela pode, em completa segurança, lidar com o Leão. Ela poderia também ser considerada uma das Virgens Vestais que mantêm aceso o Fogo Sagrado.

18. O CAMINHO DE CHETH

ח

♋

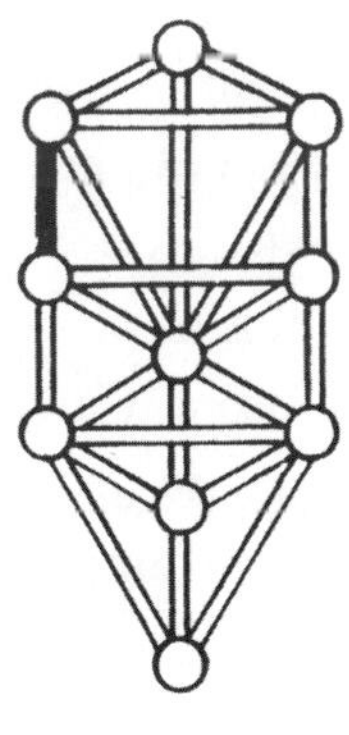

O Carro

A Sétima Carta

- COR DO CAMINHO: Âmbar
- SOM RELACIONADO: Ré
- SIGNO: Câncer (Água Cardinal)
- SIGNIFICADO: Cerca, Cercado
- LETRA SIMPLES: Fala
- TÍTULO ESOTÉRICO: A Filha dos Poderes da Água; o Senhor do Triunfo da Luz

TRINTA E DOIS CAMINHOS DE SABEDORIA: *O Décimo Oitavo Caminho é chamado de Casa da Influência (pela vastidão de cuja abundância é aumentado o influxo de coisas boas sobre as criaturas), e, no meio da investigação, os arcanos e sentidos ocultos que habitam em sua sombra e sobem até ele são arrancados da causa de todas as causas.*

O Caminho de *O Carro* vai de Geburah (*Força*) a Binah, a Grande Mãe na Árvore da Vida. É o mais elevado e, portanto, o mais profundo Caminho do Pilar da Severidade. É também a terceira iniciação da série *O Eremita, A Força* e *O Carro*, significando que é uma experiência introdutória ao Supremo Eu Espiritual. Ele é uma iniciação através do Abismo, tendo em vista que, uma vez ultrapassado este, todos os Caminhos que o interceptam são compreendidos. Os quatro Caminhos ao lado de *A Sacerdotisa* são, *em conjunto*, a experiência do "Jardim do Éden", conforme iremos compreender ao considerar o Elemento ligado a cada Caminho: *O Carro* é da Água (Câncer), *Os Enamorados* é do Ar (Gêmeos), *O Imperador* é do Fogo (Áries) e *O Hierofante* é da Terra (Touro). Esses são também os Quatro Rios do Paraíso, que fluem para Tiphareth a partir do Caminho de *A Sacerdotisa*.

O Carro significa um completamento que Waite chamou de "uma conquista de todos os planos",[198] significando que *O Carro* transmite a influência superior a todos os planos inferiores. Os *Trinta e Dois Caminhos de Sabedoria* descrevem isso como a "Casa da Influência (pela vastidão de cuja abundância é aumentado o influxo de coisas boas sobre as criaturas [...]." Aqui o texto antigo sugere que, através deste Caminho, pode-se descobrir os segredos dos sentidos ocultos "que habitam em sua sombra", significando isso a Suprema Escuridão acima do Abismo.

Esta carta também representa a visão de Ezequiel,[199] na qual o profeta descreveu o aparecimento de "quatro criaturas vivas". Cada uma tinha quatro faces: a de um homem, a de um leão, a de um touro e a de uma águia. Ao lado de cada criatura havia uma roda e, quando as criaturas se moviam, as rodas também eram deslocadas. Acima da cabeça dessas aparições havia "uma abóbada brilhante, tal como uma lâmina de gelo". Acima da abóbada havia um trono e nele uma figura resplandecente. A sugestão é a de que as criaturas (energias Elementares do Universo manifesto) são *O Carro*.

Os estudiosos do misticismo judaico poderão estar naturalmente curiosos a respeito das origens desta carta, pois ela sugere uma das mais importantes tendências do pensamento judaico primitivo, a do *Merkabah*. O Merkabah é o carro que transporta o Trono.[200]

A respeito dessa tendência, Gershom Scholem diz: "O misticismo judaico primitivo é o misticismo do trono. Sua essência não é a contemplação enlevada da verdadeira natureza de Deus, mas a percepção de seu surgimento no trono, descrito por Ezequiel".[201] Ele declara posteriormente que, enquanto nas épocas mais antigas falava-se em "ascender ao Merkabah", os autores mais recentes discutiam a iluminação como a "descida ao Merkabah",[202] presumivelmente significando uma viagem até as profundezas do Eu. De uma maneira ou de outra, existe a implicação de que o carro está estacionado, conforme é mostrado nas cartas de Waite, de Crowley e de Marselha, uma ideia apoiada por Case, segundo o qual o número da carta, 7, é tradicionalmente relacionado com o *repouso*. Isso é um mistério porque, embora o carro esteja parado, ele se desloca continuamente através dos planos.

Obviamente, o fato de esta carta ser uma clara referência a Ezequiel não significa que ela esteja indiscutivelmente ligada ao pensamento Merkabah. Ezequiel foi uma figura muito popular no Ocidente durante o período em que o Tarô aparentemente foi criado, conforme atesta a arte. Todavia, se admitirmos a hipótese de que os criadores do Tarô tinham o mais superficial conhecimento da Cabala e do misticismo judaico, teremos de presumir que eles estavam familiarizados com a sua expressão mais antiga, o Merkabah, e não teriam usado por acaso a imagem de um carro. Não pretendemos esclarecer aqui essa questão, mas apenas reconhecer que ela existe e pode ser de fundamental importância para a definição do que é moderno e do que é antigo no sistema do Tarô.

Éliphas Lévi, que atua como uma ponte entre o moderno e o antigo esoterismo, fez uma importante contribuição em seu desenho da carta *O Carro*. Ela nunca fez parte do baralho de Lévi, embora Oswald Wirth tenha incorporado a maioria das ideias de Lévi ao seu Tarô de 1889.

No *Dogma e Ritual de Alta Magia,* Lévi escreveu o seguinte a respeito de *O Carro:*

> Um *carro cúbico*, com quatro esteios e uma cobertura estrelada azul-celeste. Nesse carro, entre os quatro esteios, um indivíduo vitorioso coroado com um círculo dotado de quatro resplandecentes pentagramas dourados. Em seu peito estão três

quadrados superpostos e sobre seus ombros o *Urin* e o *Thummim* do supremo sacrificador, representado por duas luas crescentes em Gedulah [Chesed] e Geburah; em sua mão há um cetro encimado por um globo, um quadrado e um triângulo: sua postura é altiva e tranquila. Uma esfinge dupla ou duas esfinges unidas pelos quartos traseiros são atreladas ao carro; elas estão puxando em direções opostas, mas têm a mesma aparência. Elas são respectivamente branca e preta. No quadrado que forma a parte anterior do carro está o *lingham* indiano circundado pela esfera voadora dos egípcios.[203]

Waite seguiu Lévi de perto, sendo que sua única contribuição iconográfica foi o acréscimo de um rio atrás do carro (uma referência às Águas que fluem de *A Sacerdotisa* para o signo de Água, Câncer). Ele também acrescentou uma cidade que poderíamos interpretar como sendo a "Sagrada Jerusalém" ou a "Cidade de Deus", acima do Abismo. Assim, *O Carro* é representado como um intermediário. Ele está tanto *acima* como *abaixo*; ele é o perfeito controle em mais de um plano de existência, ao mesmo tempo que protege a santidade do "Trono", mantendo a necessária separação entre os planos que são afetados por ele.

O relacionamento do Carro com o Trono é ampliado pelo fato de sabermos que os anjos de Binah são chamados de [אראלים] (*Aralim*), Tronos, enquanto aqueles de Chokmah são chamados de [אופנים] (*Auphanim*), Rodas. Isso é compatível com a ideia de que Binah representa todas as três Supernais, Binah, Chokmah e Kether. Isso é importante na medida em que o Trono é, na verdade, Kether (ele não é *de* Kether, ele *é* Kether).

Não existe outra maneira de compreender esses relacionamentos a não ser por meio da meditação, e o estudioso não deverá se sentir desencorajado se as palavras lhe parecerem difíceis. O que realmente importa aqui é o relacionamento do Espírito Divino com aquilo que, sob certos aspectos, O contém. O significado da letra hebraica Cheth, atribuída ao Décimo Oitavo Caminho é *cerca* ou *cercado*. *O Carro* é um cercado sobre rodas que abriga o Espírito em seus "movimentos" através de todos os planos. Dois princípios podem ser inferidos aqui: 1) O primeiro é a própria ideia de que é necessário um cercado ou alguma coisa externa ao Eu para transportá-lo através dos vários níveis do Universo manifesto. 2) A ideia de que o veículo tem uma função protetora, tal como *The Book of Tokens* afirma a respeito de Cheth:

Sou a cerca de proteção
Que envolve o campo da existência.
Neste campo tu habitas
E sou tua defesa
Contra a escuridão exterior.

Embora esta seja uma cerca de segurança,
Ela também é um muro de limitação,
E a escuridão contra a qual te defendo
é a radiante Escuridão da Luz Ilimitada,
demasiado brilhante para os teus olhos.[204]

Ao interpretar essa passagem, Case faz referência ao *Ain Soph* "que é para nós uma escuridão porque transcende nossa visão terrena". Ele também relaciona isso à ideia de "Osíris como um Deus negro",[205] significando que Osíris (um deus sacrificado) ressuscitou e subiu acima da Luz para uma escuridão que é a própria culminância do Supremo Eu Espiritual em Kether. Essa experiência do Eu Espiritual, representada em *O Carro*, também tem sido descrita como a "Exaltação" da Alquimia, onde o alquimista se transforma na Pedra Filosofal.

Das quatro versões da carta, a de Crowley é a que mais enfatiza o relacionamento entre *O Carro* e o texto de Ezequiel com suas "criaturas vivas". Sua carta desenvolve as duas esfinges propostas por Lévi, ao passo que a Aurora Dourada segue o desenho anterior do Tarô de Marselha, no qual o carro é puxado por dois cavalos.

Crowley afirma ter sido muito influenciado pelo desenho da carta de Lévi e, como ele também afirmou ser a reencarnação de Lévi, pode ter pretendido dar ênfase ao desenvolvimento do "seu" trabalho anterior. Assim, ele utilizou as duas esfinges de Lévi e transformou-as nos quatro Querubins, cada um dos quais com quatro subelementos, tal como nos *Tattvas*. Isso está de acordo com o texto bíblico que descreve cada uma das quatro criaturas como tendo quatro faces. Além do mais, estabelecemos anteriormente uma relação entre a Esfinge e o Pentagrama, o qual representa os Quatro Elementos encimados pelo Espírito. O Pentagrama, sendo uma figura com cinco pontas, é apropriada para Geburah, a extremidade inferior deste Caminho. Geburah também é simbolizada na carta de Crowley pelas rodas vermelhas, significando que essa energia é a força motriz do carro. O complemento de Geburah, Chesed, está implícito aqui nos vários usos do *quatro*. Chesed-Júpiter é importante neste Caminho porque é o início da manifestação, em *Microprosopus*, dos Quatro Elementos que são o esteio simbólico do firmamento. Nas cartas de Crowley e de Waite, o dossel-Binah é sustentado por quatro pilares que são os Elementos e o [יהוה]. Essas são também as quatro colunas da *Árvore da Vida numa Esfera Sólida* (ilustração do frontispício).

Acima da figura que usa uma armadura dourada está um caranguejo, símbolo do signo de Câncer. Quase imperceptivelmente tecida no dossel, numa fina linha dourada, está a palavra "ABRACADABRA", um evidente trocadilho com "ABRAHADABRA", palavra que Crowley considerou "um dos mais importantes números do *Liber Al*... a palavra do *Aeon*... a chave da Grande Missão". O valor dessa palavra corresponde ao de Cheth [חית]; [ת] =8, [י] =10, [ח] =400, cujo total é 418.[206]

Uma ideia importante encontrada nas cartas de Crowley e da Aurora Dourada é a sugestão de alguma coisa marcial e não muito diferente do *Bhagavad-Gītā*, em que a busca da iluminação é simbolizada pelas facções rivais que entendemos estarem dentro do próprio indivíduo empenhado nessa procura. Aqui, no mais elevado Caminho do Pilar da Severidade, o guerreiro espiritual de Geburah alcançou uma culminância. Crowley o representa com dez estrelas em sua armadura (representando Assiah-Matéria) e sentado numa posição de sublime meditação. Em suas mãos ele segura o *Santo Graal*, uma taça para a qual ele olha diretamente.

Em sua carta, a Aurora Dourada preferiu desenhar Odin, o Deus da Guerra, geralmente representado a cavalgar pelo céu. Essa característica de Odin é apropriada pois ele era também um Deus do Desenvolvimento Espiritual que, como *O Carro*, tem sido relacionado tanto com o que está acima como com o que está abaixo.[207]

A principal ênfase da carta da Aurora Dourada é o controle das dualidades na manifestação pelo Supremo Eu Espiritual. Aqui os cavalos preto e branco correspondem às Esfinges preta e branca de Lévi e às colunas preta e branca dos Mistérios, chamadas *Joachim* e *Boaz*, no "Templo de Salomão". Entre os dois cavalos está uma cabeça de águia, o símbolo querúbico da Água. O carro propriamente dito é azul, para sugerir Chesed. O laranja do manto do guerreiro é uma referência a *Hod*, o intelecto. Assim, somos remetidos a *O Mago*, o Caminho ao qual Mercúrio é atribuído. Waite também referiu-se a Hod ao usar uma estrela de oito pontas na coroa do cocheiro, personificação do Eu Espiritual.

Conforme foi mencionado, o movimento de *O Carro* oculta um mistério de grande significação. Na carta da Aurora Dourada fica claro que ela desce do céu, simbolizando a descida do Espírito Santo para a criação manifesta ("o influxo de coisas boas sobre as criaturas"). Essa é uma iconografia que lembra o Carro do Sol e é muito mais simples do que aquela encontrada nas cartas de Crowley ou de Waite. Na mitologia grega, o Carro de Hélios, o Sol, deslocava-se diariamente através do céu puxado por quatro cavalos. O relacionamento entre o Sol e *O Carro* é de fundamental importância porque o carro se desloca entre a Luz, centrada em Tiphareth, e a Suprema Escuridão, no lado oculto de Kether. Na carta de Waite esse carro é um cubo de pedra relacionado com o Universo físico e com o *Cubo do Espaço*, que Gareth Knight considerou ser um constructo dentro de Tiphareth. Essa ideia é desenvolvida pela sugestão, proposta por Case, de que o Trono é Kether mas o local do Trono é Tiphareth.[208]

Todavia, outro elemento de complexidade deve ser introduzido. Embora *O Carro* esteja relacionado com o Sol, ele é guiado pela Lua! Além disso, do ponto de vista da Árvore da Vida e da mitologia grega primitiva, *o Sol está subordinado à Lua.*

O Carro segue essa ordem, pois ele é o signo de Câncer, regido pela Lua (e no qual Júpiter é glorificado). Na Árvore da Vida, o Caminho que vai de Tiphareth a Kether é o Caminho principal da Lua e da Água, *A Sacerdotisa*. A precedência aqui cabe à *Água* (consciência pura), que é representada pela Lua. Devemos mencionar também que no panteão simbólico dos metais, a prata em determinada época tinha precedência sobre o ouro.

O Sol só passou a ter mais importância que a Lua depois do período da história grega em que o mito de Apolo começou a substituir o de Hélios como o Deus do Sol, chegando mesmo a ser representado dirigindo o Carro do Sol através do céu.[209]

É claro que todos esses símbolos estão profundamente relacionados com a história das religiões e com a antropologia, o que ocasionalmente confere significados contraditórios a um determinado símbolo. A verdade é que os Arcanos Maiores do Tarô representam imagens arquetípicas, verdades que permanecem imutáveis a despeito das limitações das tentativas de descrevê-las.

17. O CAMINHO DE ZAIN

Os Enamorados

A Sexta Carta

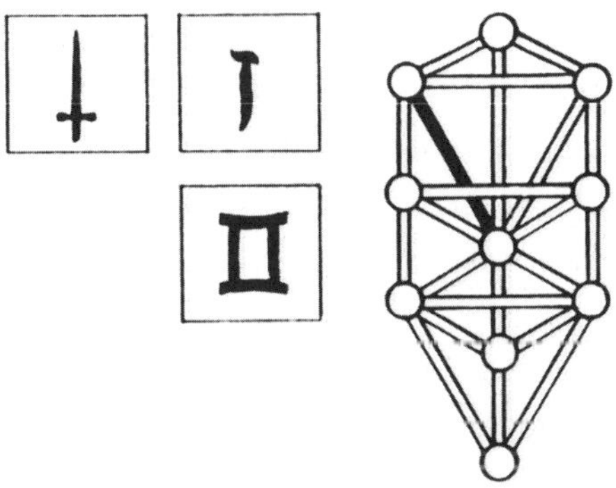

- COR DO CAMINHO: Laranja
- SOM RELACIONADO: Ré Natural
- SIGNO: Gêmeos (Ar Mutável)
- SIGNIFICADO: Espada ou Armadura
- LETRA SIMPLES: Olfato
- TÍTULO ESOTÉRICO: Os Filhos da Voz; O Oráculo dos Deuses Poderosos

TRINTA E DOIS CAMINHOS DE SABEDORIA: *O Décimo Sétimo Caminho é a Inteligência da Eliminação, que proporciona Fé aos Justos, que são revestidos por ele com o Espírito Santo. Este Caminho é considerado o Alicerce da Excelência na esfera das coisas superiores.*

O Caminho de Zain, *Os Enamorados*, entre Binah e Tiphareth, liga a consciência pura, da qual as formas emergiram, ao ponto central de toda manifestação,

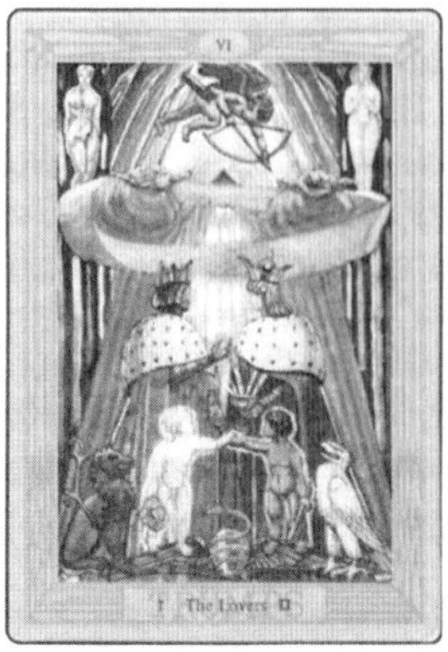

uma complexidade que pode ser apenas sugerida pela imagem de uma carta do Tarô. Talvez seja por isso que o desenho da carta tenha se modificado ao longo dos séculos. Na maioria das versões mais antigas, tal como o Tarô de Marselha, ela foi chamada de *O Enamorado* (no singular) e representava um homem entre duas mulheres, acima dos quais havia um cupido prestes a atirar uma flecha. Presume--se que esse enamorado único não fazia sentido para artistas posteriores do Tarô, de modo que no século XVIII a carta começou a aparecer com dois "enamorados" e algum tipo de figura unificadora.

Todavia, o conceito original de "o enamorado" é muito profundo, pois esta carta não representa o amor mundano entre duas pessoas. Ela na verdade representa as dualidades de um único indivíduo obstinadamente empenhado na busca do Amor Divino. A observação de Crowley de que a carta na verdade deveria ser chamada "Os Irmãos" é bastante apropriada. De fato, o verdadeiro significado da carta está contido no seu signo do Zodíaco, *Gêmeos*. As energias duais que o Enamorado se propõe a unir são iguais e opostas, ou seja: gêmeas. A união desses gêmeos é um grande passo rumo à Divindade na Árvore da Vida.

A ideia é de que as dualidades foram formadas quando a Energia Divina surgiu através do Abismo, transformando-se em manifestação. A Grande Missão é um "casamento" dessas dualidades de manifestação, um retorno a um estado primevo. Assim, este Caminho poderia ser considerado o aspecto do *Jardim do Éden* a partir do qual a humanidade foi expulsa, mas ao qual ela pode voltar lidando conscientemente com aquilo que tem sido chamado de *Sol* e *Lua* interior. A chave para a Grande Missão é a união entre o Sol e a Luz sob Mercúrio (o planeta que rege Gêmeos).

Ao relacionar esse simbolismo ao Caminho de *Os Enamorados*, Case realizou um fascinante exercício de Gematria. Ele tomou o título hebraico do Caminho, tal como aparece nos *Trinta e Dois Caminhos de Sabedoria*, e dividiu-o em seus componentes. O Caminho de Zain é chamado de *Inteligência da Eliminação*, [הרגש] (*ha-regesh*), a partir da qual ele derivou o seguinte: ([ה] significa *o*), [ר] é o Sol, [ג] é a Lua e [ש] é o Fogo. Assim, [הרגש] significa Sol + Lua + Fogo.[210] Nas cartas do Tarô, o Sol é o homem, a Lua é a mulher e o Fogo Divino acima do Abismo é representado pelo Anjo ou Cupido.

Ao explicar isso, Case afirma que o Sol é a autoconsciência e a Lua a subconsciência. Ambos são aspectos do Sopro da Vida, cada um atuando através de uma metade do corpo. Além disso, "quando as correntes Lunar e Solar do Poder Vital são corretamente percebidas, perfeitamente discriminadas e quando sua operação é mantida em boa ordem, a personalidade do homem empenhado nessa prática transforma-se num canal livre e desobstruído para o influxo da força cósmica da vida".[211]

Case estava discutindo não o baralho de Waite mas a sua própria versão B.O.T.A., uma "correção" do baralho anterior que, embora pouco tenha alterado o simbolismo, melhorou a qualidade do desenho e eliminou as Cartas Menores personificadas. Assim, poder-se-ia esperar que as interpretações das cartas de Waite e de Case fossem semelhantes, apesar da cautela de Waite quanto ao que imprimia. Essas semelhanças, no entanto, são poucas; enquanto Case a considerava uma carta de dualidades unificadas pelo Eu Espiritual, Waite simplesmente enfatizou sua relação com o Jardim do Éden. Ele referiu-se a Adão e Eva e à Árvore do Conhecimento do Bem e do Mal mas não fez nenhuma menção à Alquimia Espiritual nesta carta, que ele chamou de "amor antes de ser contaminado pelo vulgar desejo material", acrescentando que "num sentido muito elevado, a carta é um mistério do Sabbath e das promessas de Deus à humanidade".[212] Alguém poderia sugerir que esses comentários, extraídos de sua obra *Pictorial Key to the Tarot**, são tão crípticos a ponto de serem quase inúteis para o estudioso sério. Nossa intenção aqui não é condenar Waite, que deve ser respeitado por manter seus juramentos de sigilo, mas sim chamar a atenção para o fato de que existem duas explicações para toda carta, uma exotérica e outra esotérica.

Em todas as versões desta carta, independentemente do modo como ela possa ser descrita ou das diferenças no desenho, o significado esotérico é o mesmo. Todas elas significam a união de opostos manifestos sob o Amor Divino dos Supernos através de Binah. Conforme salienta Waite, ela é o Jardim do Éden, mas o Jardim do qual a própria alma é expulsa na manifestação e para o qual ela pode retornar. A mesma mensagem está na carta de Crowley, que representa o tema da união como um "Casamento" alquímico das partes componentes da pessoa empenhada na busca. A Aurora Dourada também representa essa união espiritual,

---

* *O Tarô Original Waite-Smith 1909 – Parte Dois: A Chave Ilustrada do Tarô*. Pensamento: São Paulo, 2024.

embora com uma importante diferença. A pessoa empenhada na busca se esforça ativamente para que isso ocorra: o Eu Superior desce para libertar a Personalidade do cativeiro, lembrando a ideia, encontrada em *O Pendurado*, de que, embora a Personalidade acredite ser ela própria o ente que anda à cata de alguma coisa, ela é na verdade o objeto dessa busca.

A lenda de Perseu e de Andrômeda, usada para ilustrar essa questão, contém algumas fascinantes implicações para a interpretação da carta. No mito, Andrômeda era a filha do rei dos Etíopes e de Cassiopeia, a qual afirmou ser mais bela do que as Nereidas (filhas do Deus do Mar, Nereus). Furiosas, as Nereidas queixaram-se a Poseidon, que inundou a terra e, em seguida, enviou um terrível monstro marinho para nela habitar. Esse monstro somente poderia ser apaziguado oferecendo-se a ele, em sacrifício, a filha do rei, Andrômeda. Assim, esta foi amarrada a uma rocha na praia.

Perseu, porém, que havia acabado de cortar a cabeça da Medusa, viu a princesa e apaixonou-se por ela. Ele queria casar-se com Andrômeda, coisa que o pai só permitiria se o monstro fosse eliminado. Assim, Perseu matou o monstro. O tio de Andrômeda, porém, tentou impedir o casamento enviando sicários contra o herói. Perseu, por sua vez, exibiu a cabeça da Medusa e transformou seus adversários em pedra, após o que ele e Andrômeda viveram mais ou menos felizes para sempre.

Numa antiga interpretação dessa história, todavia, Perseu, Andrômeda, seu pai, sua mãe e o monstro foram levados para o céu, onde se transformaram em constelações do mesmo nome.[213] Em termos Cabalísticos, isso poderia significar que os atos de Perseu (ou seja, do Eu Espiritual) resultaram no retorno de todos os participantes ao céu, isto é, à Divindade. Embora essa interpretação talvez pareça um tanto forçada, essas mitologias faziam parte da cultura popular na época da Ordem Hermética da Aurora Dourada e eram frequentemente interpretadas em termos esotéricos.

A carta da Aurora Dourada dá ênfase ao fato de o processo deste Caminho ser muito ativo, pois o autocontrole e a vontade (Mercúrio) que dirigem o movimento e a integração dos opostos não são passivos, como as outras cartas tendem a sugerir. Aqui, Perseu tem as mesmas qualidades ígneas, dinâmicas e inspiradas atribuídas à serpente.

Outro indicador de atividade neste Caminho é a atribuição da *espada* a Zain. Esse é um instrumento de divisão ativa e de separação; trata-se de uma espada de percepção que corta até o âmago das coisas e as define com clareza. E, como essa percepção é atribuída a Zain, a ela também está ligado o sentido do *olfato*, indicando assim não apenas a forma mais direta mas também a mais sutil de percepção e reação.

Embora a espada raramente seja encontrada nesta carta do Tarô, ela é muito comum nas representações alquímicas do mesmo tema como, na "Décima Primeira Carta" de Basilius Valentinus, o alquimista do século XVII. Em sua ilustração, há duas gêmeas, cada uma montada num leão e segurando uma figura do Sol e outra da Lua. Por trás delas está um homem usando uma *armadura* (outro significado de Zain) e empunhando uma espada. A legenda diz: "Os gêmeos Sol e Lua estão unidos pela conjunção que parece ser a morte".[214] Portanto, entendemos que a consumação desse casamento requer uma morte. Na verdade, buscar com sucesso este Caminho através do Abismo significa a morte até mesmo do próprio Eu Superior da pessoa. Trata-se de uma total e deliberada autodestruição e imersão no Divino. A separação e a reintegração dos componentes duais do Eu manifesto exigem a subordinação do Ego ao Princípio Divino Único. A espada destrói completamente os que viajam através do Abismo. Assim, o Caminho é chamado de *Inteligência da Eliminação*. Essa experiência é um complemento do processo iniciado no Caminho de Samekh, *A Temperança*. Considerados em conjunto, *A Temperança* e *Os Enamorados* são a fórmula química de *solve et coagula*. A Espada separa (dissolve), uma atividade que, conforme mostramos anteriormente, significa *análise*. Esta é seguida por uma *síntese*, ou reintegração de uma nova maneira. Portanto, *solve et coagula*.

Pode ser realmente muito instigante descobrir como todos esses complicados símbolos da Alquimia – leões, águias, sóis, luas etc. – se reduzem a alguns conceitos psicológicos bastante elementares. Uma vez mais, porém, vemos que esses termos descritivos surgiram apenas recentemente, de modo que somos forçados a interpretar os códigos secretos dos Cabalistas primitivos, de Mathers, Waite e, até mesmo, de Crowley. Em *Os Enamorados*, essa necessária decifração da linguagem é especialmente difícil.

Crowley de fato afirmou que *Os Enamorados* e *A Temperança* eram as cartas mais difíceis do Tarô, o que certamente é verdade.[215] O Caminho de *A Temperança* exige uma completa integração da Personalidade em sua subordinação ao Ego em Tiphareth. O Caminho de *Os Enamorados* requer uma completa integração da totalidade do Eu manifestado em *Microprosopus* para que a alma possa retornar ao aspecto do "Jardim" do qual ela emergiu. Em termos mais básicos, *A Temperança* é o equilíbrio do Eu Inferior e *Os Enamorados* é o equilíbrio do Eu Superior.

Em comparação com as cartas de Waite e da Aurora Dourada, *Os Enamorados* de Crowley é intelectualmente superior. Com certeza nenhuma versão de *Os Enamorados* jamais foi tão ousadamente explícita na revelação do segredo do Caminho.

Aqui é mostrado o "Casamento Real" de opostos, dirigido pela figura encapuzada, que é ao mesmo tempo o Eremita e a personificação de Mercúrio. No alto estão as figuras de Eva e Lilith, com o Cupido mirando uma flecha que simboliza o *desejo*. O casamento ocorre entre o Rei Negro e a Rainha Branca. Ele usa uma coroa dourada, segura uma lança e está acompanhado do Leão Vermelho. Sua criança negra, revezando-se com a criança da Rainha Branca, segura a base da lança do Rei com uma das mãos e um bastão com a outra. Ela está junto da Águia Branca e de sua criança branca, que carrega flores numa mão e apoia a base da Taça com a outra. Na parte inferior da carta, está o Ovo Órfico Alado, a essência da própria vida, que é produto dessa união.

Talvez a asserção mais curiosa feita por Crowley a respeito desta carta (para a qual ele não ofereceu nenhuma espécie de fundamentação) é a de que, de alguma forma original, ela representa a história da criação. Ele afirma que no centro da carta estava Caim, representado logo depois de ter matado Abel. Isso está descrito com certa minuciosidade em *The Equinox*.[216]

Embora a referência ao derramamento de sangue possa parecer fora de propósito numa carta de casamento, nos é dito que o derramamento do sangue do irmão é a chave de *Os Enamorados*. "O derramamento de sangue é necessário, pois Deus só ouviu os filhos do Éden depois que o sangue foi derramado."[217] Crowley desenvolve essa ideia numa nota de rodapé na qual explica que o sacrifício sangrento não é necessariamente magia negra. Ele diz: "A pessoa deve admitir em seu próprio ser, cerimonialmente, todo o karma da criatura que foi morta".[218] Mas o processo não deve ser visto como uma experiência única e singular, pois Crowley nos diz que a "integração da carta só pode ser recuperada depois de repetidos casamentos, identificações e alguma forma de Hermafroditismo".[219]

Assim, o processo é recíproco e se repete indefinidamente. Primeiro um "irmão" morre e é absorvido pelo outro. Depois há um retorno a um equilíbrio de opostos, depois do que o segundo irmão é morto e absorvido pelo primeiro. O processo é definido pelo símbolo do infinito de Mercúrio-Mago, visto que *O Sol e a Lua estão unidos sob Mercúrio*.

Como o casamento ocorre repetidas vezes, o uso do número 12 nas cartas de Waite e da Aurora Dourada é altamente significativo. Na carta de Waite, a Árvore da Vida atrás da figura masculina tem doze chamas; na carta da Aurora Dourada existem doze pontos na Estrela do escudo de Perseu. Em ambos os casos o número 12 é uma referência ao Zodíaco e à perfeição de cada um dos tipos de encarnação. O retorno à Divindade teoricamente exige que encarnemos repetidas vezes e com perfeição cada um desses tipos sucessivamente.

Sendo o casamento de um Rei e de uma Rainha, sob um Cupido a flutuar no espaço, *Os Enamorados* têm relação com as *Núpcias Químicas de Christian Rosencreutz*, escrito no início do século XVII.[220] Essa obra, tal como a *Fama Fraternitas*, é um dos principais documentos do Cabalismo Hermético. E, ao contrário de tantos textos alquímicos, as *Núpcias Químicas* é um livro perfeitamente legível, tendo as cativantes qualidades de um conto de fadas. Não obstante, ele continua sendo uma das mais profundas obras do simbolismo esotérico já escritas. Aqueles que lerem o texto e meditarem sobre ele farão excepcionais descobertas, tanto a respeito de *Os Enamorados* como a respeito de *A Temperança*. Uma dessas descobertas tem a ver com a sugestão de que há derramamento de sangue nesse Caminho. De fato, existem diversos "acontecimentos" nas *Núpcias Químicas* que corroboram essa ideia.

16. O CAMINHO DE VAU

O Hierofante

A Quinta Carta

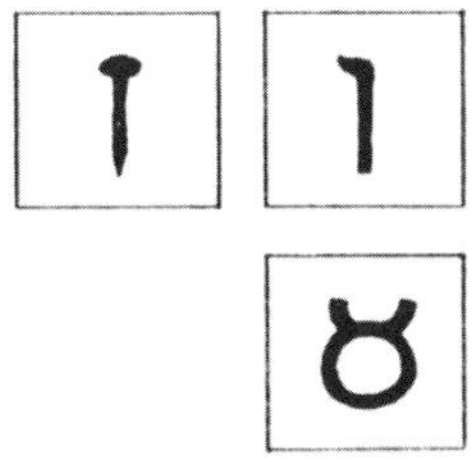

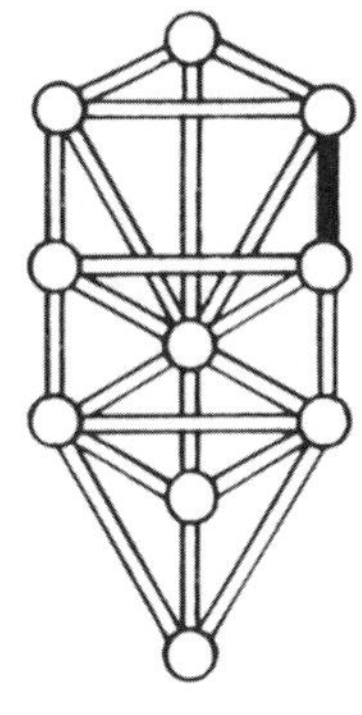

- COR DO CAMINHO: Laranja-avermelhado
- SOM RELACIONADO: Dó Sustenido
- SIGNO: Touro (Terra Fixa)
- SIGNIFICADO: Prego ou Gancho
- LETRA SIMPLES: Audição
- TÍTULO ESOTÉRICO: O Mago do Eterno

TRINTA E DOIS CAMINHOS DE SABEDORIA: *O Décimo Sexto Caminho é a Inteligência Triunfal ou Eterna, assim chamado porque é o prazer da Glória, além da qual não existe outra Glória igual a ela, e que também é chamado de Paraíso preparado para os Justos.*

O Caminho de *O Hierofante*, Vau, estende-se de Chesed a Chokmah, e é o Caminho mais elevado do Pilar da Misericórdia. Os documentos da Aurora Dourada dizem que ele é "O Zodíaco atuando sobre Júpiter através de Touro", o que pode parecer simplista, mas é uma descrição bastante precisa. Essa é a ação de Chokmah, na qualidade de potencial espermático do universo manifestado, sobre a primeira manifestação. Chokmah é o Pai Superno e Chesed é o Pai na manifestação. Chokmah é o Yod do *Macroprosopus*; Chesed é o Yod do *Microprosopus*.

Assim, o Caminho de Vau é um poderoso Caminho masculino relacionado com Touro. Ele é *Terra Fixa* no Zodíaco, significando que se trata de uma base sólida. Aqui, nossa primeira definição deste Caminho, como um "extremo estabilizador", é particularmente útil.

O Hierofante é o Caminho oposto a *O Carro*, o veículo (estabilização de extremos ativos/Água Cardinal) com o qual a alma é transportada através do Abismo. *O Hierofante* é a estrada celestial por onde viaja *O Carro*; ele é o fundamento absoluto do processo de revelação e a sólida base de experiência entre o Supremo Eu Espiritual e o Ego de Tiphareth, do qual a *memória* é um aspecto.

A ideia de que *O Hierofante* está relacionado com a memória poderia ser considerada à luz do significado da palavra Vau, que significa *prego* ou *gancho*. Um prego junta coisas, unifica, sugerindo que uma função básica de *O Hierofante* consiste em ligar *Microprosopus* a *Macroprosopus*, ou seja, o Grande Universo à manifestação. Ele é a *Inteligência Triunfal ou Eterna*, por meio da qual tudo o que somos está ligado para sempre ao Espírito Divino. Essa consciência unificadora é descrita de diversas maneiras simbólicas, tais como: Ela faz a ligação entre o Sol e a Lua, ou entre o Acima e o Abaixo. Ela também está relacionada com o *ensinamento*, com aquilo que introduz as ideias superiores nos organismos inferiores. Em outras palavras, pode-se dizer que a energia inteligente que liga o puro Espírito Interior aos aspectos exteriores da manifestação é também a fonte da nossa compreensão a respeito desse Espírito Interior. Ele é a *única* fonte. *O Hierofante* é o único professor. Conforme diz o título esotérico da carta, ele é o "Mago do Eterno".

Em muitas versões desta carta a figura sentada é apresentada como sendo o Papa. A imagem foi explicada por A. E. Waite com a sugestão de que esta é "uma explicação específica do cargo mais geral que ele simboliza. Ele é o poder dominante da religião exterior, assim como a Sacerdotisa é o gênio prevalecente do poder esotérico e oculto".[221] Paul Case discorda enfaticamente disso, dizendo que, "ao contrário, ele é o *Pontifex*, o 'construtor de pontes', que proporciona uma ligação entre a experiência exterior e a iluminação interior".[222]

Todavia, conforme iremos ver agora, Waite toca em alguns conceitos muito importantes nesta carta, que ele chamou de "*summa totius theologiae*, na sua forma mais rígida de expressão".[223]

Com relação ao uso do pontífice católico no Tarô, devemos compreender que até muito recentemente o esoterismo ocidental estava inextricavelmente ligado ao Cristianismo. Na época em que surgiram as cartas, a metafísica era simplesmente uma maneira de encarar uma determinada crença, a qual estava acima de qualquer questionamento enquanto sistema. Não havia alternativas viáveis. Assim, os grandes esoteristas ou eram sacerdotes católicos ou procuravam a aprovação da hierarquia católica para suas pesquisas. Podemos citar, por exemplo, a correspondência entre Henry Cornelius Agrippa e o abade John Trithemius, um grande humanista. O abade, ele próprio um ávido estudioso dessas questões e profundo conhecedor da cultura hebraica,[224] respondeu cordialmente ao recebimento da obra *Três Livros de Filosofia Oculta*, escrito por Agrippa: "O grande prazer com que recebo este livro nenhuma língua mortal pode expressar e nenhuma pena pode escrever".[225] Nem o prelado nem o jovem filósofo ocultista foram condenados por suas obras, pois elas estavam efetivamente dentro dos limites aceitos pela doutrina católica.[226]

Assim, no entender dos criadores das cartas, o uso da imagem do seu Papa para representar os mistérios das energias do Caminho de Vau, o Supremo Mestre, era algo bem razoável. Essa imagem era problemática apenas para aqueles que tentavam separar a Cabala Hermética do Cristianismo da Idade Média, dentro do qual ela inquestionavelmente foi criada.

Para os metafísicos do século XV, a figura representava não apenas o Papa como administrador dos caminhos interiores, mas também como o mestre que fala *ex cathedra* (do Trono). Na doutrina católica, quando o Papa fala *ex cathedra*, sua palavra é infalível. E quando o líder da fé fala infalivelmente, ele deve ser ouvido. Assim, o *Sepher Yetzirah* atribui a *audição* a Vau. O ato de ouvir é representado na carta de Waite por duas figuras ajoelhadas diante do Papa. Devemos interpretá-las como sendo os aspectos opostos de nós mesmos na condição humana, unidos na atenção às palavras do Mestre Universal. Essas duas figuras são as correntes solares e lunares do corpo, a razão e a intuição, a consciência e o subconsciente etc. Essas qualidades são antropomorfizadas como sacerdotes, ou seja, como participantes do altar e não como espectadores. A inferência é a de que ambas são parte integrante e inseparável do processo de iluminação e juraram obediência ao princípio representado por *O Hierofante*.

O hierofante de Waite distribui bênçãos a partir da sua posição entre as duas colunas dos Mistérios. A seus pés estão as chaves cruzadas do Céu (ouro, Sol) e do Inferno (prata, Lua). Essa última recebe essa atribuição porque uma das deusas da Lua rege os infernos. Em sua mão está a cruz papal, que tem sido chamada de "tríplice cruz dos Povos Ocidentais".[227]

Não é de surpreender que as cartas da Aurora Dourada e de Crowley tenham se distanciado da figura do Papa. Embora a figura da Aurora Dourada conserve a tríplice coroa papal, ela é apenas um símbolo dos Supernos. A ênfase recai no papel do hierofante como pastor e mestre da Lei. Crowley, em quem os primeiros estudos incutiram intensos sentimentos anticristãos, produziu um hierofante que lembra um dos *titãs*, divindades primitivas dos gregos. Sua principal ênfase foi no que ele chamou de "ligação da carta com a terra", pois os Querubins nos cantos da carta são a expressão experimental dos Elementos primordiais de Kether, que passam para Chokmah como a Esfera do Zodíaco. E, embora achemos que o Zodíaco é constituído por doze elementos, ele é constituído na verdade de quatro tríades. Cada elemento é dividido em três signos, que estão Cabalisticamente relacionados com Yod, Heh e Vau.

O Hierofante administra a dualidade que surge com Chokmah, é estruturado por Binah e se inicia como manifestação abaixo do Abismo, em Chesed. Assim, ele está relacionado com Tiphareth, o ponto central de manifestação. Aqui, a relação com Tiphareth é sugerida de duas maneiras. A primeira é por meio do próprio Vau, a terceira letra do *Tetragrammaton*, e o Filho. A segunda é o número atribuído a Vau, 6, que também é o número de Tiphareth.

Uma referência mais obstusa a Tiphareth é o fato de Crowley ter usado a estrela de cinco pontas no peito do hierofante. Quando os Elementos primordiais evoluem em direção aos níveis inferiores, eles o fazem sob o controle do quinto Elemento, o Espírito. O princípio do pentagrama continua válido até mesmo em Kether, onde os Elementos Primordiais são mantidos numa unidade perfeita e não expressa por um quinto elemento que, nesse nível elevado, é o *Ain Soph*. Essa unidade perfeita é simbolizada pela suástica em movimento, cujo centro corresponde ao ponto mais elevado do pentagrama.

Ao colocar o pentagrama numa posição tão destacada, Crowley afirmou a unidade do Acima e do Abaixo, um processo no qual a Lua simbólica sempre desempenhou um papel fundamental, pois a Lua é encontrada tanto acima como abaixo do Sol na Árvore da Vida. Ele é Yesod e *A Sacerdotisa*. Ambas estão implícitas aqui, pois a Lua é exaltada em Touro.

O fato de Touro ser regido por Vênus é uma referência a *A Imperatriz*, o caminho de Daleth, que faz a ligação entre Chokmah e Binah, assim como Vau é produto de Yod e Heh. *A Imperatriz* é a "Mãe Natureza", a Consciência Universal fertilizada que está na origem dos ensinamentos de *O Hierofante*. Com relação a isso, devemos observar que *O Hierofante* está no lado "emocional" (Vênus-Netzach) da Árvore da Vida. Aprendemos seus ensinamentos por meio da intuição, da mesma maneira como aprendemos as lições do seu oposto, *O Carro*, por meio do intelecto.

Neste Caminho, a intuição é aplicada a conceitos reunidos pela razão e desenvolvidos pela memória.

De conformidade com a ideia de que Vênus-*Imperatriz* está por trás de Terra-*Hierofante*, há uma curiosa interação entre os símbolos: quando invertido, [♁], o símbolo da Terra, transforma-se em [♀], o símbolo de Vênus. Além disso, o próprio símbolo de Touro é a união entre os símbolos do Sol [☉] e da Lua [☽], [☉] + [☽] = [♉]. E, como temos visto em outras cartas, a unidade entre o Sol e a Lua sempre diz respeito ao Jardim do Éden. Vau é aquilo que os *Trinta e Dois Caminhos de Sabedoria* chamam de "Paraíso Preparado para os Justos". *O Hierofante* é o aspecto Terra do Jardim, *O Carro* é o aspecto Água, *Os Enamorados*, o aspecto Ar e *O Imperador*, o aspecto Fogo. Aquilo que temos interpretado como o aspecto Terra do Jardim é a "Lei" exposta pelo Hierofante. A carta da Aurora Dourada representa isso na forma de um pergaminho (o mesmo pergaminho da Lei que está nas mãos de *A Sacerdotisa*, no Tarô de Waite).

O pergaminho contém a "Palavra" que a pessoa ouve através de *O Hierofante* e que é também o Logos. Pois a Palavra é criação, e compreender o Universo criado é ouvir a Palavra. Essa é a essência do significado das cartas de Waite e da Aurora Dourada.

A carta de Crowley, considerada uma das mais importantes do Tarô, contém muitos elementos tradicionais, mas acrescenta alguns simbolismos que estão relacionados com a filosofia pessoal do autor. Ele explica a imagem de uma criança dentro de um pentagrama contido dentro de um hexagrama maior: "Isto simboliza a lei do novo *Aeon* da Criança Hórus, que substitui o *Aeon* do 'Deus Agonizante' que governou o mundo durante dois mil anos". Em outro trecho ele acrescenta: "[ ] pois o ritmo do Hierofante é tal que ele se movimenta em intervalos de dois mil anos".[228]

O hierofante senta-se sobre um touro entre dois elefantes e segura um bastão com três anéis encadeados. Esses anéis simbolizam o *Aeon* de Ísis, de Osíris e de Hórus (A criança no pentagrama é Hórus). Por baixo está a "Mulher Escarlate". Acima está uma *janela* saliente (relacionada com Heh, *O Imperador*) sustentada por suportes aplicados à parede – nesse caso, nove Pregos (Vaus). O simbolismo significa a ligação entre o Acima e o Abaixo: a janela é a passagem para a Luz (Espírito manifestado) entre o *Macroprosopus* e o *Microprosopus*.

Na carta da Aurora Dourada, a figura empunha um cajado, um dos símbolos de Chesed indicativos da benevolência jupiteriana. Mas Crowley adverte que a carta não é necessariamente benévola, reafirmando a ideia, contida em *The Book of Tokens*, de que Vau (a Quinta Carta) é a cruel origem de Geburah.[229] Crowley leva essa ideia mais adiante: "Embora o rosto do Hierofante pareça benigno e sorridente, e a própria criança dê a impressão de estar feliz em sua buliçosa inocência, é difícil negar que a expressão do iniciador é um tanto misteriosa e, até mesmo, sinistra. Ele parece estar se deleitando com um ludíbrio secreto à custa de alguém. Há um aspecto nitidamente sádico nesta carta [...]".[230] Crowley afirma que isso é muito natural, pois a carta está relacionada com a lenda original do Touro, a de Pasífae. Nessa fábula grega, Pasífae apaixona-se por um touro branco sagrado, união que dá origem ao *Minotauro*. Todavia, essa é uma interpretação muito questionável. Por outro lado, a maioria dos autores admite a existência nesta carta de alguns aspectos desagradáveis, que estão relacionados com sua posição intermediária entre o Acima e o Abaixo. Essa questão e suas implicações foram habilmente relacionadas com o Gnosticismo por Richard Cavendish, em sua obra, *The Tarot*.

Considerados em ordem decrescente, os trunfos, do Malabarista ao Papa, lembram os relatos gnósticos da criação do Universo. Acreditava-se que, no início, o Um tornou-se Dois por meio do raciocínio, de modo que havia uma mente e um pensamento. O Malabarista pode ser equiparado à Mente Divina, à Papisa, com o pensamento em sua pureza original, e à Imperatriz, depois que o pensamento foi impregnado pela mente e se transformou na origem de todos os poderes inferiores. Entre esses poderes inferiores estava o Demiurgo ou cosmocrata, o construtor do universo visível. [...] Os gnósticos frequentemente identificavam o Demiurgo com o Deus do Antigo Testamento. Ele era tido como um poder maligno, o criador e o regente da matéria e da carne, na qual a centelha divina do espírito é mantida prisioneira. [...] O Papa também tem algumas conotações sinistras. Os gnósticos sustentavam que o perverso Demiurgo inventou a religião tradicional e a moralidade a fim de manter os homens escravizados a ele, induzindo-os a adorarem-no e a obedecerem às suas leis.[231]

O Demiurgo, o Criador Menor que rege toda a manifestação, era o grande embusteiro. Assim, o iniciado nos Mistérios Gnósticos Valentinianos aprendia a ignorar a autoridade desse criador[232] que, segundo Mead, está "suspenso a partir do Espírito na própria fronteira do Universo fenomenal".[233] De qualquer maneira, parece que Cavendish estava inteiramente certo ao afirmar que as qualidades negativas tradicionalmente atribuídas a esta carta têm suas origens no Gnosticismo.

As relações entre o pensamento gnóstico e o Tarô são ao mesmo tempo complexas e excitantes. Quem tiver estudado a Cabala com certa profundidade poderá surpreender-se ao descobrir os mesmos conceitos expressos na linguagem dos primeiros cristãos. Conforme afirma um autor, "O Gnosticismo Cristão é o Cabalismo? A não ser pelo nome de Jesus, estamos mergulhados num universo totalmente hebraico. Esses são os mistérios do *Zohar* e do Hasidim".[234]

15. O CAMINHO DE HEH

O Imperador

A Quarta Carta

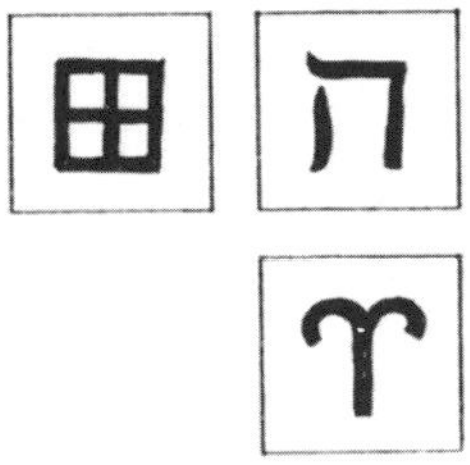

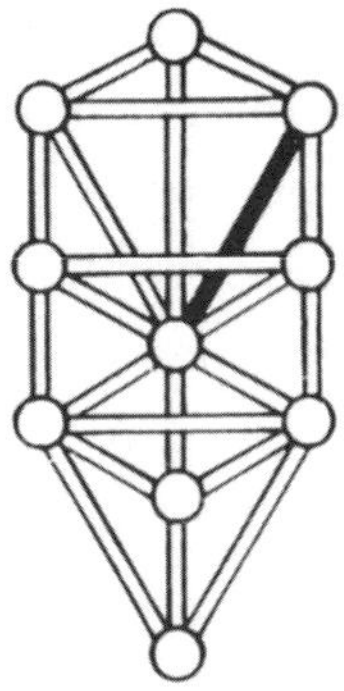

- COR DO CAMINHO: Escarlate
- SOM RELACIONADO: Dó Natural
- SIGNO: Áries (Fogo Cardinal)
- SIGNIFICADO: Janela
- LETRA SIMPLES: Visão
- TÍTULO ESOTÉRICO: Sol da Manhã, Senhor entre os Poderosos

TRINTA E DOIS CAMINHOS DE SABEDORIA: *O Décimo Quinto Caminho é a Inteligência Constituinte, assim chamada porque ela constitui a substância da criação na completa escuridão e os homens têm falado nessas contemplações; ele é aquela escuridão de que falam as Escrituras, Jó, 38,9. "e o enfaixava com névoas tenebrosas".*

À medida que subimos pela Árvore da Vida, torna-se cada vez mais evidente que os trunfos do Tarô apenas sugerem conceitos que a mente não poderia compreender de outra maneira. Até recentemente, isso era muito mais difícil porque ainda não havia surgido a linguagem da Psicologia. Termos como "consciente", "subconsciente" e "inconsciente" são ferramentas extremamente úteis porque conceitualizam coisas extraordinariamente fluidas. Assim, no nosso atual estágio de desenvolvimento, podemos facilmente lidar com o nebuloso terreno da consciência.

Estamos adquirindo uma capacidade cada vez maior para lidar com a ausência de forma, a consciência pura. Esse é um indício da assim chamada Era de Aquário, embora a questão raramente seja expressa nesses termos. O estudioso que começar a compreender os próximos cinco trunfos do Tarô (*O Imperador, A Imperatriz, A Sacerdotisa, O Mago e O Louco*) terá dado um grande passo em direção a essa nova era.

Com essa finalidade, devemos reafirmar enfaticamente que todo o baralho do Tarô reflete o Universo, o qual é constituído por permutações da *Unidade*. A partir dela, surgem os opostos que ativam os princípios formativos masculino e feminino. É correto dizer que todas as figuras masculinas e femininas do Tarô são Chokmah [יה] e Binah [יהוה אלהים] usando os mantos dos diferentes planos – na verdade, níveis de frequência vibratória – do Universo.

O Louco é a Energia do Deus Unitário. *O Mago* e *A Sacerdotisa* são a primeira diferenciação em masculino e feminino no Macrocosmo e no Microcosmo. Essas são as energias pessoais e subjetivas do Macrocosmo e do Microcosmo; são as energias pessoais e subjetivas dos Caminhos, em oposição às energias universais e objetivas das Sephiroth.

Segundo a teoria Cabalística, *O Mago* é o consorte de *A Sacerdotisa*. Em termos psicológicos, sabemos que *O Mago* representa a vontade, ao passo que *A Sacerdotisa*, a "Origem da Água", é a consciência pura. Assim, descrever *O Mago* como o companheiro de *A Sacerdotisa* diz respeito à atividade da vontade diretora da Unidade sobre o Grande Oceano de consciência indiferenciada que *ela própria projetou*. Na Cabala, estamos sempre lidando com qualidades reflexivas; Deus cria o pensamento e, depois, a mente na qual esse pensamento estará contido. Todas as coisas estão relacionadas com a percepção e a atividade do Espírito Divino sobre Si Mesmo, processo que vários sistemas de símbolos tentam sugerir. Conforme já dissemos na nossa discussão acerca de *A Roda da Fortuna*, os Alquimistas expressaram a interação do Eu Divino em termos de *Enxofre*, *Sal* e *Mercúrio*. Esses mesmos termos podem ser aplicados às cartas mais altas do Tarô. *O Mago* é Mercúrio, *A Imperatriz* é Sal e *O Imperador* é Enxofre. Crowley chegou até mesmo a colocar o seu Imperador numa posição em que o corpo formava um triângulo e uma cruz, o símbolo do enxofre alquímico [🜍].

O Mago (Mercúrio Filosófico) atua sobre *A Sacerdotisa* (pura consciência) e, por meio dessa união, eles são transformados em *O Imperador e A Imperatriz*, Enxofre e Sal. Obviamente, tudo isso pode parecer pouco mais que uma abstração obscura, um amontoado de palavras sem nenhum significado. Todavia, quando consideramos esses princípios sob o aspecto da nossa consciência, eles são absolutamente fundamentais.

Quando fechamos os olhos, deixando as imagens se formarem livremente e tomarem a direção que desejem, estamos entrando em contato com a energia vital "regida" por *A Imperatriz*. Quando começamos a pensar a respeito do que está acontecendo diante dos nossos olhos, classificando as imagens de acordo com a cor, com o assunto ou com qualquer outro critério, estamos pondo em ação *O Imperador*. Nesse último caso, estamos atuando sobre a forma.

Essa é outra daquelas cartas nas quais Paul Case aplicou sua excepcional capacidade de compreensão, tal como ao explicar por que *O Imperador* está no Caminho que fica abaixo de *A Imperatriz*. Ele diz: "Ele tem algo para reger porque ela é o poder de manifestação que introduz formas nos seres. [...] *O Mago*, que agora aparece como *O Imperador*, não teria nada para controlar ou transformar se o subconsciente não enviasse a partir de suas profundezas uma torrente de imagens a serem classificadas pelo exercício da razão".[235]

Deve estar claro que existe uma certa sobreposição entre as energias de Yod e Heh. *A Imperatriz* é o equilíbrio entre Chokmah e Binah. Ela é o crescimento que provém da interação entre os princípios masculino e feminino, tal como acontece num óvulo fertilizado. Ela é pura fruição. *O Imperador*, por outro lado, embora seja uma poderosa energia masculina, é Heh sobre os Caminhos, significando que sua função é determinada por Binah. Este é um Caminho formativo, cujas atividades são racionais e classificatórias, tal como é indicado pela sua brilhante cor vermelha, a cor de Binah em Atziluth, o Mundo do Puro Espírito. Quanto mais descemos na Árvore da Vida, mais intimamente unidas estão as energias masculina e feminina. Prosseguindo com esse raciocínio, poderia se presumir que os únicos princípios masculino e feminino "puros" que existem no Universo estão no nível de Chokmah e de Binah, o que, infelizmente, não é o caso.

Tendo chegado ao nível dos Caminhos Supernos, precisamos introduzir uma ideia que poderia ser interpretada como uma ameaça a toda estrutura de princípios masculinos e femininos que construímos tão cuidadosamente até este ponto. Coloquemos o problema de maneira bastante direta: Chokmah ([חכמה], Sabedoria), significando uma qualidade básica da masculinidade, é um substantivo feminino. Além do mais, se estivermos dispostos a aceitar as alegações da Gematria – a ideia de que sábios do passado esconderam verdades na interação de números aplicados a cada letra, ou que cada letra é, em si mesma, um símbolo sagrado – como poderíamos acreditar que o próprio gênero do título não tem nenhum significado aqui? É claro que isso não acontece. Entretanto, o gênero do substantivo hebraico correspondente a sabedoria raramente é mencionado pelas pessoas que escrevem a respeito da Cabala, pois esse parece ser um inconciliável problema de linguagem.

Todavia, adotemos aqui o ponto de vista de que, qualquer que seja a origem de tudo, ela está exercendo uma faculdade essencialmente feminina *no momento da criação*. Embora Adão seja o primeiro homem (simbólico), quando sua costela se transformou na primeira mulher, ele concebeu e deu à luz, realizando assim uma função feminina. A fêmea era inerente ao macho. Isso que estamos descrevendo não é exatamente androginia ou mesmo bissexualidade, pois trata-se de uma transformação real na função de uma determinada energia. Dentro de tudo o que é masculino existe um princípio feminino e dentro de tudo o que é feminino existe um princípio masculino. Em termos junguianos, o macho abriga a imagem perfeita da fêmea no seu inconsciente e a fêmea faz o mesmo com a imagem perfeita do macho no seu inconsciente. Essas são imagens do próprio Eu como gêneros opostos, o "componente contrassexual". Isso é o que Jung chamou de *anima* (feminino) em machos e de *animus* (masculino) em fêmeas. Esses atributos idealizados são personificados na forma da *Magna Mater*, a Grande Mãe, que é Binah, e do *Velho Sábio*, a personificação do princípio espiritual, que é Chokmah.[236] Nos Caminhos, *A Imperatriz* é a *anima* e *O Imperador* é o *animus*. Em latim, *anima* significa alma e *animus* espírito; o próprio conceito de alma representa a definição de fronteiras para o espírito, o Heh criando limites em torno do espiritual Yod. Assim, o tipo masculino perfeitamente desenvolvido nos Caminhos é *O Imperador*, e o tipo feminino perfeitamente desenvolvido é *A Imperatriz*. Essas são as energias puras que encontramos e com as quais interagimos nos Caminhos.

Quaisquer que sejam os termos usados para descrever *O Imperador*, ele continua sendo uma ponte entre O Pai (Chokmah) e o Filho (Tiphareth). O próprio fato de o Sol de Tiphareth ser exaltado no signo deste Caminho, Áries, indica que *O Imperador* exerce algum controle sobre a energia solar do Eu Superior. Assim, o Caminho de Heh é chamado de *Inteligência Constituinte*, significando que ela contribui para o surgimento da Luz de Tiphareth a partir da completa escuridão do Triângulo Superno, da mesma forma que a estrutura genética da planta dirige o seu crescimento a partir da escuridão do solo.

A importância de Tiphareth para *O Imperador* é indicada por Crowley por meio do uso de um sol por trás da cabeça do Imperador e pela adoção de um sistema geral constituído por duas cores. A carta foi pintada com cores vivas (tons de vermelho-marciano e amarelo-solar), sugerindo um furioso ímpeto de atividade que pode ser de curta duração. Existem também implicações marciais, embora esta seja a única carta de Waite, com sua figura metida numa armadura, onde isso é enfatizado. Esse fato é um tanto surpreendente, considerando-se o texto da Aurora Dourada: "O General... o Conquistador, ardente, impetuoso, entusiástico". A própria carta da Aurora Dourada mostra um governante que, embora detenha um poder absoluto, conforme é simbolizado pelo globo e pela cruz em sua mão esquerda, não é um guerreiro. Ele é preciso e firme, aplicando a todas as coisas uma razão matematicamente medida, mas não empunha uma espada. A espada não está presente neste Caminho, que trata do aspecto de Fogo do Jardim do Éden, e sim no seu equivalente de Ar, *Os Enamorados*. E embora o condutor de *O Carro*, relacionado com o aspecto Água, seja Odin, o Deus da Guerra, ele não é representado em combate. De fato, a maior beligerância é encontrada no aspecto Terra do Jardim, *O Hierofante*.

Podemos agora sugerir que essas quatro cartas, quando consideradas em termos de uma quinta, *A Sacerdotisa*, constituem uma fórmula prática para a travessia do Abismo. Elas constituem os meios para se alcançar o Jardim do Éden, que é uma combinação de múltiplos estados de energia.

De conformidade com o tema do jardim, devemos observar uma vez mais que Crowley propôs um intercâmbio entre *O Imperador* e *A Estrela*,[237] o que consideramos um erro. Ao tratar de *A Estrela*, descrevemos *O Imperador* como o "Aspecto de Fogo do Jardim do Éden", com o qual o Eu Superior está relacionado, enquanto *A Estrela* é o Éden da Personalidade. Em ambos os casos, esses são estados em que o geral acabou de se tornar específico, um ponto puro e primitivo em que a consciência pode olhar tanto para a frente como para trás. Assim, a *visão* é atribuída a Heh. Esta é a auto-observação da Unidade. Este é o primeiro Caminho ao qual o *Sepher Yetzirah* atribui uma função sensorial, sugerindo que a visão é o principal sentido, assim como Áries é o primeiro signo na sequência do Zodíaco. Sendo o primeiro signo, *O Imperador*, Áries, surge diretamente a partir de Chokmah. O fato de *O Imperador* se basear na energia de Chokmah é simbolizado pelo trono de pedra cinza no qual ele se senta nas cartas de Waite e da Aurora Dourada.

A *Inteligência Constituinte* é interpretada como a primeira fase de um ciclo natural. Ela estimula o desenvolvimento das estruturas naturais, da mesma forma que "Áries produz a primavera". A carta da Aurora Dourada simboliza isso por meio do bastão Áries-Carneiro, o controle da energia de Áries por parte de *O Imperador* e do Carneiro que está sob os seus pés.

Dessa maneira, poderia se esperar que o Imperador fosse representado por uma figura máscula e dinâmica, no auge de sua capacidade. Tanto a carta de Crowley como a da Aurora Dourada adotaram essa abordagem. Waite, por outro lado, seguido por Case, na versão B.O.T.A., representa o Imperador como o tradicional Ancião dos Dias, Aquele que é mais velho do que o próprio tempo, o Pai Superno. Surge aqui uma divergência em torno da questão de saber se a figura deve ser representada de frente ou de perfil. Essa última opção foi adotada pelo Tarô de Marselha, que mostra o Imperador sentado e com o lado esquerdo do rosto voltado para o observador. Crowley adotou o mesmo simbolismo, aparentemente reconhecendo que o indivíduo não tem como conhecer totalmente o Imperador nesta existência terrena. Por outro lado, o "Velho Rei Barbado visto de perfil" simboliza Kether e seu relacionamento com o *Ain Soph*, e não com Chokmah. Isso presumivelmente explica a decisão de Mathers e de Waite no sentido de representar o Imperador de frente.

A maioria dos símbolos destas cartas é tradicional: *O Véu do Abismo* por trás do Imperador da Aurora Dourada, a *cruz de ankh*, da carta de Waite, ou um símbolo em relação ao qual todas as cartas estão de acordo: o *"globo do poder"*. Crowley, porém, fez algumas referências simbólicas obscuras. A *abelha* e a *flor-de-lis*, por exemplo, são descritas por ele como se estivessem relacionadas com a generalização do poder paterno.[238] Outro símbolo obscuro é a águia que aparece no escudo do Imperador. A carta de Marselha também usa uma águia, embora nesse caso seja uma mera referência ao poder imperial. Mas a águia de Crowley tem duas cabeças, com um disco vermelho atrás. Ele explica que essa é a tintura vermelha dos alquimistas, relacionada com o Sol e com o ouro. Uma águia branca semelhante em sua carta *A Imperatriz* é uma referência à Lua e à prata.

Um último aspecto da carta de Crowley é simbolicamente enigmático. A explicação oferecida por ele, pelo menos, parece insatisfatória. Nós nos referimos ao cordeiro no canto inferior direito da carta, a respeito do qual ele diz: "Aos seus pés, agachado, está o Cordeiro e o Estandarte, para confirmar essa atribuição num plano inferior; pois o carneiro é por natureza um animal valente e bravio, que vive solitário em locais ermos, ao passo que, quando domado e posto em pastagens verdejantes, nada resta a não ser o animal dócil, medroso, gregário e suculento. Esta é a teoria do governo".[239] Embora possamos nos deliciar com a espirituosidade de Crowley, ficamos um tanto intrigados por haver ele usado um símbolo do Cristo ressuscitado para significar algo "dócil, medroso, gregário" e, até mesmo, "suculento". É difícil evitar a conclusão de que esse é mais um dos ataques de Crowley ao Cristianismo tradicional, embora a imagem certamente tenha sido inspirada pelo carneiro da Aurora Dourada.

14. O CAMINHO DE DALETH

A Imperatriz
A Terceira Carta

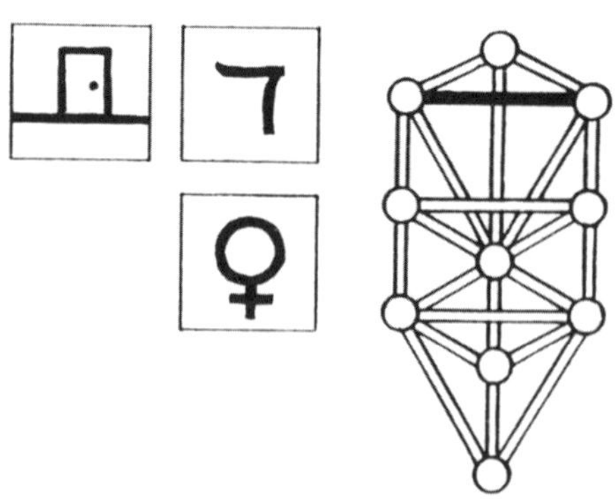

- COR DO CAMINHO: Verde-esmeralda
- SOM RELACIONADO: Fá Sustenido
- PLANETA: Vênus
- SIGNIFICADO: Porta
- LETRA DUPLA: Sabedoria, Insensatez
- TÍTULO ESOTÉRICO: A Filha dos Poderosos

TRINTA E DOIS CAMINHOS DE SABEDORIA: *O Décimo Quarto Caminho é a Inteligência Iluminadora, assim chamada por ser a Entidade Resplandecente que criou as ideias ocultas e fundamentais da santidade e seus estágios de preparação.*

O Caminho de *A Imperatriz* liga Binah a Chokmah. Assim, ele é o Caminho intermediário do Supremo Eu Espiritual. Ele é o Caminho da unidade do Pai e da Mãe, o Caminho onde eles interagem. Sob esse aspecto, *A Imperatriz* é chamada de a "Filha dos Poderosos".

Assim como Chokmah tem o potencial de emanar o puro princípio "feminino", Binah tem o potencial para a criação de todas as formas de vida. Assim, o Tarô de Waite e outras cartas representam a Imperatriz grávida, num estado de incubação e passividade produzido pela fusão das energias de Chokmah e Binah. *A Imperatriz* é o útero universal no qual toda a manifestação é gerada. Ela é um estado transicional de energia entre o Acima e o Abaixo que tem sido chamado de "Porta do Céu".

Daleth significa *porta*. Essa é uma porta que realiza a transição entre a Unidade e a diversidade. De fato, a chave para esta carta é a multiplicidade. Ao passo que o manto de *A Sacerdotisa* é idealmente simples e diáfano, o de *A Imperatriz* é apropriadamente coberto com todas as joias da criação.

É claro que, nesta e nas três cartas restantes, as palavras são rigorosamente metafóricas. Na realidade, no nível do Triângulo Superno as próprias imagens do Tarô comunicam inconscientemente muito mais coisas a respeito das forças envolvidas do que poderia ser feito apenas por meio de palavras. Todavia, mesmo aqui podemos estar dolorosamente conscientes da inadequação do nosso simbolismo antropomórfico quando se trata de apresentar um conceito de pura fruição. Com esse fim poderíamos oferecer uma analogia relacionada com Netzach, o nível mais denso da energia de Vênus. A título de exercício, o estudioso deveria tentar conceber a *pura emoção*, um sentimento que não é sujeito nem objeto, que não é amor nem ódio e, não obstante, constitui a essência desses dois sentimentos. Isso poderia nos ensinar alguma coisa a respeito de *A Imperatriz*, a Grande Mãe das ideias, a Mãe Natureza.

Quase todas as culturas apresentam alguma forma de Mãe da Terra ou Mãe dos Deuses. Em quase todos os casos, essa Deusa Maternal dá origem a uma divindade intermediária que rege diretamente a Terra, como Cristo. Também não é incomum que o Filho de Deus surja por meio de um "nascimento virgem" embora, conforme observa Frazer, a ideia de nascimento milagroso provavelmente tenha origem numa época em que o homem ainda não havia reconhecido que os filhos são resultado da atividade sexual.[240] Assim, a Virgem Maria, a versão cristã de Deus, a Mãe, pode ser relacionada com a Imperatriz depois de ter ficado grávida ou depois de ter dado à luz Cristo. Antes disso, ela é a Sacerdotisa.

É importante ter em mente que a Grande Mãe está inextricavelmente ligada à Terra, pois na encarnação atuamos apenas em termos da Terra. Tudo o que está relacionado com a formação de vida na Terra faz parte da esfera de ação de *A Imperatriz*. Ela constrói formas de vida em torno do espírito da vida, estabelecendo as leis do Universo, e está relacionada com a formalização e com a limitação.

Todavia, além da ideia de lei, ou formalização, a qual temos repetidamente salientado nos termos da energia feminina Superna, existe outra ideia que precisa ser destacada: a ideia do *amor*. *A Imperatriz*, que estabelece as leis do *Macroprosopus* e dá origem ao *Microprosopus*, é também Vênus-Afrodite, Deusa do Amor.

Nos *Trinta e Dois Caminhos de Sabedoria*, Daleth é chamada de *Inteligência Luminosa*, e o Caminho de Chokmah é chamado de *Inteligência Iluminadora*. A consequência implícita disso é a de que o brilho de Chokmah ilumina as coisas à medida que elas passam pela porta que é *A Imperatriz*. "Luminoso" significa aquilo que emite e está repleto de luz. Nesse contexto, porém, veremos que a luz, por si própria, diz respeito à manifestação abaixo do Abismo. As propriedades iluminadoras de Chokmah são o potencial da luz emanada por Binah, que é o *Microprosopus*, a Fisionomia Menor. *A Imperatriz* poderia ser corretamente chamada de *Mãe da Luz*. Passar através dela no Caminho de volta significa penetrar na Suprema Escuridão. Pode-se passar por uma porta em qualquer direção, o que é uma das características da carta.

As dualidades da Imperatriz-Porta estão relacionadas particularmente com o Deus romano *Jano*, que é sempre representado por uma cabeça com duas faces voltadas para direções opostas.

Jano era o Deus das Entradas e das Portas (*janua* significa porta), que regia as comunicações (transmissão de ideias) e controlava as questões humanas. Ele era considerado o Deus dos Deuses, *Janus Pater*, o Deus que, assim como *A Imperatriz*, dirigiu a criação. Ovídio descreveu-o como o *caos*, dentro do qual a vida estava latente.[241] Originalmente, Jano era também uma divindade solar, outro paralelo com a Imperatriz, que é a Mãe do Sol. De fato, quase tudo o que se pode dizer a respeito de Jano também pode ser dito acerca da Imperatriz, a despeito da principal forma divina relacionada com esse Caminho ser Vênus-Afrodite.

Na mitologia grega, Afrodite surgiu da espuma do mar, cavalgando uma concha. Onde ela pisava as flores cresciam.[242] Assim, *A Imperatriz* pode ser descrita em termos da luxuriante proliferação, sendo cada faceta da natureza tão irresistível e tão bela – se não hipnótica – que é possível perder-se de vista a totalidade do Caminho. Conforme adverte Crowley: "[...] o estudioso que ficar maravilhado com uma dada manifestação poderá se perder. Em nenhuma outra carta é tão necessário desconsiderar as partes e concentrar a atenção no todo".[243]

Embora Afrodite seja chamada de "Deusa do Amor", ela também é conhecida como a "Deusa do Desejo",[244] título que tem implicações especiais para o estudioso dos Mistérios. Netzach é com frequência chamada de centro do desejo, pois sentir é desejar. Todavia, há também uma lição de caráter prático no fato de o desejo nascer com o mais abstrato princípio da forma. Na literatura oriental, é comum a afirmação de que perder todo o desejo, isto é, não querer nada, significa a verdadeira comunhão com o Universo. O surgimento do desejo ou a renúncia a ele é um aspecto da passagem que é Daleth.

O símbolo de Vênus engloba todas as Sephiroth da Árvore da Vida (ver Figura 17), outra indicação de que a ideia de amor é a energia que forma o Universo. Devemos considerar aqui também o fato de que o aspecto inferior de Vênus está numa Sephirah e, portanto, é *objetivo*. Netzach é parte do Triângulo Astral da Personalidade. Entretanto, quando a energia de Vênus aparece na esfera mais elevada da Árvore da Vida, ela está num Caminho e, portanto, é *subjetiva*.

Três forças planetárias encontram sua expressão objetiva como Sephirah na porção inferior (no sentido de densidade) da Árvore da Vida, ao passo que suas expressões objetivas, como Caminhos, são encontradas no extremo oposto. Essas forças são Hod-Mercúrio, *O Mago*; Yesod-Lua, *A Sacerdotisa*; e Netzach-Vênus, *A Imperatriz*. Assim, todo o Triângulo Astral das Sephiroth é expresso subjetivamente no relacionamento com o Triângulo Superno. Um grande mistério está contido aqui.

Voltando às figuras das cartas, vemos que *A Imperatriz* da Aurora Dourada, mais do que os desenhos de Crowley ou de Waite, dá ênfase aos atributos de dominação. Esse é um simbolismo um pouco melhor que o tratamento exuberante de Waite, porque explica o fato de a Imperatriz ter poder tanto para destruir como para criar. Embora na carta de Mathers o manto externo seja o verde de Netzach-Vênus, por dentro ele é o dinâmico e ígneo vermelho de Binah em Atziluth. Para *A Imperatriz*, crescimento e destruição são atividades simultâneas. Dentro de nosso próprio organismo, células novas nascem constantemente à medida que as células velhas vão morrendo. Esse é o processo de crescimento, destruição e renascimento. Assim, *A Imperatriz* atua dentro de nós, o Microcosmo. Conhecer as energias do Caminho de Daleth, a porta, é compreender e adquirir a capacidade de manipular o tríplice processo. Esse é um processo que harmoniza opostos, conforme é mostrado pela cruz de Ankh, um símbolo da vida que combina os princípios masculino e feminino, mantida sugestivamente próximo ao útero da Imperatriz. Por outro lado, ela segura um globo do Sol, significando o domínio dos Céus (O Globo e a Cruz do Tarô de Marselha significam o domínio da Terra).

Assim como acontece com *O Imperador*, na carta da Aurora Dourada *A Imperatriz* está sentada diante de um véu, o que significa que passar por ela é penetrar num nível completamente novo de consciência, onde as leis de *A Imperatriz* não se aplicam mais. O véu indica uma drástica separação.

Essa separação não está indicada na carta de Waite, que enfatiza o fluxo da vida, *A Imperatriz*, na sua fase de munificente fruição. Ela é Mãe Terra e Mãe Vênus, exibindo o símbolo planetário em seu vestido e seu escudo. O fato de este último ter a forma de um coração é uma maneira um tanto banal de indicar que ela é a Deusa do Amor. Suas pérolas e os ciprestes sagrados ao fundo são também sagrados para Vênus, ao passo que o trigo em primeiro plano é uma referência a Ísis. Sobre sua cabeça há uma coroa com doze estrelas, o mesmo Zodíaco encontrado em *O Louco*. Essa é a coroa da *Inteligência lluminadora* (Chokmah/Esfera do Zodíaco). Pretende-se também que ela seja interpretada como a mulher do Apocalipse, que está "vestida com o Sol".

A verdadeira chave para esta carta é a corrente de água pura e cristalina que flui à direita. Essa é a água a partir da qual Afrodite nasceu e que é "ativada", ou seja, transformada em espuma, pelo "desejo" de *O Mago*. Esse é um processo contínuo, por meio do qual a consciência primitiva de *A Sacerdotisa* dá origem às formas-pensamento inconscientes de *A Imperatriz*. No microcosmo, isso significa imaginação criativa, a nossa capacidade de criar formas mentais e de estruturar conceitos. No Macrocosmo, o significado é o mesmo, embora as "imagens" digam respeito a toda a espécie humana e não a um indivíduo especificamente. Em *A Imperatriz* existem formas-pensamento que são administradas pelo núcleo solar de Tiphareth e que se tornam cada vez mais densas à medida que são expressas em manifestação.

Há aqui uma importante correspondência prática. Deus cria o Universo (continuadamente) por meio do pensamento. Nós fazemos o mesmo: criamos uma realidade imaginando alguma coisa e, por meio do pensamento, transformando-a em algo real. Tudo o que criamos na nossa mente é produto de uma *transformação*. Esse é um dos preceitos básicos dos Mistérios, que muito frequentemente é malcompreendido ou abordado com espírito de zombaria. De qualquer forma, à medida que a pessoa adquire maior poder espiritual ela se torna cada vez mais responsável pelos seus próprios pensamentos.

Em sua carta, Crowley mostra *A Imperatriz* como representante do Sal alquímico, o princípio inativo que é energizado pelo Enxofre alquímico para "manter o equilíbrio dinâmico do Universo".[245] Aqui a figura é desenhada na forma do símbolo alquímico, um círculo cortado horizontalmente por uma linha. As formas azuis retorcidas representam chamas e seu surgimento a partir da água. Ela segura um lótus em forma de cálice, um equivalente vivo do Santo Graal. Em sua cintura está o Zodíaco; sobre sua cabeça, as aves de Vênus, o pardal e o pombo; aos seus pés estão o pelicano que alimenta o seu filhote com sua própria carne (um simbolismo cristão comum que desperta algum interesse porque a Grande Mãe dá à Luz a Deus, o Filho, que sacrifica a si mesmo) e um escudo com a águia branca alquímica, correspondente à águia vermelha de *O Imperador*.

Repetindo as referências alquímicas de Crowley: *O Mago* é *Mercúrio*, *A Imperatriz* é *Sal* e *O Imperador*, *Enxofre*. Essas atribuições devem ser consideradas nos termos da atribuição dos mesmos símbolos nos documentos da Aurora Dourada, nos quais Kether é Mercúrio, Chokmah é Sal e Binah, Enxofre.[246]

13. O CAMINHO DE GIMEL

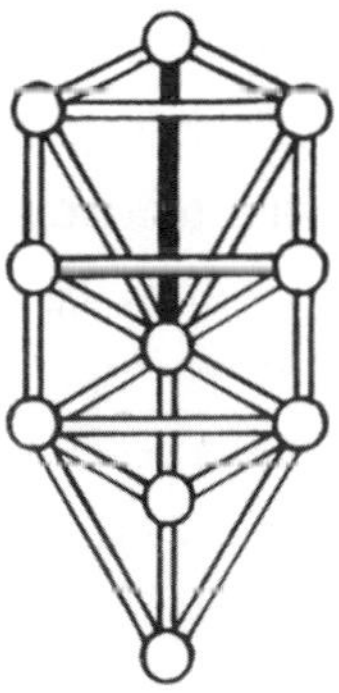

A Sacerdotisa

A Segunda Carta

- COR DO CAMINHO: Azul
- SOM RELACIONADO: Sol Sustenido
- PLANETA: Lua
- SIGNIFICADO: Camelo
- LETRA DUPLA: Paz-Guerra
- TÍTULO ESOTÉRICO: A Princesa da Estrela de Prata

TRINTA E DOIS CAMINHOS DE SABEDORIA: *O Décimo Terceiro Caminho é a Inteligência Unificadora, assim chamado porque ele próprio é a Essência da Glória. Ele é a Consumação da Verdade das coisas espirituais da pessoa.*

Tendo acabado de considerar o Caminho de *A Imperatriz*, um Caminho de afetuoso cerceamento (literalmente, uma volta ao útero cósmico) e proteção maternal, o Caminho de *A Sacerdotisa* pode parecer um tanto desconcertante. É como se a Mãe Suprema tivesse removido sua máscara sorridente para revelar sua verdadeira face, a qual, embora linda, é fria e inexpressiva. Toda a ajuda material de *A Imperatriz* desapareceu. Não há mais ilusões. Temos de enfrentar a realidade cristalina do nosso livre-arbítrio, a tarefa mais difícil dos Mistérios relacionada com a travessia do Abismo.

Os Caminhos de Gimel (*A Sacerdotisa*), de Samekh (*A Temperança*) e de Tau (*O Mundo*) podem ser considerados aspectos da mesma energia que, em conjunto, formam o Pilar do Meio devocional. Isso é sugerido pelas cores do Caminho em Atziluth, que são anil e azul, a cor da água e da Lua. Todos esses três Caminhos estão relacionados com a Lua.

Gareth Knight descreve o Caminho de Tau como a "Porta de entrada para os planos interiores", e os de Samekh e Gimel como a "Noite Escura da Alma".[247] O termo "Noite Escura", cunhado por São João da Cruz, um monge do século XVI, significa a desolação e o terror que tomam conta da pessoa quando ela está na metade do Caminho que leva à verdade, mas ainda não chegou ao fim. Essa expressão aplica-se particularmente ao Caminho de *A Sacerdotisa*, que cruza o assustador deserto-Abismo.

Todavia, existe a sugestão de que podemos ser conduzidos através do deserto pelas forças do próprio Caminho, pois Gimel significa *camelo*. Esse animal pode nos transportar ao longo do Caminho que é ao mesmo tempo o mais longo e o mais importante da Árvore da Vida.[248] O Caminho é o primeiro a fazer a ligação entre o Triângulo Superno (potencial) e o Triângulo Ético (o "real"). Além do mais, sua própria posição na Árvore, entre Deus, o Pai, em Kether, e Deus, o Filho, em Tiphareth, indicam que ele confere o mais elevado grau de iniciação.

Essa iniciação se faz por meio daquela essência virgem que tem sido chamada de "Chokmah inferior". Existem entre o Caminho e a Sephirah correspondências que podem ser estabelecidas pela Gematria: os nomes *Gimel* [גמל] e *Chokmah* [חכמה] somam ambos 73. Mais importante ainda, porém, é que a *sabedoria* é alternativamente expressa como palavra feminina e masculina. Embora a palavra seja feminina na maioria das línguas, ela é aplicada em Chokmah a um atributo basicamente masculino. Afirmar que *A Sacerdotisa* é Chokmah inferior significa dizer que as origens da expansão da Unidade contêm os meios de sua própria limitação. Portanto, como disse Crowley: "Essa primeira e mais espiritual manifestação do feminino produz um equivalente masculino, formulando em si mesma qualquer ponto geométrico a partir do qual possa contemplar essa possibilidade".[249] O conceito é inacreditavelmente difícil e, mais do que nas outras cartas, estamos aqui diante do fato de que mesmo os termos mais apropriados para descrever esses princípios podem parecer totalmente absurdos. A descrição comum desta carta é mais acessível e vê *A Sacerdotisa* como a mais pura essência da consciência, simbolizada no Tarô como a própria fonte de toda Água.

A fonte da Água é a ideia que está por trás da ideia que está por trás da forma. Case estendeu esse conceito ao dizer que: "[...] não importa quantas formas se desenvolvam a partir dela, a substância virgem permanece inalterada. Assim como a água, que mantém a matéria em suspensão ou em solução, essa substância continua sempre a mesma. Esse é um conceito fundamental para o mistério alquímico da Primeira Matéria. Aqui também podemos encontrar a chave para o significado interior dos mitos da Virgem em todas as religiões".[250]

Quase todos os estudiosos do Tarô encontraram essas indicações em *A Sacerdotisa*. De fato, ela é com frequência considerada a carta dos "Mistérios Interiores" ou do esoterismo, em oposição a *O Hierofante*, que às vezes é identificado com a religião exotérica. Entretanto, *A Sacerdotisa* deve ser estudada nos termos de *O Mago*, no sentido de que ela termina aquilo que ele inicia. Essa interação pode ser discutida sob diversos aspectos. Ela pode ser chamada de *Matéria Original* e ele de *Primeira Matéria* (*Prima Materia*) ou, então, ela pode ser considerada resultado da autoconsciência dele. Como quer que isso possa ser representado, *O Mago* simboliza uma condição anterior ao "pensamento" inconsciente. Essa condição atua sobre *A Sacerdotisa* e o Caminho de Gimel torna-se a "mente" capaz de transportar as formas-pensamento que irão constituir o Universo. Ela é a origem dos padrões vibratórios do Universo, subjacentes a todas as coisas. Assim, a carta de Crowley representa uma figura composta de ondas de energia, sob a qual estão as formas mentais afetadas por essas ondas. Além do mais, nada pode crescer no jardim de *A Imperatriz* sem essa estrutura subjacente de energias.

A sabedoria de *A Sacerdotisa* está na regulação. Suas taxas flutuantes de vibração estabelecem a direção (fixam os padrões) para a Primeira Matéria (*Prima Materia-Mercúrio Filosófico* = *O Mago*) à medida que ela "desce" rumo a uma condição de maior densidade. É por isso que a Lua é atribuída a este Caminho. O padrão vibratório, o fluxo e refluxo e todos os seus outros atributos são aqui encontrados em sua forma mais pura. A Lua representa flutuações, dualidades, marés. É a Lua que controla as marés das águas da consciência.

A Lua é neutra e não abriga nem o bem nem o mal. Suas poderosas correntes, como sugere o significado da letra dupla Gimel, *paz-guerra*, podem causar ou resolver problemas. Todavia, qualquer que seja o resultado da atividade de *A Sacerdotisa*, ela própria permanece inalterada, incorruptível, eternamente virgem. Além do mais, ela é o recipiente de todas as operações do Triângulo Superno; é dentro dela que se dão as atividades de Mercúrio, do Enxofre e do Sal. Ela é a *Inteligência Unificadora*, uma atividade que também está relacionada com os Quatro Elementos.

Mostramos que cada Caminho que sobe em direção ao Triângulo Superno representa um Elemento diferente e sugerimos que cada um deles é um aspecto particular do "Jardim do Éden". *A Sacerdotisa*, uma vez mais, é o Espírito Unificador, aquele quinto Elemento simbolizado pela porção superior do pentagrama. Repetindo: *O Hierofante*=Terra, *Os Enamorados*=Ar, *O Carro*=Água, *O Imperador*=Fogo e *A Sacerdotisa*=Espírito. Ela é ao mesmo tempo a origem e o elemento regulador e unificador dos outros quatro Caminhos. Ela é também a fonte dos Quatro Rios do Paraíso: o *Pison* (Rio do Fogo), o *Gihon* (Rio da Água), o *Hiddikel* (Rio do Ar) e o *Phrath* (Rio da Terra).

A concepção de *A Sacerdotisa* como um recipiente puro é proporcional às qualidades retentivas do camelo, um animal que armazena água para uma longa viagem no deserto. Isso sugere outro tipo de retenção, a *memória*. De fato, no interior de *A Sacerdotisa* estão escondidas as memórias da espécie humana e do Cosmos. O seu véu sugere a existência desse esconderijo. Na carta da Aurora Dourada, ele está dobrado em torno dela e cobre-lhe os olhos, sendo portanto impossível olhar diretamente para o seu rosto. A carta de Waite usa um pano pendurado atrás da figura, com o mesmo significado. *A Sacerdotisa* de Crowley, porém, parece estar oculta pela própria luz. Ele a chama de "alma de luz", indicando que é a luz que oculta o Verdadeiro Espírito. Esse é o espírito que temos chamado de "Ígnea Escuridão" e que é a substância do Potencial Superno. Essa é *A Sacerdotisa* que, em qualquer versão da carta, considera-se estar vestida de luz. Essa é a luz diante do Abismo acima de Tiphareth. Trata-se de uma luz tão brilhante que ninguém que não tenha se tornado da mesma natureza pode olhar para ela.

Aqui é necessário um reexame da essência da luz. Todas as religiões que dão ênfase à luz baseiam-se num Deus-Sol de Tiphareth. Entre eles estão Cristo,

Buda, Apolo, Osíris, Ahurda-Mazda etc. O importante é que, ao contrário das religiões organizadas, os Mistérios ensinam que a *luz não revela; com o seu próprio brilho, ela oculta.*

O Caminho de *A Sacerdotisa*, tal como a própria Lua, vai da luz mais brilhante à escuridão mais cerrada. Portanto, os princípios da luz e de suas divindades, Diana-Ártemis e Hécate, aplicam-se aqui. É óbvio que podemos escolher entre as numerosas variações em torno do mesmo tema, tendo sempre em mente que a mitologia, em larga medida, desenvolveu-se a partir das necessidades sociais. Assim, vemos que Hécate, tal como foi descrita por Hesíodo, foi a Deusa tríplice original que governava o Céu e a Terra. Os períodos posteriores se concentraram em seus aspectos mais desagradáveis, como Deusa do Mundo Subterâneo, e nos aspectos mais enigmáticos da magia. Não obstante, ela continuou associada à Lua como Hécate-Selena, a "Lua que alcança longe", um aspecto de Ártemis.[251]

Ártemis, irmã de Apolo e filha de Zeus, segundo a lenda, era a mensageira da luz e eternamente virgem.[252] Ao descobrirmos que *A Sacerdotisa* é chamada de "Princesa da Estrela de Prata", também tomamos conhecimento de que Ártemis era conhecida como a "Virgem do Arco de Prata". Isso sugere *A Temperança*, a extensão inferior de *A Sacerdotisa*, que é Sagitário, o Arqueiro. Sua flecha pode subir em direção ao céu ou penetrar profundamente na terra.

Ártemis era também a tríplice Deusa Lunar. Primeiro ela era a virgem, depois a ninfa (orgiástica) e, por fim, a anciã.[253] Ela era todas as fases da Lua ao mesmo tempo. Na carta de Waite, esses aspectos da Lua são simbolizados pela coroa da Sacerdotisa: a lua cheia é representada no centro, e as luas crescente e minguante, representadas dos lados.

Embora alguém pudesse se perguntar como Ártemis pode ser simultaneamente a eterna virgem e a orgiástica ninfa, esse é todo o mistério de *A Sacerdotisa*. E se passa mais ou menos como na peça *Caminho Real*, de Tennessee Williams. Todos os meses, na época de lua cheia, uma velha cigana transforma sua filha prostituta novamente numa virgem, o que é, como ela diz, "um belo truque".

A concepção de *A Sacerdotisa* como a *Inteligência Unificadora*, a harmonizadora de opostos, é representada por Waite por meio de dois pilares, um branco e o outro preto, que se supõe serem do Templo de Salomão. Eles simbolizam a união de todas as polaridades neste Caminho, cuja carta é de número 2. Esse é o número da reflexão e da duplicação. Além disso, como apelamos para o símbolo do infinito de *O Mago* de Waite, ao discutir o Caminho de Samekh (*A Temperança*), vemos aqui que essa figura também se aplica à extensão superior de Samekh, o Caminho de Gimel. Reafirmando a nossa tese: *A Sacerdotisa* atua sobre a *Primeira Matéria* de *O Mago* e faz com que ele atue sobre o padrão do oito desenhado ao seu lado. Um ciclo é oposto e duplicado, embora o fluxo de energia seja totalmente unificado.

A energia de *O Mago* é mantida num padrão recíproco e alternante pela energia proveniente de *A Sacerdotisa*. Essa função unificadora, cerceadora e duplicadora é o primeiro atributo feminino da Árvore.

Em termos mais contemporâneos, *A Sacerdotisa* é aquilo que Jung chamou de "*anima virgem*",[254] relacionado com o "leite de virgem", termo usado por ele para designar o "poder do inconsciente de conferir vida". O leite de virgem, que no simbolismo alquímico é dado à "Pedra" da mesma forma como o leite materno é dado à criança, é um sinônimo da água de *A Sacerdotisa*.

As cartas de Waite e da Aurora Dourada sugerem a dispersão dessa água a partir de *A Sacerdotisa*. Na versão da Aurora Dourada, a figura fica de pé sobre uma lua acima das ondas; na versão de Waite, a base do manto de *A Sacerdotisa* parece transformar-se em água. A carta de Crowley é mais técnica do que as outras, apresentando um conjunto muito complexo de formas de ondas. O seu desenho capta, melhor do que os outros, os atributos do Caminho. De fato, Crowley afirma que sua carta é "uma representação muito peculiar da obra de A. A.".[255] Em seu curso B.O.T.A., *Tarot Fundamentals*, Case também atribui um amplo significado a esta carta, que ele considera uma síntese dos sete Princípios Herméticos do *Kybalion* (discutido na nossa introdução).[256]

A carta B.O.T.A. de Case, uma modificação de *A Sacerdotisa* de Waite, é menos evocativa que as cartas de Crowley ou da Aurora Dourada. O simbolismo de Waite, por outro lado, é extremamente preciso. *A Sacerdotisa* é representada como o agente unificador entre as duas colunas do Templo; a unificação e o equilíbrio são também representados em seu peito pela cruz, que Waite chamou de cruz solar.[257] Por trás dela está o véu do Templo, coberto com palmeiras e romãzeiras. Waite não foi muito claro quanto aos motivos que o levaram a essa escolha de formas vegetais, embora Case afirme (de maneira não muito convincente) que as palmeiras são masculinas e as romãzeiras femininas.[258] Os comentários de Waite, apesar de incompletos, sugerem outra explicação. Ele diz a respeito de *A Sacerdotisa*: "[...] ela é na verdade a Igreja Secreta, a Casa que é de Deus e do homem".[259] Isso significa que ela representa todos os princípios internos da religião. Seria possível sugerir, portanto, que a palmeira é um símbolo cristão tradicional, representando o "triunfo" de Cristo ao entrar em Jerusalém. A romãzeira, por outro lado, está associada aos Mistérios mais antigos. Ela é mencionada com frequência no Antigo Testamento e lhe foi atribuído um significado especial nos Mistérios de Elêusis.[260] É provável, portanto, que Waite tenha pretendido transmitir a ideia de que *A Sacerdotisa* é o núcleo central, o fator de unificação de todas as crenças, especialmente do Cristianismo e do Judaísmo.

Outros aspectos da carta de Waite, como o pergaminho em que aparecem as letras T O R A, por exemplo, são mais claros. Esse é o *Pergaminho da Lei*, estabelecido por *A Sacerdotisa*. Pretende-se que isso diga respeito a uma manipulação comum – ainda que simplista – dessas letras para formar as palavras T A R O e R O T A, palavra latina que significa roda. Isso significa que o Tarô é a Lei e a própria Roda da Vida. Sob esse aspecto, vemos que no Tarô da Aurora Dourada o Pergaminho da Lei é seguro por *O Hierofante*, que administra aquilo que é proposto por Binah. O pergaminho nas mãos de *A Sacerdotisa*, todavia, indica que ela é o repositório da memória cósmica.

A carta de Marselha é a menos interessante das quatro, a não ser pelo título, *A Papisa*. Diz-se que a carta representa a *Papisa Joana*, descrita por Stephen de Bourbon em sua obra do século XIII. Reza a lenda que, no século IX, uma moça inglesa apaixonou-se por um monge e, para que pudessem viver juntos, vestiu-se de homem. Depois da morte do monge, ela foi para Roma e, continuando a usar roupas masculinas, tornou-se sacerdote. Ela supostamente teria subido na hierarquia da Igreja, tornando-se cardeal e, por fim, foi eleita Papa com o título de João VIII. Ela morreu nos degraus da Basílica de São Pedro, dando à luz.[261] Apesar de fictícia, a história é importante porque foi largamente aceita como verdadeira na época em que surgiram as cartas do Tarô.[262]

12. O CAMINHO DE BETH

O Mago
A Primeira Carta

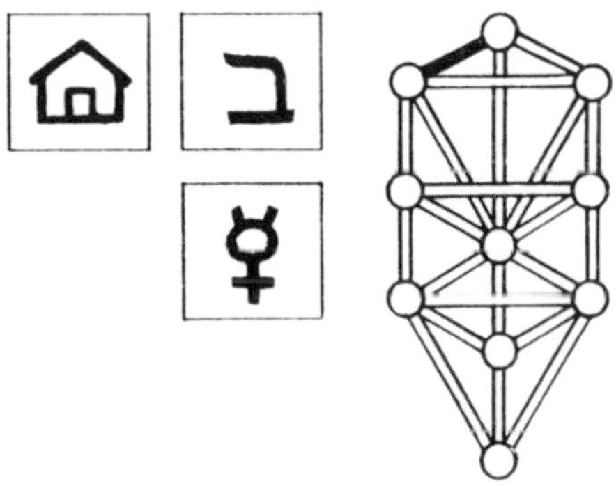

- COR DO CAMINHO: Amarelo
- SOM RELACIONADO: Mi Natural
- PLANETA: Mercúrio
- SIGNIFICADO: Casa
- LETRA DUPLA: Vida-Morte
- TÍTULO ESOTÉRICO: O Mago do Poder

TRINTA E DOIS CAMINHOS DE SABEDORIA: *O Décimo Segundo Caminho é a Inteligência da Transparência porque é aquela espécie de Magnificência chamada de* Chazchazit, *o nome do lugar de onde emana a visão dos que são vistos nas aparições (ou seja, as profecias feitas pelos videntes).*

O Caminho de Beth fica entre Kether e Binah. Ele é a transição entre a Fonte Pura e Unitária de Todas as Coisas, uma energia indefinida, e o Grande Organizador, um relacionamento descrito por meio do significado da letra Beth, *casa*. Essa é a "habitação" do Espírito que desce em direção à densidade da manifestação. *O Mago* simboliza aquilo que constrói a casa, ou seja, que dirige e cerceia o Espírito Unitário, simbolizado pela carta *O Louco*. A esse respeito, devemos compreender que, neste nível da Árvore da Vida, considerar uma carta em relação a outra é muito diferente de uma comparação entre cartas em níveis inferiores. As diferenças entre, digamos, *O Mundo* e o Caminho de *O Julgamento* são substanciais, para não dizer dramáticas. Todavia, quanto mais alto subimos na Árvore, mais fluidas e sutis se tornam essas diferenças. *O Louco* e *O Mago* são apenas ligeiramente diferentes, fato que não é explicitado no antropomórfico simbolismo das cartas.

Os estudiosos que se dedicam a decifrar os difíceis criptogramas do *Pentateuco* (os cinco primeiros livros da Bíblia) não têm dúvida de que Beth é a primeira letra. *O Livro do Gênesis* começa com a palavra "*Bereshith*" [בראשית], comumente traduzida como "No início" mas, curiosamente, interpretada por Fabre d'Olivet como "No início, a princípio".[263] O que a letra Beth simboliza é o princípio da criação, o começo do começo. Esse é o *Primeiro Princípio* ou *Primeira Matéria* dos alquimistas, também chamado de *Mercúrio Filosófico*. Todavia, criar o início é criar o fim. Assim, os opostos vida e morte, polaridades fundamentais da criação, são atribuídos a essa letra. Está implícita aqui a ideia de que, sem as energias de *O Mago*, não haveria vida nem morte, começo nem fim. *O Mago* inicia esse processo, um ciclo simbolizado pelo símbolo do infinito (*lemniscata*) e pela serpente que morde a própria cauda (*Uroboros*). Ambos representam o círculo fechado de energia do Universo, o qual se inicia com o número 1 (Beth) atuando sobre o 0 (Aleph).

Os relacionamentos de Aleph (*O Louco*) e Beth (*O Mago*) com a criação são discutidos numa parte do *Zohar* que é um dos trechos mais belos de toda a literatura esotérica. Conta-nos ele que durante dois mil anos Deus havia "contemplado" as 22 letras do alfabeto hebraico e "brincado com elas".[264] Chegado o momento de criar o Universo, as letras se apresentaram diante Dele em ordem invertida (de Tau para Aleph), todas pedindo para ser a primeira na criação. Todas foram rejeitadas, até chegar a vez de Beth, a respeito da qual Deus disse: "Sem dúvida, com ti criarei o mundo e tu formarás o início da criação do mundo".[265] Depois Deus quis saber por que Aleph não tinha aparecido e chamou essa letra, que explicou: "Porque vi todas as outras letras se retirando de Tua presença sem nenhum sucesso. O que, então, poderia eu conseguir permanecendo ali? Além do mais, como já concedeste à letra Beth essa grande dádiva, não convém que o Supremo Rei retire a dádiva que fez a um de seus servos e a ofereça a outro". E Deus respondeu: "[...] embora eu vá iniciar a criação do mundo com *Beth*, continuarás a ser a primeira letra. Minha unidade não será expressa a não ser através de ti; em ti se basearão todos os cálculos e operações do mundo, e a unidade somente será expressa pela letra Aleph".[266]

É fascinante compreender que os maiores mistérios do Cosmos podem ser expressos por meio das imagens e palavras mais simples e, até mesmo, mais infantis. Na verdade, o relacionamento entre *O Louco* e *O Mago* é tão sutil e refinado que as nossas melhores esperanças de poder abordá-los baseiam-se na meditação sobre o texto espiritual combinada com imagens das cartas do Tarô. É impossível falar diretamente sobre o que o texto ou as cartas representam. O que tentamos fazer é estabelecer um círculo de ideias no qual cada ideia nos proporciona uma indicação a respeito da natureza da verdade interior.

Uma dessas ideias associadas a *O Mago* é a de que as energias dessa carta são ao mesmo tempo ativas e passivas. O mistério de *O Mago* é o fato de ele ser *tanto aquilo que transmite como o que é transmitido*. Ele é a Força da Vida (A Unidade) que se transforma na *Prima Materia* no ato de transmissão.

O Mago é um canal onde a energia de *O Louco* é organizada e transmitida para baixo. A Energia Unitária da Vida é direcionada por *O Mago* como o primeiro passo na evolução do Universo em direção à matéria. Este é o Caminho chamado de *Inteligência Transparente*, porque a energia vinda de cima passa através dele da mesma forma como a luz atravessa um vidro. O processo está especialmente bem representado na carta de Waite, em que o braço direito do mago está erguido e segura um bastão apontado para baixo. Isso sugere um poder enviado deliberadamente para baixo, com um propósito. Além do mais, Waite faz nesta carta algumas referências muito sutis à atividade de todos os Supernais. A cor interna do manto de *O Mago* é o branco, significando Kether. O manto externo é o vermelho de Binah em Atziluth e o cinto serpente é o azul de Chokmah em Atziluth. A conclusão de Waite é a de que a *Prima Materia* resulta da interação entre todas as Sephiroth Supernas. O Deus deste Caminho, Mercúrio, é o "mensageiro dos Deuses" (especialmente de seu Pai, Zeus-Kether), significando que ele próprio não é o Criador e, sim, o portador da sua vontade.

Para todos os propósitos práticos, Mercúrio (romano), Hermes (grego) e Thoth (egípcio) são a mesma divindade, sendo que a mistura de seus atributos consolidou-se especialmente na moderna literatura esotérica. Obviamente, como Mercúrio é o mais recente dentre esses Deuses, seus atributos dependem daqueles de Hermes e de Thoth.

Hermes foi logo associado às palavras pela simples razão de que um mensageiro deve transmitir com clareza a mensagem de quem o enviou.[267] O mesmo significado aplica-se, na sua essência, à associação entre as palavras e Thoth, o qual, sendo presumivelmente o inventor dos hieróglifos, desenvolveu os meios para que a mensagem pudesse ser registrada e transmitida. O companheiro de Hermes, conforme vimos ao tratar de *A Roda da Fortuna*, era o macaco com cabeça de cachorro, o Cinocéfalo, representando as próprias palavras e a possibilidade de elas serem mal entendidas ou usadas para iludir. É por causa desse último sentido que Crowley colocou o cinocéfalo aos pés do seu mago.

O relacionamento entre as energias de Hermes e as palavras é muito profundo. As mensagens são transmitidas por palavras e é também por meio de palavras de força que os magos exercem influência sobre seus desejos. Assim, a palavra está associada a causa e efeito. As palavras transmitem ideias de pessoa para pessoa, da mesma maneira que *O Mago* transmite a ideia da Autocriação da Unidade a partir de cima.

Uma palavra destina-se a ser falada (a escrita é a anotação do pensamento falado); ela é um som que transmite uma ideia. É vibração carregada de inteligência. Palavra = vibração. Assim, o conceito de *O Mago* é o da primeira vibração, por meio da qual o Espírito Unitário inicia o processo de manifestação. Ele circunda o Espírito e, portanto, abarca Tudo o que existe.

Nos documentos da Aurora Dourada, essa ideia é transmitida por um diagrama que relaciona o símbolo de Mercúrio a todas as Sephiroth, com exceção de Kether (Figura 32A).

Os chifres surgem a partir de *Daath* (Conhecimento), que a rigor não é uma *Sephirah* mas uma associação entre Chokmah e Binah.[268] Obviamente, desde os dias de Lévi, todo Tarô tem sido chamado de *O Livro de Thoth*.

Em conformidade com a ideia de que Mercúrio abarca todas as Sephiroth, exceto Kether, existe um diagrama muito interessante mostrando Mercúrio no caduceu (Figura 32B). Esse não é de todo incompatível com o primeiro símbolo, que faz a distinção entre o Criador, acima, e a Criação, abaixo. Aqui os Quatro Mundos não são o bastão, mas aquilo que é transmitido pelo bastão de *O Mago*.

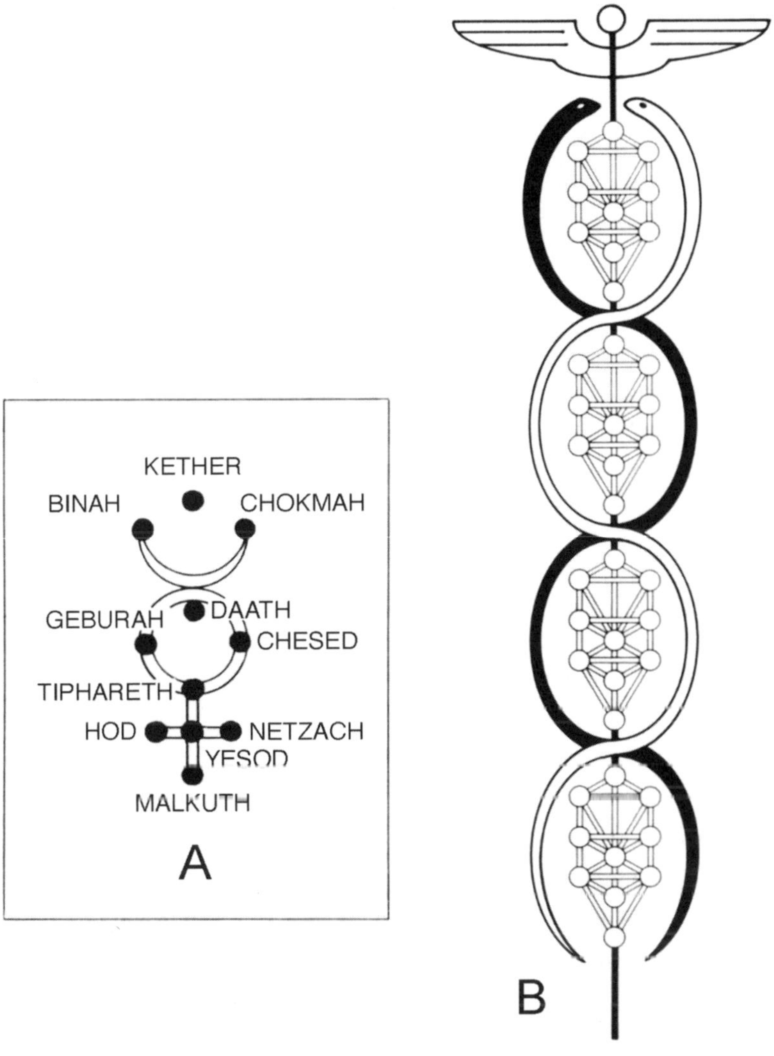

Figura 32. Duas Maneiras de Representar o Que é Abarcado por Mercúrio: A. As Sephiroth no Símbolo Planetário; B. Os Quatro Mundos no Caduceu.

Essa interpretação do caduceu e do símbolo planetário não é comum. Os astrólogos e iconógrafos geralmente analisam o símbolo de Mercúrio como uma meia-lua, um círculo e uma cruz grega, os quais simbolizariam a Lua, o Sol e o equilíbrio entre os Quatro Elementos. O Sol e a Lua são os estados duais do

Cosmos, aqui representados em sua expressão mais refinada. Os Quatro Elementos são vistos primeiro em Kether, onde são simbolizados pela cruz gamada ou suástica. Esses Elementos, que existem potencialmente em *O Louco*, são primeiramente organizados e orientados por *O Mago*.

O Mago dirige as forças de [יהוה], letras primeiramente encontradas no Nome de Deus de Binah, [יהוה אלהים] (YHVH Elohim), na extremidade inferior do Caminho de Beth. Tal como é sucintamente expresso nos documentos da Aurora Dourada, o *Primum Mobile* (Primeiro Movimento) está atuando sobre Saturno-Binah através do Mercúrio Filosófico, o que equivale a dizer que o Supremo Espírito está atuando sobre o Desejo de Formar. Essa atividade está relacionada com palavras, ou seja, com vibração, e nos lembra a ideia de que todo aquele que for capaz de pronunciar o [יהוה] será o Senhor do Universo. Nesse sentido, "pronunciar" significa dirigir propositadamente a vibração. Assim, o que temos em *O Mago* é alguém que é efetivamente capaz de pronunciar o Nome Divino. Isso nos remete a uma ideia muito complexa que é a essência dos Mistérios, uma ideia enfatizada por Case em seu *The Book of Tokens*. Lá ele diz que "todos os desejos criados são apenas reflexos" do desejo de *O Mago*. E, o que é importante, Case observa que a pessoa deve permitir que esse desejo fundamental atue através dele mesmo:

> Minha natureza superior atuou através de ti...
> ... Feliz daquele que pode compreender essa verdade.
> Pois então, compreendendo que não é o teu débil eu que,
> Através de minha Mente onisciente,
> Vê o mundo através de teus olhos,
> Terás a confiança necessária para *deixar* que eu veja.
> Então, superarás o mal representado pelos teus sentidos
> colocando-os inteiramente a meu serviço.[269]

Esse é um conceito extremamente difícil e que representa efetivamente o núcleo prático de toda religião, misticismo ou magia. Como quer que o processo possa ser expresso em termos simbólicos, o controle interior dos Quatro Elementos por parte do Mago Universal, atuando através de nós, é fundamental. A carta de Waite, baseada na então carta secreta da Aurora Dourada, foi a primeira a mostrar o mago com seu bastão erguido acima das verdadeiras Armas Elementares do moderno Cabalismo Hermético. Sobre a mesa estão o Bastão de Fogo [י], a Taça de Água [ה], a Adaga de Ar [ו] e o Pentáculo de Terra [ה] – todos muito pouco precisos. Apenas na versão da Aurora Dourada os implementos estão representados com total precisão.[270]

Percorremos um grande caminho desde o simbolismo um tanto experimental do baralho de Marselha. Nesse trabalho, o mago está junto a uma mesa manipulando objetos apropriados a um mágico acrobata da Idade Média, cujos atributos eram a ligeireza das mãos e a prestidigitação. Todavia, o bastão com duas extremidades e o chapéu, cuja forma lembra o símbolo do infinito, sugerem alguma coisa mais, assim como o próprio título da carta, *Le Bateleur*, que significa o portador do bastão.

O bastão é, de fato, o único atributo do mago que tem sido consistentemente representado desde a Antiguidade até os dias de hoje. O poder flui através dele e por ele é dirigido com a força da vontade. É no mínimo interessante ver que Waite deu ao seu mago de 1910 exatamente o mesmo bastão do baralho de Marselha, criado em 1500. Assim, Waite reafirmou a precisão simbólica desse objeto primitivo. As variações de *O Mago* ao longo dos anos presumivelmente representam o estado contemporâneo da "arte da magia".

Examinando-se os tratados de magia contemporâneos da época mais antiga que se pode conceber para o surgimento das cartas, pode-se notar que não houve grande proliferação de instrumentos de magia. Numa obra como o *Heptamaron*, de autoria de Pietro de Albano (1250-1317)[271] fica claro que a magia era um desenvolvimento da arte sacerdotal, dependendo muito de palavras para suas invocações, exorcismos e consagração de talismãs. Os instrumentos que encontramos na carta da Aurora Dourada provavelmente começaram a surgir no século XVIII, conforme indica o *Magus*, de Barrett, publicado em 1801.[272]

Aceitando a ideia de que cada versão de *O Mago* representa o ponto de vista de uma época em relação ao que se chama de "magia", a carta de Crowley é provocativa. Nessa versão, *O Mago* não segura apenas o bastão, ele *é* o bastão – uma alteração conceitual de grande importância. Crowley, portanto, representou com precisão aquilo que chamamos anteriormente de Mistério do Mago, ou seja, aquilo que é ao mesmo tempo o que transmite e o que é transmitido. Ele é o mensageiro e a mensagem.

Há também um importante simbolismo fálico nesse bastão de Hermes, que transmite o poder. Mesmo nas épocas mais antigas, Hermes, o mensageiro de Deus, sempre carregou um bastão. Originalmente enfeitado com fitas brancas, que posteriormente foram confundidas com serpentes (porque ele era o "Arauto do Hades"), e acabou se transformando naquilo que conhecemos hoje como o Caduceu de Mercúrio.[273] Essa insígnia pode ser vista no peito do mago da Aurora Dourada.

A passagem do tempo e o vitorianismo suavizaram a sugestão fálica do bastão de Hermes. Havia lajes verticais de pedra com um busto e um falo muito grande ligado curiosamente à parte frontal da coluna. Na Antiguidade, portanto, Hermes era reverenciado como o Deus da Criação, o aspecto de *O Mago* enfatizado por Crowley.

O Mago parece ter sido uma carta cuja elaboração deu muito trabalho a Lady Freida Harris. As versões mais antigas mostram uma figura central com múltiplos braços, cada um dos quais segurando alguma imagem mágica. O atributo do equilíbrio é enfatizado pelo caduceu do centro da figura.[274] Na versão final, porém, embora tendo ao centro uma forma complicada de caduceu, o mago é um estado de atividade. Os objetos mágicos parecem flutuar no espaço, como se estivessem em constante movimento, em contínua criação e fossem algo em permanente transformação.

Crowley diz que, de fato: "Nenhuma imagem verdadeira é possível porque, primeiro, todas as imagens são necessariamente falsas enquanto tais; e, em segundo lugar, sendo o movimento perpétuo e sua velocidade a da Luz, qualquer estase contradiz a ideia da carta...".[275] Para Crowley, *O Mago* era o Som e a Palavra e, "sendo a Palavra, ele é a lei da razão, ou da necessidade, ou do acaso, que é o significado secreto da Palavra, que é a essência da Palavra e a condição para que ela seja pronunciada".[276]

11. O CAMINHO DE ALEPH

O Louco

A Carta Zero

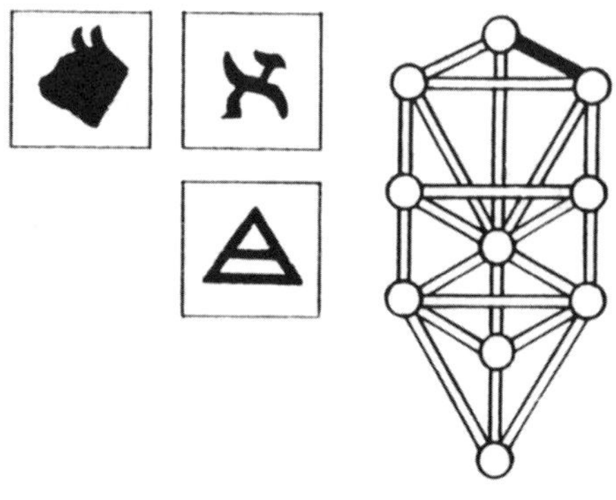

- COR DO CAMINHO: Amarelo-claro brilhante
- SOM RELACIONADO: Mi Natural
- SIGNIFICADO: Boi
- LETRA MATERNAL: Ar
- TÍTULO ESOTÉRICO: O Espírito do Éter

> TRINTA E DOIS CAMINHOS DE SABEDORIA: *O Décimo Primeiro Caminho é a Inteligência Cintilante, assim chamado porque é a essência do cortinado colocado próximo à ordem das coisas, a qual é uma distinção que lhe foi conferida para que pudesse apresentar-se diante da Causa das Causas.*

O Caminho de *O Louco* liga Kether, a Origem de Tudo, a Chokmah, a primeira atividade no sentido da manifestação. Aleph é atribuída a este Caminho, a

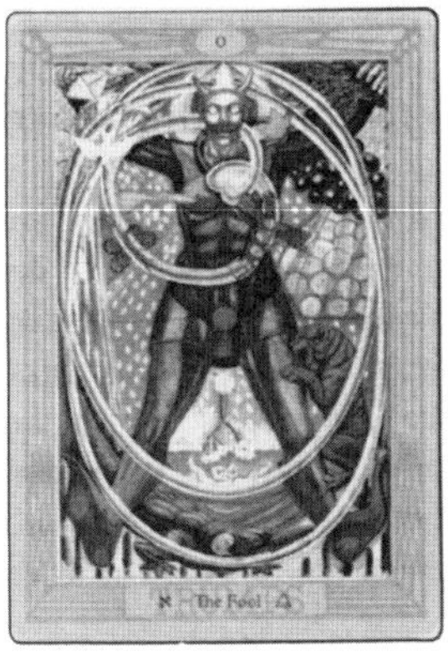

letra-símbolo da unidade absoluta, segundo o *Zohar*. Na condição de palavra, Aleph significa *boi*, o que tem sido interpretado de diversas maneiras. Gareth Knight, por exemplo, sugeriu que a atribuição do mais terreno dos animais a esse elevado nível da Árvore significa que "o objetivo do Espírito tem suas raízes na Terra".[277] Paul Case, na essência, concordou, embora sua abordagem seja mais ampla. Ele considerou o boi um símbolo da força motriz na agricultura e equiparou agricultura à civilização. Assim, ele descreveu o boi como a força vital, a energia criativa e "a ação do poder em todas as formas de adaptação humana e modificação das condições naturais".[278] Crowley, por outro lado, concentrou-se na forma da letra, que alguns diziam representar uma relha de arado: "portanto", diz ele, "o significado é basicamente fálico".[279] Os cínicos poderiam sugerir que Crowley via falos onde quer que olhasse, a despeito do elevado espírito filosófico da sua argumentação. Não obstante, a verdade é que somente por meio da sexualidade podemos chegar a ter o mais ligeiro vislumbre do mecanismo de funcionamento do Universo.

O Louco exige uma interpretação fluida e multifacetada. Esta é, sem dúvida, a carta mais difícil e profunda de todo o baralho do Tarô. Emanado a partir de Kether, ele chega aos limites da origem do Cosmos, o *Ain Soph*, a Luz Ilimitada que *não é*. Assim, reconhecemos que tudo quanto pode ser dito a respeito de Kether também pode ser dito sobre o efeito subjetivo de seus princípios no décimo primeiro Caminho.

O décimo primeiro Caminho é a *Inteligência Ígnea* ou *Cintilante*. Ela está em contato com uma Luz Ilimitada que, para nós, é escuridão, aquela Ígnea Escuridão que é ao mesmo tempo o *Primum Mobile*, a *possibilidade* de movimento ou de vibração e a *primeira percepção* ou *vontade* da Unidade com capacidade potencial para a atividade. Aqui, mais uma vez, retornamos àquela ideia circular de que a Energia Criativa Fundamental do Universo atua sobre si mesma para emanar o Cosmos. A maneira mais concreta de descrever isso é dizer que do nada surge o potencial para o pensamento. Em seguida surge o pensamento e tem início a mente, o recipiente que contém o pensamento. *O Louco* é o potencial inicial desse pensamento que transcende a razão.

Quase todo o mundo já experimentou a sensação de haver entrado em contato com uma realidade especial durante o sono, uma lição que, durante a fase de vigília, na melhor das hipóteses, parece absurda. Poderíamos nos lembrar de umas poucas palavras que, traduzidas da condição de sono para a de vigília, parecem ser absolutamente destituídas de sentido. De fato, qualquer ideia que entre em conflito com a nossa realidade desperta em geral é descartada. Essas ideias podem ser perigosas ou destruidoras para as nossas percepções a respeito de nós mesmos e do nosso ambiente e, por isso, nós as pomos de lado. Por outro lado, grande parte dos aspectos práticos da Grande Missão envolve a assimilação de conceitos que contrariam nossas ideias mundanas a respeito do que é e do que não é "real".

Deixemos bem claro que *O Louco, O Mago* e *A Sacerdotisa* (os Caminhos que entram em contato com Kether) devem ser abordados com certa dose de jovial fantasia. À medida que vamos percebendo que a experiência de Kether significa a total aniquilação do Eu, tal como o concebemos, vemos a ironia de nossas tentativas de compreender esses refinados princípios a partir de uma perspectiva terrena. Conforme observou Dion Fortune, somos crianças pequenas tentando soletrar Deus. Todavia, quando reconhecemos a impossibilidade de abordar diretamente os níveis mais elevados do Universo, somos conduzidos forçosamente ao princípio fundamental dos mistérios, *Assim em Cima como Embaixo*. Encaramos o que está "embaixo" como um reflexo do que está "em cima".

Cada carta é, na verdade, quádrupla. E embora *O Louco* seja geralmente discutido em termos do espírito supremo de Atziluth, ele também aparece em Briah, em Yetzirah e em Assiah. Assim, em alguma parte de nossa existência mais básica e compreensível encontraremos um correlato da atividade superior de *O Louco*. O processo é uma espécie de trabalho de detetive espiritual. Procuramos fundo em Malkuth e encontramos Kether!

Essa é a essência do que Pierre Teilhard de Chardin, o grande místico católico moderno, estava descrevendo. O Espírito Divino é tudo que conhecemos: vivemos dentro dele, nós o respiramos, ele é nós mesmos. Todas as *coisas* são uma expressão da energia simbolizada por *O Louco*, que é o início de tudo, da mesma maneira como Aleph é o começo do alfabeto.

A Aleph, a primeira das letras maternais, é atribuído o *Ar*, nesse sentido significando Vida-Respiração. Embora a maioria das pessoas acredite que o Oriente dê maior importância à função da respiração do que o Ocidente, isso só acontece na religião exotérica. "Nas técnicas esotéricas ocidentais, tal como no Oriente, a respiração é tudo, tanto na prática como filosoficamente. Em termos da Árvore da

Vida e do Tarô, isso poderia ser expresso de outra maneira. Dissemos que *O Mago* está relacionado com as "palavras", significando isso os padrões vibratórios subjacentes à manifestação. É o poder da respiração, porém, que expele o som. *O Louco* ativa *O Mago*.

Crowley indica outra maneira pela qual a atribuição do Ar poderia ser considerada. Ele descreve o nada que é o Ar como um *vácuo*, conceito fascinante quando relacionado com o número do Tarô de *O Louco*, zero. O zero é o vazio de um nada fértil; ele é o Ovo Universal do Espírito, o Ovo de *Akasha*. Do ponto de vista matemático, zero é a soma de + 1 (masculino) e – 1 (feminino). Assim, o ovo do Cosmos é um ovo fertilizado de sexualidade indefinida. Não é masculino nem feminino, mas sim o potencial para ambos. *O Louco* é a energia andrógina que se diferencia na *dramatis personae* das outras 21 cartas.

Infelizmente, a correta posição de *O Louco* no início das cartas tem sido objeto de controvérsias. Em alguns trabalhos, ele tem sido absurdamente colocado ao lado da última carta, ou seja, como a carta de Shin, letra do Fogo Maternal. Entretanto, essa colocação parece ter sido uma tentativa deliberada de ocultar dos profanos o verdadeiro mistério de *O Louco*. Hoje, a sequência dos Arcanos Maiores descrita nos *Manuscritos Cifrados* da Aurora Dourada é geralmente aceita, tal como fizeram os autores dos três baralhos modernos apresentados aqui. *O Louco* pertence ao décimo primeiro Caminho, o Caminho de Aleph, e a nenhum outro lugar.

Tem sido sugerido que a chave para o funcionamento e a ordem do Cosmos está contida na interação entre Aleph e Lamed. *O Zohar*, que descreve Aleph como a unidade absoluta, nos proporciona um material igualmente interessante sobre Lamed. Essa letra é considerada fundamental para a palavra [מלכ] (Melekh), que significa *Rei*.[280] Isso sugere que Tiphareth é a força diretora principal do *Microprosopus*, a "Fisionomia Menor". Esse é o Rei que está acima da existência, tal como a conhecemos, e cujas interações de energia são simbolizadas pelas letras Mem, Lamed, Kaph e pelas cartas correspondentes do Tarô, *O Pendurado* [מ], *A Justiça* [ל] e *A Roda da Fortuna* [כ].

O Pendurado e *A Roda da Fortuna* são os extremos Estabilizadores Ativadores e Estabilizadores Formativos (ver Figura 29) da Árvore da Vida, entre a Personalidade e o Eu Superior. Eles são opostos exatos. *O Pendurado* é a Água da Consciência Universal, ao passo que *A Roda da Fortuna*, Kaph-Júpiter, significa o próprio princípio da manifestação. Assim, pode-se dizer que Lamed realiza o perfeito equilíbrio entre o princípio criativo inferior e a consciência sobre a qual ele atua. Além do mais, sabemos que Lamed significa *aguilhão*, a haste pontiaguda que espicaça o boi, ou seja, Aleph.

Paul Case oferece outra explicação. Ele afirma que a palavra [אלף] "representa o primeiro jorro de influência espiritual [א], efetuando um contínuo equilíbrio das forças em ação [ל] e resultando numa expressão positiva do pensamento criativo [ף] da Mente Universal".[281]

Isso tudo é realmente muito complexo e a pessoa pode facilmente ficar atordoada, sem fazer nenhum progresso, ou ser efetivamente iludida pela manipulação excessivamente cuidadosa de letras e números. Não há dúvida, porém, que os sábios que produziram documentos Cabalísticos como o *Sepher Yetzirah* e o *Zohar* esperavam que passássemos por esse processo. Assim, temos de assumir o risco de incorrer num raciocínio que nos leve a um beco sem saída a fim de tentarmos compreender sutis significados contidos nos textos. Seria ultrapassar os limites dizer que nas letras [אל] está implícito tudo o que existe acima e abaixo, considerando Aleph a Unidade e Lamed a energia central equilibradora entre a Unidade e aquilo que ela projeta?

De qualquer modo, esse tipo de ideia, quando aplicado às imagens do Tarô, pode nos proporcionar conhecimentos especiais. Quando conhecemos as implicações Cabalísticas da letra Aleph e as aplicamos à imagem de *O Louco*, a correspondência entre imagens e ideias deflagra alguma coisa inconsciente dentro de nós. Esse pode ser de maneira especial o caso de *O Louco* da Aurora Dourada, uma das contribuições mais incomuns da Ordem para a arte do Tarô. Pretende-se que a criança seja *Harpócraíes*, que em egípcio (*Heru-p-khart*) significa literalmente "Hórus, a Criança".[282] Heru também se escreve como *Hru*, conhecido como o "Grande Anjo do Tarô".

Não existem muitos Deuses que incorporam tantos conceitos diferentes quanto Harpócrates: Ele é a Criança Deus; ele é o Deus do Silêncio; ele é o Deus dos Começos e o Deus do Sol ao nascer. Ele é também o filho de Ísis e de Osíris, embora não seja nessa condição que ele seja representado neste Caminho. Ele é o filho de Ísis e de Osíris que está para nascer. Ele é todo potencial! Ele é a expressão do próprio significado do Nome Divino de Kether, [אהיה] (*Eheieh*), cuja tradução geralmente é "Eu sou Eu". Mas que na verdade significa *Eu serei*. Assim, na carta da Aurora Dourada a criança está prestes a colher a rosa. Na carta de Waite, o Louco está prestes a caminhar através de um precipício. Waite descreve essa figura como estando parada, embora ela indique o ato de caminhar.

Em virtude da importância de Hórus-Harpócrates para uma compreensão de *O Louco* na tradição da Aurora Dourada, devemos considerar rapidamente as origens do seu culto. A Criança Hórus desenvolveu-se a partir de um Deus anterior, também conhecido como Hórus. Esse Hórus primitivo (na verdade, um grupo de formas divinas, tal como o próprio Hórus Criança) foi um dos primeiros Deuses a serem adorados em todo o Egito. Ele era representado por uma cabeça de falcão, sugerindo que sua natureza estava relacionada com as grandes alturas do Céu,[283] ideia que iria colocar Hórus no conforto do décimo primeiro Caminho. Contudo, na época das últimas dinastias, os atributos dos Deuses Hórus primitivos foram assumidos pela Criança, que representava o início de todas as sequências, incluindo o início do dia com o nascer do Sol. Assim, Hórus estava relacionado com Rá e poderia encaixar-se mais facilmente em Tiphareth. Uma vez mais, como na discussão sobre [אל], estamos nos deslocando entre o décimo primeiro Caminho e a sexta Sephirah. As correlações são tão profundas quanto obscuras.

Outra coisa interessante a respeito de Hórus é que ele era tradicionalmente representado como uma criança com um cacho de cabelo do lado e um dedo colocado na boca, num gesto infantil. Esse gesto foi equivocadamente interpretado pelos gregos como um "sinal de silêncio" e, quando o Deus recebeu o nome grego de Harpócrates, o silêncio era um de seus atributos básicos.[284] Como quer que esses atributos tenham se originado, seja de forma deliberada ou por "acidente", o simbolismo é notavelmente apropriado. O que poderia ser mais perfeito do que *O Louco*, representando o silêncio, vindo antes de *O Mago*, que foi descrito como o primeiro som? Aqui a pessoa precisa acreditar que os sistemas de símbolos podem evoluir em conformidade com os arquétipos verdadeiramente universais.[285]

O Louco é, na realidade, um arquétipo, assim como o animal que o acompanha em todas as versões da carta. O baralho de Marselha mostra um cachorro marrom fazendo um buraco na perna da calça do dono; Waite representou um cãozinho branco na mesma atitude básica do cachorro da carta de Marselha, porém seguindo alegremente seu dono; a versão de Crowley, com o tigre "acariciando"[286] *O Louco*, é a mais curiosa. Por fim, a carta da Aurora Dourada mostra um lobo preso a uma correia que está nas mãos de uma pequena criança, que pensamos ser Harpócrates.

Todas essas cartas fazem uma afirmação simbólica a respeito da relação entre a natureza animal e os processos espirituais superiores. Também foi sugerido que o pequeno cão seria o *intelecto*, o fiel companheiro do homem. As cartas da Aurora Dourada e de Crowley, porém, nos oferecem uma explicação mais complicada.

O lobo na carta da Aurora Dourada transmite talvez a afirmação simbólica mais explícita, pois desde os tempos mais antigos ele tem sido considerado um *destruidor*. No contexto do décimo primeiro Caminho, ele é como o lobo Fenris, que devorou Odin, o Pai dos Deuses, que Manly Palmer Hall descreve como "aqueles irracionais poderes da natureza que derrotaram a criação primitiva".[287]

A inferência é que o desejo do Criador no sentido da autoexpressão mantém sob controle essa contraenergia que, caso contrário, destruiria a criação. Todavia, mais cedo ou mais tarde, o lobo precisa ser devolvido à liberdade da natureza, destruindo a criação e fazendo-a retornar ao estado do qual ela originalmente emergiu, isto é, o *Ain Soph Aur*.

A criança e o lobo são o equilíbrio entre criador e destruidor e constituem a primeira afirmação no Tarô do princípio de que todas as *coisas* contêm seus opostos, a verdadeira chave para os estudos esotéricos. O princípio é especialmente importante em relação a *O Louco*, a carta na qual Waite diz que "Muitos símbolos dos Mistérios Estabelecidos são resumidos."[288]

Como a discussão de Waite a respeito do simbolismo da sua própria carta era muito críptica, coube a Paul Case explicar as complexidades simbólicas do tarô Waite. Ele explica as Rodas do Espírito no manto do Louco, o bastão como símbolo da vontade, a sacola com um Olho de Hórus, a rosa significando liberdade a partir das formas inferiores de desejo e o cinto com doze ornamentos que sugerem o Zodíaco.[289] Por outro lado, é possível que Case, em seu entusiasmo, tenha descrito mais coisas do que Waite pretendia.

É no mínimo uma sorte que Crowley, sendo um prolífico escritor, tenha explicado seu próprio baralho com muitos detalhes. A discussão da sua versão de *O Louco* é complexa e extensa, baseando-se numa variedade de lendas. Resumindo, são elas[290]:

1. *O Homem Verde* – a própria personificação da primavera.
2. *O "Grande Louco" dos Celtas* – o louco inspirado que também é um sábio.
3. *O "Pescador Rico": Percivale* – Crowley considera a lenda de Parsifal "a versão ocidental da tradição do Louco". Parsifal representa a insensatez da juventude e a inocência que, por meio da pureza, consegue chegar ao Santo Graal.
4. *O Crocodilo* – No Antigo Egito, o crocodilo simbolizava a energia criativa, pela razão um tanto paradoxal de que, segundo se acreditava, ele não tinha meios de perpetuar sua própria espécie.
5. *Harpócrates.*
6. *Zeus Arrhenothelus* – uma confusão deliberada de masculino e feminino, o Divino Hermafrodita.
7. *Dionysus Zagreus. Bacchus Diphues* – Zagreus era uma divindade dotada de chifres que foi destruída pelos Titãs. Sua morte simbolizava a iniciação. *Bacchus Diphues* (que significa natureza dúplice) era um deus bissexual que enlouqueceu em virtude de uma embriaguês e, portanto, estava relacionado com a ideia de êxtase.
8. *Baphomet* – segundo Crowley, esta é uma forma de Mitras, o Deus Matador de Touros, adorado pelos Cavaleiros Templários como uma divindade com cabeça de asno. Ele posteriormente associa Baphomet a Set, a Saturno e a Satã.

Crowley incluiu alguma referência a todas essas ideias na sua carta, tornando-a uma das mais complicadas do seu baralho. Os chifres e a figura masculina são inspirados por *Dionysus Zagreus*, sua roupa verde é aquela do *Homem Verde da Primavera*; as uvas aos seus pés são uma referência ao êxtase de *Baco*; o *Crocodilo* a seus pés está nadando "no Nilo". Outros símbolos incluídos aqui são o pombo de Vênus e o abutre de Maat, ambos referindo-se à Divindade. Todas essas imagens são ligadas pela tríplice forma oval criada pelo caduceu em movimento e simbolizando o *Ain Soph Aur*.

Por fim, devemos chamar atenção para o fato de que, embora Crowley tenha dado destaque a Harpócrates neste Caminho, ele representa esse Deus de forma mais explícita no vigésimo Caminho, *O Julgamento* (que ele chama de *O Aeon*). Pode-se inferir, portanto, que Shin-Fogo é a expressão mais plena daquilo que começou com Aleph-Ar e, depois, com Mem-Água.

Atividade Prática e Referências

Projeção Interior

A projeção do indivíduo para uma visão interior é, na verdade, muito simples. Para isso, ele precisa apenas sentar-se tranquilamente diante de uma carta do Tarô (ou de um outro estímulo), fechar os olhos e penetrar nessa carta por meio da imaginação. O princípio básico é o de que criemos "devaneios", permitindo que a nossa mente flua para dentro de uma dada estrutura da carta do Tarô. Rapidamente, a maior parte dos estudiosos descobre que está sentindo coisas que talvez não sejam produto apenas de sua imaginação. A maioria fica, no mínimo, maravilhada com a vitalidade e espontaneidade das imagens evocadas pelas cartas do Tarô.

Se não fizermos nenhuma tentativa direta no sentido de ir ao encontro dessas imagens e energias, todo o sistema da Cabala e do Tarô será completamente inútil. Conforme afirmou Alice, de Lewis Carroll, "trata-se apenas de um baralho". A Cabala, o Cristianismo, o Hinduísmo, o Budismo e todos os outros sistemas transformam-se em algo sem importância quando não são colocados em prática. Isso significa a autoexploração nos exercícios de meditação com as cartas ou com qualquer outro sistema que venhamos a escolher. Não existe outra maneira.

Muitas pessoas se mostram receosas em relação a esses exercícios. Elas temem o desconhecido. Entretanto, trabalhar com o Tarô é algo bastante seguro para os que têm uma personalidade equilibrada. A verdade é que esses exercícios de meditação dão muito trabalho e podem tornar-se tediosos! Não há muito o que temer porque temos toda sorte de mecanismos protetores dentro do nosso sistema. Por outro lado, a pessoa que abordar essas questões com um desejo de escapar de um ambiente terreno desagradável corre o risco de sofrer uma dissociação, ou seja: a fantasia invade a consciência normal desperta e torna-se difícil fazer a distinção entre uma e outra. Trata-se de uma quimérica sensação de estar "flutuando" e de não ser capaz de perceber as coisas concretas comuns à nossa condição sensorial. Uma vez mais, porém, estamos bem-dotados de mecanismos de proteção. As pessoas para as quais esses exercícios não são apropriados irão abandoná-los rapidamente porque eles lhe parecem maçantes ou desagradáveis. Assim, o estudioso deve tentar audaciosamente fazer a projeção interior; ele tem tudo a ganhar. Nosso Eu Superior nos protege mais do que imaginamos. Esse é o princípio de *O Pendurado*: o de que não somos aquilo que busca e, sim, o que é buscado. Também não somos o protetor, mas a coisa protegida, e muito daquilo que fazemos deve basear-se nessa questão de fé.

Os seguintes livros são altamente recomendados para aqueles que queiram compreender o processo de projeção interior:

> *The Golden Dawn*, de Israel Regardie. Deve-se prestar atenção ao Ritual Menor de Banimento[291] e às seções sobre Tattva e projeção interior. Esses são documentos historicamente importantes da Ordem Hermética da Aurora Dourada, do século XIX, nos quais muitas irmandades ocultistas atuais baseiam suas práticas.
>
> *The Inner Guide Meditation*, de Edward C. Steinbrecher. Este livro aplica os conceitos de Jung à "imaginação ativa" ao deslocamento pelos Caminhos. Esta é uma obra extremamente importante, ainda que prejudicada pelo egocentrismo do autor.
>
> *Livros de Gareth Knight*. Esse ilustre professor de técnicas filosóficas e meditativas é um dos escritores mais prolíficos do nosso tempo. Seus vários livros são confiáveis, de fácil leitura, além de oferecer explicações inspiradoras sobre técnicas tradicionais (e seguras) para percorrer os Caminhos.

Divinação

Para alguns talvez seja uma surpresa descobrir que o principal propósito da divinação, na Grande Missão, não é conhecer o futuro. Na verdade, a divinação tem por objetivo o desenvolvimento das faculdades psíquicas. Quanto mais a pessoa usa as cartas do Tarô a fim de encontrar respostas para determinadas perguntas, mais fundo essa pessoa penetra em correntes invisíveis. Os que usaram as cartas do Tarô durante anos confirmarão o fato de que se chega a um ponto em que as cartas não são mais necessárias para uma divinação precisa. As respostas para problemas específicos são simplesmente "sentidas".

A maioria das pessoas tende a considerar o psiquismo um talento natural, algo com que a pessoa nasce, e isso é verdadeiro. Todavia, é possível desenvolver conscientemente as faculdades psíquicas. Para isso, a pessoa precisa testar sem medo essas habilidades, expressando sensações a respeito de situações e dispondo-se a correr o risco de estar completamente errado! O estudioso do Tarô verificará que seus "palpites" são cada vez mais acertados, conforme as respostas de seus amigos irão comprovar.

Alguns poderão descobrir que desenvolveram um psiquismo que depende da condição de seu próprio organismo, ou seja: elas podem ser mais sensíveis sob o efeito do álcool ou de outras drogas. Existem muitos métodos diferentes para se usar as cartas do Tarô com propósitos divinatórios, sendo que o mais complexo é o da Aurora Dourada (também chamado de "método do dia inteiro"), descrito na monumental obra de Regardie, *The Golden Dawn* e em *An Introduction to the Golden Dawn Tarot,* do autor deste livro. Todavia, um dos melhores métodos é também o mais simples: a Sequência de Quinze Cartas. Esse método não é tão conhecido como o "Céltico Antigo", sequência de dez cartas, mas tem a vantagem de depender das cartas vizinhas, oferecendo um número enorme de possibilidade de combinações de cartas e sendo mais flexível do que os outros métodos.

Antes de se fazer qualquer divinação é recomendável invocar alguma Força Superior. Na sua forma mais simples, isso pode envolver a visualização de uma esfera de resplandecente luz branca sobre a cabeça da pessoa e uma oração para que os Poderes Divinos orientem a atividade das cartas.

Depois da invocação, as cartas devem ser bem embaralhadas. Essa é a etapa mais importante da divinação e deve ser feita com a mente tão limpa quanto possível. Todos os pensamentos exteriores devem ser eliminados, tornando a mente completamente passiva. Caso a divinação seja para uma pessoa que não esteja presente, talvez seja útil visualizá-la durante o embaralhamento das cartas.

As cartas serão dispostas na seguinte ordem:

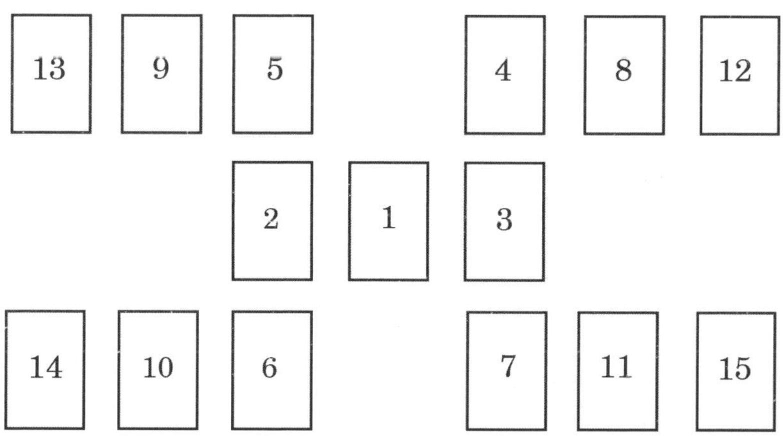

Interpretação:

Carta Um: Esta representa o Consulente, os problemas que o rodeiam, sua situação atual e as principais influências que atuam sobre ele. Uma Carta da Corte (Rei, Rainha, Príncipe ou Princesa) nesta posição poderá representar o Consulente ou alguma outra pessoa dominante (veja as descrições gerais das Cartas da Corte na seção seguinte).

Cartas Dois e Três: Estas, junto com a carta Um, são as principais cartas da sequência. Elas proporcionam informações pormenorizadas a respeito da situação e da personalidade do Consulente.

Cartas Quatro, Oito e Doze (canto superior direito): Estas mostram a direção que a vida do Consulente irá seguir de forma natural se nada for feito para alterar esse curso.

Cartas Treze, Nove e Cinco (canto superior esquerdo): Estas são as possibilidades de ações alternativas, as quais podem ser desejáveis ou indesejáveis, dependendo das outras cartas da sequência.

Cartas Quatorze, Dez e Seis (canto inferior esquerdo): Estas cartas ajudarão o Consulente a tomar qualquer decisão que se faça necessária. No caso de pessoas mais velhas, que tenham passado da meia-idade, elas representam coisas do passado que têm a ver com a questão. Em pessoas mais jovens, elas indicam o futuro.

Cartas Sete, Onze e Quinze (canto inferior direito): Estas representam forças que estão além do controle do Consulente, que são inalteráveis, mas às quais ele pode se adaptar.

Considerações Adicionais

Quando aparecem numa leitura, os Príncipes e Rainhas quase sempre representam homens e mulheres reais ligados ao problema que se tem em mãos. Os Reis, no entanto, às vezes representam o início ou o fim de uma questão, uma chegada ou partida, de acordo com sua posição. As Princesas podem representar opiniões, pensamentos ou ideias, quer em harmonia ou em oposição ao assunto.

A Maioria dos Paus: Energia, disputa, oposição.

A Maioria das Copas: Prazer e alegria.

A Maioria das Espadas: Problemas e tristeza, às vezes doença e, até mesmo, morte.

A Maioria dos Pentáculos: Negócios, dinheiro, bens etc.

A Maioria dos Trunfos: Forças de considerável poder, frequentemente forças kármicas que estão fora do controle do consulente.

A Maioria das Cartas da Corte: Sociedade, encontro com muitas pessoas.

A Maioria dos Ases: Força, geralmente, pois os Ases sempre são cartas fortes.

Resumo dos Significados Divinatórios

(Segundo os ensinamentos da Ordem Hermética da Aurora Dourada[292])

O LOUCO. Ideia, pensamento, espiritualidade, aquilo que procura subir acima do nível material (isto é, se o assunto que está sendo investigado é de natureza espiritual). Se a Divinação estiver relacionada com um acontecimento concreto da vida comum, esta carta não é boa, indicando estupidez, insensatez, excentricidade e, até mesmo, loucura, a não ser que venha acompanhada de cartas realmente muito boas. Em geral, ela é demasiado idealista e instável para ser boa em relação a questões materiais.

O MAGO. Habilidade, sabedoria, adaptação. Astúcia, engenhosidade etc., sempre dependendo das cartas vizinhas. Às vezes indica sabedoria oculta.

A SACERDOTISA. Mudança, alteração, aumento e diminuição. Oscilações (seja para o bem ou para o mal, são indicadas pelas cartas ligadas a ela). Compare com A MORTE e A LUA.

A IMPERATRIZ. Beleza, felicidade, prazer, sucesso e também luxúria e, às vezes, libertinagem, porém apenas quando acompanhada de cartas muito ruins.

O IMPERADOR. Guerra, conquista, vitória, conflito, ambição.

O HIEROFANTE. Sabedoria Divina. Manifestação. Explicação. Ensinamento. Diferente dos significados de O MAGO, de O EREMITA e de OS ENAMORADOS mas, sob alguns aspectos, semelhante. Sabedoria oculta.

OS ENAMORADOS. Inspiração (passiva e, em alguns casos, mediúnica, diferindo, portanto, daquela de O HIEROFANTE, de O MAGO e de O EREMITA). Força motriz e ação, provenientes da Inspiração e do Impulso.

O CARRO. Triunfo, Vitória, Saúde. Sucesso, ainda que às vezes não seja permanente.

A FORÇA. Coragem, Força, Firmeza. Poder que não cessa com o ato do julgamento, sendo transmitido para uma ação posterior. Às vezes, obstinação. Compare com A JUSTIÇA.

O EREMITA. Sabedoria procurada e obtida a partir de cima. Inspiração Divina (porém ativa, ao contrário daquela de OS ENAMORADOS). Nos títulos místicos, este, mais O HIEROFANTE e O MAGO, formam os três Reis Magos.

A RODA DA FORTUNA. Sorte e felicidade (dentro de limites), embora às vezes indique também uma espécie de deslumbramento com o sucesso, se as cartas próximas confirmarem isso.

A JUSTIÇA. Justiça Eterna e Equilíbrio. Poder e Força que cessam no ato do julgamento. Compare com A FORÇA. Em combinação com outras cartas, indica também procedimentos legais, um tribunal, um julgamento etc.

O PENDURADO. Sacrifício forçado. Punição. Perda fatal e não voluntária. Sofrimento de modo geral.

A MORTE. Tempo. Idade, Transformação. Às vezes morte e destruição, mas raramente a última, e apenas quando essa indicação for apoiada pelas cartas vizinhas. Compare também com A SACERDOTISA.

A TEMPERANÇA. Combinação de Forças. Realização. Ação (material). Resultado para o bem ou para o mal.

O DIABO. Materialidade. Força Material. Tentação material; às vezes obsessão, especialmente quando associada a OS ENAMORADOS.

A TORRE. Ambição, luta, guerra, coragem. Compare com O IMPERADOR. Em determinadas combinações, perigo de destruição, ruína, decadência.

A ESTRELA. Esperança, fé, ajuda inesperada. Todavia, às vezes também indica tendência para sonhar acordado, falsas esperanças etc.

A LUA. Insatisfação, mudança voluntária (ao contrário de A MORTE). Erro, mentira, falsidade, logro (todos dependendo das cartas vizinhas).

O SOL. Glória, Proveito, Riquezas. Às vezes também arrogância. Exibicionismo. Vaidade, porém apenas quando acompanhada de cartas muito ruins.

O JULGAMENTO. Decisão final. Julgamento. Sentença. Definição de um problema sem possibilidade de apelação em seu plano.

O MUNDO. A matéria propriamente dita, Síntese. Mundo. Domínio. Geralmente denota o atual estado do problema e, portanto, depende inteiramente das cartas que a acompanham.

ÁS DE PAUS. Força, poder, ímpeto, vigor, energia. Ela governa de acordo com suas diversas atividades e funções naturais. Indica uma Força Natural e não Invocada.

DOIS DE PAUS. Influência sobre os outros. Domínio. Ousadia, coragem, impetuosidade, firmeza de ânimo, falta de pudor, desejo de vingança, espírito resoluto, generosidade. Orgulhoso, sensível, ambicioso, refinado, inquieto, turbulento; sagaz, porém implacável e obstinado no que diz respeito à dignidade.

TRÊS DE PAUS. Orgulho e arrogância. Às vezes poder. Poder estabelecido. Concretização de uma esperança. Conclusão do trabalho, sucesso na luta. Orgulho, nobreza, riqueza, poder, presunção.

QUATRO DE PAUS. Assentamento. Preparativos concluídos. Trabalho realizado. Término de algo cuja concretização exigiu muito trabalho e implicou a superação de muitas dificuldades. Descanso depois do trabalho. Sutileza, inteligência, alegria, beleza, sucesso em processo de realização. Faculdade do raciocínio, conclusões inferidas com base em conhecimento adquirido previamente. Hesitação irresponsável e inconstante, passando por ansiedade e ações apressadas. Maneiras elegantes. Às vezes insincero.

CINCO DE PAUS. Conflito. Desentendimento. Luta. Disputa e conflito violentos, ousadia e imprudência, crueldade, violência, luxúria e desejo, prodigalidade e generosidade, dependendo das cartas que o acompanham.

SEIS DE PAUS. Ganho e sucesso. Vitória após a luta; sucesso através da energia e do esforço; amor, prazer auferido com o trabalho, prudência, sociabilidade e evitação da luta, não obstante a conquista da vitória. Também indica insolência, orgulho da riqueza e sucesso alcançados etc. O todo depende das cartas que o acompanham.

SETE DE PAUS. Oposição, às vezes também coragem. Possível vitória, dependendo da energia e coragem empregadas; bravura, oposição, obstáculos e dificuldades, mas também coragem para enfrentá-los; disputa, ignorância, fingimento, altercação e ameaça; vitória em coisas pequenas e sem importância e influência sobre os subordinados. Como de costume, depende da posição da carta.

OITO DE PAUS. Rapidez. Comunicação rápida. Carta, mensagem. Excesso de força aplicada de forma demasiado súbita. Ímpeto veloz, mas logo ultrapassado e dissipado. Violento, mas não permanente. Agilidade. Rapidez. Coragem, ousadia, confiança, liberdade, guerra. Violência, gosto por ambientes a céu aberto; esportes disputados em campos, jardins, campinas. Generoso, sutil, eloquente, embora um tanto indigno de confiança. Ganancioso, insolente, opressivo. Furto e roubo, dependendo da posição da carta.

NOVE DE PAUS. Grande força. Poder. Saúde. Cura de doença. Força espantosa e inabalável que não pode ser combatida. Força hercúlea, ainda que às vezes aplicada de forma científica. Grande sucesso, porém com luta e energia. Vitória precedida por apreensão e medo. Boa saúde e recuperação, mas ainda com algumas incertezas. Generoso, contestador e curioso, preocupado com a apresentação; intratável, obstinado.

DEZ DE PAUS. Crueldade e malevolência em relação aos outros. Opressão. Vingança. Injustiça. Força e energia cruéis e dominadoras aplicadas apenas com propósitos materiais e egoístas. Às vezes, indica fracasso em determinada questão e uma oposição demasiado forte para ser controlada, a qual surge a partir de um egoísmo excessivo. Malevolência, leviandade, mentira, rancor, calúnia, inveja, obstinação; mal que advém rapidamente, se a carta estiver mal posicionada. Indica também generosidade, autossacrifício e desprendimento, dependendo da posição.

PRINCESA DE PAUS. Uma jovem com cabelos loiros ou ruivos e olhos azuis. Talento, coragem, beleza, força, amor ou cólera que se manifestam subitamente; desejo de poder, entusiasmo, vingança. Mal posicionada, sugere coisas superficiais, tétricas, cruéis, instáveis e dominadoras.

PRÍNCIPE DE PAUS. Um jovem de cabelos loiros e olhos azuis ou cinzentos. Rápido, forte, apressado, um tanto violento, embora justo e generoso; magnanimidade e desprezível mesquinharia. Quando mal posicionado, indica crueldade, intolerância, preconceito e má vontade.

RAINHA DE PAUS. Uma mulher com cabelos loiros ou ruivos e olhos azuis ou castanhos. É firme e resoluta, com grande poder de atração. Afável e generosa quando não é contrariada. Mal posicionada, é obstinada, vingativa, dominadora, tirânica e capaz de virar-se subitamente contra alguém sem nenhum motivo.

REI DE PAUS. Um homem loiro ou ruivo com olhos azuis ou castanho-claros. Ativo, generoso, ardente, rápido e impetuoso. Mal posicionado, ele é maldoso, cruel, intolerante e brutal.

ÁS DE COPAS. Fertilidade, produtividade. Beleza. Prazer. Felicidade.

DOIS DE COPAS. Amor. Casamento. Prazer. Afetuosa amizade. Masculino e feminino unidos harmoniosamente. Prazer, alegria, sutileza, harmonia; às vezes libertinagem, desperdício ou atitudes insensatas, conforme a posição das cartas.

TRÊS DE COPAS. Abundância, hospitalidade, comer, beber. Prazer, dança, roupas novas e divertimento. Abundância, fartura, sucesso, prazer, sensualidade, sucesso passivo; sorte, fortuna. Amor, contentamento, bondade e generosidade. De acordo com a posição.

QUATRO DE COPAS. Sensação de prazer, porém de mistura com ansiedades e um ligeiro desconforto. Mistura de prazer e sucesso. Sucesso e prazer, chegando perto do fim. Um período estável de felicidade, que pode ou não ter continuidade. Não é tão apropriado como o símbolo anterior para indicar casamento e amor. Este é um símbolo por demais passivo para que possa representar com perfeição a completa felicidade. Aquisição e altercação; às vezes, injustiça. Estão implícitos alguns obstáculos ao prazer.

CINCO DE COPAS. Desapontamentos no amor, casamento rompido, tratamento duro e indelicado por parte de amigos (se merecido ou não, será indicado pelas cartas vizinhas). Perda da amizade. Morte ou fim dos prazeres. Desapontamento. Pesar e perda de coisa com as quais se esperava auferir prazer. Tristeza. Impostura, traição, má vontade, difamação; benevolência e bondade traídas. Todas as espécies de problemas provenientes das fontes mais inesperadas.

SEIS DE COPAS. O início do desejo, felicidade, sucesso, deleite. Começo de um constante aumento, ganho e prazer, mas apenas começo. Também indica conhecimento deficiente e, em alguns casos, altercação e conflitos provocados por autoafirmação e vaidades injustificadas. Às vezes, ingrato e presunçoso e, outras, amigável e paciente, dependendo da posição da carta.

SETE DE COPAS. Mentira, logro, promessas não cumpridas; ilusão, falsidade. Erro, ligeiro sucesso, mas sem energia suficiente para ter continuidade. Possível vitória porém neutralizada pela indolência da pessoa. Sucesso ilusório. Embuste no momento de uma vitória aparente. Erro por mentir, promessas não cumpridas. Embriaguez, ira, vaidade, luxúria, fornicação, violência contra mulheres. Dissipação egoísta. Fraude no amor e na amizade. O sucesso frequentemente é alcançado, mas não tem continuidade. Significado modificado pela posição da carta.

OITO DE COPAS. Sucesso abandonado. Declínio do interesse por tudo. Sucesso temporário, mas sem resultados posteriores. Coisas postas de lado com a mesma rapidez com que são conquistadas. Nada é duradouro, mesmo o problema que está sendo investigado. Indolência no sucesso. Deslocamentos de um lugar para outro. Aflição e descontentamento sem causa. Busca de riqueza. Dependendo da posição, instabilidade.

NOVE DE COPAS. Sucesso completo. Prazer e felicidade. Desejos realizados. Completa e perfeita realização do prazer e felicidade quase perfeita. Autoelogio, vaidade, presunção, egocentrismo, embora bondoso e amável, podendo também ser abnegado. Orgulhoso e arrogante, não se satisfaz facilmente com ideias pequenas e limitadas. Pode despertar a hostilidade das pessoas em virtude da sua excessiva arrogância. Naturalmente bom e generoso, embora talvez um tanto frívolo.

DEZ DE COPAS. Questões definitivamente resolvidas e arranjadas como se desejava. Sucesso e felicidade permanentes e duradouros, pois inspirados a partir do alto. Embora não seja tão sensual como o Nove de Copas, "O Senhor da Felicidade Material", chega quase a superá-lo no que diz respeito à verdadeira felicidade. Prazer, libertinagem, desregramento. Compaixão, tranquilidade, apaziguamento. Bondade, generosidade, lascívia, desperdício etc., dependendo da posição da carta.

PRINCESA DE COPAS. Uma jovem de cabelos castanhos e olhos azuis ou castanhos. Doçura, poesia, delicadeza e bondade. Imaginação, devaneio, às vezes indolente, embora corajosa quando estimulada. Numa posição ruim, ela é egoísta e lasciva.

PRÍNCIPE DE COPAS. Um jovem de cabelos castanhos e olhos cinzentos ou castanhos. Ele é sutil, violento, habilidoso e artístico. Uma natureza vulcânica com uma aparência externa de tranquilidade. Poderoso para o bem ou para o mal, porém mais facilmente atraído pelo mal, quando associado a Poder ou Sabedoria manifestos. Numa posição ruim ele é extremamente mau e impiedoso.

RAINHA DE COPAS. Uma mulher com cabelos loiros acastanhados e olhos azuis. Ela é cheia de imaginação, poética e amável, mas não está disposta a assumir os problemas dos outros. Coquete e jovial, sob o disfarce de uma aparência sonhadora. Imaginação mais forte que os sentimentos. Muito afetada por outras influências e, portanto, mais dependente de uma boa ou má posição do que a maioria dos outros símbolos.

REI DE COPAS. Um homem de cabelos claros e olhos azuis. Elegante, poético, venusiano, indolente, mas cheio de entusiasmo quando estimulado. Numa posição ruim, ele é voluptuoso, vadio e indigno de confiança.

ÁS DE ESPADAS. Invocado como um contraste à Força natural, pois ele é a invocação da Espada. Voltada para cima, ela invoca a Divina Coroa do Esplendor Espiritual. Invertida, porém, ela é a invocação da força demoníaca e transforma-se num temível símbolo do mal. Quando invocada, portanto, ela representa um grande poder voltado para o bem ou para o mal. Ela também representa força dinâmica e energia para lutar contra os problemas. Ela é a afirmação da justiça, preservando a autoridade Divina; e pode transformar-se na Espada da Ira, do Castigo e da aflição.

DOIS DE ESPADAS. Contenda pacificada e resolvida. Restauração da paz, embora com alguma tensão nos relacionamentos. Ação às vezes egoísta e às vezes altruísta. Características contraditórias na mesma natureza. Força através do sofrimento. Prazer depois da dor. Sacrifícios e problemas que, não obstante, fortalecem a pessoa. Restauração da paz, da verdade; reconciliação. Justiça, verdade e mentira. Pesar e simpatia por aqueles que enfrentam problemas; ajuda aos fracos e oprimidos; altruísmo. Também indica uma tendência para repetir manifestações de desconsideração, caso já tenha feito o mesmo antes e tenha sido perdoado; inclinação para fazer perguntas inoportunas; falta de tato, frequentemente magoando quando pretende fazer o bem. Tagarelice.

TRÊS DE ESPADAS. Infelicidade, sofrimento, lágrimas. Ruptura, interrupção, desavença; disseminação de discórdia e conflito; pesar, lágrimas; canto, confiança em promessas, honestidade em transações monetárias; egoísta e libertino, ainda que às vezes generoso, ardiloso com as palavras; repetição. Tudo depende da posição da carta.

QUATRO DE ESPADAS. Convalescença, cura de doença, mudança para melhor. Alívio do sofrimento, embora depois de haver sofrido e em virtude de haver sofrido. Paz produzida pela guerra. Diminuição da ansiedade. Sossego, descanso, bem-estar e abundância, porém após a luta. Abundância de bens materiais. Como nos outros casos, modificada pela posição das cartas.

CINCO DE ESPADAS. Derrota, perda, malevolência, ódio, difamação, maledicência. Disputa terminada e decidida contra a pessoa, fracasso, derrota. Ansiedade, problemas, pobreza, cobiça, sofrimento provocado por desgosto, trabalho, inquietação, perda e vilania. Malévolo, caluniador, mentiroso, rancoroso e intrigante. Intrometido; promove a separação de amigos, odiando ver paz e harmonia entre as pessoas. Cruel porém covarde, ingrato e indigno de confiança. Espertos e dotados de raciocínio rápido e de fala fluente. Sentimentos de compaixão facilmente estimulados mas de curta duração. Depende da posição da carta.

SEIS DE ESPADAS. Trabalho, esforço. Viagem, provavelmente por água. Sucesso obtido após ansiedades e problemas. Egoísmo, beleza, presunção, embora às vezes também modéstia. Domínio, paciência, trabalho etc., de acordo com a posição.

SETE DE ESPADAS. Vacilação, caráter indigno de confiança. Tentativa instável. Viagem, provavelmente por terra. Sucesso parcial, sucumbindo quando a vitória está ao alcance das mãos, como se as últimas reservas de energia tivessem sido gastas. Tendência para perder quando está a ponto de ganhar, em virtude de não continuar a se esforçar. Gosto pela abundância, fascínio pela ostentação; dado a galanteios, insultos, insolências e a investigar e espionar os outros. Inclinado a trair confidências, nem sempre de forma intencional. Um tanto hesitante e indigno de confiança. Como de costume, depende da posição.

OITO DE ESPADAS. Tacanho ou reservado. Força reduzida. Mesquinho. Uma prisão. Excesso de força aplicada a coisas sem importância; demasiada atenção a detalhes, em detrimento dos pontos principais. Numa posição ruim, esses atributos resultam em malevolência, mesquinharia e em características dominadoras. Paciência em relação a detalhes de um estudo, grande tranquilidade em algumas coisas, compensada por igual desordem em outras. Impetuosidade, gosta de dar e de receber dinheiro e presentes. Generoso, esperto, sutil, egoísta e desprovido de fortes sentimentos de afeição. Admira a sabedoria, embora a aplique em problemas menores e sem importância.

NOVE DE ESPADAS. Doença. Sofrimento, Malevolência. Crueldade. Dor. Desespero, crueldade, desumanidade, rancor; sofrimento, penúria, perda, miséria. Fardo, opressão, trabalho, sutileza e habilidade, mentira, desonestidade etc., dependendo da posição da carta.

DEZ DE ESPADAS. Ruína. Morte. Fracasso. Desastre. (Trata-se de um símbolo que chega a ser quase pior do que o Nove de Espadas.) Força belicosa indisciplinada; completa ruptura e malogro. Fracasso de todos os planos e projetos. Desdém, insolência e impertinência; não obstante, alegria e jovialidade. Gosta de destruir a felicidade dos outros; dado a repetir coisas e a falar demais; todavia, inteligente, perspicaz, eloquente etc., dependendo da posição da carta.

PRINCESA DE ESPADAS. Uma jovem com cabelos castanho-claros e olhos azuis. Sabedoria, força, perspicácia; sutileza em relação às coisas materiais; graciosidade e destreza. Numa posição ruim, é frívola e ardilosa.

PRÍNCIPE DE ESPADAS. Um jovem com cabelos escuros e olhos pretos. Repleto de ideias, pensamentos e propósitos; desconfiado, suspeitoso; firme na amizade e na inimizade; cuidadoso, lento, supercauteloso. Simboliza Alfa e Ômega, aquele que dá a Morte, que destrói tão rapidamente quanto cria. Numa posição ruim, rude, malicioso, maquinador; obstinado, porém hesitante e indigno de confiança.

RAINHA DE ESPADAS. Uma mulher elegante, de cabelos grisalhos e olhos castanho-claros. Intensamente perceptiva; perspicaz, sutil, rápida, confiante; muitas vezes obstinadamente precisa em relação a coisas superficiais; graciosa, gosta de dançar. Equilíbrio. Numa posição ruim, é cruel, maliciosa, falsa e indigna de confiança, apesar de sua aparência indicar o contrário.

REI DE ESPADAS. Um homem com cabelos escuros e olhos pretos. É ativo, esperto, sutil, impetuoso, delicado, corajoso, habilidoso, embora propenso a dominar. Há também uma tendência para supervalorizar coisas sem importância, a menos que a carta esteja numa boa posição. Numa posição ruim, é ardiloso, tirânico e falso.

ÁS DE PENTÁCULOS. Ganho material, trabalho, poder, riqueza etc. Representa a materialidade em todos os sentidos, o bom e o mau; sob certos aspectos, portanto, é ilusório.

DOIS DE PENTÁCULOS. Mudança agradável. Visita a amigos. A harmonia da mudança. Alternação de ganho e perda, de fraqueza e força, sempre trocando de ocupação; nômade, descontente com qualquer condição estável; ora exultante, ora melancólico; laborioso porém indigno de confiança. Afortunado graças à prudência nos negócios, embora às vezes seja inacreditavelmente tolo. Alternativamente tagarela e desconfiado. Bondoso, apesar de hesitante e inconsistente. Feliz na jornada. Questionador.

TRÊS DE PENTÁCULOS. Negócios, atividade remunerada. Transações comerciais. Trabalho e força construtora. Criação, edificação, construção; aquisição de bens materiais; lucro em transações comerciais; posição social, aumento de influência, esperteza nos negócios; egoísmo, início de questão a ser definida posteriormente. Tacanho e preconceituoso, alerta e perspicaz quando se trata de ganhos materiais. Modificado pela posição da carta. Às vezes é dado a procurar obter algo impossível.

QUATRO DE PENTÁCULOS. Ganho de dinheiro e aumento de influência. Um presente. Ganho material assegurado; sucesso, posição, domínio; poder terreno consumado mas que não resulta em nada além disso. Preconceituoso, cobiçoso, desconfiado; cuidadoso e organizado, apesar de insatisfeito. Fraco espírito empreendedor e pouca originalidade. Como de costume, alterado pela posição da carta.

CINCO DE PENTÁCULOS. Perda da profissão. Perda de dinheiro. Problemas financeiros. Perda de dinheiro ou de posição social. Problemas com coisas materiais. Labuta, trabalho, cultivo da terra; construção, conhecimento da terra; pobreza, cautela. Bondade, às vezes recuperação de dinheiro depois de muito trabalho. Destituído de imaginação; rude, inflexível, resoluto e obstinado.

SEIS DE PENTÁCULOS. Sucesso em relação a coisas materiais. Prosperidade nos negócios. Sucesso e ganho em empreendimentos materiais; poder, influência, posição, nobreza, domínio sobre pessoas. Afortunado, bem-sucedido, justo e liberal. Numa posição ruim, pode ser orgulhoso de sua riqueza, arrogante, ou pródigo.

SETE DE PENTÁCULOS. Especulação e emprego improfícuos. Pouco proveito para muito trabalho. Promessas de sucesso não concretizadas. Perda de uma fortuna aparentemente promissora. Esperanças iludidas e desfeitas. Desapontamento. Infelicidade, escravidão, necessidade e vileza. Um cultivador da terra e, não obstante e por isso mesmo, um perdedor. Às vezes indica pequenos ganhos isolados, que não produzem frutos duradouros e não têm maior importância, embora aparentemente fossem promissores. Trabalho honrado, empreendido por amor ao ofício e sem desejo de recompensa. Depende da posição da carta.

OITO DE PENTÁCULOS. Habilidade, prudência, astúcia. Excesso de cuidado com coisas insignificantes em detrimento do que realmente importa. "Poupa tostão e esbanja milhão." Ganho rápido de pequenas quantias. Sovinice, avareza. Trabalhador. Cultivo da terra, entesouramento, falta de iniciativa.

NOVE DE PENTÁCULOS. Herança. Grande soma em dinheiro. Completa realização do desejo por bens materiais, herança, cobiça, acúmulo de bens e, às vezes, roubo e patifaria. Tudo isso depende da posição da carta.

DEZ DE PENTÁCULOS. Riqueza e opulência. Obtenção de fortuna e de proveitos materiais, porém nada além disso. Indica o auge do sucesso. Senilidade, indolência, grande riqueza, ainda que às vezes parcialmente perdida; obtusidade, embotamento da mente; não obstante, esperto e bem-sucedido em transações financeiras.

PRINCESA DE PENTÁCULOS. Uma jovem com cabelos castanhos ou ruivos e olhos pretos. É generosa, afável, diligente, benévola e cuidadosa. Numa posição ruim, pode ser perdulária.

PRÍNCIPE DE PENTÁCULOS. Um jovem com cabelos castanho-escuros e olhos pretos. Acúmulo de bens materiais, aumento de coisas boas e ruins; consolida e praticamente amplifica as coisas; constante, confiável. Numa posição ruim, torna-se animalesco, materialista e estúpido. Demora a se irritar, mas pode ficar furioso quando provocado.

RAINHA DE PENTÁCULOS. Uma mulher com cabelos e olhos escuros. É impetuosa, gentil, tímida, charmosa, magnânima, inteligente, melancólica e confiável, embora seja suscetível a muitas variações de humor. Numa posição mim, é indecisa, caprichosa, tola e volúvel.

REI DE PENTÁCULOS. Um homem com olhos e cabelos escuros. A não ser que a carta esteja numa posição muito boa, ele é cruel, obtuso e materialista. Trabalhador, esperto e paciente em relação a questões materiais. Numa posição ruim, ele é sovina, cobiçoso, estúpido, ciumento e não muito corajoso, exceto quando auxiliado por outras cartas.

Cores na Árvore da Vida (extraídas do *777*)

ASSIAH	YETZIRAH	BRIAH	ATZILUTH	
Branco pintalgado de dourado	Branco brilhante	Branco brilhante	Branco brilhante	1
Branco pintalgado de vermelho, azul e amarelo	Cinza-pérola azulado, como madrepérola	Cinza	Azul-claro	2
Cinza, pintalgado de rosa	Marrom-escuro	Preto	Carmesim	3
Azul-celeste carregado, pintalgado de amarelo	Púrpura carregado	Azul	Violeta carregado	4
Vermelho, pintalgado de preto	Vermelho-vivo	Vermelho-escarlate	Laranja	5
Âmbar	Salmão-vivo	Amarelo-escuro	Rosa-claro	6
Verde-oliva, pintalgado de dourado	Amarelo-esverdeado	Verde-esmeralda	Âmbar	7
Marrom-amarelado, pintalgado de branco	Castanho-avermelhado	Laranja	Púrpura-violeta	8
Amarelo-limão, pintalgado de azul-celeste	Púrpura muito escuro	Violeta	Anil	9
Preto raiado de amarelo	Tal como na Série da Rainha, mas pintalgado de dourado	Amarelo-limão,castanho--avermelhado e preto	Amarelo	10
Verde-esmeralda, pintalgado de dourado	Verde-esmeralda azulado	Azul-celeste	Amarelo-claro	11
Anil raiado de violeta	Cinza	Púrpura	Amarelo	12
Prateado, raiado de azul-celeste	Azul-claro	Prateado	Azul	13
Cereja raiado de verde-claro	Verde-primavera	Azul-celeste	Verde-esmeralda	14
Vermelho-vivo	Chama brilhante	Vermelho	Escarlate	15
Marrom-vivo	Verde-oliva carregado	Anil carregado	Laranja-avermelhado	16
Cinza-avermelhado, tendendo para lilás	Amarelo-coriáceo	Lilás-claro	Laranja	17
Marrom-escuro esverdeado	Castanho-avermelhado vivo	Marrom	Âmbar	18
Âmbar-avermelhado	Cinza	Púrpura carregado	Amarelo-esverdeado	19
Roxo-escuro	Cinza-esverdeado	Cinza-azulado	Verde-amarelado	20

ASSIAH	YETZIRAH	BRIAH	ATZILUTH	
Azul vivo, raiado de amarelo	Púrpura vivo	Azul	Violeta	21
Verde-claro	Azul-esverdeado	Azul	Verde-esmeralda	22
Branco, pintalgado de púrpura, semelhante a madrepérola	Verde-oliva carregado	Verde-mar	Azul-escuro	23
Marrom-arroxeado (como um besouro preto)	Marrom muito escuro	Marrom fosco	Verde-azulado	24
Azul-escuro vivo	Verde	Amarelo	Azul	25
Cinza-escuro, quase preto	Preto-azulado	Preto	Anil	26
Vermelho-vivo, raiado de azul-celeste ou verde--esmeralda	Vermelho-veneziano	Vermelho	Escarlate	27
Branco, púrpura	Lilás-azulado	Azul-celeste	Violeta	28
Mármore	Marrom-rosado claro e translúcido	Amarelo-claro, pintalgado com branco-prata	Carmesim (ultravioleta)	29
Âmbar, raiado de vermelho	Âmbar carregado	Amarelo-ouro	Laranja	30
Vermelho-vivo, pintalgado de carmesim e verde--esmeralda	Escarlate pintalgado de dourado	Vermelho-alaranjado	Vermelho-alaranjado vivo	31
Preto, raiado de azul	Preto-azulado	Preto	Anil	32

Todo estudioso deveria pintar uma Árvore da Vida. O diagrama usado para meditação e atividades rituais tem as Sephiroth nas cores de *Briah* e os Caminhos nas cores de *Atziluth*. Também é recomendável a elaboraçao de uma pintura de todos os quatro mundos (um sobre o outro). A melhor maneira de fazer isso é sobre um retábulo plano de madeira, preparado com gesso. Os diagramas podem ser pintados com tinta a óleo ou acrílica.

Observações sobre as cores: a melhor cor de fundo que se pode usar para a Árvore é o dourado metálico. Essa cor pode ser encontrada em tinta acrílica.

Pode haver alguma confusão a respeito de alguma das cores de Malkuth em Yetzirah e Briah, ou seja, amarelo-limão, verde-oliva, castanho-avermelhado e preto. As três primeiras são as cores de Hod, Tiphareth e Netzach com o púrpura de Yesod. O amarelo-limão (amarelo + pequena quantidade de violeta) está em cima; o verde-oliva (verde-esmeralda + violeta) está à direita; o castanho-avermelhado (laranja + violeta) está à esquerda; o preto está embaixo.

Cores e Sons na Árvore da Vida

As correspondências seguintes entre cores e sons (Atziluth) foram extraídas do caderno de notas da Aurora Dourada, preparado por Alan Bennett, professor de Fortune e Crowley. Essas correspondências foram aprimoradas por Paul Case, que desenvolveu um sistema de cura e invocação ainda ensinado pelo B.O.T.A.

LETRA	COR DO CAMINHO	SOM	CARTA DO TARÔ
0 *Aleph*/[א]	Amarelo-claro brilhante	Mi	O LOUCO
1 *Beth*/[ב]	Amarelo	Mi	O MAGO
2 *Gimel*/[ג]	Azul	Sol#	A SACERDOTISA
3 *Daleth*/[ד]	Verde-esmeralda	Fá#	A IMPERATRIZ
4 *Heh*/[ה]	Escarlate	Dó	O IMPERADOR
5 *Vau*/[ו]	Laranja-avermelhado	Dó#	O HIEROFANTE
6 *Zain*/[ז]	Laranja	Ré	OS ENAMORADOS
7 *Cheth*/[ח]	Âmbar	Ré#	O CARRO
8 *Teth*/[ט]	Amarelo-esverdeado	Mi	A FORÇA
9 *Yod*/[י]	Verde-amarelado	Fá	O EREMITA
10 *Kaph*/[כ]	Violeta	Lá#	A RODA DA FORTUNA
11 *Lamed*/[ל]	Verde-esmeralda	Fá#	A JUSTIÇA
12 *Mem*/[מ]	Azul-escuro	Sol#	O ENFORCADO
13 *Nun*/[נ]	Verde-azulado	Sol	A MORTE
14 *Samekh*/[ס]	Azul	Sol#	A TEMPERANÇA
15 *Ayin*/[ע]	Índigo	Lá	O DIABO
16 *Peh*/[פ]	Escarlate	Só	A TORRE
17 *Tzaddi*/[צ]	Violeta	Lá#	A ESTRELA
18 *Qoph*/[ק]	Carmesim	Si	A LUA
19 *Resh*/[ר]	Laranja	Ré	O SOL
20 *Shin*/[ש]	Vermelho-alaranjado vivo	Dó	O JULGAMENTO
21 *Tau*/[ת]	Índigo	Lá	O MUNDO

Nomes Hebraicos dos Anjos dos Decanatos

(Anjos do Dia e da Noite das Cartas Menores, do Dois ao Dez)

	Pares de Anjos que regem Paus	Pares de Anjos que regem Copas	Pares de Anjos que regem Espadas	Pares de Anjos que regem Pentáculos
0	....	....	....	....
1	....	....	....	....
2	דניאל יהואל	חבוי אןעאל	מבהאל יעלאל	ושרי לכבאל
3	עממיה החשיה	יבמיה ראהאל	הקמיה הריאל	להחיה יחויה
4	ניתאל נבאאל	מומיה הייאל	כאיאל לאויה	מנדאל כוקיה
5	יליאל והויה	פהליה לוויה	חעמיה אניאל	פניאל מבהיה
6	עלמיה סיטאל	ייייאל נלכאל	ייזאל רפעאל	ייլאל נממיה
7	ללהאל מהשיה	חהויה מלהאל	מיכאל ההחאל	מצראל הרחאל
8	האאיה נתהיה	ילהיה ווליה	יההאל ומבאל	כהתאל אכאיה
9	שאהיה ירתאל	עריאל סאליה	מחיאל ענואל	הזיאל אלריה
10	אומאל רייאל	מיהאל עשליה	מנקאל דמביה	ההעיה לאויה

Nomes Divinos Atribuídos às Sephiroth

Número da Sephirah	Nomes Divinos (*Atziluth*)	Nome Arcangélico (*Briah*)	Coro de Anjos (*Yetzirah*)
1. Kether	Eheieh אהיה	Metatron מפפרון	Chaioth ha-Qadesh חיות הקדש
2. Chokmah	Yah יה	Raziel רזיאל	Aufanim אופנים
3. Binah	YHVH Elohim יהוה אלהים	Tzaphqiel זפקיאל	Aralim אראלים
4. Chesed	El אל	Tzadqiel צדקיאל	Chasmalim חשמלים
5. Geburah	Elohim Gibor אלהים גבור	Kamael כמאל	Serafim שרפים
6. Tiphareth	YHVH Eloah va-Daath הוה אלוה ודעת	Rafael רפאל	Melechim מלכים
7. Netzach	YHVH Tzabaoth יהוה צבאות	Haniel האניאל	Elohim אלהים
8. Hod	Elohim Tzabaoth אלהים צבאות	Miguel מיכאל	Beni Elohim בני אלהים
9. Yesod	Shaddai El Chai שדי אלהי	Gabriel גבריאל	Querubim כרובים
10. Malkuth	Adonai ha-Aretz אדני הארץ	Sandalphon סנדלפון	Ashim אשים

Os Trinta e Dois Caminhos de Sabedoria

	SEPHIROTH	
1	Kether/[כתר]	A Inteligência Admirável ou Dissimulada
2	Chokmah/[חכמה]	A Inteligência Iluminadora
3	Binah/[בינה]	A Inteligência Santificadora
4	Chesed/[בסד]	A Inteligência Calculista, Coesa ou Receptacular
5	Geburah [גבורה]	A Inteligência Radical
6	Tiphareth [תפארת]	A Inteligência da Influência Mediadora
7	Netzach [נצח]	A Inteligência Oculta
8	Hod [הוד]	A Inteligência Perfeita ou Absoluta
9	Yesod [יסקד]	A Inteligência Pura
10	Malkuth [מלכות]	A Inteligência Resplandecente
	CAMINHOS	
11	Aleph [א]	A Inteligência Ígnea ou Cintilante
12	Beth [ב]	A Inteligência da Transcendência
13	Gimel [ג]	A Inteligência Unificadora
14	Daleth [ד]	A Inteligência Iluminadora
15	Heh [ה]	A Inteligência Constituinte
16	Vau [ו]	A Inteligência Triunfal ou Eterna
17	Zain [ז]	A Inteligência da Eliminação
18	Cheth [ח]	A Casa da Influência
19	Teth [ט]	A Inteligência de Todas as Atividades e Seres Espirituais
20	Yod [י]	A Inteligência da Vontade
21	Kaph [כ]	A Inteligência da Conciliação
22	Lamed [ל]	A Inteligência Leal
23	Mem [מ]	A Inteligência Estável
24	Num [נ]	A Inteligência Imaginativa
25	Samekh [ס]	A Inteligência da Provação
26	Ayin [ע]	A Inteligência Renovadora
27	Peh [פ]	A Inteligência Ativa ou Excitadora
28	Tzaddi [צ]	A Inteligência Natural
29	Qoph [ק]	A Inteligência Corpórea
30	Resh[ר]	A Inteligência Dedutiva
31	Shin [ש]	A Inteligência Perpétua
32	Tau [ת]	A Inteligência Administrativa

Notas

1. Gareth Knight. *Experience of the Inner Worlds*. Inglaterra, 1975, p. iv.
2. Richard Cavendish. *The Tarot*. Nova York, 1975, p. 9. Essa é a melhor obra já escrita sobre a história do Tarô.
3. Louis Réau. *L'Art Chrétien*. Paris, 1955, vol. I, p. 163.
4. Conforme discutimos na seção sobre *A Sacerdotisa*, Waite discorda dessa ideia, afirmando que a Papisa, na verdade, descreve o culto de Astarteia.
5. *The Kybalion*. Chicago, 1940, pp. 24ss. Os autores dessa obra, cujo subtítulo é "Um Estudo da Filosofia Hermética do Egito e Grécia Antigos", são desconhecidos. Eles assinaram apenas como "Os Três Iniciados". [*O Caibalion*. São Paulo: Cultrix, 2ª edição, 2021.]
6. Israel Regardie. *The Golden Dawn*. Chicago, 1940, vol. IV, p. 176.
7. Eliphas Lévi. *Transcendental Magic*. Londres, 1958, p. 3.
8. C. G. Jung. *Psychology and Alchemy*. Nova York, 1968, p. 101.
9. Israel Regardie. *The Middle Pillar*. Chicago, 1945; também de autoria de Regardie, *Foundations of Practical Magic*, Inglaterra, 1979.
10. É por essa razão que, até o momento, todas as obras práticas sobre o ocultismo contêm alguns erros propositais.
11. Aleister Crowley. *The Confessions of Aleister Crowley*. Nova York, 1969, p. 923. Esse trabalho tem o modesto subtítulo de "An Autohagiography" ["Uma Auto-hagiografia"].
12. Ellic Howe. *The Magicians of the Golden Dawn*. Londres, 1972, pp. 1-25.
13. Regardie discute algumas de suas próprias experiências e opiniões a respeito da Ordem da Aurora Dourada em *My Rosicrucian Adventure*. Minnesota, 1971.
14. Ella Young. *Flowering Dusk*. Nova York, 1945, p. 107.
15. A. E. Waite. *Shadows of Life and Thought*. Londres, 1938, pp. 184-85.
16. A. Quiller, Jr. (Crowley). "Dead Weight", *The Equinox*, vol. I, nº X, p. 211.
17. Palestra inédita, proferida no "Tomorrow Club", em 1945, por Lady Harris.
18. *Ibid*.
19. Israel Regardie. *Golden Dawn*, vol. IV, p. 137. O *Livro T* foi também reimpresso em *An Introduction to the Golden Dawn Tarot*, de Robert Wang, Nova York, 1978.

20. Gershom Scholem. *Kabbalah*. Nova York, 1974, p. 5. Entre os trabalhos acadêmicos mais recentes, que devem ser considerados indispensáveis, estão as obras de Moshe Idel. Entre elas estão *The Mystical Experience in Abraham Abulafia*, Nova York, 1987; *Kabbalah, New Perspectives*, New Haven, 1988; *Studies in Ecstatic Kabbalah*, Nova York, 1988; e ensaios nas séries da Universidade de Nova York: *Essencial Papers on Kabbalah*.
21. Rabino Solomon Ganzfried. *Code of Jewish Law*. Nova York, 1963, p. 51.
22. É também provável que alguns eruditos puristas considerem o diagrama como um inaceitável desenvolvimento posterior.
23. S. L. MacGregor Mathers, tradução da obra *The Kabbalah Unveiled*, de Knorr von Rosenroth, Londres, 1957, pp. 5-6. Ver também Christian D. Ginsburg, *The Kabbalah*, Londres, 1925, p. 84.
24. Gershom Scholem. *Major Trends in Jewish Mysticism*. Nova York, 1977.
25. *Ibid.*, p. 44.
26. Scholem. *Kabbalah*, p. 46.
27. Phineas Mordell. *The Origin of Letters and Numerals According to the Sepher Yetzirah*. Nova York, 1975, publicado originalmente no *Jewish Quarterly Review*, nova série, de abril de 1912, vol. 11, e abril de 1913, vol. 111.
28. Ver: *Sepher Yetzirah*, tradução de Wynn Westcott, incluindo *The Thirty Two Paths of Wisdom* (1877), Nova York, 1975. Westcott foi um dos fundadores da Aurora Dourada e mesmo hoje sua tradução ainda é a mais usada pelos Cabalistas herméticos, pois está de acordo com os princípios da Aurora Dourada; *Sepher Yetzirah*, tradução de Isodor Kalisch (1877, primeira tradução para o inglês), Califórnia, 1954. *The Sepher Yetzirah*, tradução e comentários pormenorizados de Carlo Saures, Boulder, 1976. A obra de Saures é extremamente maçante; *The Book of Formation* (*Sepher Yetzirah*), tradução e comentários de Knut Stenrung (1923), Nova York, 1970. Embora a tradução de Stenrung seja de modo geral competente, é desnecessariamente complicada e inclui diversos conceitos errôneos, característicos do século XIX, a respeito do documento; *Book of Creation*, tradução do *Sepher Yetzirah* feita por Irving Friedman, Nova York, 1977. Essa é uma das melhores traduções já publicadas, sendo particularmente importante em razão de suas observações sobre a linguagem.
29. Scholem. *Kabbalah*, p. 23.
30. *Ibid.*
31. *Ibid.*
32. *The Bahir*, tradução de Aryeh Kaplan, Nova York, 1979. Essa primeira tradução inglesa do texto inclui o original em hebraico. Kaplan discorda de Scholem (que também traduziu essa obra para uma língua europeia), insistindo em que esse documento data do século I a.C.
33. Scholem. *Kabbalah*, pp. 45-7.
34. *Ibid.*, p. 55.
35. *Ibid.*, p. 57.
36. *Ibid.*, p. 190.
37. *The Zohar*, tradução de Harry Sperling e Maurice Simon, Nova York, 1973. Embora essa edição em capa dura, publicada pela Soncino Press, seja a mais conhecida, exatamente o mesmo texto foi publicado pela Rebecca Bennett Publications, numa edição mais

barata e num formato um pouco menor. A obra essencial sobre *O Zohar* são os três volumes de Isaiah Tishby, *The Wisdom of the Zohar*, Oxford, 1987.

38. *The Kabbalah Unveiled*, tradução feita por Mathers. Ver nota 23.
39. Scholem. *Kabbalah*, p. 240.
40. Frances A. Yates. *Giordano Bruno and the Hermetic Tradition*. Chicago, 1964, p. 12. [*Giordano Bruno e a Tradição Hermética*. São Paulo: Cultrix, 1987 (fora de catálogo).]
41. *Ibid.*, p. 17.
42. Scholem. *Kabbalah*, p. 197.
43. Os leitores interessados em Agrippa devem consultar *Agrippa and the Crisis of Renaissance Thought*, de Charles G. Nauert, Jr., Illinois, 1965. Essa excelente tese de doutorado tornou-se um ponto de referência obrigatório nessa área.
44. Frances A. Yates. *The Occult Philosophy in the Elizabethan Age*. Londres, 1979, p. 21.
45. Yates. *Giordano Bruno*, p. 400.
46. *Ibid.*, p. 402.
47. Ver "A Note on Dr. Dee and his Occult Researches", um apêndice à edição da obra de Dee, *A True and Faithful Relation*, de 1659, publicada em fac-símile pela Portmeirion, em 1974; ver também a introdução de Diane di Prima a *The Hieroglyphic Monad*, Nova York, 1975, uma tradução inglesa do latim, publicada em Londres no ano de 1564. O prefácio à edição original de *A True and Faithful Relation* foi escrito por Meric Casaubon, cujo pai havia estudado os fragmentos herméticos. O estudo clássico sobre John Dee, um livro altamente recomendável, é *John Dee*, de Peter J. French, Londres, 1972.
48. Frances A. Yates. *The Rosicrucian Enlightenment*. Londres, 1972, p. 50. [*O Iluminismo Rosa-Cruz*. São Paulo: Pensamento, 1983 (fora de catálogo).]
49. "The Fame and confession of the Fraternity of the Rosie Cross", tradução de Thomas Vaughan (1652), *A Christian Rosencreutz Anthology*, organizada por Paul Allen, Nova York, 1968, p. 163.
50. Rudolph Steiner. "The Chemical Wedding of Christian Rosencreutz", *Rosencreutz Anthology*, p. 19.
51. Yates. *Rosicrucian Enlightenment*, p. 50.
52. *Ibid.*, p. 77.
53. Ver nota 12.
54. Paul Foster Case. *The Book of Tokens*. Califórnia, 1947, p. vii.
55. Israel Regardie. *Golden Dawn*, vol. II, p. 216.
56. Embora Westcott tenha escrito sobre os Rosa-Cruzes, ele não era propriamente um erudito. O melhor trabalho foi feito por Waite: *The Brotherhood of the Rosy Cross*, Nova York, 1961.
57. *The Chaldean Oracles*, organizado e revisado por Sapere Aude (nome de Westcott na Ordem), Nova Jersey, 1978, p. xiii.
58. Ver: E. R. Dodds. "New Light on the Chaldean Oracles", *Harvard Theological Review*, LIV, 1961, p. 263.
59. Ver os livros citados na nota 9.
60. Paul Case. *The Tree of Life*, Lição 4, Figura 4 (página sem número). As referências a páginas no estudo utilizado no curso de Case geralmente dizem respeito às versões

originais, impressas em 5½ x 8½. Hoje o B.O.T.A. distribui os cursos em 8½ × 11 e acrescentou notas de copyright.

61. Aleister Crowley. *777*. Londres, 1955, p. xxvii.
62. Ben Shahn. *Love and Joy About Letters*. Nova York, 1963, p. 5.
63. Este e todos os comentários sobre as Sephiroth impressos em itálico neste capítulo são extraídos das "Palestras de Conhecimento" da Aurora Dourada, Regardie, "Concerning the Tree of Life", *The Golden Dawn*, vol. I, pp. 191-98.
64. P. D. Ouspensky. *Tertium Organum*. Nova York, 1927. [*Tertium Organum*. São Paulo: Pensamento, 1988 (fora de catálogo).]
65. Dion Fortune. *The Mystical Qabalah*. Londres, 1951, p. 299. Dion Fortune pertenceu à Ordem da Aurora Dourada, mas rompeu com a sra. Mathers para formar seu próprio grupo, The Society of the Inner Light [A Sociedade da Luz Interior]. *The Mystical Qabalah* continua sendo um ponto de referência em relação ao qual todos os livros sobre a Cabala Hermética são comparados. Todavia, a Sociedade criada por Fortune voltou-se para um tipo de Cabalismo cristão que Fortune certamente teria desaprovado. [*A Cabala Mística*. São Paulo: Pensamento, 1986.]
66. Regardie. *The Golden Dawn*, vol. IV. Todas as citações anteriores aos Arcanos Maiores e às Cartas Menores são do *Book T* [*O Livro T*]. Ver nota 19.
67. Este Lamen é ilustrado com todas as cores em *The Secret Temple*, de Robert Wang, Nova York, 1980.
68. *Book T*. *Golden Dawn*, vol. IV, p. 143.
69. Manly Palmer Hall. *An Encyclopedic Outline of Masonic, Hermetic, Qabbalistic and Rosicrucian Symbolical Philosophy*. Califórnia, 1957, p. LXXXV.
70. Waite diz que a cabeça de Leão colocada por ele sobre o caduceu de Hermes é "variante de um símbolo encontrado em alguns exemplares antigos dessa carta". Arthur Edward Waite, *The Pictorial Key to the Tarot*, Nova York, 1959, p. 222.
71. Manly Palmer Hall. *Encyclopedic Outline*, p. LIV.
72. *Ibid.*, p. LXXXIX. Ver também T. H. White, *The Bestiary*, Nova York, 1960, p. 125.
73. White. *The Bestiary*, pp. 37-40.
74. Aleister Crowley. *The Book of Thoth*. Nova York, 1974, p. 196. Este livro foi publicado originalmente no periódico de Crowley, *The Equinox*, vol. III, nº V.
75. Manly Palmer Hall. *Encyclopedic Outline*, p. CXXXII.
76. *Ibid.*, p. LXXXIX.
77. Crowley. *Book of Thoth*, p. 161.
78. Esta é uma ideia da qual Regardie discorda enfaticamente. Ele considera que o conceito desses "Mestres" provém da escola Besant-Leadbeater e afirmou que essa ideia "está mais para um grande embuste". Fortune, porém, dedica uma considerável atenção aos mestres que ela atribui a Chesed. *Mystical Qabalah*, pp. 166-67.
79. Crowley, *Book of Thoth*, p. 213.
80. *Ibid.*, p. 191.
81. *Mateus* 8:13.
82. Claudius Ptolomeu. *The Centriloquy, or Hundred Aphorisms*, impresso como um apêndice ao *Tetrabiblos*, de Ptolomeu, Califórnia, 1976, p. 153.
83. Mateus 8:13.

84. Crowley. *Book of Thoth*, p. 206.
85. *Ibid.*, p. 215.
86. *Ibid.*, p. 167.
87. Karl Baron Von Reichenbach. *Researches on Magnetism, Electricity, Heat, Light, Crystallization and Chemical Attraction in their relations to The Vital Force*. Nova York, 1974.
88. Crowley. *Book of Thoth*, p. 216.
89. Manly Palmer Hall. *Encyclopedic Outline*, p. LXXXVIII.
90. *Ibid.*, p. XXXII. A ideia de que os marinheiros consideram o Cisne um sinal de sorte é mencionada por T. H. White, *Bestiary*, p. 119.
91. N. G. L. Hammond e H. H. Scullard (organizadores). *The Oxford Classical Dictionary*. Oxford, 1978, p. 472.
92. Estas citações foram extraídas da tradução do *Sepher Yetzirah* feita por Westcott.
93. Scholem. *Kabbalah*, pp. 23-26.
94. Knight. *Experience of the Inner Worlds*, pp. 146-61.
95. Aleister Crowley, "The Temple of Solomon the King", *Equinox*, vol. I, nº V, p. 72. Nosso exemplo foi retirado de uma passagem da obra de Westcott, *Introduction to the Study of the Qabalah*, citada por Crowley.
96. Fortune. *Mystical Qabalah*, pp. 43ss.
97. Consulte também, para cada carta, as "Notes on the Tarot", de Mathers, *Golden Dawn*, vol. I, pp. 141-43, onde há uma análise "oficiosa" sobre as cartas do Tarô, vol. IV. (*Book T*), p. 209. Este artigo, intitulado "The Tarot Trumps", é assinado por "Q. L.", que significa "Quaero Lucem", o sinônimo de *Stella Matutina* usado como pseudônimo pela sra. Felkin. Embora seu conhecimento do Tarô não fosse tão profundo quanto o de Mathers ou o de Crowley, suas descrições têm alguma utilidade. Por incrível que pareça, elas são a única análise que existe sobre os Arcanos Maiores do Tarô da Aurora Dourada. Mathers restringiu sua explicação àquelas poucas cartas usadas nos primeiros rituais.
98. Isso está reproduzido no verso da página de rosto da *Kabbalah*, de Scholem.
99. As "Imagens Mágicas das Sephiroth" estão no *777*, Col. CXX, p. 25.
100. *Apocalipse* 4:3. O arco-íris, como símbolo da aliança de Deus com Noé, aparece no *Gênesis* 9:17.
101. Esse é um obscuro painel descoberto por Crowley em 1904, no Museu Boulak, hoje fechado; a coleção à qual ele pertencia foi levada para o Museu do Cairo. A Estela, representando Hórus, era de especial importância para Crowley e esteve relacionada com a elaboração do seu *Book of the Law*. Isso está relatado em *Confessions*, p. 395.
102. Crowley. *Book of Thoth*, p. 116.
103. Manly Palmer Hall. *Encyclopedic Outline*, no lado de CLXI.
104. Paul Case. *Thirty-Two Paths of Wisdom*, 16, 4.
105. Crowley. *Book of Thoth*, p. 113.
106. *Ibid.*, p. 114. É difícil imaginar como ele chegou a essa data!
107. Regardie. *Golden Dawn*, vol. II, p. 110.
108. Crowley. *Book of Thoth*, p. 111-12.
109. E. A. Wallis Budge. *The Gods of the Egyptians*, vol. II, 1969, pp. 379-82. Esse trabalho é importante por ter sido um tratado padrão de egiptologia na época em que foram

criados os três baralhos relacionados com a Aurora Dourada. Chegou-se até mesmo a sugerir que Budge pode ter sido membro da Aurora Dourada e talvez tivesse o seu próprio grupo secreto dentro do Museu Britânico; todavia, isso parece improvável.

110. Regardie. *Golden Dawn*, vol. II, p. 130.
111. Crowley. *Book of Thoth*, p. 112.
112. Budge. *Gods of the Egyptians*, vol. II, pp. 379-82.
113. Esses manuscritos fazem parte de uma coleção particular e nunca foram publicados.
114. Case. *Thirty-Two Paths of Wisdom*, Lição 16, p. 1.
115. Manly Palmer Hall. *Encyclopedic Outline*, p. CXXXII.
116. Crowley. *Book of Thoth*, p. 112.
117. "Ártemis", *Oxford Classical Dictionary*, pp. 126-27; ver também "Ártemis", *Larousse Encyclopedia of Mythology*, Nova York, 1960, pp. 129-32.
118. Budge. *Gods of the Egyptians*, vol. II, p. 264.
119. Essa ideia parece ter ocorrido ao poeta alemão Conrad de Würzburg, o qual observou que a lagosta, assim como Cristo, ficava mais bonita depois de morrer. Réau, *L'Art Chrétien*, vol. I, p. 88.
120. Case. *Tarot Fundamentals*, p. 37.
121. Regardie. *Golden Dawn*, vol. II, p. 135.
122. Crowley. *Book of Thoth*, p. 110.
123. *Ibid.*
124. *Zohar*, tradução de Nurho de Manhar, San Diego, 1978, p. 62. A tradução desse trecho, feita por Sperling e Simon, é a seguinte: "Por que este primeiro portal é chamado de 'medo do Senhor'? Porque ele é a Árvore do Conhecimento do Bem e do Mal. Se um homem merece o bem, ele é bom; se ele merece o mal, ele é mau. Embora nesse portal exista o medo, ele dá acesso a tudo o que é bom. O 'bem' e o 'entendimento' representam um mesmo portal. R. Jose disse: 'O Termo 'Um bom entendimento' diz respeito à Árvore da Vida, que é o bem sem o mal'". *Zohar*, tradução de Sperling e Simon, vol. I.
125. Case. *Thirty-Two Paths of Wisdom*, Lição 15, p. 5.
126. *Ibid.*
127. Crowley. *Book of Thoth*, p. 109.
128. Essas ideias também estão relacionadas com o Sol da Meia-Noite, o qual para os alquimistas representava a Luz surgindo da Escuridão.
129. "Mars", *Oxford Classical Dictionary*, p. 651.
130. Crowley. *Book of Thoth*, p. 108.
131. *Ibid.*, p. 109.
132. *Zohar*, Sperling e Simon, vol. I, p. 97.
133. Aleister Crowley. *The Magical Diaries of Aleister Crowley*, organizado por Stephan Skinner, Nova York, 1979, p, 37.
134. "Circumcision", *Dictionary of the Bible*, organizado sob a supervisão de James Hastings, Nova York, 1963, p. 163.
135. *Levitico*, 19.23s.
136. *Gênesis*, 7:11.
137. Case. *An Introduction to Tarot*, Lição 8, p. 5.

138. Lévi usa alternativamente os termos "O Grande Agente Mágico" e "Luz Astral". *Transcendental Magic*, Londres, 1958, *passim*.
139. *Oxford Classical Dictionary*, p. 876.
140. Crowley. *Book of Thoth*, p. 105. Notas 273.
141. Uma obra de particular interesse é *The Sacred Fire: The Story of Sex in Religion*, de B. Z. Goldberg, Nova York, 1958.
142. Gareth Knight. *A Practical Guide to Qabalistic Symbolism*, Toddington, 1965, vol. II, p. 69.
143. Crowley. *777*, p. 40.
144. Hariette e Homer Curtis. *The Voice of Isis*, Washington, D.C., 1946, Introdução.
145. Paul Foster Case. *The Tarot*. Nova York, 1947, p. 147.
146. Crowley, *Book of Thoth*, pp. 102-03.
147. Francis King. *Sexuality, Magic and Perversion*. Nova Jersey, 1972, p. 98. Alguns membros da O.T.O. repudiam o trabalho de King, especialmente o seu *Secret Rituals of the O.T.O.*, Nova York, 1973. Afirma-se que ele nunca teve acesso aos documentos oficiais da O.T.O. e que existiam erros em seus livros. Por outro lado, King é um estudioso competente e muito persuasivo, e sua obra não pode ser posta de lado levianamente. De acordo com as afirmações de eficácia dessas técnicas sexuais, foi observado que Crowley não fez muito dinheiro nesse caminho.
148. Case. *Tarot Fundamentais*, 30.7.
149. Crowley. *Book of Thoth*, p. 100, nota 1.
150. C. G. Jung. *Psychology and Alchemy*. Nova Jersey, 1977.
151. Gareth Knight. *A History of White Magic*. Londres, 1978, pp. 3-4.
152. Walter Lowrie. *Art in the Early Church*. Nova York, 1947, p. 74.
153. São João da Cruz. *Dark Night of the Soul*, p. 119.
154. Veja nota 9.
155. Isso é mencionado por Cavendish em *The Tarot*, p. 106.
156. Waite. *Pictorial Key to the Tarot*, p. 116.
157. C. G. Jung. *Archetypes and the Collective Unconscious*. Nova Jersey, 1977, p. 21.
158. São João da Cruz. *Dark Night*, p. 34.
159. Jung. *Archetypes*, p. 22.
160. Crowley. *Confessions*, p. 452.
161. *Ibid.*, p. 452.
162. *Ibid.*, p. 840.
163. *Ibid.*, p. 249.
164. *Larousse Encyclopedia of Mythology*, p. 261.
165. James G. Frazer. *The Golden Bough*. Nova York, 1958, p. 413.
166. *Larousse Encyclopedia of Mythology*, pp. 141-43; *Oxford Classical Dictionary*, vol. IV, pp. 260ss.
167. As Tabuinhas Enoquianas são descritas pormenorizadamente em *Golden Dawn*, de Regardie, vol. IV, pp. 260ss.
168. Crowley. *Book of Thoth*, p. 98.
169. Gareth Knight. *Practical Guide*, vol. II, p. 116.
170. No exercício do Pilar do Meio, elas são visualizadas nos ombros direito e esquerdo.

171. Case. *Introduction to Tarot*, Lição 6,6; *Tarot Fundamentals*, Lição 25, pp. 1ss.
172. Budge. *Gods of the Egyptians*, vol. I, p. 417.
173 e 173A. Crowley. *777*, p. 40.
174. Crowley. *Book of Thoth*, p. 87.
175. Éliphas Lévi. *The Magical Ritual of the Sanctum Regnum*, traduzido e organizado por W. Wynn Westcott, Nova York, 1973, ilustração oposta à p. 40.
176. Lévi. *Magical Ritual of the Sanctum Regnum*, pp. 39-40.
177. "Sphinx", *Oxford Classical Dictionary*, 1009.
178. Documentos enoquianos inéditos da Ordem Hermética da Aurora Dourada. Aqui, uma vez mais, é necessário fazer uma distinção entre a realidade histórica e o que é apenas um simbolismo válido. Mathers parece ter inventado mais de um dos "Mistérios Egípcios", embora o fizesse juntando saudáveis princípios metafísicos.
179. Essa ideia também foi expressa nos documentos enoquianos.
180. *Ezequiel*, 1:4-28.
181. As razões para a atribuição dos animais foram definidas na Idade Média: Mateus é o *Homem* (símbolo do Ar na Cabala) porque escreveu a respeito dos atributos mais humanos de Cristo; Marcos é o *Touro* (símbolo da Terra) porque escreveu sobre Cristo enquanto uma besta de carga, carregando o peso da humanidade; Lucas é o *Leão* (símbolo do Fogo) porque descreveu o lado passional de Cristo, e João é a *Águia* (símbolo da Água) porque escreveu sobre Cristo de uma maneira mística, elevando-o acima de toda a humanidade.
182. Goffredo Rosati. "Symbolism and Allegory", *Encyclopedia of World Art*, Nova York, 1959-1968, pp. 815-16.
183. Budge. *Gods of the Egyptians*, vol. I, pp. 20-21.
184. *João*, 1:1.
185. Budge. *Gods of the Egyptians*, vol. II, p. 295.
186. "Typhon, Typhoeus", *Oxford Classical Dictionary*, p. 1101; *Larousse Encyclopedia of Mythology*, pp. 166, 195; Budge, *Gods of the Egyptians*, vol. II, p. 246.
187. Crowley. *Book of Thoth*, p. 91.
188. "O Mito da Travessia", tal como é visto pelo Gnosticismo, é discutido por G.R.S. Mead, *Fragments of a Faith Forgotten*, Nova York, 1960, pp. 186-87.
189. Crowley. *Book of Thoth*, p. 89.
190. Case. *Book of Tokens*, p. 83.
191. *Zohar*, tradução de Nuhro de Manhar, p. 303. Esse trecho não é encontrado na tradução de Sperling e Simon.
192. São Jerônimo foi um dos "Doutores da Igreja" e o tradutor da *Vulgate*, a versão em latim do Antigo e do Novo Testamentos. Em virtude da lenda do leão, o gato tornou-se conhecido como o animal de estimação tradicional do teólogo. Ver Réau, L'Art Chrétien, vol. III, pp. 740-50, ver também Jameson, *Sacred and Legendary Art*, Londres, 1891, vol. I, pp. 285-300.
193. Case. *Book of Tokens*, pp. 91-2.
194. Nota 9.
195. Case. *Tarot Fundamentals*, 20.8.

196. *Apocalipse*, 4:5.
197. Crowley. *Equinox*, vol. I, nº 5, p. 89.
198. Waite. *Pictorial Key to the Tarot*, p. 96.
199. Ezequiel, pp. 1ss.
200. Carl Jung fez algumas observações extremamente interessantes sobre a visão de Ezequiel e o Carro, particularmente em relação ao pensamento egípcio, em seu ensaio "The Tetrasomia", *Alchemical Studies*, Nova Jersey, 1976, pp. 278-83.
201. Scholem. *Major Trends*, p. 44.
202. *Ibid.*, pp. 46-7.
203. Lévi. *Ritual of Transcendental Magic*, p. 338.
204. Case. *Book of Tokens*, p. 83.
205. Case. *Book of Tokens*, p. 87.
206. Crowley. *Book of Thoth*, pp. 84-85.
207. O fato de essa ser a única referência do baralho à mitologia teutônica torna essa atribuição um tanto problemática. O que chamamos de "Odin" talvez seja, na verdade, um erro ocorrido no período de vários anos em que as cartas foram copiadas à mão. Talvez essa figura tivesse algum tipo de elmo lunar. Não obstante, o elmo representado no baralho da Aurora Dourada, tal como foi publicado, é exatamente o mesmo que aparece no baralho de Regardie, pintado à mão.
208. Case. *Tarot Interpretation*, p. 7.
209. Robert Graves. *The Greek Myths*. Nova York, 1957, p. 156: "A subordinação do Sol à Lua, até Apolo usurpar o lugar de Hélios e transformá-lo numa divindade intelectual, é uma notável característica do mito grego primitivo".
210. Case. *Thirty-Two Paths of Wisdom*, Lição 10, p. 1.
211. *Ibid.*, p. 2.
212. Waite. *Pictorial Key to the Tarot*, p. 92.
213. "Andromeda", *Oxford Classical Dictionary*, pp. 63-4.
214. C. A. Burland. *The Arts of the Alchemists*. Nova York, 1967.
215. Crowley. *The Book of Thoth*, p. 84.
216. "The Vision and the Voice", que tem o subtítulo de "The Cry of the Second Aether which is called ARN", *Equinox*, vol. I, nº 5, Suplemento, p. 148. Esse suplemento foi publicado como um livro independente, *The Vision and the Voice*, Dallas, 1972, com extensas observações de Crowley e comentários introdutórios de Israel Regardie.
217. "Vision and the Voice", *Equinox*, p. 149.
218. Crowley. *The Vision and the Voice*, nota 3, p. 225.
219. Crowley. *Book of Thoth*, p. 80.
220. Ver: Allen, org., *Christian Rosencreutz Anthology*, Yates, *Rosicrucian Enlightenment*.
221. Waite. *Pictorial Key to the Tarot*, p. 88.
222. Case. *The Tarot*, p. 79.
223. Waite. *Pictorial Key to the Tarot*, p. 91.
224. Arthur A. Tilley. "The Renaissance in Europe", *Cambridge Medieval History*, Cambridge, 1969, pp. 790-91.
225. Henry Cornelius Agrippa. *The Philosophy of Natural Magic*. Nova Jersey, 1974, p. 33.

226. Ver a obra de Leslie Shepherd, citada no trabalho anterior.
227. Rudolph Koch. *The Book of Signs*. Londres, 1930, p. 16.
228. Crowley. *Book of Thoth*, pp. 79-80.
229. Case. *Book of Tokens*, p. 67.
230. Crowley. *Book of Thoth*, p. 79.
231. Cavendish. *The Tarot*, p. 85.
232. Elaine Pagels. *The Gnostic Gospels*. Nova York, 1979. [*Os Evangelhos Gnósticos*. São Paulo: Cultrix, 1990 (fora de catálogo).]
233. G. R. S. Mead. *Fragments of a Faith Forgotten*. Nova York, 1960, p. 307. Mead foi um dos pioneiros modernos no estudo do gnosticismo e, embora seu trabalho tenha sido superado pelo de eruditos como Pagels, suas descobertas continuam sendo instrutivas.
234. Veja a obra de Kenneth Rexroth, p. xviii, citada no trabalho anterior.
235. Case. *Tarot Fundamentais*, Lição 11, pp. 2-3.
236. Jung. *Archetypes, passim*.
237. No seu texto, *O Imperador* permanece no décimo quinto Caminho, mas é atribuído à letra Tzaddi. *A Estrela* continua no vigésimo oitavo Caminho, mas é Heh. Todavia, em seu diagrama da Árvore da Vida, *Thoth Tarot*, 268, chamado de "Atribuição Geral do Tarô", *A Estrela*, na verdade, está representada no décimo quinto Caminho, e *O Imperador*, no vigésimo oitavo. Veremos também que no *777*, Colunas II e XIV, Crowley usa as atribuições padronizadas. Poderia-se sugerir que no final da vida Crowley decidiu que essas cartas deveriam ter suas posições trocadas, mas continuou em dúvida quanto à posição dos Caminhos. A curiosa discrepância entre a posição das cartas no texto do *Thoth Tarot* e na Árvore da Vida sugere que, no mínimo, ele estava considerando a possibilidade de trocar as cartas e as letras hebraicas. Os desenhos originais das cartas mostram *O Imperador* como IV e Tzaddi e *A Estrela* como XVH e Heh.
238. Crowley. *Book of Thoth*, p. 78.
239. *Ibid.*, p. 77.
240. Frazer. *Golden Bough*, p. 403.
241. *Larousse Encyclopedia of Mythology*, p. 214.
242. Graves. *Greek Myths*, p. 49.
243. Crowley. *Book of Thoth*, p. 77.
244. Graves. *Greek Myths*, p. 49.
245. Crowley. *Book of Thoth*, p. 75.
246. Regardie. *Golden Dawn*, vol. I, p. 153.
247. Gareth Knigh. *A Practical Guide to Qabalist Symbolism*, vol. II, pp. 145-50.
248. O camelo pode percorrer longas distâncias sem beber água. Sob certo aspecto, isso pode significar uma longa distância sem a recompensa do contato com a inteligência que buscamos neste Caminho.
249. Crowley. *Book of Thoth*, p. 73.
250. Case. *Book of Tokens*, p. 37.
251. Graves. *Greek Myths*, pp. 124, 348. Ver também "Hecate", *Oxford Classical Dictionary*, 490, que discute a confusão em torno de Selene e observa que na Grécia Antiga não existia nenhum culto à Lua.

252. Graves. *Greek Myths*, p. 85.

253. Graves. *Ibid.*

254. C. G. Jung. *Symbols o f Transformation*. Nova Jersey, 1976, p. 323. Notas 277.

255. Crowley. *Book of Thoth*, p. 74. O A. A., significando 'Astrum Argentum' ou "Estrela de Prata", foi a Ordem fundada por Crowley, em 1907, basicamente seguindo os mesmos princípios da Aurora Dourada. Em 1909, ele começou a publicar *The Equinox* como o órgão oficial da A. A. Crowley aparentemente havia se tornado membro da O.T.O. ("Ordo Templi Orientis") em 1905. Esta última, criada com o objetivo de ser uma continuação dos Templários, foi fundada em 1904. A história dessas duas organizações, da Aurora Dourada e de outras fraternidades semelhantes é contada por Francis King em *The Rites of Modern Occult Magic*, Nova York, 1971.

256. Case. *Tarot Fundamentals*, Lição 8, pp. 10-11.

257. Waite. *Pictorial Key to the Tarot*, p. 76.

258. Case. *The Tarot*, p. 52.

259. Waite. *Pictorial Key to the Tarot*, p. 76.

260. Manly Palmer Hall. *Encyclopedic Outline*, p. XCV.

261. Cavendish. *The Tarot*, p. 71.

262. Foram os seguintes os comentários de Waite a respeito dessa carta, comentários transcritos em sua obra *Shadows of Life and Thought*, pp. 188-89: "Deve-se observar que, embora existam nítidas diferenças entre os baralhos veneziano, florentino e francês, a figura da Papisa Joana nunca foi chamada de Abadessa em nenhum deles e, pelo que posso me lembrar, nunca foi descrita de forma que tal denominação pudesse aplicar-se a ela, incluindo-a, assim, nos domínios da cristandade. Ela provém, portanto, como tenho sugerido, de outra região e de outra ordem de coisas. [...] Não é improvável que a Papisa Joana represente um vestígio do culto a Astarteia. Não vou fazer de conta que estou satisfeito com a explicação[...] apenas um ponto está inteiramente claro: qualquer que tenha sido a origem da carta, ela não era a suposta Papisa, uma atribuição que brotou – tanto na França como na Itália – da ignorância de parte do povo, o qual conhecia a lenda da Papisa Joana mas nunca ouvira falar de Astarteia e, muito menos, de Ísis".

263. Fabre d'Olivet. *The Hebraic Tongue Restored*, parte II, p. 25. Sua tradução original diz o seguinte. "Premièrement, en principe". D'Olivet é um dos que afirmaram que havia uma forma antiga e "pura" da língua hebraica que era falada pelos egípcios e na qual o alfabeto grego se baseava. O hebraico falado pelos judeus era, supostamente, apenas uma forma pervertida dessa "língua divina".

264. *Zohar*, tradução de Simon e Sperling, vol. I, p. 9.

265. *Ibid.*, p. 12.

266. *Ibid.*, p. 13.

267. "Hermes", *Oxford Classical Dictionary*, pp. 502-03.

268. Regardie. *Golden Dawn*, vol. I, p. 138.

269. Case. *Book of Tokens*, pp. 23-24.

270. Ver: Wang, *Secret Temple, passim.*

271. Peter de Albano. *Heptameron*. Esse tratado é a terceira parte do *Fourth Book of Occult Philosophy*, de Henry Cornelius Agrippa, Londres, 1978, pp. 73ss.

272. Francis Barrett. *The Magus*, Londres, 1801. A reimpressão desse livro em 1967 contém uma admirável introdução escrita por Timothy d'Arch Smith.
273. Graves. *Greek Myths*, p. 66.
274. *Exhibition of Occult and Alchemical Designs for the Cards of the Tarot of the Egyptians*, sem data mas, provavelmente, de 1944.
275. Crowley. *Book of Thoth*, p. 72.
276. *Ibid.*, 70.
277. Knight. *Practical Guide to Qabalistic Symbolism*, vol. II, p. 204.
278. Case. *The Tarot*, p. 29.
279. Crowley. *Book of Thoth*, p. 53.
280. *Zohar*, tradução de Simon e Sperling, vol. I, p. 11.
281. Case. *Thirty-Two Paths of Wisdom*, Lição 7, p. 1.
282. Budge. *The Gods of the Egyptians*, vol. I, p. 469.
283. *Ibid.*, p. 78, 145.
284. Goblet D 'Alviella. *The Migration of Symbols*. Wellingborough, 1979. Obra sobre Carl Jung que alguns leitores poderão achar árida e desinteressante. Todavia, o processo interior de encontro com esses arquétipos é irresistível, conforme Jung explica em termos pessoais em sua obra autobiográfica *Memories, Dreams, Reflections*, Nova York, 1973. [*A Migração dos Símbolos*. São Paulo: Pensamento, 1992 (fora de catálogo).]
285. Manley Palmer Hall, *Encyclopedia Outline*, XCII.
286. Crowley. *Book of Thoth*, p. 69.
287. Manly Palmer Hall. *Encyclopedic Outline*, p. XCII.
288. Waite. *Pictorial Key to the Tarot*, p. 153.
289. Case. *The Tarot*, pp. 29ss.
290. Crowley. *Book of Thoth*, pp. 53-68.
291. Regardie. *Golden Dawn*, vol. I, p. 106.
292. Esses significados foram extraídos de diversas partes do *Golden Dawn*, de Regardie. A linguagem é de MacGregor Mathers.